樊昕整理

趙烈文日記

第五册

中国近代人物日记丛书

中华书局

第五册目录

光绪九年(1883)

光绪十年(1884)

光绪二年(1876) 岁次丙子[1],余年四十有五

正月庚寅

元旦癸巳(1 月 26 日) 雨雪甚寒

黎明起,率家人拜天,次拜先师孔子。辰刻于祠堂进糖圆,次率家人礼佛,次于祠堂进早供米团。次家众相贺皆如故事。

书红发笔,竞占本年气运得:艮之渐。

官	世	卯
文财	乂	巳
兄	、	戌
子	應	申
文	八	午
兄	八	辰

卦遇六冲,官星持世而得令,动爻生之,恐非伏处之象。财爻得岁而动,劫财休囚,是财气亦旺。子孙在应而处内爻,其退休之素志乎?虽不当时,然能克制世爻,人定胜天,其是之谓[2]。

方婿子永来贺岁。午晡祠堂祠堂进中、晚供酒饭如故事。

初二日甲午(1 月 27 日) 晴,大风,甚寒。

寒暑表二十五分,南方天气最为严矣

晨起进早供如故事。家人为余诞日斋佛及称贺。

① 次,稿本作“在”。

② 此句后稿本有“之卦辞曰”四字。

午晡祠堂进中、晚供酒饭如故事。

初三日乙未(1月28日) 晴

晨起进早供如故事。率家人往哭四姊,念有姊之时,余归度岁,不知如何其乐,居今思昔,泪下沾襟。午进酒饭、落影如故事。

初四日丙申(1月29日) 晴

早饭后至方宅及诸家贺岁归。过陆涑文映雪山庄,少坐归。

初五日丁酉(1月30日) 晴

早食后至诸家贺岁,惟次侯处下舆少坐,次侯已出,晤其子祖白,遂归。下午陆涑文、杨书城来候久谭。

初六日戊戌(1月31日) 晴

拟赴苏,以河冰不能行。赵次侯来候,久谭。

接完甫元年十二月廿日信。

初七日己亥(2月1日) 阴

初八日庚子(2月2日) 阴

拟是日行,船不至,仍不果。

初九日辛丑(2月3日) 阴,微雨

率行客修剪南洲柳树,自余北行七年,无人整理,树多欹斜丛芜。上枝横扫者去上枝,全木倾侧者伐全木,一日之功,枝条秩然。嗟乎!余甚惜此树,其不可留,自为之也。是日乞象竹于次侯,得十茎,种东皋新辟地,风叶簌簌,三年可望成林矣。

接子谨婿元年十二月十六日信。

初十日壬寅(2月4日) 阴,立春

早食后,祠堂进春饼如故事。是日修剪西堤柳,断三株,修上枝

不可计。一树仆水,而偃仰有致,苟有一可取,不敢弃也。截其下枝,为柱水中揞之。夜舟赴苏,二鼓行。

接完甫元年十二月廿日信。

十一日癸卯(2月5日)　阴雨

黎明抵苏,泊齐门内坛子河,招薛安林至,久谭,与商家中各事。午后候邓树人,并拜其母廖太夫人,留久坐,树人侄季垂之子名同曾,为余第三婿,甫七龄,貌甚魁梧丰满。冒雨下舟,夜树人来谭。

十二日甲辰(2月6日)　阴寒

安林来,同早食后步游玄妙观前街市,余家有市屋数廛,资生之计在是,均往观,晡返舟,移泊葑门。晚至九兄家,入门气象萧落,中心怆然。见九嫂及吉如侄,留饮,余不能举杯。初鼓下舟。

十三日乙巳(2月7日)　晴

吉如侄来舟,靴之兄来舟。亭午谒客,先至诸本家,晤靴之大兄、子卿四兄、春生侄、子□侄、伯厚大嫂、叔桓侄。次候李眉生、费幼亭、杜小舫、吴平斋、潘玉泉、俞荫甫、汪苇塘、王朴臣,惟晤平斋,久谭。复至邓树人处,并遇张立侯。江宁人。时舟已自葑门移北街,下舟。傍晚安林来,同踏月茗饮,二鼓归。

十四日丙午(2月8日)　薄阴

以老友金君眉生久别,欲乘闲暇访之,写家信告以浙行。即发,信船。早安林来,移舟山塘,游花肆,得古松柏各一大盆,殆百年物,又小者各一,梅二,迎春一,咸非新木,落落多姿。移舟阊门,安林去,已晚,拟明日行。写六姊信。即发,信船。子谨信。十五发,马递。

十五日丁未(2月9日)　晴。元宵节

黎明舟发,辰过宝带桥。写阿哥信,即日发,马递。曾沅浦宫保

信,同发。陈荔生信。同发。午至吴江,金鹭卿宰此邑,往候久谭,下午返舟。金鹭卿来答候送行。客去舟发,夜至八尺宿。

十六日戊申(2月10日) 晴

黎明舟行,辰过平望,午过王江泾,申过嘉兴府,戌抵嘉善。眉老闻余至,欣喜下舟,握手畅谭。观其面目犹昔,颇慰夙系。眉将有沪行,迟一日即相左矣。

十七日己酉(2月11日) 晴

早食后登岸至眉生家,新得某氏废园,构造亭宇,坐落颇多。导余遍历之,至一处辄坐谭良久。又出叶△△、孙渊如两先生楹联及曼生壶为赠。孙联云:“妻子观同五株柳,云山老对一床书。”叶联下句云:“桃叶新诗手自题。”皆惬余意。眉云以此为祝也。夜具酌,以故人之意强为举箸。三鼓下舟,约三月会于常熟。

十八日庚戌(2月12日) 阴雨

黎明舟发,辰过嘉兴府,午过王江泾,申至平望。风雨阻行,遂止泊。

十九日辛亥(2月13日) 阴

黎明舟发,辰过八尺,午过吴江县,酉抵苏州,泊阊门。写金鹭卿信。即发,信船。

二十日壬子(2月14日) 晴

黎明放舟山塘花肆门外,载所买松柏盆景也。辰刻仍返阊门登岸,至玄妙观招安林来同茗。未刻至齐门下舟,舟移此相待也。酉刻解维,安林同至陆墓购瓴甓,将于黛语楼前造月台三间,故先庀材。安林去,舟径行,风大顺,三鼓抵虞西门。

二十一日癸丑(2月15日)　阴

黎明移舟入城,辰刻登岸还家。

接阿哥元年十二月廿三日信,又长庚侄同日信,又族弟六一十一日信,又子谨婿元年十二月初五日信。

二十二日甲寅(2月16日)　雨

赵次侯来访,久谭。得闻人本《旧唐书》一部,殿板《旧五代史》一部。写安林信。即发,信船。

接子谨婿初三日信,又金眉生十九日信。

二十三日乙卯(2月17日)　雨

接归屏如、朱芷汀元年十二月廿三日信。

二十四日丙辰(2月18日)　阴,大风

子永婿来久谭。写邓树人信,即发,信船。又薛安林信。同上。

接金鹭卿廿一日信。

二十五日丁巳(2月19日)　阴

东皋小梅始发一蕊。

二十六日戊午(2月20日)　阴雨

写金鹭卿信。初一发,专丁。殷仲信。廿七发,信局。

二十七日己未(2月21日)　阴雨

二十八日庚申(2月22日)　薄阴

二十九日辛酉(2月23日)　晴

植梅二十二株于东皋。

接薛安林廿八日信。

三十日壬戌(2月24日) 阴雨

早食后候陆云生、懋宗,涑文之兄,翰林,官御史。涑文,祝其太夫人寿,顺至二女家少坐。写眉生信,即发,信局。魏般仲信。即发,专人。

二月辛卯

朔日癸亥(2月25日) 晴

植梅十六株于东皋。下午,莫君善徵过虞来候,时官通州,至省谒中丞回也。留饮畅谭,三鼓始下船去。善徵霍霍快人意,八年尘俗,骤与之谭,如聆仙乐。

接眉生正月三十日信。

初二日甲子(2月26日) 晴

接子谨婿正月十六日信。

初三日乙丑(2月27日) 薄阴

写薛安林信。即发,信船。

接邓树人初二日信,又季垂正月△日信。

初四日丙寅(2月28日) 阴,微雨

接金鹭卿初二日信,以黄骢寄牧其处,复函也。

初五日丁卯(2月29日) 薄阴,微雨

四姊遗榇于是日发引,晨往哭尽哀。午刻为题主,未时送至舟中,复设奠哭拜而返。其葬期在下月二十日,届时拟赴木渎会葬。

初六日戊辰(3月1日) 阴

正楼前驳岸自去腊动工,至今日落成。

初七日己巳(3 月 2 日)　晴

接般仲初五日信,以赭白马寄养其处,复函也。

初八日庚午(3 月 3 日)　晴

拟于黛语楼之前造月台三间,以收远景,是日卯刻启土解木,侵晨起莅其事。

接薛安林初七日信。

初九日辛未(3 月 4 日)　薄阴

写眉生信,即发,信局。金鹭卿信。即发,信船。

接眉生初六日信。

初十日壬申(3 月 5 日)　雨

写薛安林信。即发,信船。

十一日癸酉(3 月 6 日)　雨

入春以来苦雨连绵,即偶见日色,必有阴云间之,未尝快然有三日之晴。梅蕊至今未放,杏桃尤寂寂,惟室内水仙香气甚馥郁耳。

十二日甲戌(3 月 7 日)　雨

拟赴阳羡省先考妣墓,雇舟不得。

十三日乙亥(3 月 8 日)　薄明

雇舟仍不得,以小船驳至苏州,再易稍宽大者,定乙夜行。子永来久谭。戌刻率实儿下舟,即发。

十四日丙子(3 月 9 日)　晴

黎明抵陆墓,泊舟登陆,购方砖三百二号,砖万馀,月台用也。辰刻至齐门,泊坛子湖,实儿至其外家,余至玄妙观。适熙之由金陵来,将就馆余家,实儿引以来,与树人偕至,同茗肆中。亭午,同树人、熙之返舟,少选客去,移舟阊门。实儿步自城中,同薛安林来舟晡食后复同茗。安林为雇舟成,南湾子也,甚宽厂,日佣一缗。夜襆行李过舟,而遣原舟送熙之赴虞。写熙之信,即发,交安林。写南阳君信。即发,交熙之。

十五日丁丑(3月10日) 晴,顺风

黎明解维,巳刻过浒墅故关,望狮山耸特,盖已九年之别。泊舟买豆腐干。写张芑堂信。即发,信局。申过无锡县,戌刻至洛社泊舟。

十六日戊寅(3月11日) 晴,晡雨,顺风

早发洛社,由间道行,辰至戴溪桥,三十里,午至运村,十五里。写子谨信。十九发,马封。申初至五洞桥,十里,自此归入正河,凡行间道五十五里。酉至和桥,戌至宜兴,泊东关内。

十七日己卯(3月12日) 阴

晨率儿子实上岸市香楮及祭物。有酒名状元红,先妣方淑人所甘也,沽于旗亭。祭物未具。与实早食市中,同至西察院故居,巷内屋尚未复,流民苫盖占居其地,徘徊太息。又同上西关桥望西氿,此余幼时晨夕之所游眺也。复茗于肆,俟物备下舟。出东关度东氿,至新阡东山觅坟户王安大,易衣诣墓,祭奠周视,游子不奉松槚八年,于今瞻仰茔兆,涕泗横集。乱前种树已遭斫伐,屡欲补植,而山民每岁烧荒,远近尽赭,竟无法以禁之。未刻下山,招王安大至舟,属雇夫明日添土。傍晚舟返城,泊原处,复茗肆中。

十八日庚辰(3月13日) 雨,晡霁

辰刻移舟至山,雨甚不克登。王安大及其邻周采大、六三来,皆丙辰年助余治墓者,言今日雨,不能动畚锸,愿俟晴霁自为之。余亦以不能久候,遂谆托而返。下午至城,泊长桥之西。时雨已止,访任

步园道源,筱园之兄。及其子华生久谭,返舟。任华生来答访,少谭去。移舟东仓桥。

十九日辛巳(3月14日)　晴,逆风

早发,巳末至和桥,登岸吃馒头,甚不佳,逊城中所食远甚,虚有其名矣。下舟复发。写任筱园信。二十发,马递。完甫侄信。归屏如、朱芷汀公信。李少石信。二十日发,马递。申末过寨桥,戌至万塔村泊。

二十日壬午(3月15日)　晴

早发,巳刻至常郡,泊舟城中浮桥。率实儿登岸,至亦唐二叔家行吊,叔去冬故于河南,椋尚未归,唁长生、通生两弟,长生他出未值。至十叔家谒十叔,时与卫生兄同居,卫生它出未值。至家祠谒驾部府君以下神位,祠中飨堂、敦睦堂新修告成,神位已归飨堂,尚未入龛。是举费缗钱二百,任工作者族兄振纪,烈出资而已。谒九叔,它出未值。至六姊家,相见快谭,遣实儿市中治具,明日扫太原府君以下墓。下午,长生弟来,伯房甥来,钱少瞻来,杨伯卿来,未晤。审安侄来,子宪兄来,皆去,宪兄独留久谭。二鼓尽下舟。

接曾沅师△月△日信。

二十一日癸未(3月16日)　晴和,始衣棉

卯刻长生弟来舟中,同早食肆中。辰刻实儿庀酒物至,移舟南门外教场坝,率弟及子登岸,诣太原府君墓,祭毕省视,以茔地分亩大小及联单字号指示实儿,使谨识之。既竣事,下舟移至德安桥,午刻复登岸,诣特征府君、朝议府君、训导府君墓,以次祭毕,指示如前。各茔多低塌损缺,以岁行不利,未可修葺。前年寄资种树,活者仅十一,此古人以得守先人丘陇为幸,而去故国之足悲也。吾遭乱无室家,因缘成就,得新宅于虞山,园林泉沼,事事可乐,惟此一节,不能去

怀。后之人其善体之，吾之心安，异日亦目瞑矣。

申刻事毕下舟，与长生弟、实儿同饮福，移舟东门，长生去。登岸，至子培弟宗植，乳名六一，用久叔祖之孙。家贺其新娶之喜。又至九叔处谒，仍不值。又至子宪兄新宅，亦不值。至六姊处，子宪兄来，久谭。闻才叔在里中，急携灯走访，畅谭，二鼓仍返六姊处言别。三鼓下舟，李甥伯房、陈甥叔畴及甥婿张楚孙送之出巷始别。

二十二日甲申(3月17日) 阴，微雨

早发，薄暮至无锡，移舟惠山滨，率实儿同访秦园，颓废已甚，而曲池古木，幽秀出尘之致，绝非时贤布置所及。池南东隅危石，御题为介如峰者尚存。又至旧惠山寺、今改昭忠祠者一观，啜茶惠泉之上，九年之别，池中朱鱼唼喋如故，是殆无营者邪？何其寿也。暝色将合，下舟移北门外缸尖泊。得大紫沙盆，归植易州带回之柏。

二十三日乙酉(3月18日) 晴

早发，午过苑山荡，家菱、野菱荡，晚抵庙桥泊。

二十四日丙戌(3月19日) 晴

早发，巳刻抵虞园。梅未谢，堤柳已荑，春事正殷，巡塍大快。熙之已至余家开馆，万孙亦从识字。夜与熙之谭。写邓树人信。即发，信船。

二十五日丁亥(3月20日) 晴

次女妊子临蓐，与家人往护视，产厄特甚，自二十四日申酉间腹痛，更一夜尚未分娩。余及南阳君、实儿夫妇均留止其家，亦未得卧。是日春分，以全家在方氏，拟改期飨祭。

接龚孝拱二十三日信。

二十六日戊子(3 月 21 日)　晴

寅刻方氏女举一子,血崩注,昏不知人,危险至极,用醋炭喷醒,复以老山参嚼烂纳口中,凡昏晕六七度始少定。亭午渐进糜粥。夜分与南阳君归,留实儿夫妇守视。

二十七日己丑(3 月 22 日)　晴

早食后至方处,产妇较昨少安,遂归。园中新植樱桃及楼后老杏均盛开。

二十八日庚寅(3 月 23 日)　晴

园中玉兰开花不甚多,贴梗海棠亦开。

接邓树人二十七日信。

二十九日辛卯(3 月 24 日)　阴

接薛安林二十七日信。

三十日壬辰(3 月 25 日)　阴

至二女家,产妇血气渐定而有嗽嗽。写般仲信、即发,信局。孝拱信。附般仲信内。

三月壬辰

朔日癸巳(3 月 26 日)　晴

写子谨信。即发,马递。

接少颖侄二月十五日信,又子谨婿二月十五日信。

初二日甲午(3 月 27 日)　晴

露台自前月动工后,今始兴作。

初三日乙未(3月28日) 晴

次女嗽疾,医者药之不能愈,自往为处方。杨咏春同陆秋澄来访,久谭。

接阿哥二月初七日信。

初四日丙申(3月29日) 晴

写薛安林信。即发,交便足。

初五日丁酉(3月30日) 阴

春祭改择今日,与家人奉祀如昔年。晡食饮福。园中新植李花开。

接薛安林初四日信。

初六日戊戌(3月31日) 阴

是日延邓熙之、杨少泉、孟舆甥、子永婿饮。

接薛安林初五日信。

初七日己亥(4月1日) 晴

实儿赴苏。写邓树人信。即发,交实。

接邓树人初六日信。

初八日庚子(4月2日) 阴

楼前大红碧桃盛开,粲如朱锦,此树手植来已十年,园中诸卉此最为茂。

初九日辛丑(4月3日) 晴

延种牛痘,医士黄子颖安敏,太平府人,在苏主牛痘局。来自苏,千孙、韶孙及外孙长绥皆种痘。下午与季君梅、曾君麟公分为陆涑文饯行,设席虞山麓之五岳楼,凭轩甚敞,月上乃归。

初十日壬寅(4月4日)　晴。清明节

辰刻于祠堂献桃柳,故事也。未刻露台上梁,是日漆工漆饰西楼为始。曾君麟来访久谭。旧仆王升遣北归。写实儿信。即发,交王升带苏。楼前及池中淡碧桃皆盛开,红白交映,远近相照,园居春事,此为之冠。

十一日癸卯(4月5日)　晴

次女服余药数剂咳良已,连日往为处补剂。

接子谨婿二月廿三日信,又魏般仲初八日信。

十二日甲辰(4月6日)　晴,天色甚煊,始衣夹衣

曾君麟来访。

十三日乙巳(4月7日)　晴

访陆涑文、杨咏老,皆不值。

十四日丙午(4月8日)　阴

十五日丁未(4月9日)　晴

至方处为二女处方。写实儿信。即发,信船。

十六日戊申(4月10日)　晴

陆涑文来候辞行。至邻居平孚吉家贺喜。候杨镜泉、吴珀卿,皆不值。候陆云生、涑文,并送涑文行,久谭。

十七日己酉(4月11日)　晴

至方处,次女复感冒有寒热,为处方归。访曾君麟久谭。写实儿信。即发,信局。楼前绣球花甚开,此树植已十年,迄今始足供玩。

十八日庚戌(4月12日)　晴

邑候陈莘农来候,久谭。至二女处视疾,疾少瘳,仍以补剂兼

表。露台围墙告成,台面尚未铺砌。余以会周氏姊葬赴苏,故权停工,二鼓下船,移泊南门。

十九日辛亥(4月13日) 晴

晨发,巳刻过红塔,未刻过蠡口。写槐亭信,即日发,交信局。阿哥信、长庚侄信。附槐。酉刻抵齐门小泊,唤实儿至,数语遣去。移泊胥门石灰桥内。

二十日壬子(4月14日) 晴,暖甚,衣袷衿

晨发,巳刻至木渎,步访周氏殡宫不得,遇乡人买蔬者,始得径往。茔在胥山之麓紫石山下,彀老及姊氏二柩已悬窆,尚未复土,哭奠尽哀。回念己未之岁同居是乡,过从之乐,中心蕴结,何泪能宣!孟甥邀入丙舍少坐,食毕,下舟返。

申刻抵胥门,登陆候李眉生,不晤。次候吴平斋久谭,出示王孟端松石卷、旧拓岳麓寺碑,皆精好。杜小舫与平斋邻居,闻余至来谭,移晷乃别。至邓树人处,实儿时居外家,安林亦在。傍晚偕安林下舟,实儿仍留苏。来舟至,二鼓与安林先后去。

余咸丰二年得李凤台所藏大德本前后《汉》之半,《前汉》缺《武帝纪》,《志》自礼乐以下,《表》自△以下,《传》一卷至九卷,又六十七、六十八二卷;《后汉》惟《帝纪》及《志》△卷,馀皆缺。以其纸墨精旧,宝藏历年,患难与共。昨实儿于苏台访得其半,持归相较,非第纸墨如一,而前《传》△卷缺前五页尚存。是书前半在予处已二十五年,下至沧海,上至江湘,周行不下数万里,后半不知何年落何人手,遭更兵燹,玉轴飞灰,而居然未损,且能宛转胖合,洵亦奇矣。通检全书,《前汉》尚缺《武帝纪》、《礼乐志》、《西域》、《外戚传》共四卷。《后汉》尚缺△△共三卷,而《西域》、《外戚》二传有旧抄配,盖在李氏时已非全帙矣。欣幸至极,翻阅竟夕。

是日又得南监本《金史》亦尚佳。吴平斋赠新辑《两罍轩彝器图释》十二卷,摹印甚精,释文则皆袭旧而已。

二十一日癸丑(4月15日)　晴

早发,午过红塔。写六姊信,即发,信局。子宪兄信,附发。莫善徵信。即发,马递。酉刻抵家。写沅浦师信。即发,马递。

二十二日甲寅(4月16日)　阴

下午答候陈莘农久谭。至二女处诊疾,为定调理方。写实儿信。即发,信船。

二十三日乙卯(4月17日)　晴

二十四日丙辰(4月18日)　晴

二十五日丁巳(4月19日)　晴

写实儿信,即发,专王春。薛安林信。附发。池口环桥是日动工。曾君麟来。

二十六日戊午(4月20日)　晴

二十七日己未(4月21日)　晴

接槐亭二十四日信,又金眉生△△日信。

二十八日庚申(4月22日)　阴雨

写实儿信。即发,信局。

接阿哥初十日信,又魏般仲廿五日信。

二十九日辛酉(4月23日)　阴

园中蚕豆是日始尝新,较市中早十日。

(以上《能静居日记》四十一)

四月癸巳

朔日壬戌(4月24日) 晴

初二日癸亥(4月25日) 阴雨

周瀛士士熢,湖州人,十年前旧交。自上海来访,久谭,晚间下舟。

接伯厚嫂初一日信。

初三日甲子(4月26日) 雨

至瀛士舟中答访,久谭返。瀛士来谭,即辞去。

接薛安林初一日信。

初四日乙丑(4月27日) 雨

写薛安林信。即发,信局。

接陈甥宝范三月△△日信。

初五日丙寅(4月28日) 薄阴旋霁

池口环桥是日下桩。曾君麟来访。

初六日丁卯(4月29日) 晴

接邓树人初五日信。

初七日戊辰(4月30日) 晴

初八日己巳(5月1日) 阴

冯式之来访,新自浙之石门归。

初九日庚午(5月2日) 阴

孟甥辞行赴北。写般仲信。即发,信局。

接周钧甫二月十九日信。

初十日辛未(5月3日)　晴

访曾君麟不值。写伯厚大嫂信。即发,信局。

十一日壬申(5月4日)　晴

曾君麟来访,久谭。

接伯厚大嫂初七日信。

十二日癸酉(5月5日)　晴。立夏

于祠堂荐樱桃、元麦如故事。露台是日告成,登览四周,东则碧树满城,鱼鳞万瓦;西则苍岩列幛,鸟径千回;北则雕楼绮疏,山亭翼其上;南则清流芳沼,柳堤界其中。地既灵奇,制复崇敞,以之娱老,可以忘年。台适成,有以长春花二盎至者,拟名之为长春之台,以识余乐。

十三日甲戌(5月6日)　阴

闻沈幼丹制军葆桢,二十年前熟识。将至,挐舟出城候之。闻须明日方能到,遂返。

十四日乙亥(5月7日)　阴,微雨

实儿旋自苏州,与卢理斋苏州人,紫卿兄之友。偕至。辰刻候沈幼丹制军于舟中,少谭,见其冗甚,辞返。沈幼丹来候,不值。下午招冯式之、卢理斋饮,卢即解维去。写薛安林信。即发,信局。

接薛安林十二日信。

十五日丙子(5月8日)　阴

十六日丁丑(5月9日)　晴

黛语楼前院落磊石山,是日兴工。

接子谨婿三月初九、十六日信,又李少石三月十五日信。

十七日戊寅(5月10日) 晴

张雨生来访,久谭。

十八日己卯(5月11日) 晴

接眉生△△日信,言廿二、三同孝拱过访。

十九日庚辰(5月12日) 晴

偕熙之、子永、实儿、宽儿棹小舟出城,访赵价人,又访次侯,均不值,晤次侯子祖白、坡生。旋舟北门,同旗亭小酌。答访冯式之、张雨生,雨生不值,晤其兄岳生,少谭归。

二十日辛巳(5月13日) 晴

二十一日壬午(5月14日) 晴

接子谨初四日信。

二十二日癸未(5月15日) 阴

下午孝拱自上海来访,谭话愉快不可言,四鼓下舟。

二十三日甲申(5月16日) 阴

孝拱来谭竟日,三鼓去。楼院磊石山成。

接薛安林廿二日信。

二十四日乙酉(5月17日) 晨阴渐霁

孝拱来谭。亭午候庞宝生、李申兰,贺其子登第,均不值。候价人、次侯,贺次侯子纳妇,以家有远客,少坐归。与孝拱谭至下午。眉生自苏州来访,三鼓各去。池中磊石山是日兴工。

二十五日丙戌(5月18日) 阴雨,大风,下午霁

孝拱来,眉生来,同饭,饭后,杨滨石、季君梅来答候眉生,兼访余,良久去。三鼓眉生下舟,孝拱又少坐乃别。

二十六日丁亥(5月19日)　晴

肝疾大发,眉、孝二君访余,卧榻下少谭,属熙之陪两君游三峰、兴福。下午归,余未能晤。

接阿哥初四日信,又长庚侄同日信。

二十七日戊子(5月20日)　阴

疾少瘳。孝拱、眉生皆欲行,挽留一日,同至余西楼下谭竟日。二鼓后同行,约后晤,珍重而别。

接子谨三月十八日信。

二十八日己丑(5月21日)　晴

与南阳君移居黛语楼下。

二十九日庚寅(5月22日)　晴

接般仲二十六日信。

五月甲午

朔日辛卯(5月23日)　晴

初二日壬辰(5月24日)　晴,夜大风

接莫善徵四月廿一日信,寄赠《金石索》一部。又金眉生初一日信。

初三日癸巳(5月25日)　晴

写李眉生信。即发,信船。

初四日甲午(5月26日)　晴

熙之节间解馆,拟赴苏一行,来谭。子永亦来,良久去。

接费幼亭四月△△日信。

初五日乙未(5月27日) 晴。天中节

时微疾未瘳,勉力诣祠堂荐奠,觉四体甚乏,半百之年,衰瘁如此,可叹也。写金眉生信。即发,信局。六姊信,即发,信船。开生信。初七发,附龚。夜与南阳君登露台望新月,二鼓乃下。

初六日丙申(5月28日) 晴

初七日丁酉(5月29日) 晴

写孝拱信。即发,信局。

接眉生初二日信。

初八日戊戌(5月30日) 晴

熙之来自苏。写阿哥信。即发,马封。莫善徵信。同上。魏般仲信。即发,信局。费幼亭信,唁其夫人之丧。

初九日己亥(5月31日) 晴

初十日庚子(6月1日) 阴

下午杨书城、曾君麟、赵价人来访,久谭。

十一日辛丑(6月2日) 晴,下午雷雨

今岁阳气湮郁,雷不发声。时已仲夏初旬,犹衣夹,气候寒于北方,至本日始蒸热,日炎如炙。午后阴云队起,有声殷殷,而雨仍不畅。午前访杨咏老久谭,同过次侯小酌,同集者李申兰、陆云生及主人兄价人。下午雨过返,顺访杨滨石少谭。仍到咏老家,季君梅亦至,傍晚别归。

十二日壬寅(6月3日) 晴

阅《金石索》十二卷。冯云鹏、〈云鹓〉撰,嘉道间人。书分金、石各六

卷,所见颇广,而体例庞杂,收采不伦,笺释亦多袭前人语,无心得处。

十三日癸卯(6月4日)　晴

赵次侯来久谭,晡食乃去。

十四日甲辰(6月5日)　下午大雨

自二月初至今雨甚少,农田望泽,得此大快。实儿以家事至苏。

接六姊初十日信。

十五日乙巳(6月6日)　雨,下午晴

夜月颇皎,与南阳君及家众登台饮酒至乐,三鼓始醉卧。写实儿信。十六发,信船。

十六日丙午(6月7日)　晨雾,晴,夜雨

写实儿信。即发,信船。

十七日丁未(6月8日)　阴

写子谨信。未毕。

接孝拱十三日信。

十八日戊申(6月9日)　阴晴相间

傍晚咏春来,持示次侯所得散氏盘拓本及己为之释文,颇精核,较阮释为善。具酒留夜谭,并邀熙之、子永共座。

接实儿十七日来禀,又子谨婿初一日信。

十九日己酉(6月10日)　晴

写子谨信后半。即发,马递。李少石信。附发。写实儿信。即发,交王春。

二十日庚戌(6月11日)　晴

下午陈莘农约赴署斋闲谭,傍晚归。

二十一日辛亥(6月12日) 阴,甚风

写实儿信。廿二发,信船。孝拱信。即发,信局。

二十二日壬子(6月13日) 雨

写实儿信。即发,信船。

二十三日癸丑(6月14日) 阴晴相间

二十四日甲寅(6月15日) 晴

二十五日乙卯(6月16日) 阴

二十六日丙辰(6月17日) 雨,夜复大霈

二十七日丁巳(6月18日) 雨,寒

自十四雨后,天色甚冷,寒暑表仅七十馀分,衣犹挟纩,河水骤长二尺馀。

写黄子寿信。廿九发,附子谨信。

二十八日戊午(6月19日) 晴

实儿自苏城归。

二十九日己未(6月20日) 雨

写屏如信,完甫信,即发,附子谨信。子谨信。即发,马递。

三十日庚申(6月21日) 晴。夏至

合祀先祖于祠堂。晡招熙之、子永饮福。

闰五月

朔日辛酉(6月22日) 晴

连雨之后,水长三尺,盈堤拍岸,浩然一白。微风经过,靡之成

文。晡与家众临池赏玩,迨暮乃入。池口北厅址石岸出水最高,当四尺馀,钓台则不及三尺,楼前二尺馀,池中潬新加土亦仅尺馀,东皋之唇七八寸而已。新筑之台定名曰延台。

初二日壬戌(6月23日)　晴

初三日癸亥(6月24日)　阴

写六姊信。即发,信局。眉生信。即发,同上。

接眉生△△日信。

初四日甲子(6月25日)　晴

午间招杨咏春、滨石、书城、季君梅、李申兰、赵价人、次侯、曾君麟饮,观水,诸客畅乐,傍晚乃散去。

接曾沅甫漕帅四月廿三日信。

初五日乙丑(6月26日)　晴,午后乍见雨点即止。闰重五节

下午至陈莘农处久谭,傍晚归。

初六日丙寅(6月27日)　晴,时阴

下午子永来,与熙之、子永久谭。

初七日丁卯(6月28日)　阴,微雨,复晴

接少颖侄四月廿五日信,又子谨婿五月廿二信。

初八日戊辰(6月29日)　晴,下午见雨点,旋止

长庚侄自屯溪来,将赴北闱,道出海上过此,谭兄处近况甚悉。写张芑堂信。即发,信局。

接阿哥五月十九日信。

初九日己巳(6月30日)　晴

初十日庚午(7月1日) 晴

写李中堂信。十三发,马递。新任淞北协宋颂承声平,宁乡人。来候未晤。写李勉林信。即发,信局。夜金力甫桂荣,眉老之侄。自苏州来候,留晚饭后去。

十一日辛未(7月2日) 晴

夜与熙之、子永及儿、侄等赏月畅谭。

十二日壬申(7月3日) 晴

答候宋颂丞久谭。答候金力甫,觅其舟不得,返舍。金力甫同其堂弟莲生来已久,留谭至饭后,同登山上东岳庙小楼,眺望良久而别。

十三日癸酉(7月4日) 晴

下午曾君麟及其戚吴、归两人来访,少谭。

十四日甲戌(7月5日) 晴

写般仲信,即发,信局。杨卓庵信。附般。夜饮于延台,与熙之、子永、长庚侄俱。

十五日乙亥(7月6日) 晴

夜,实儿赴苏。

十六日丙子(7月7日) 晴

接眉生初十日信。

十七日丁丑(7月8日) 晴,有炎歊之势,寒暑表至九十三分

后园余手植胡桃已十年馀,今岁结实甚繁,剪摘至二百馀枚,以荐先祖,以饷戚友,并自餍饫,筐尚未倾也。写阿哥信,寄去开母石阙。二十日发,交长侄之仆。写实儿信。即发,信船。

接族兄维城△月△△日信。

十八日戊寅(7月9日)　晴

写子谨信,即发,马递。少颖信,陈荔生信。附谨信。

接子谨初四日信,言直隶亢旱,赤地千里,灾民群聚省垣。而东省盗匪纠众抢掠,延入直境,官军擒剿未灭,西人又复鸱张,内患外忧一时交集等语。余既闵斯民之被祸,复幸归计之早成,瞻仰昊天,咨叹不已。又陈荔生△月△日信。

十九日己卯(7月10日)　晴

傍晚,邑子姚彦嘉自都门、扈上来过访,留晚饭,谭至三鼓。云英人决欲构祸,中外束手无策。先是,去春英员马加利由缅甸至云南,为土人所戕,事久未结,总署及海疆大吏推延相诿,彼得藉为口实,邀求无艺,至今遂有决裂之势,已屏不与中国往来,发信调兵,其势汹汹。自粤匪荡平十馀年间,纪纲益坏,官吏益偷,上骄下谄,黩货无厌,廉耻荡然,虽微英人,其能免乎!患难馀生,投足靡所,历举年来世风,不觉眦裂发竖。

二十日庚辰(7月11日)　薄阴

自前月中下旬雨后,至今复晴半月馀,水减日数寸,农夫戽水,力尽筋疲,而天泽不降。直隶、山东赤地千里,江西、福建大水成灾,天意、人事可以知矣。写子谨信。即发,交长庚。孝拱信。同上。阿哥信加页。即发,交长庚下人。实儿信。即发,信船。长庚侄赴扈,拟趁舟北行。

接实儿十九日禀。

二十一日辛巳(7月12日)　晴

接李勉林十九日信。

校朱子《韩文考异》原本十卷毕。世传《韩文考异》皆宋末王伯大分散朱子原本于各句之下，复多增损窜易。国初吕晚村家藏宋槧考异原本，安溪李文贞得而付梓，其版旋佚。至乾隆间纪文达等奉敕编《四库总目》，已言其难得可贵。前从李申兰处见有是本，假归就书局番刊之东雅堂本校录一过。东雅堂所祖为宋廖莹中世綵堂本，已将朱子《考异》散入句下，其间亦尚无甚异同处。但《考异》所载"方云"，皆方崧卿所考证，廖尽去之，近于掠美，甚为可笑。又多增出之处，未知李刊原本尚有阙佚，抑为莹中臆增，不可考矣。自前月十四日起，本日止，凡三十八日斠讫。

二十二日壬午(7月13日) 晴

二十三日癸未(7月14日) 晴

二十四日甲申(7月15日) 薄阴

陆叔文自北归来访。写实儿信。即发，信局。曾沅浦信，六月初二发，交县。曾劼刚信。附沅信。

接实儿二十三日信。

二十五日乙酉(7月16日) 薄阴

接阿哥十八日信，又般仲二十一日信。

二十六日丙戌(7月17日) 薄阴，乍雨乍止

答访陆叔文，又访杨咏老，均不值。

二十七日丁亥(7月18日) 雨

曾君麟来访久谭。写实儿信，即发，信船。又长庚侄信。即发，信局。

接长庚侄二十四日信，寄来鲜荔枝，虽色香已殊，而味尚醰醰。

二十八日戊子(7月19日) 晨微雨，亭午晴

子永来。写实儿信。即发，交王春。

接实儿廿七日禀。

二十九日己丑(7月20日)　阴,午间乍雨,午后仍晴

候宗月锄廷辅,邑人。久谭,以旧友宗君湘文欲以女字余次子宽,托之为媒故也。次至方氏女处少坐。次访曾君麟,即归。

六月乙未

朔日庚寅(7月21日)　晴,午间雨

初二日辛卯(7月22日)　晴

宗月锄来答候,久谭。写实儿信。即发,便船。

初三日壬辰(7月23日)　雨乍作乍止

写般仲信。即发,信局。

初四日癸巳(7月24日)　晴,乍雨乍止

实儿旋自苏,安林偕来。与安林久谭,傍晚安林去。

接长庚侄初二日信,又孝拱闰月廿九日信。

初五日甲午(7月25日)　未曙时狂风大作,擗地振振有声。卯辰后风渐止,雨淅沥终日,颇类秋霖

写长庚侄信、即发,信局。孝拱信。同上。

初六日乙未(7月26日)　晴

写眉生信。即发,信局。

接眉生闰五月廿一日信。

初七日丙申(7月27日)　阴晴间见

校录宋绍熙曾集刊本《陶靖节集》毕。此本不分卷第,又以《五孝

传》及《四八目》为疑而去之。句下所附别本“一作某”者甚多，然诗文内定用某字亦未见精审，不知有所本、抑自为去取也。原书藏古里瞿氏，余所见者，邑人影雕本也。

初八日丁酉(7月28日) 阴晴同昨

明日为南阳君寿，儿辈治具先日称觞，夜饮至二鼓。

初九日戊戌(7月29日) 晴，午间乍雨

南阳君寿日，家人祝贺毕，子永婿至，与熙之皆延入黛语楼下共食汤饼。陈莘农来候，谢未见。

初十日己亥(7月30日) 晴

傍晚访陈莘农，并晤陆叔文久谭。

接长庚侄初八日信。

十一日庚子(7月31日) 晴，午前乍雨

写槐亭信。即发，信局。

十二日辛丑(8月1日) 晴雨相间

十三日壬寅(8月2日) 晴雨相间，夜风

十四日癸卯(8月3日) 风，晴雨相间

晨偕熙之、子永、实儿观荷于石梅茗舍。水口石桥今日合龙，名之曰柳风桥。

接开生十二日信。

十五日甲辰(8月4日) 阴雨

接般仲十一日信。

十六日乙巳(8月5日) 晴，间有雨

十七日丙午(8月6日)　乍雨乍晴

接金鹭卿十五日信。

十八日丁未(8月7日)　阴,立秋

巳刻于祠堂献瓜果。南阳君至二女家。写金鹭卿信。即发,信局。

十九日戊申(8月8日)　晴

先府君忌日,奉祀。

二十日己酉(8月9日)　晴

写眉生信。即发,交来人。

接眉生十六日信。

二十一日庚戌(8月10日)　晴,下午大雨

接槐亭十九日信。

二十二日辛亥(8月11日)　晴

二十三日壬子(8月12日)　晴

二十四日癸丑(8月13日)　阴雨

柳风桥工成,晚同南阳君挈子孙登眺,绿柳毵毵,低拂桥背,石阑俯瞰,水碧于油,名园得此,殊增胜概。余自乙丑岁卜筑斯地,即欲于水口为一桥,天道周星,始遂厥愿,缔构之功,亦云艰矣。

接子谨婿初一日信。

二十五日甲寅(8月14日)　阴

写金立甫信。即发,交存仆。

二十六日乙卯(8月15日)　晴

二十七日丙辰(8月16日) 晴

写子谨信。二十八发,马递。

二十八日丁巳(8月17日) 晴

写薛安林信。即发,信船。

二十九日戊午(8月18日) 晴

池中磊石山将成,逐日与石工商量位置,今晨解衣盘礴,亲立石于东峰,始有彼此相揖之势。溪波荡漾,峦影参差,静溪一胜也。

七月丙申

朔日己未(8月19日) 晴

龚孝拱携汉唐碑拓一箱自沪来访,欲易资刻所著书。其中汉石如《石门颂》、《王稚子左阙孔彪碑》等均精,余家居恐不了此,姑存之而已。是日留谭至二鼓。

接金力甫六月△△日信。

初二日庚申(8月20日) 晴

乡间讹言有黑物夜出,压人至死,惟畏锣声,一时锣价至一面数千文,城乡鼎沸,彻夜鸣锣呼喊不绝。又连日太白昼见,乱象叠作,无异咸丰初元。皮骨仅存,不知投足之所。午间与熙之过孝拱舟中。下午孝拱来。

初三日辛酉(8月21日) 晴

孝拱晨至,谭彻日。

接子谨婿六月十四日信,又陈荔生六月△△日信。

初四日壬戌(8月22日)　晴

池中磊石山告成,以古人有百衲琴,名之曰百衲峰。孝拱晨来,三鼓下舟别去。

初五日癸亥(8月23日)　晴

大楼前花台撤去黄石,更磊湖石,增一台,是日动工。赴吊庞宝生尚书之丧。又候赵次侯祝寿,少顷归。

接眉生初一日信。

初六日甲子(8月24日)　晴

初七日乙丑(8月25日)　晴,夜雷雨

初八日丙寅(8月26日)　晴

接眉生初三日信。

初九日丁卯(8月27日)　晴,夜雨

大楼前花台磊成,自余归九月馀,葺治西楼以及桥岸池沼,今始蒇功,西北一隅居然密丽。全园无力兴筑,偏安之局,慰情胜无矣。陆氏妾以性度乖戾,遣还母家。

初十日戊辰(8月28日)　晴

写眉生信,即发,信局。般仲信。同上。

十一日己巳(8月29日)　晴

中元节,择今日制茄饼荐祠屋。

十二日庚午(8月30日)　晴

接龚孝拱初八日信。

十三日辛未(8月31日)　晴

下午访陆叔文不遇。访杨咏老,同过季君梅小圃,早桂已开,徘

徊久之。

十四日壬申(9月1日) 晴

下午,孔改庵广稷,宝应人,孔宥函太守子。自邗上来候,与弢老有世谊,因亦知余,持才叔书来求助,留谭共晚饭后去。

接完甫侄六月十四日信,又管才叔初三日信。

十五日癸酉(9月2日) 晴

杨书城、曾君麟来访。答候孔改庵不值。孔改庵来,久谭辞去。实儿与子永、熙之同赴江宁乡试,午刻行。下午次侯来答候,久谭。

十六日甲戌(9月3日) 晴

十七日乙亥(9月4日) 晴

今夏无暑气,而立秋已匝月,反炎歊可畏,不雨已旬日,溪河欲涸,四乡讹言不息。兼之秋旱,人心益惧。夷酋威妥玛调兵艘扎烟台口,恃强要挟。朝命李相为全权大臣,便宜行事,往与构约。前月廿八航海往,至今无定议。

傍晚过陈莘农邑侯谭,见福山镇移解妖人任本厚供词原卷。据供系山西介休人,流落到苏,有兄在通州开酒肆,故往投奔,行至福山被获。在苏时遇见葑门乌鹊桥耶稣教堂洋人,教以剪人辫发及放纸人压人咒语,令呷不甜不苦黄水一碗,方有灵验。其剪辫咒云:"丁哩还,黑来光,边速还,陈叔来。"其放纸人咒云:"变里光,黑来光。速来还,不可藏。"每剪辫一条,教堂给洋一元。压死一人,纸人上有红点,教堂给洋三元云云。并当堂剪一纸人,约三寸长,令伊作法念咒,全然不灵。据称路上吃了大蒜,将黄水吐出,又被获时乡人押令吃粪,故不能效。现已将其人解省审办。莘农意不甚信,以为咒语鄙俚，前后供说两次，语句颠倒，纸人不异儿戏，难保非在福山营中畏刑妄供。所凭者惟身有剪刀一把，乱发一饼，据供即系被获之日在福山左近萧家桥所剪，果系实情。半日之间辫发如何解散结成饼子，且剪下之辫理应中断，不当有根，而细验发团，根根皆连，有头皮白膜，其为梳时脱落无疑。本地人之意，欲照土匪例就地正法，今解省审办，大拂群情。然人命关天，杀一外省之民，以取悦本境之民，官声虽起，如良心何？余闻其言，甚为起敬。

接慎娥甥女十四日信，又李少石六月廿八日信。

十八日丙子(9月5日)　　晴

写薛安林信。即发，信船。

十九日丁丑(9月6日)　　晴

季君梅来答访，久谭。

接阿哥初八日信。

二十日戊寅(9月7日)　　晴

写孝拱信。即发，信局。

接子谨婿初五日信。

二十一日己卯(9月8日)　　晴

写邓树人信，以季垂夫人去世慰问之也。即发，信船。

阅《古微堂诗》十卷。魏默深源著。有韵之文，非复诗格。历境虽多，而以奇肆为擅长，射可穿札，力能屈铁，从来骚坛无此龙象。

又《心向往斋用陶韵诗》二卷。孔宥函继镤著。

又《壬癸诗录》一卷。同上。

又《于南诗录》二卷。同上。工于琢句，往往突过前贤，而才力终单，不免襟肘之态。

二十二日庚辰(9月9日) 晴

写阿哥信。即发,信局。长庚侄信,寄去徽州来银信。廿七发,托般仲。子谨信、完甫信。同发。晚访曾君麟送行,不及。

二十三日辛巳(9月10日) 晴

下午,访陆叔文少谭。至大女家略坐。又访宗月锄少谭,又访杨书城久谭,上灯时归。

接子永婿二十日信,又曾沅甫初一日信。

二十四日壬午(9月11日) 晴

写子永信。即发,信局。李伯相书。即发,马递。

上李少荃相国

窃〈烈文〉前肃寸丹,谅登钧鉴。穷乡跧处,侧闻恭膺涣号,亲涉大川。出疆苟利社稷,以樽俎为折冲。此行见一大人,闻传呼而罗拜。忠昭天地,信洽豚鱼。惟是执牛耳以莅盟,尚烦文告;手鳌维而奠柱,首冒垅涛。虽诚臣击楫以无辞,顾沧海横流其何极。神依旍动,心逐旌悬。

伏思兵不虚动,志有所存。我非弱昧,况退让世所习闻;彼即富强,无礼义何以立国。念此简军而蒐实,必非漫试而轻尝。与其启衅而开边,毋宁口诛而笔伐。勿以强弱计成败,但取曲直论是非。得攻心之一言,胜浪战之百万。况疮痏呻吟之未复,兼水旱寇贼之相仍。势有当然,众宜共谅。至于一日之计,则防清议重于防边;十年之安,则审敌人莫先审己。若进为长治久安之上策,盖不外用人行政之大端。

惟我中堂,久操渊烛,凡兹末议,何待旁参。〈烈文〉趋事未能,匡居多感。傫然一病夫,无手足之可效,觍焉负恩纪,扪心肺而犹存,敢为出位之言,惟以卫躬为祷。重溟滈荡,临楮依依。敬敏荩绥,无任悚恋。

二十五日癸未(9月12日)　阴,大风骤凉,几欲挟纩

连日秋暑,寒暑表九十分以外,今日骤落二十馀分,气候不正如此,人易致疾,不可不谨。

二十六日甲申(9月13日)　晴

二十七日乙酉(9月14日)　晴

写子谨信加页,寄去磁州交抵折、实亏册各一本,陈丽生借契一纸。陈荔生信。附方。朱芷汀信。附完甫廿二信。写般仲信,即发,专丁。树人信,寄季垂夫人奠分十二元。即发,专丁。

二十八日丙戌(9月15日)　晴

接子谨婿十二日信,又魏般仲廿二日信。

二十九日丁亥(9月16日)　晴

三十日戊子(9月17日)　阴

八月丁酉

朔日己丑(9月18日)　阴

初二日庚寅(9月19日)　晴

陆叔文来答访,久谭。写实儿信。即发,信局。

初三日辛卯(9月20日)　阴

下午候陈莘农明府久谭。

接邓树人七月廿八日信,又魏般仲七月三十日信。

初四日壬辰(9月21日) 晴

初五日癸巳(9月22日) 微雨

初六日甲午(9月23日) 晴。秋分节。秋暑颇剧

午刻合祀先祖如礼。

接子谨婿七月十七日信。又归屏如七月初十日信,并寄仓米交代折。

初七日乙未(9月24日) 阴,微雨

女柔赴常,以子谨幼弟子顺自徐州来,过常病笃,寓其戚嵇氏家,闻已濒危,而子永省试未还故也。写李少石信。即发,马递。

初八日丙申(9月25日) 风雨,风甚而雨即止

甘泽久阙,农田桔槔声喧彻城市,而连阴不降,为之隐忧。

初九日丁酉(9月26日) 阴

初十日戊戌(9月27日) 阴

十一日己亥(9月28日) 晴,下午阴,风寒

写眉生信。即发,信局。薛安林信。即发,专人。

接金眉生△△日信。

十二日庚子(9月29日) 晴

接实儿初五日信。

十三日辛丑(9月30日) 晴

写邓树人信,即发,信船。又季垂信,附树信。薛安林信。即发,信船。下午至陆叔文别墅,主人不在,晤其戚余桂山,少谭归。

接邓树人十二日信,又薛安林十二日信。

十四日壬寅(10月1日)　晴

早食后出北门,访次侯久谭。归途至庄女处少坐。

十五日癸卯(10月2日)　薄阴,中秋节。云阴蔽月不甚朗

夜祀先毕。南阳君率子女拜月于延台,圆桌可磨旋,陈茗果,随月所在向之。

十六日甲辰(10月3日)　阴晴相间

十七日乙巳(10月4日)　晴

写六姊信,即发,信局。实儿信、柔女信、管才叔信。均附发。

十八日丙午(10月5日)　晴

十九日丁未(10月6日)　晴

接子谨婿初六日信。

二十日戊申(10月7日)　晴

写子谨信。廿五发,马递。

二十一日己酉(10月8日)　薄阴,夜雨

二十二日庚戌(10月9日)　阴,午间微雨,午后见日

天时久旱,昨夜得雨寸以来,晨巡园塍,绿润如沐。方临流望山外,言有客至,为武昌张廉卿,裕钊。契阔逾八年,谭话甚乐。即命篼舆同游拂水,班荆石上。余与此山别亦八年,乱后人家植松桧渐益苍苍,报国院亦有兴筑,颇改观矣。逾山至三峰,则堂殿一新,方鸠工作。三峰僧留食素面已,导入精进堂赏桂,金粟未飘,香气犹郁。复诣破山寺,不见一僧,寺亦荒落。时已将暮,匆匆而归。廉叟二鼓下舟去。

二十三日辛亥(10月10日)　　阴雨,大风骤寒

晨访廉卿舟中,值踞厕未见。少选来同饭毕,为余作"静溪"二大字,拟置池上。又为书余所集镜铭诸联,均遒丽可喜。二鼓别去,送至舟中,少谭归。廉卿为古文辞入方、姚之室,为人质素,不以崖岸自异,君子也。

二十四日壬子(10月11日)　　晴

接伯厚大嫂△△日信。

二十五日癸丑(10月12日)　　晴

候翁吉卿,曾纯,本地人,浙江候补府。以在屯溪与家兄同事,新自彼归,往询近况故也。值未起,不晤。候杨书城,贺其子茗甫优贡之喜,亦不晤。至二女家少坐。又候曾君麟,亦不值,遂归。写屏老信、即发,附子谨信。完甫信,同上。子谨信加页。即发,马递。

二十六日甲寅(10月13日)　　晴

二十七日乙卯(10月14日)　　晴

杨茗甫来。赵次侯来。写阿哥信。九月初四发,交翁吉卿。

二十八日丙辰(10月15日)　　晴

写莫善徵信荐胡升,李勉林信荐祁发。即发,均交本人带。

二十九日丁巳(10月16日)　　晴

九月戊戌

朔日戊午(10月17日)　　晴

接少颖侄八月初一日信。

初二日己未(10 月 18 日)　　晴

接邓树人初一日信,又金眉生八月二十五日信。

初三日庚申(10 月 19 日)　　晴

杨书城来答候。访陈莘农邑侯久谭。翁吉卿来答候,余适在邑侯处,遂邀至县署久谭吾兄在屯溪卡局情形,傍晚各散。

阅《苏米斋兰亭考》八卷。翁方纲著。审订欧本、褚本至核,源流正变,言之确凿有据,无怪金石家推为宗匠也。

初四日辛酉(10 月 20 日)　　晴

写阿哥信加页。即发,交翁吉卿。

初五日壬戌(10 月 21 日)　　晴

自前月廿一二得雨后,晴杲复半月,风日炎燥,草树皆为无色。实儿试毕归。写邓树人信。即发,信局。

接六姊初一日信,又子宪兄初二日信,又管才叔初一日信。

初六日癸亥(10 月 22 日)　　晨雨后午晴

孝拱自上海来见访,留住见微书屋中,畅谭至五鼓。赠余陈老莲、笪江上绘观世音菩萨象,此二种后均还之。元均酒盏及磁器十馀种。

初七日甲子(10 月 23 日)　　晴

邀孝拱登余藏书之天放楼,视余书帖等。

接眉生初三日信。

初八日乙丑(10 月 24 日)　　晴

写眉生信。即发,信局。

初九日丙寅(10 月 25 日)　　晴。重九节

偕孝拱登高至岳庙之五岳楼少坐,出循山麓入白衣庵,复少坐

归。陈莘农来候久谭。写黄子寿信。十二发,附子谨信。

致黄子寿书

前奉函后,阅久未及修敬。侧闻海上之盟,命参帷幄,昏涛冥雾,忠信坦然,异类向风,中民蒙福。甚佩,甚佩。迩日仍游津门,抑旋省局,道体安否,尤切系怀。

烈夏秋多疾,一同往年,偶事翻阅,亦觉烦懑。每日日斜以后,巡舍南蔬圃,坐眺山色,观水泉动静之势,察草树青黄之变,则心气为平,胸中解圻。及遇小小尘事婴拂,辄复窒然。停痰宿垢,挟之作祟,妨眠废食,旬日为常。是以北行之说,久而弥怠。自幼年时,即秉性褊迫,无委蛇之致,胶固执一,不可化解。知无以为世用,故守素志,十馀年不变。

同治乙丑之夏,曾文正公奉旨诛捻贼,以烈累重,使钱子密检曹敦劝赴浙作官,许以到省先权府缺,未久而马中丞浼同邑吕定之太史致书劝驾,皆婉辞,而就相国忠义局廿四金之干脩。迨丁卯岁相国平东捻,奏在事功绩,文正欲为烈丐转一阶,烈固谢而乞去。甥周世澄校官书甫达,部章令附生不得举校官,遂改县佐。生平避禄仕非一事,此二者,相国之所知也。文正北移麾节,以从之久,甚怅怅。文正复谕以仕,使劼刚言之三,面言之再,谊不可却。至北未久,即委权事,又自车马之资,皆为具之。于是微志不敢以终遂。然而以磁州事文正二年,以易州事相国三年,未有以异人也。

相国甲子年监临南闱,烈时闲居,廪食公家,往谒奖誉不容口,欲处之幕中,又欲为奏改官省。继代文正督师,又使家兄函召。居易任来,五角六张,此皆褊心所致。使非相国魏魏之德,照临其上,则灰烈之身不足以蔽辜久矣,尚何官之可为。十馀年中被相国之惠,皆世寝馈怀思所不得遇,烈皆不求获之,皆未有仰酬万分之一。然使烈复出而修身改行,以不负知己,犹之可也。出而不能修身改行,则获戾滋大,虽相国如天覆焘,再三不烦,顾烈含齿戴发之身,独无愧乎!以疾病则如彼,以赋性则如此,事人则多迕,当官则无效,徒挟驽骀栈豆之思,而谓之感激酬知,所不敢出也。久欲乞身,念无故求去,非觊觎速化,不足君所而何,故踟蹰年馀,未敢显言。继念烈之生平,人或未知,相国必能知之。烈即勉强复出,以衰病侵迫之身,久居州县剧冗之任,颠踣以死,不俟蓍蔡而知。倘乞闲曹自养,又恐于两相知人之明,致有辱累。是以终于剖露自陈,而不能已也。

素不习红纸楷书,又相国地位尊严,不可以畅言私情。而北中最荷公爱,至深且异,用奉祈于宴闲,如为之论说,得相国俞允,即陈牍请奏矣。家居有田二顷,市廛数处,月租五十缗以来,食指既繁,请丐亦众,往往不足,辄斥卖不急以佐晨夕,度未可久。来年仍当初服出游,如相国终始不弃,请以游客隶麾下。不自量度之言,相国宜笑而弗责也。

官逋以领抵解,沛乎有馀,第平费诸端,无所于出,薄产皆两相所赐,口食之资未敢变易,亦欲乞相国、方伯之恩,许其放抵,免其领解。尝见加恩废员,有为之筹款弥补者,烈以应放抵应解,交代既速,尘牍亦清,要相国之与方伯一言而已,可否之数,并望代陈,专此布恳,不尽一一。

初十日丁卯(10月26日)　　晴

十一日戊辰(10月27日)　　晴

天色暖甚,园中李花、紫荆均开,然乱后屡见,不以为异矣。

十二日己巳(10 月 28 日) 晴

写子谨信,即发,马递。少颖信。附谨。子宪兄信。即发,信局。

十三日庚午(10 月 29 日) 阴,无雨,午后晴

自重九至此日皆晴。谚云:“重阳无雨看十三,十三无雨一冬干。”相传甚准。今夏秋皆旱,济以冬干,麦苗失润,穑事可忧矣。

十四日辛未(10 月 30 日) 雨

昨不雨而今雨,未知农谚如何? 阅南榜,诸人皆报罢。

十五日壬申(10 月 31 日) 晴,阴,夜月甚朗

写子谨信。即发,交张坤。旧仆张坤北还,以食贫为樽节计也。

十六日癸酉(11 月 1 日) 晴

夜,陈莘农邑侯偕曾伯伟来访看月,二鼓尽乃去。

十七日甲戌(11 月 2 日) 晴

熙之来自金陵,秋试不利,殊悒悒,同人为之不欢。李申兰、陆云生来访。

十八日乙亥(11 月 3 日) 晴

写伯厚大嫂信,寄棉衣四件。即发,信船。

接李勉林十四日信。

十九日丙子(11 月 4 日) 晴,甚寒,始衣裘

同孝拱访次侯不值,孝拱先归。余答访李申兰不晤,晤其子玉舟士瓒。部曹及季君梅少谭。至两女家少坐。又答访陆云生不值,遂归。

接李甥女初八日信。

二十日丁丑(11月5日)　晴

同孝拱、熙之访曾君麟,邀为孝相宅,不偶。

二十一日戊寅(11月6日)　晴

下午曾君麟来答访,同晡饮。阅北榜,陈甥鼎获隽。写六姊信致贺。即发,信局。李甥女信。同上。

二十二日己卯(11月7日)　晴。立冬

孝拱今年六旬,月之廿七其降日也,留祝不可,乃于今日治具寿之。甫酾而杨咏春至,书城继来,遂同饮达暮。

接周钧甫十四日信。

二十三日庚辰(11月8日)　晴,风

孝拱去,送之下舟。潘子昭欲仁,邑人,旧识。来候久谭。答访曾伯伟久谭。访陆涑文不值。答访杨咏春久谭。访季君梅不值。写周钧甫信。即发,信局。伯厚大嫂信,寄棉衣二件。即发,信局。

二十四日辛巳(11月9日)　晴

答候潘子昭久谭,并晤张纯卿,又识余荣卿。午后季君梅来答访,适肝疾发,吐泻兼作,未能晤客。

二十五日壬午(11月10日)　晴

赵次侯来久谭。肝疢少瘳,由未平复。

二十六日癸未(11月11日)　晴

二十七日甲申(11月12日)　晴

二十八日乙酉(11月13日)　阴雨

写子谨信,即发,交陈顺子。善徵信,孝拱信。同上。孟舆在天津疾甚,其妇往省之,遣仆陈顺护行。子永偕其弟子顺归。

接伯厚大嫂二十五日信。

二十九日丙戌(11月14日) 阴

子永来。

接方元翁五月初十日信。

三十日丁亥(11月15日) 阴

写方元徵师信。即发,交方处。闻陈莘农交卸在即,傍晚往访之,谭至二鼓归。

十月己亥

朔日戊子(11月16日) 雨

初二日己丑(11月17日) 阴雨

写阿哥信。即发,信局。金眉生信。同上。

初三日庚寅(11月18日) 晴

杨镜泉来候,久谭。

接六姊初一日信,又金眉生九月三十日信,又周钧甫九月△△日信。

初四日辛卯(11月19日) 晴

初五日壬辰(11月20日) 晴

写子宪兄信。即发,信局。

接长庚侄九月十二日信。

初六日癸巳(11月21日) 晴

写槐亭、六姊信,贺范甥纳妇。即发,信局。

初七日甲午(11月22日)　晴

下午访陈莘农久谭。写郭筠仙侍郎信。十二发,专足。

接子谨婿九月十五日信,又黄子寿九月△日信。

致郭筠仙侍郎

筠翁少宗伯阁下:

乙亥春闻公在天津询及下走,以官任未罢,不获时赴。今里居,复闻衔天子命远使异国。五十之年,爵位无所慕,禄利无所取,独出身冒泷涛万里之阔,所以宣国家威灵,镇抚殊俗,辑和中外,此士君子之盛节,古人之所希有。

昔汉使匈奴北庭、西域及乌孙诸国,其事皆不难于今,而地为近,间至大秦,事止游历。唐之于吐蕃、回纥,事稍有难易,而地亦近。宋之契丹事稍相似,而地远近不足言。盖自中国命使,其难且远,未有如今日者也。当同治初中年间,使不一辈,皆显荣富厚之以为重,未尝有躬道义之儒者出而莅之。故遇俶诡倘恍之状,或睇而失其正视,归售淫衒,号为觇国。一二过听,又每蔑其大端;师其一技,以轻变华夏之俗。毒民之心,甚可悲已。

夫蹈不测之域,行绝徼之地,都章服之荣,而下行间谍之事,既已辱矣,况所觇何如哉!夫吞刀吐火之幻,大秦不以之为国;刻镂鬼工之巧,身毒不以之造邦。彼其政行法立,约坚条明,必有卓然能合于道治者存焉。《诗》不云乎:“采葑采菲,毋以下体。”而隆其末以忽本根,毋亦忘诵诗三百之训,而失使于四方之义乎。

阁下服膺周孔之教,辨于理乱之数,廓量尽诚,有识之所仰望。虽殊方异俗,亦将观听一新。隆礼让、宝俭慈、睦邦交,弭瑕衅、通隔阂、导隐曲、观政事、体民俗、校强弱、效长短,度越万万,不待他日而知。此事势否泰之机,国家之幸,薄海之幸也。下走抑更有请者,彼方之人,奉其枉诞之教,流播四讫。自唐以降,诃罗本、利玛窦之徒,趾错于中国,流愚谎信,向几遍天下,而不闻朝廷择一儒臣,奉文武之未坠,以驯扰远人,使渐摩于礼义,涤其旧染。桑葚之食,好音之怀,旷千载而不睹。度岭航海之使,不由以珠玉瑰异,即以干戈征伐,彼何其笃,我何其怠;彼何其厚,我何其薄。虽其心叵测,其教乱常,然其号未可使独有也。夫中国之人多智,故其教理实而迹虚;外国之人多愚,故其教理虚而迹实。不实则不信也。然而其民含齿戴发,未尝异于中国,岂无聪慧之士生于其间。以为阁下诚能使事之暇,率先圣道,以昌其风。遇凡请求,不倦教诲,笃敬则骜桀失其强,朴俭则恢诡失其异。使其震炫一世之长,退而无所据依,有不番然改乎?励躬劝学,布德宣化,即非使指,亦不可为罪也。《礼传》有之:"舟车所至,人力所通,天之所覆,地之所载,日月所照,霜露所坠,凡有血气,莫不尊亲。"圣人固已言之矣。安知千载之下,不于公之身启之也哉!

素爱倾渎,惟阁下察之。多疾恶寒,以笺代谒,敬请勋安,伏冀珍重。不宣。

又另启

敬恳者:先人墓碑一通,曾文正公于同治七年为撰,未敢冒昧求人书写。伏惟阁下道越恒流,学精八法,夙蒙私爱,用敢洁诚盥手,具启渎求,谅鉴下忱,不忍弃拒,曷胜祷感。其绢素尺寸悉遵《会典》三品碑制,行款则依古石之例,遇应抬写,皆分别空阙字数。至文前结衔是否无误,及末后不载年月,缘以撰、书、造石不知三者以何为主故耳。均乞正之。孤子赵烈文稽颡。

初八日乙未(11月23日)　晴

初九日丙申(11月24日)　晴

下午设具饯陈莘农,邀杨书城、鹤峰、曾君麟、陆涑文作陪,二鼓散。

初十日丁酉(11月25日)　晴

候陈莘农送行,少谭即别。

十一日戊戌(11月26日)　晴

赵价人来候,少谭。

十二日己亥(11月27日)　晴

写眉生信。即发,专足。子永同其弟子顺来。

接慎甥初二日信,又孝拱初四日信,又眉生初十日信。

十三日庚子(11月28日)　晴

十四日辛丑(11月29日)　阴,微雨

十五日壬寅(11月30日)　阴

十六日癸卯(12月1日)　阴

阅《尚论篇》二卷,又后四卷。国朝喻昌撰。伤寒为王叔和窜乱,明人方有执始条辨之,至本朝昌继其说,程应旄、柯琴、黄元御等复推阐之,虽未必尽合古人之旧,而头绪则较明矣。然读叔和叙例,云搜采仲景旧论,录其证候、诊脉、声色、对病真方有神验者,则仲景原书已遭删汰,今所存者乃选录而非编定,后人纷纷以窜乱罪之,得无说梦。至辨明热病不当与伤寒合论,覆千年之覆,实于此事有大功。此书之《三阳》等分篇亦清晰,其出此入彼,不无可疑,盖

不悟《伤寒》之为残帙，强欲完整，遂失阙疑之义。是诸家通病耳。后卷《会讲》等篇江湖气甚重，分录诸方全无体例，以系后人所辑稿本，重为坊贾所乱，故不可辨也。

十七日甲辰（12月2日） 阴

接六姊十三日信，又眉生十四日信。

十八日乙巳（12月3日） 晴，下午复阴

晡后子永来谈。

接槐亭△△日信。

十九日丙午（12月4日） 阴

出游书肆，得元板刘履《选诗补注》一部，又坊刻赵良《金匮衍义》、陶华《伤寒全生集》。访潘子昭久谭。

二十日丁未（12月5日） 晴

候季祖庚，耀烇。贺其母夫人受旌建坊之喜。写任筱沅信。即发，寄常交陆惕生带。槐亭、六姊信。即发，信局。

接孝拱初五日信。

二十一日戊申（12月6日） 晴

早食后访次侯，谈至晡食后返，见其所藏士礼居宋椠书，有《苏老泉集》、《简斋集》最精，又元椠《琵琶记》、《荆钗记》等。

二十二日己酉（12月7日） 阴，微雨

写长庚侄信，即发，附孝信。孝拱信、眉生信。均即发，信局。

接眉生十九日信。

二十三日庚戌（12月8日） 晴

拟明日赴苏郡，检束行李。

二十四日辛亥(12月9日)　晴,甚寒

写子谨信。即发,信局。午刻下舟赴苏,绕道莫城,候钱伯森,□□人,曾权常州府。不晤,即行,夜泊蠡口。

接子宪兄廿一日信。

二十五日壬子(12月10日)　晴

早发,辰刻至齐门,进城停舟坛子河,访邓树人久谭。至观前茗,遣邀卢理斋来谭,何莲卿亦至。茗散,何莲卿导游顾氏新筑之怡园,佳石甚多而无树,结构尚密丽。惜匠气重耳。申刻返舟。写南阳君信。即发,信船。

二十六日癸丑(12月11日)　清晨微雨,旋霁

薛安林来,同至观前。得明板《伤寒论》一部,田黄小印一双。下午返舟,晡食毕,访树人久谭。颖侄京兆试旋抵苏,闻余至,来见,并云与孟舆同归,现居舟中。孟舆疾危笃,伊俟其家人来交代,即旋虞云云。二鼓去。思孟舆始末事,通夕不寐。

接子谨婿八月廿七日信。

二十七日甲寅(12月12日)　晴

移舟葑门,访李眉生廉访久谭。其所居网师园,庚申劫前余曾借居数日,乱后树石尚存,眉生增修廓充,甚华而不俗。又出藏金石字画,纵观亦多精品。晡食后始别。至吉如家久谭,至暮下舟。吉如侄来,复良久去。

接实儿廿五、六日禀,又子谨婿九月初三、十二、十九日信,又士贞表兄师△月△△日信,新遭母夫人丧。又孝拱廿四日信。

二十八日乙卯(12月13日)　晴

闻沧浪亭修复数年,早食后命舆往观,门径如昨,丘壑依然,而

堆石成屏，种树成列，无复旧时萧疏之致矣。临水夹廊差胜，亦不免匠气。主僧月潭，江宁诸生出家，略谭，颇见理趣。

候杨见山岘。不值，次候费幼亭不值。次至吴平斋处久坐，主人抱金石数十种出观。秦量残铜，嘉兴张叔未家物。宋拓《张猛龙碑》，《李仲璇修孔庙礼器碑》，潘氏祖石本《兰亭》，皆精绝无伦。又《唐△△△△碑》，颜真卿书，世间止此一本。若宋拓王《圣教序》，虽纸墨旧极，而字稍板滞，颇觉怀疑。泰山二十九字甚清晰，然云宋本，恐亦未是也。馀种甚多，看久眼生涩，遂持秦量拓本二纸出。

候杜小舫、汪苇塘、潘季玉，均不值。候金寿君眉生之侄，伍佑场大使。立甫久谭，留饭后别。候恽叔来不值，返舟。眉生来邀，步赴之，复大出金石相示。又南唐《澄清堂帖》甲丙丁三卷，皆二王书，汇帖之祖，观此乃知近日淳化、绛、汝诸伪刻，止堪覆瓿耳。甲卷尤胜，丙、丁卷纸墨如前而拓较差，为孙北海物，翁覃溪疑其以十干编卷，类宋人所为，然安知非宋人祖述之邪？又宋拓汝帖六册，题辞一册，覃溪考跋逾数万言，虽逊澄清堂刻，而笔法浑然，非单片子本分，益见古人摹勒之工。汝帖在宋刻为最下，由能如此，其馀可想见矣。

初鼓后别出，至吉如侄处久谭，下舟。吉如侄复来，良久去。

二十九日丙辰(12 月 14 日) 晴，顺风

拟赴光福买树，移舟胥门，金寿君欲同行，迟迟不至。先发，午过木渎，申抵光福，一路看山，兼看阎百诗书，山光书味，交袭互进，复参以怀人之思，方寸甚不暇耳。步至△△寺看唐△幢，为石灰漫垩不可辨。拟问主僧，山门扃闭，贴三报联捷红纸单，不得入，遂返。金寿君来，过舟谭。

接金眉生廿五日信及诗。

三十日丁巳(12月15日)　阴

迟金寿君起,已亭午,即雇舆偕行。初至相因社,即俗称司徒庙,观古柏处也。黛色无恙,丛祠一新,略瞻眺出。循山径行,夹路榆枣松桧皆茂于昔,而岩桂盛开,询土人,云秋旱今始得雨,又暄和故也。至天井村访种树人,一名陈福堂,一名黄和卿。陈树谐价不偶,黄有红绿二色合柯老梅,大两围许,又紫薇号为翠薇,不甚可信,而大亦逾拱把,酬以六番饼将成,以舟载道远,复未就。会日垂暮,急趋石壁精舍,立峦头望太湖,暮色蔼然,不获久留,怅惘去之。趁微暝促返,抵舟已初鼓,在寿君舟饮。

石壁精舍

径转豁无际,幽怀此浩然。寒烟青入树,远水白浮天。游眺随陈迹,舟车惜盛年。得归何所事,一壑已能专。

十一月庚子

朔日戊午(12月16日)　雨

早冒雨行,过穹窿、灵岩,均不得游。午至木渎镇小泊,招石工魏春泉至,议买石。下午行,夜抵胥门泊。写金眉生信。初二发,交金寿君。

接实儿十月廿七日禀。

初二日己未(12月17日)　晴,寒

步由胥门到支家巷,访孟舆疾,已移家寓此,疾幸少间,然绵惙可危。相从十五年,两家如一,余之凉薄,遂无终始,自伤自愧而已。坐未久出,至观前召薛安林来同茗。下午赴金寿君、力甫招饮,同座

李笙鱼嘉福。亦旧相识[1]，有女童二人侑觞，中年结束铅华，十馀年来，复与斯会，亦异事也。笙鱼以金石等相示，均无足观。二鼓下舟，舟已移泊阊门水关内。写金眉生信。即发，交金寿君。

接金眉生十月廿九日信，已知余游吴，趋邀过魏唐也。

初三日庚申（12月18日） 晴

约薛安林至，同茗于古峰园，观石，石五峰，高皆及丈。旧为△△居，吴中好奇石，称之藉藉，然亦平常耳。过金昌哄市，出城至度生桥，为南阳君购燕窝菜，舟移至此，下舟游山塘，买盆桧及黄杨，拟植之百衲墩顶，又盆梅六株。申刻放舟至齐门，访邓树人，并晤廖□久谭。下舟出城，行数里泊。

接南阳君十月廿八日信，又实儿十月廿九日禀，又六姊十月△△日信，又槐亭十月廿八日信，又李甥女十月廿五日信，又孝拱十月廿八日信。

初四日辛酉（12月19日） 晴，顺风

早发齐门，申刻抵家，家人均无恙，长庚侄返已数日。写李眉生信，金力甫信，邓树人信，魏春泉信。均即发，信船。写金鹭卿信。初六发，交陈顺子。

接邓季垂△月△日信，魏般仲九月二十日信。

《林文忠政书》二十卷。林则徐稿，其婿沈葆桢编刊。公任封圻，不惮劳怨，地方利害，未尝去心，设施尤绵密无间，不可为非救时良臣。所惜者第能弥缝，而不能匡正，诸疏立论间不免揣摩迎合之风，此则叔季陋习使然，况拔自寒畯，列诸大吏[2]，空诸倚傍，势有不行，公之用心亦良苦矣。治夷论者，病其操

---

① 同座，稿本作“座客”。

② 诸，稿本作“子”。

之太急,致启衅端。余谓其咎不在阃外办事之人,而在朝中议事之人。自古国是未定,而能成将帅之功者,振古未有。观其但主守口,不主浪战。未可谓无料事审敌之明。西人舍粤北趋,则一时布置亦与纸上谈兵者有间。中国之习,但论成败,一不当而笔舌纷乘,始奉严命而来,终负重谴而去,不容于谮口者,并不谅于清议。噫!可悲也夫。

初五日壬戌(12月20日)　阴

初六日癸亥(12月21日)　阴。冬至

午间合祀先祖如往年。晡招杨少泉、杨硕甫、子永、子顺来馂馀。

接少颖侄十月十九日信,又邓树人初五日信。

初七日甲子(12月22日)　阴

写子谨信,即发,马递。完甫信,少颖信。附谨信。莫善徵信。龚孝拱信,寄洋五十元。均即发,信局。

初八日乙丑(12月23日)　晴

用聚珍板刻族谱,于是日开工。自余及实儿、颖侄外,请邓君熙之、杨君少泉、方婿子永来助校缮。

初九日丙寅(12月24日)　晴

同熙之挈子侄到方婿家,杨少泉先在,并子永、子顺、少泉皆至羊肉面店吃面毕,同至书肆看书,茶肆吃茶而归。得绿菊一本。

接子谨十月十四日信,又金眉生初四日信。

初十日丁卯(12月25日)　晴

访潘子昭、杨鹤峰,均不值。访杨书城、赵介人、李申兰,均久谭。访季君梅不值。访杨咏春,久谭归。

十一日戊辰(12月26日) 晴

写沅浦宫保信。即发,马递。子宪兄信。即发,信局。

接阿哥十月二十二日信,寄到神龙《兰亭》一本。又金鹭卿初九日信。

十二日己巳(12月27日) 晴

十三日庚午(12月28日) 晴

接完甫侄十月二十六日信,又龚孝拱十一日信,又朱芷汀△月△日信。

十四日辛未(12月29日) 晴

十五日壬申(12月30日) 晴,夜月甚皎

与南阳君俟月当头,至三鼓乃卧。

十六日癸酉(12月31日) 晴

堤上补植枫树十馀株,以其不畏潦而秋色可观也。

接金眉生△△日信。

十七日甲戌(1877年1月1日) 晴

写金眉生信。吉如侄信,寄肉桂一块。薛安林信,魏春泉信。均即发,苏州信船。子宪兄信。即发,常州信船。慎娥甥信。即发,松江信局。

十八日乙亥(1月2日) 晴,甚寒,池流始冰,寒暑表三十三分

写阿哥信。二十日发,交长庚。

十九日丙子(1月3日) 晴

写邓树人信,寄新米一石。伯厚大嫂信,寄新米一石。二十日发,

交长庚。

二十日丁丑(1月4日)　阴

长庚旋皖南，午刻送之登舟。写冯士贞师信，唁其母夫人丧。十二月初一发，附子谨信。

二十一日戊寅(1月5日)　阴

二十二日己卯(1月6日)　晴

二十三日庚辰(1月7日)　晴

写金眉生信。即发，信局。

接子宪兄二十日信，又邓树人二十二日信。

二十四日辛巳(1月8日)　晴

接子宪兄廿一日信。

二十五日壬午(1月9日)　晴

候景琮圃，春融，茂才，邑人。潘子昭推毂来余家教读故也。荜门蓬户，景象甚寒，人颇无烟火气，惜有锢疾耳，久谭出。次候潘子昭，不值。

接颖侄廿二日信，接吉如侄廿四日信，又伯厚大嫂△日信，又金眉生廿二日信。

二十六日癸未(1月10日)　晴

写史花楼信。即发，交来足。金立甫信、薛安林信、邓树人信。均即发，信船。

接金眉生廿五日信，又李眉生廿三日信，又史花楼廿五日信。

二十七日甲申(1月11日)　晴

石作头魏春泉来，远心堂及见微书屋下石岸前筑时不合矩方，故两址皆袤迤失正，拟撤屋重造，定下月开工。

二十八日乙酉(1月12日) 雨雪，寒

赵次侯来久谭。潘子昭来答候，久谭。写莫善徵信。初一发，信局。卢理斋信，金立甫信。均初一发，专丁。

接莫善徵二十六日信。

二十九日丙戌(1月13日) 晴

接孟舆二十七日信，不通问盖年馀矣，今复以牟利事见浼，乃有函至。

十二月辛丑

朔日丁亥(1月14日) 晴

写子谨信。即发，马递。子宪兄信。即发，信局。槐亭信。同上。邓树人信，魏春泉信。即发，专人。

初二日戊子(1月15日) 阴寒

接吴平斋十一月廿九日信。

初三日己丑(1月16日) 阴晴相间

初四日庚寅(1月17日) 未曙时微雪，晨晴，向午阴晦微雨

访次侯久谭，留晡食，假所得旧拓《座位帖》归。

初五日辛卯(1月18日) 晨大雾，晴

接邓树人初三日信，又金立甫初二日信，又卢理斋初三日信。

初六日壬辰(1月19日) 晴

初七日癸巳(1月20日) 阴

至方氏女处视外孙疾,疾甚剧,投以白虎汤。下午复往视,少瘳。

初八日甲午(1月21日) 晴,下午阴

卯刻远心堂、见微书屋及石岸均今日卯刻动工。未明起,召工徒去屋桷取砖以应吉时。辰刻祠堂献腊八粥。巳刻至方处诊疾,大势已定,处方清肺、胃馀热而已。汤少愚镇江人,淞北营守备。来候。

接长生弟初五日信。

初九日乙未(1月22日) 阴,微雨

石工魏春泉载石峰来,高六尺,秀出如双鬟,亟购之,拟易黛语楼下叠石而纳此峰。

接吴平斋初八日信,寄《国山碑》一通。

初十日丙申(1月23日) 雨

答候汤少愚,汤与般仲相识,故来下顾也。又至方处视外孙疾,已渐愈,仍为处方,仿前意。写般仲信。即发,信〈局〉。写金立甫信。同上。写吉如侄信,寄靴之大兄洋四元属交。即发,信局。

十一日丁酉(1月24日) 阴雨

接刘开生初八日信。

十二日戊戌(1月25日) 阴雨,寒

写开生信。即发,信局。长生弟信。即发,信局。吴平斋信。即发,信船。

接金眉生△△日信。

十三日己亥(1月26日) 晴,甚寒

答访潘子昭,以所延馆师景琮圃去世,往询其由也。至长女处

视绶孙疾,稍愈,感寒复增热,仍为处方如前意。写莫善徵信。十四发,信局。

十四日庚子(1月27日) 阴

接槐亭△△日信。

十五日辛丑(1月28日) 阴,微雨

石岸本日下桩木。至大女处视绶孙疾。写薛安林信。即发,信局。

十六日壬寅(1月29日) 夜雪,向辰始止,亭午见日

至大女处视绶孙疾。写子宪兄信,即发,信局。金眉生信,同上。袭孝拱信。同上。

接子宪兄十三日信,又槐亭初九日信,又龚孝拱十三日信。

十七日癸卯(1月30日) 阴,夜雨

黛语楼下新植翠石,以其形似,名之为秀鬟峰。子永来。傍晚至大女处视绶儿疾,自复感后,忽愈忽剧,今日胸次发水疹一片,邪热外越,病象得此为吉。

接莫善徵十二日信。

十八日甲辰(1月31日) 雨

自工作既兴,多值霖雨,役徒袖手,殊觉闷怀。

接张芑堂十一月二十日信。

读《潜丘札记》六卷。阎若璩撰。百诗先生考据专家,与顾处士同开本朝朴学风气。此书则其孙学林以箧中遗稿写梓,未经删定,中多全录古书,盖先生生前札记欲论考而未及者,后人无识,并入集中。宜官书目录讥其糅杂也。尚有吴玉搢刊本未见。

《左汾近稿》一卷。阎咏撰。百诗先生之子。卷前诗话十馀则,口吻近

似老翁,诗亦清整。

十九日乙巳(2月1日)　雨

写六姊信。即发,信船。

二十日丙午(2月2日)　阴

集印《族谱》十八卷于是日告成,十馀年心愿偿毕,为之快慰。

常州观庄赵氏支谱序补录初一日作

右谱一修于燕懿王后二十世西溪府君,再修于二十四世驾部府君,三修于二十七世都转府君,四修于三十世汤阴府君。越三十年,当咸丰、同治之间,值世多难,吾族流离奔迸,烈文大惧先业之坠,将散而不可以稽,禀于族祖、族父,始勤裒辑。复十有五年,兄昌祚、熙文正其体裁,兄振祺、振纪、弟渝江、景江助之询访,侄璧、兴、藻、国、英、颖、子实等校录增订,勒为系表十卷,益以燕懿王以下事实为世编六卷,暨首尾都十八卷。书既成,为之序曰:

昔我高祖懿王让德勿嗣,以肇造我有家。录事府君迁于常州,叔珍府君迁于观庄,驾部府君迁于郡城,农尽其力,士勤其教。用笃生我恭毅府君,谟明弼谐,登于副相。天子称其清廉,庶民乐其闿弟,百六十年咏歌未息。恭毅以降,子孙服膺遗教,罔敢越佚。殿撰府君之殁,都转府君克缵世服,窊而复隆。青州府君、湖州府君继之,藻采葩艳,流沫于学士之口。按察府君又继之,政通于朝,行修于室,振次门之衰,起太原府君之遗绪①,一姓之中,贤哲挺生,项领相望,可谓盛矣。其在于今②,通

① “起”,南京图书馆藏清光绪二年刊《常州观庄赵氏支谱》作“兴”。
② “在”,刊本作“至”。

籍阔希，生齿寥落，凡以凋瘵之馀事，畜之不足以济。抑岂德之不修，学之不讲，吾赵氏子孙俯仰以观，冥默以思，能无恐恐然惧哉？

烈尝慷慨深念，古者以族得民之制，因生赐姓，胙土命氏，诸侯以字及谥，官有世功则以官邑，皆使之收敛族亲，为之宗主。有馀归之，不足资之，昏礼则称其宗。祖庙已毁，则教于宗室，亲疏有以相附，赴告有以相通，故其民亲，而世家大族永久而弗替。迨于世禄不行，徒以文具，立号宗子，貌亲而情弗专，阳尊而阴弗附。支庶间起，则补苴弥缝，廑亦及身。族之微盛，家之菀枯，惟恃先泽之不斩。朝为公卿，暮为舆台，亲则一本，而疏若行路。噫！可悲也已。是以君子忧之，作为谱录，以备宗法之穷。推源本根，联其涣散之势；称道祖德，启其观感之心。历世相循，莫之能改。故家乘修而宗法斯在，不可不亟讲也。在《角弓》之诗有之曰："骍骍角弓，翩其反矣。兄弟昏姻，无胥远矣。"其二章曰："尔之远矣，民胥然矣。尔之教矣，民胥效矣。"岂不以亲九族在无远而能教也乎？

吾赵氏子孙，读系表之本支相引，绳绳百世，则虽自城暨乡以达异县、异郡、异行省，由一室也，非无远乎？读懿王之传，则知其恭俭寡欲，寅畏帝命，故能受天之祜，子孙众多。读录事府君之志铭，则知其慈厚豁达，故能启族于常，蔚为巨宗。读西溪府君、见澜府君之逸事，则知其务本博施，身吁众戚，故能浸昌浸炽，庆流于裔。读驾部府君、恭毅府君、督学府君之传碑，则知当官正色，大节皭然，故能为循吏名臣，遐闻显德。读殿撰府君、至于按察府君之诔辞、阡表，则知其好学深思，身体力行，门内以恩，门外以义，故能德行、政事、文学光于前烈。非教也乎？

夫合异派以归一源，由收敛族亲之义也。则古昔以勖后人，亦教于宗室之昉也。虽宗法不可复兴，存什一于千百，不由此物此志也乎？后之人勉之哉！无念尔祖，聿修厥德。谁谓太华之高，不可以企及？椒聊之颂，不可以复闻？其用心深，则其学必励；其立志远，则其报必丰。不于其身，则于其子孙。人文郁兴，允作蕃衍，相因而至，可操券得也。后之人勉之哉！

二十一日丁未(2月3日)　　雨。立春

晨率家人于先祠荐春饼，行礼。见微书屋于今日上梁。

接吉如侄△△日信。

二十二日戊申(2月4日)　　雨

黛语楼下重磊石峰成，凡五峰，中曰秀鬟，西北曰浮屠，西曰香炉，东南曰鹦鹉，东下曰朵云，皆神似。

接金眉生△△日信。

二十三日己酉(2月5日)　　晴，亭午复雨

工作连为雨阻，迫岁除，欲散归，约明正来竟功。至大女处视绶孙疾，已愈，处调理方。熙之解馆，将以次日行赴武林，来岁留家中侍母夫人，不复至。余退归，力不能使无内顾忧，无以强也，颇怅怅，作诗送之。写子谨信，即发，马封。金眉生信，即发，信局。金立甫信。同发。

接子谨初八日信。

送邓熙之训导解馆之杭州

西郭门边送君去，临岐执手意何如。久知亲老难偕隐，已分儿呆废读书。冷雨吴江征棹疾，寒天竺岭梵堂虚。应怜静圃宾朋尽，月落空梁夜梦蘧。

二十四日庚戌(2 月 6 日) 阴,大风寒

熙之成行,送之河干。

接哲如侄初五日信。

二十五日辛亥(2 月 7 日) 阴寒

晨率家众斋佛如往年。写龚孝拱信。即发,信局。

接莫善徵廿一日信,又龚孝拱廿三日两信。

二十六日壬子(2 月 8 日) 晴

晨率家众祭五祀诸神。以今年新造柳风桥为宅西水道门户,故增桥神附门神之次。

二十七日癸丑(2 月 9 日) 大雪甚寒

登天放楼观雪,虞山皑白,万瓦皆银。余家之一胜也。

二十八日甲寅(2 月 10 日) 阴寒

赵介人来,少谭即去。

接李伯房廿二日信。

二十九日乙卯(2 月 11 日) 晴,亭午复阴寒

接周孟舆△日信,又魏般仲二十三日信,寄赠洋毯等。

三十日丙辰(2 月 12 日) 晴

下午奉悬先祖像,率家人荐馈如往年。礼毕交贺,共馂于内寝。大女来归。自余夫妇暨男女子、子妇、孙男女共十一人,谐笑欢呼,洪饮大醽,家庭之乐,莫能过是。仰沐先人垂佑,无纤毫德能而享人间希有之福,循躬自省,兢惕无已。

(以上《能静居日记》四十二)

光绪三年(1877) 岁在彊圉赤奋若,余年四十有六

正月壬寅

元旦丁巳(2 月 13 日)　　晴,天色清朗无云翳,气象甚佳

黎明起,率家众拜天、拜先圣孔子、礼佛、祀先祖、交贺如往年。

发笔书红,占流年卦得:屯至观。

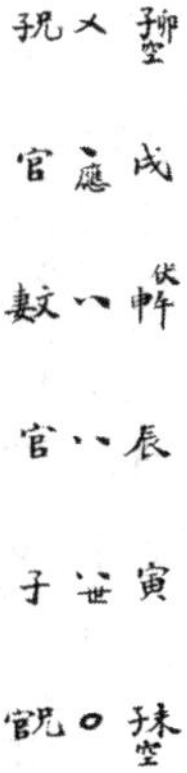

寅木子孙得令持世,两动爻为原神,日辰拱助,平安福德,吉课也。官爻处应,虽协岁君,而春令值休囚之月,又受克于世爻,不能为政,财不上卦,伏于间爻。幸木火旺相,有日辰同气,劫财旬空,无多财亦不破财。

《易林》之卦曰:"东邻嫁女,为王妃后。庄公筑馆,以尊主母。归于京师,季姜悦喜。"

子卯空 ㄨ 孙兄
戌 、应 官
申午伏 八 妻财
辰 八 官
寅 、世 子
子未空 ○ 官鬼

丁巳元旦

山家百物尽暄妍,日射松杉晓气鲜。辽左巾衣亲荐馔,斜川邻曲共疏年。春光诞曼人难老,世路迤回道易坚。结束铅华今后事,可能炳烛谢当筵。

初二日戊午(2 月 14 日)　　晴,甚寒,寒暑表三十一分

晨起馈荐先祠如礼。家人以余降日称祝。亭午出贺年,惟两女家及赵介人、次侯、杨咏春处下舆入,介人、次侯均出,晤咏春久谭,下

午归。两女及次婿子永偕弟子顺来祝贺。

初三日己未(2月15日) 晴

晨起馈荐先祠,午刻撤象如往年。下午同子永、子顺、次子宽登辛峰延眺,家山咫尺,而归后至今甫一登,可谓懒矣。

初四日庚申(2月16日) 晴

杨书城来答候,少谭去。同长子实、次子宽、长孙万民到两女家少坐,并偕子永昆弟同游山足。到陆涑文别业,遇曾君麟等少谭。登半山,茗于白衣庵,日高舂归。

初五日辛酉(2月17日) 晴

将以今晚赴苏,金眉生、李眉生两廉访约光福探梅,余以初十后工作,故早往。写九、十叔信。即发,信局。莫善徵信。即发,交乾裕。龚孝拱信。即发,信局。二鼓下舟,移泊南门外。

初六日壬戌(2月18日) 晴,大顺风

黎明舟发,巳刻未尽抵苏郡,三时行九十里,可谓快矣。泊坛子河,候邓树人久谭,知熙之尚未行,适他出,遂偕树人至玄妙观茗肆久坐,又至书肆略观览。返舟晡食毕,仍至邓处,晤熙之久谭,傍晚返舟。薛安林来,邓熙之、树人来。遣刺询金眉生,尚未至。

初七日癸亥(2月19日) 晴

黎明移舟葑门,泊织造署前,饭毕,候李眉生少谭,约下午再往看石拓。次至靴之大兄、吉如五侄、子卿四兄处,靴兄他出未晤。次候吴平斋、杜小舫、俞荫甫、金立甫、吴清卿、杨见山,均不值。返舟。傍晚率实儿过李眉生,看南唐《澄清堂帖》,并晤李嗣子远宸,赓猷。二鼓返舟。眉生送至舟中,少坐去。

初八日甲子(2月20日)　晴,甚暖

靴之大兄来舟少谭。率实儿游沧浪亭,良久返舟。吉如侄等来舟。作《异莲说》为李眉生题图。亭午赴其招,同座吴清卿、大澂。吴子俊、观礼,杭州人,编修,四川主考。吴广庵、平斋之子,今任太仓州知州。吴毅卿。清卿弟。申末饮散返舟。遣刺问金眉生,尚未至。而李眉生欲俟花大放往,余不能久待,拟明日独游光福,书辞,李眉生坚不可,遂商明日作虎阜之行,稍酬其意。

异莲说

前臬使西川李君既解组,因网师之园以为居,莳莲池中。丙子之夏,得异花三茎,茎三台,上如芙蓉,中如芍药,下乃为莲。李君图之,以示宾客,赵子见而喜之,为之说曰:

人情莫不贵异物,而于人则欲其同。夫莲生于清波之中,擢于蘋藻之末,岂欲自表见于世,由人之情乎?丹房的历,平敷密出,众莲皆然。而重台累变,殊状易色,则此莲之所独得。乃莲异图之,人异辜之,何邪?曰:否。莲者无求,而人者有求。无求则异者为瑞,同者为美;有求则同者不足多,而异者当罪矣。彼其披晨风,挹宵露,凌芳洲,倚回渚,灵龟巢其茎中,朱鹭食其茄下。既微生之自得,曾何荣于赏顾。如李君者,憎与俗而殊途,喜偕时而异数,固宜相对于无言,而重斯莲以绢素。

初九日乙丑(2月21日)　晴,暖甚,至不可御裘

巳刻李眉生来舟,同赴昌门游刘园,园兵燹后无恙,吾里盛旭人得之,装治一新。主人方觞客,罢酒出迓,并晤费幼亭,时亦寄居吴门。匆匆交谭,游不尽兴而出。返舟饭毕,至山塘观花,市得西府海棠一株,价颇廉。返棹昌门,眉生别去,余舟移城内泊。

初十日丙寅(2 月 22 日) 暖益甚,如莫春时

早食后命舆候盛旭人、费幼亭、吴广庵,均不值。候金立甫少谭,知金眉生尚未至。下舟,遣邀邓树人、熙之,薛安林适到,同茗于古峰园,约熙之作邓尉探梅之举。下舟正解维际,金眉叟适到,遣人追挽,遂约在胥门候之同往。下午眉叟来畅谭,两舟并发,二鼓至木渎镇泊。

十一日丁卯(2 月 23 日) 阴,大风甚寒,夜雪

早发木渎,辰过善人桥,停舟登岸眺望,候后舟至,眉叟尚卧,遂复行。将至光福一里,西崦水宽风急,不得度,良久乃度,登岸至光福寺。兵后新建,规模颇隘。觅山僧与谭,不甚了了,别返舟。眉叟船大,尚阻风彼岸,天寒飞霰,明日之游不可复必,薄暮乃返棹从眉舟,至善人桥同泊,过之纵谭,三鼓始卧。

步金六廉访见赠韵兼柬邓十三学博

隔岁探梅约,胥溪六日停。花应白晴坞,草已绿烟汀。嗜好本殊俗,年光若建瓴。林泉如不赏,空慕少微星。

已作兼旬别,西泠况未游。此方山色好,可以慰离愁。谭笑入图画,寒暄互纩裘。何年啸俦侣,湖上起朱楼。学博欲游武林不果,连日寒暄大异,倏裘倏纩,皆纪实也。又学博有居香溪之志。

十二日戊辰(2 月 24 日) 晨雨,亭午止。寒

早发善人桥,巳刻抵木渎。过眉叟舟中畅谭。同游端园,园已易主矣,台榭如故。入内园茗坐良久,寒竹雪中倍觉青翠。午刻舟复行,余乘眉叟舟过横塘,乃别而返。夜入齐门泊,送熙之上岸,到树人处,久谭始返。

接南阳君初九日信,又子谨婿二年十月十一日信,又魏般仲二

年十二月二十日信。

步邓十三学博香溪舟中作原韵兼柬金六廉访

看山豪客同扬舲,天意特遣云冥冥。风饕雪虐不得往,一夜顿失千峰青。村尨忍冻吠行客,飞鸟无声下远汀。停桡寂寂不闻响,但有高唱鱼龙听。

十三日己巳(2月25日)　阴,风微逆,午后日晴风止,波平如镜

早发齐门,辰至陆墓小泊,午过洪塔,申末抵家。

接阿哥二年十二月十八日信,又颖侄二年十二月十七日信。

十四日庚午(2月26日)　晴

顾渭泉增葵,邑人。来晤,其人善于工作。

《四书讲义》一卷。明高宪成著,盖门人所集。"富与贵"章、"回也其心"章、"诚者天之道"节、"人之所不学"章诸讲义,非知行合一人不能道。论"举直错枉"章之以直枉易君子小人,"鸡鸣而起"章之以利字易恶字,推勘深细。"泰伯其可"章、"性相近也"章二篇,似有弥缝之迹。"君子中庸"节,前半精卓,后半引子罕言利命与仁及子不语怪力乱神,则颇失之孟浪矣。

《明夷待访录》一卷。明姚江黄宗羲著。中语多可采,僻见、迂见亦多。

十五日辛未(2月27日)　晴

夜荐元宵于先祖。余家旧逢元宵、中秋皆献酒,烈以荐酒而不献饭,似于意未安,故于前年增设肴馔兼献饭,兹念新正荐祭未久,又二分、二至大祭皆新增,恐祭数则烦,转非尽诚之道,敬拟止献元宵,如端阳角黍,中元茄饼,重阳果糕一例,中秋亦改献月饼,以今岁为始。

接完甫侄二年十二月廿二日信,又熊小彦初六日信。

十六日壬申(2月28日)　晴,夜小雨

早食后赴寺前街游览,即归。

十七日癸酉(3月1日) 晴

石岸工程今日接续为之。写金眉生信、李眉生信。同发,信船。

十八日甲戌(3月2日) 晴

接九叔十五日信,又周钧甫二年十二月廿九日信。

十九日乙亥(3月3日) 薄阴,夜雨

二十日丙子(3月4日) 阴,微雨

写六姊信,即发。槐亭信。附六姊。魏般仲信。即发,信局。张芑堂。即发。

二十一日丁丑(3月5日) 晴

子谨信至,云李少石事已详前信,而前信未达,读至下文,则述其人殓及身后一切,令人骇汗如雨。少石长余数年,精力虽不充,然素无疾病,何至凋丧如是之速。其人不能有识,究不失为一长者,念之殊为惨然。

接子谨初三日信。

二十二日戊寅(3月6日) 晴

写九叔信,寄去族谱四十五部。二十四发,交实儿。金立甫信。同发,交王春。

二十三日己卯(3月7日) 晴

陆涑文来谭。

二十四日庚辰(3月8日) 阴,微雨

陈氏妇归宁,携诸孙往。实儿赴常扫墓,顺送之往,于今午成行。

二十五日辛巳(3月9日) 雨

二十六日壬午(3月10日)　阴

二十七日癸未(3月11日)　阴

接实儿廿六日禀,又金力甫廿五日信。

二十八日甲申(3月12日)　雨

二十九日乙酉(3月13日)　晴

接哲如侄初八日信,又周钧甫十六日信。

三十日丙戌(3月14日)　晴

黛语楼下植黄梅一株,虬枝拿攫,颇有画意。又植西府海棠一株。写哲如信,寄去族谱三部,与完甫、少颖分领。二月初三发,交王春送上海信局。阿哥信,寄谱五部,四与诸侄。二月十五发,信局。

二月癸卯

朔日丁亥(3月15日)　晴

初二日戊子(3月16日)　晴

早食后访曾君麟、陆涑文,均不值。至大女家久坐归。

初三日己丑(3月17日)　晴

写莫善徵信。即发,专丁。吉如侄信,即发,信局。寄族谱三部。

初四日庚寅(3月18日)　晴

书屋后走廊造成,题其门曰"喜林"。曾君麟来访久谭。写邓树人信,即发,信船。实儿信。附邓。孝拱自沪来专访,同至食肆小酌,谭至乙夜甫下舟。

接邓树人初三日信。

初五日辛卯(3月19日) 晴,下午雷雨

辰至孝拱舟少谭,同登陆至余居,谭彻乙夜去。

接阿哥正月廿七日信,赴皖省未返祁门。又子谨婿二年十一月廿日、廿七日、十二月二十日三次信,又李少石二年十一月廿一日信。

初六日壬辰(3月20日) 晴,煊甚。春分

以实儿未归,迟其至择日行礼。早食后同孝拱访杨咏春久谭,同游燕园蒋伯生遗居,今为归氏业,树石甚美。复至咏老家小酌,下午归。

初七日癸巳(3月21日) 晴,风霾,落沙厚至寸许

早食后拿小舟过孝拱舟,同访次侯,比至,杨咏老已先在,同饮至傍晚,乃解维返。

初八日甲午(3月22日) 晴,午后大雷雨,旋作旋止。夜风寒

至孝拱舟少谭,下午遣舟载孝拱至余居,二鼓去。

初九日乙未(3月23日) 晴

次侯来,少谭即去。午刻孝拱来谭,夜去。

初十日丙申(3月24日) 晴

写实儿信。即发,信局,寄常州。孝拱来谭,至夜别去,送之至屋后木桥别归。

十一日丁酉(3月25日) 晴

写阿哥信加页。附三十日信。写子谨信。十五发,马递。周钧甫信。附发。

接魏盘仲初六日信,寄还明拓《争坐位帖》一本,十馀年故物,得之欣喜。

十二日戊戌(3月26日)　晴

写合肥相国信。十五发,附子谨。

接金眉生初七日信,又莫善徵初八日信,又释妙空初十日信。

上合肥伯相书

前肃笺叩贺诞节之庆,谅呈典谒。春寒犹甚,伏维福体休和,无任依结。

卑职自荷赐假南旋,倏已五百馀日,微忱思恋,恨不奋飞。素体多疾,迩复早衰,渟痰宿垢,时时为虐。每欲自勉,而心力不随,负咎怀谴,悚汗若写。自思褊迫之性,本不可以入官,遭蒙中堂及曾文正公包弃瑕衅,再三登奖,用是忘其颛愚,思尽犬马之力。乃以磁州事文正二年,以易州事中堂三年,未有稍稍异人也。

自甲子以来,中堂顾睐之恩,不可以缕数。官易之日,五角六张,此皆褊心所致,非魏魏之德照临乎上,尚何官之可为。被遇如此,岂遂同木石,瞢无知觉。第以年垂半百,修身改行,已悔其迟。循问此生,无可图报万一,而挟驽马栈豆之情,谓之感激酬知,则又不敢出耳。且疾病如彼,赋性如此,复勉当地方剧冗,必致负乘贻讥,玷及人伦之鉴。故思之经岁,终于剖露上陈,以渎清听,非有他也。惟中堂明并日星,幽无不烛。夫含生之物,各有性存。或登之堂室,而其用乃宣;或放诸空闲,而其生甫遂。穆天之綷,庸有阿私,区区之心,知在宥恤。至于家事促迫,不可久安,一俟疾恙稍纾,即当结束趋承,别求豢饲。自非官任,执鞭钤下,均不敢辞。

除公牍禀陈外,谨布四体,伏乞钧裁。不一一。

十三日己亥(3月27日) 晴

写金眉生信,即发,信局。莫善徵信。同上。夜实儿归自毗陵,知两处松楸均无恙。

接六姊初三日信,又任小沅二年十二月初八日信。

十四日庚子(3月28日) 晴

接邓树人十三日信。

十五日辛丑(3月29日) 阴雨

写邓树人信。即发,信局。春分时祭,以实儿未归不克祭,今日始祭。

十六日壬寅(3月30日) 晴

为宽儿延里人汤君石农启畇,贡生。课读,本日至,以书室未就,借榻方处。

十七日癸卯(3月31日) 晴

去岁开阁遣陆氏女后,盘匜巾栉皆南阳君主之,思买婢以代其劳。旧仆胡升载泰州王氏女至,貌殊不称,恐难始终,遂别舍舍之,以俟更选。

十八日甲辰(4月1日) 晴

十九日乙巳(4月2日) 晴

二十日丙午(4月3日) 晴,下午微雨

与实儿、宽儿及次婿子永、其弟子顺拿舟至西山下,游小石洞,烹泉瀹茗。遇陆涑文扫墓在彼,设伊蒲馔相款。会雨至,留待良久,点稍稀,冒雨下山,归已薄暮。

接子谨婿正月二十二日信,李相始允乞身,黄君子寿力也。

二十一日丁未(4月4日)　晴

见微书屋落成。

接子谨婿正月廿四日信。

二十二日戊申(4月5日)　晴,夜微雨

二十三日己酉(4月6日)　阴雨

写子谨信,即发,马递。黄子寿信、完甫信。均附子谨。

接孝拱二十一日信。

二十四日庚戌(4月7日)　晴

厅事后石岸通工告成。

二十五日辛亥(4月8日)　阴,微雨

二十六日壬子(4月9日)　阴,微雨

午间延馆师汤石农至,命宽儿受业。写宪兄信。即发,信局。

接子谨婿初九日信,寄到代购宋椠《锦绣万花谷》、《明一统志》、《全唐诗》、钱牧斋《初学集》等书。

二十七日癸丑(4月10日)　晴

静溪南北碧桃盛开,与南阳君赏对弥日。其北一株红白相间,尤巨丽,清泉绮澈之濒,崇台碧楹之下,得地得时,凡卉无此命运。

接金眉生廿一日信。

二十八日甲寅(4月11日)　晴

访陆涑文久谭。又访杨咏叟,云在对门苏氏,苏翁望之,文海,太仓州学正。里中耆宿,因往就之,并与苏谭少顷,同咏叟归其家。下午滨石太常及张雨生至,又移时,乃别归。

接子谨婿十四日信。

二十九日乙卯(4 月 12 日) 晴

三十日丙辰(4 月 13 日) 阴雨

三月甲辰

朔日丁巳(4 月 14 日) 阴雨

赵次侯赠芙蓉五十枝,沿静溪插之,为清秋增色。将复为苎萝之游,傍暮下舟行。

初二日戊午(4 月 15 日) 雨

辰刻抵苏州,泊齐门坛子湖。写金眉生信,即发,信局。魏般仲信,同上。南阳君信。即发,信船。登岸访邓树人久谭。同薛安林茗于跨塘桥下。

初三日己未(4 月 16 日) 雨

薛安林来,同赴玄妙观茗,细雨湿衣,伶俜返舟。魏般仲闻余至,来访久谭。酉刻访树人,并晤其弟履吉,新以县令过阙来家省亲,别十五年,面目如故。傍晚卢理斋觅余于邓处,久谭,冒雨各散。工师魏春泉绳某氏女,导余品题,修短颇合度,而面目平平,亦凡姿耳。

接邓熙之二月十四日信。

初四日庚申(4 月 17 日) 晴

卢理斋来,同至观前茗肆,少选去。余迟般仲及周甥之约。错午方来,般仲邀过市楼饮,饮散偕访金立甫,不值,又至观中,见西南当茗楼洋枫一株,新叶红鲜,夭桃无其艳丽。复瀹茗对之良久,乃返舟。写南阳君信。即发,信船。邓树人、履吉来,谭至丙夜去。

接南阳君初二、三日信。

初五日辛酉(4月18日)　晴

薛安林来,少刻去。移舟桃花坞,茗于古峰园,午刻下舟,仍返泊坛子河。写南阳君信。即发,信船。访邓树人久谭。

初六日壬戌(4月19日)　晴

写南阳君信。即发,专丁。薛安林来,同夜茗看月。

接南阳君初五日信。

初七日癸亥(4月20日)　晴

早食毕,至观前赴卢理斋及族子松如之约,卢与余家有借贷未清之款,首尾五年,今始算结。未刻回舟,写南阳君信。即发,信船。访邓树人少谭,并送邓履吉湘行,不值。酉刻下舟,移阊门。薛安林至,言平湖县女子多美,乐为人媵,适余吴门事毕,约偕往游,以遇天缘,遂易舟拟明早南行。写南阳君信。即发,交原船。

接南阳君初六日信。

初八日甲子(4月21日)　晴

早发阊门,午过吴江,夜泊平望。

初九日乙丑(4月22日)　晴,夜雨

早发平望,辰过王江泾,申抵嘉兴,泊舟城外。

初十日丙寅(4月23日)　雨

早发嘉兴、六里东栅口,市镇甚繁,蚕丝之所荟萃,禾郡附郭,一富区也。午刻行三十六里,抵新芳镇,人家临水,闬闳甚丽,湖秀恃育蚕,岁产大万以千计,居民逢寇未周二纪,而兴筑一新,可为盛矣。

酉刻复行十八里，抵平湖县西郭，绕城至南门外泊。平湖古当湖地，向为壮县，余自咸丰甲寅道出此邑，已二十四年矣。

十一日丁卯(4月24日) 阴雨

十二日戊辰(4月25日) 阴雨

十三日己巳(4月26日) 晴，夜雨

早食后偕安林登岸，茗于城中双塔寺，前寺已颓废，觅碑幢无有。又同观剧于北门便民仓。昆腔甚佳，不闻此曲已十馀年矣。下午返舟。连日访求美材不得，拟明日北旋，由暨阳度江，至海陵游览。

十四日庚午(4月27日) 晴

早发，申至禾郡，泊舟南湖烟雨楼下，登岸茗于八咏亭，询守者，云重造已三五年，独馀正楼未兴作耳。丙寅来游，但有遗础颓寮，纵横在地，今廊榭周环，树石隐秀，湖窗凭望，胸抱快然。傍晚下舟，移泊北门外。

十五日辛未(4月28日) 晴，大顺风

卯发嘉兴，辰过王江泾，巳过平望，午过八尺，未过吴江，申至苏州。余闲游已半月，念家中绣球正发，蚕豆将登，又八九日无家信，未知南阳君安否，遂觉归思浩然。因移舟齐门，拟明日径返，而托安林度江为余访择。

十六日壬申(4月29日) 晴，顺风

早发齐门，午刻抵家，家人无恙。安林即日易小舟度江去。吴清卿大澂。陆云生、涑文、赵价人来访，观余藏金石，良久去。食园中新蚕豆，时市中间有，斤值九十文，余得饱尝不费，种艺之功如此。写史花楼信。即发，交安林。写殷仲信。即发，信局。

十七日癸酉(4月30日)　雨

早食后访陆云生、涑文,送行遇雨,久坐归。写哲如信。即发,交陆涑文。徐雨之、盛杏生信。同上。

接吉如侄△△日信,又周孟舆△△日信,携家赴苏,从此一别。

十八日甲戌(5月1日)　晴

十九日乙亥(5月2日)　晴

写邓树人信。即发,信船。子谨信。即发,马递。少颖信。同上。

二十日丙子(5月3日)　晴

候季君梅,其尊人仙九先生特旨赐谥文敏,择日告庙,同人往助祭也。午间主人留客馂馀,同座赵次侯、曾伯伟等,饮散归。

二十一日丁丑(5月4日)　阴,细雨

棹舟访赵价人,谭良久。又候次侯不值,晤其子祖白、坡生。下午归。

二十二日戊寅(5月5日)　晴

二十三日己卯(5月6日)　晴

二十四日庚辰(5月7日)　晴

罂粟、蔷薇均盛开,与家众赏玩。

二十五日辛巳(5月8日)　晴

接子谨初三日信。

二十六日壬午(5月9日)　晴

赵次侯来久谭。

二十七日癸未(5月10日)　薄阴,微有雨

子永来。

接阿哥十四日信。

二十八日甲申(5月11日) 薄阴

写邓树人信。即发,交王春。子宪信,即发,汇局。寄银三十两。

二十九日乙酉(5月12日) 阴

接周孟舆廿七日信,又周钧甫十三日信,又金眉生廿五日、廿六日信。

四月乙巳

朔日丙戌(5月13日) 晴

微有渟饮之疾。

初二日丁亥(5月14日) 雨

接邓树人初一日信。

初三日戊子(5月15日) 阴

初四日己丑(5月16日) 晴

接李甥女初一日信。

初五日庚寅(5月17日) 晴

候翁吉卿曾纯。不值,又至子永婿家视其弟子顺疾,傍晚归。

初六日辛卯(5月18日) 晴

杨壬山文会,石埭人,前在金陵熟识。来访,久谭,午食后去。傍晚拿舟出城,答访杨壬山。

初七日壬辰(5月19日) 晴

杨壬山来久谭。写金眉生信,寄还仕女一幅。即发,信局。

接少颖侄三月△△日信,又子谨婿三月十八日信,又金眉生初三日信。

初八日癸巳(5月20日)　晴

初九日甲午(5月21日)　晴

寅刻起,视工师作土重建远心堂,于是日动工也。

初十日乙未(5月22日)　晴

陈氏妇归宁行返。

十一日丙申(5月23日)　午后大雨,旋止

十二日丁酉(5月24日)　晴

十三日戊戌(5月25日)　晴

十四日己亥(5月26日)　晴

接子宪兄三月廿八日信。

十五日庚子(5月27日)　晴

写子宪兄信,寄洋三十元。即发,信局。子谨信,即发,马递。少颖信。附发。邓树人信。即发,信船。李甥女信。即发,信局。

十六日辛丑(5月28日)

陈氏妇于巳刻举一女,丁丑、乙巳、辛丑、癸巳。大小平安,分娩甚易。写阿哥信、六姊信、邓熙之信、龚孝拱信、薛安林信。均即发,信局。

十七日壬寅(5月29日)　晴

曾君麟来访,少谭。

接魏般仲十四日信。

十八日癸卯(5月30日) 阴

早食毕,答候曾君麟久谭。

接子宪兄十三日信。

十九日甲辰(5月31日) 晴,下午大雨,旋止

二十日乙巳(6月1日) 晴

东园麦熟,观童客刈获,得麦一石二斗,所占种之地仅数分。丰收若此,地亦美矣。

接邓树人十九日信。

二十一日丙午(6月2日) 晴

写邓树人信。二十二发,信船。

二十二日丁未(6月3日) 晴

写邓树人信加页。即发,信船。龚孝拱信。即发,信局。

二十三日戊申(6月4日) 薄阴

二十四日己酉(6月5日) 晴,夜大雷雨

接九叔二十一日信,又金眉生廿二日信。

二十五日庚戌(6月6日) 阴

写金眉生信、薛安林信。均即发,信船。余姬侍久乏,先有冯氏婢,北人,颇慧黠,色莹白,因名之曰阿酥,使权箧室。

二十六日辛亥(6月7日) 晴

访次侯久谭。又访咏春,闻李申兰居室几陷郁攸,同往慰安之,下午返。

二十七日壬子(6月8日) 晴,下午雨,旋作旋止

是日为入黄梅第一日。谚云:“雨打梅头,无水饮牛。”未知

验否?

二十八日癸丑(6月9日)　晴

接孝拱廿六日信。

二十九日甲寅(6月10日)　雨

接金眉生廿七日信。

五月丙午

朔日乙卯(6月11日)　阴

写龚孝拱信,即发,信局。薛安林信。即发,信船。实儿赴江阴岁考。

初二日丙辰(6月12日)　薄阴

写九叔信,寄代措达泉侄中进士报资八番。即发,交乾裕。李眉生信,寄《金刚经》一部。即发,信船。

初三日丁巳(6月13日)　晴

接邓树人初二日信。

初四日戊午(6月14日)　晴

远心堂于是日拨正梁柱,二年来触目不怡,至此一快。写邓树人信。即发,信船。写陆涑文信。即发,交伊家。

初五日己未(6月15日)　晴。端午节

是日停工。

初六日庚申(6月16日)　阴

写金眉生信。即发,信局。寄去其阃人六十寿礼。

初七日辛酉(6月17日) 晴

初八日壬戌(6月18日) 晴

初九日癸亥(6月19日) 晴

初十日甲子(6月20日) 晴,微雨

自首夏至今乏雨泽,云气偶族,辄泛洒而止。静溪之水,下于石志尺馀,桥外经流亦不逮尺,农民纷纷上城报灾。虽退处林泉,犹为之心痗不已。

接李少荃相国四月廿二日信,始允乞退之请。

十一日乙丑(6月21日) 晴。夏至

午间奉祀先祖如礼。写邓树人、邓季垂信。即发,信船。

接邓树人初十日信,又邓季垂△△日信,月初都门下第归。

十二日丙寅(6月22日) 晴

远心堂于是日酉刻上梁,午前祭谢年月、方向及中霤、先工诸神。

上梁秘记

赵氏作堂完而坚,修当五寻广四筵。楹栋桊桷事周旋,彊圉奋若光绪年。月午日寅二丙联,时维丁酉工告虔。太乙贵人上登天,治我乐居静安便。翁媪相保寿命延,子孙读书众所贤。仕宦公卿石二千,金玉满匮田连阡。云礽永守百世传,山岳可移此不迁。大吉。

十三日丁卯(6月23日) 微雨

李申兰来,少谭旋去。实儿自江阴归。

十四日戊辰(6月24日)　微雨

季君梅来访。池水欲涸,督园丁浚治。陈甥伯商自常州来。

十五日己巳(6月25日)　晴

晨访季君梅,并晤其孙冠三。陈甥夜去。

十六日庚午(6月26日)　阴,微雨

十七日辛未(6月27日)　雨稍大,已交二时甫得此雨,犹不足,然人心稍慰

偕南阳君登黛语楼,敞西窗以望虞山,命酒赏雨。

十八日壬申(6月28日)　阴雨

写般仲信,即发,信局。安林信。即发,信船。

宋拓麻姑仙坛记赞,为赵次侯作

仙人骖鸾,手接海日,处烟霞间,而具衮黻。须眉一芥,气象万千,我于毫端,证不二诠。大或杯盂,中若指顶,孰庆历人,有是清挺。南沙之县,旧山之楼,左图右书,斯焉永俦。

十九日癸酉(6月29日)　阴,细雨

二十日甲戌(6月30日)　阴,细雨

二十一日乙亥(7月1日)　阴雨

接子谨四月十六日信。

二十二日丙子(7月2日)　晴,下午大雨

接金眉生十四日信。

二十三日丁丑(7月3日)　大雨,风狂拔木,发屋、静圃之树半偃,一日夜水长三尺

接薛安林廿二日信。

二十四日戊寅(7月4日) 晴

巡视园塍,行客起树筑土,顾见东邻老栝二株,一全身半仆,一孙枝尽披,皆明时物,如云如盖。余闭门谢人事,邻曲中惟此君每共晨夕,一旦摧折,吾道益孤矣。子永昆季来。

二十五日己卯(7月5日) 晴

接少颖△月△日信,又子谨初四日信。

二十六日庚辰(7月6日) 晴

远心堂屋壁成,尚未涂墁。接造堂西临水一亭及回廊。

接族侄遵△△日信,又杨壬山廿五日信。

二十七日辛巳(7月7日) 晴

接魏般仲二十四日信。

二十八日壬午(7月8日) 晴,午后乍雨

杨书城来访。

接阿哥十七日信。

二十九日癸未(7月9日) 晴

三十日甲申(7月10日) 晴

六月丁未

朔日乙酉(7月11日) 晴

初二日丙戌(7月12日) 时雨时止

初三日丁亥(7月13日)　晴

写李中堂信。十八发,马递。金眉生信。即发,信局。薛安林信。即发,信船。

上合肥相

日昨祗奉答谕,熏沐开缄,敬审中堂道履冲和,精神强固。神驰节下垂及两年,依恋之诚,捧书踊跃。兼承钧示,以烈文前禀乞休,仰蒙鉴恤下情,允如所请。以假旋而官程久旷,以知遇而逸乐自耽,虽惛愚犹觉其难安,在恒众讵宽夫罪责。中堂始则惜其陨落,传谕速行,继则虑致讥弹,抑恩相遂。谊隆山岳,量过沧溟。烈文知觉运动,忝与人同,何遂懵然甘负高厚?窃缘蹇劣之性,既涉世而未谐;微管之知,尤应务而鲜当。径情习贯,悔过多迟;克己功疏,迷途不复。深惟一身之绝退,得失无啻秋毫。设辜元老之甄陶,何施面目。期完藻镜,冻馁奚言。是以绝虑灰心,决求沦放。区区微志,上感渊衷。昔子羔为宰,贻讥于政学;漆雕未信,见疏于圣情。盖因材而笃之宏规,必逐物赋形以无爽。阳生阴敛,曾何心焉,乃复逾格,以遂其私,优词以荣其去。一则谦尊下逮,愧之以释其矜情;一则薄物不遗,慰之使安于寂处。凡此恩周而意浃,莫非德盛而化神。体绎再三,纵横感涕。嗣后衡茅自戢,丑拙相藏,能专一壑,终不外于殊施;未尽馀生,祗咏歌于圣相。所有烈文捐糜莫报之忱,理合肃禀陈谢云云。

初四日戊子(7月14日)　晴

初五日己丑(7月15日)　阴,雨作时止

初六日庚寅(7月16日)　雨,风

写子谨信。初九发,马递。

初七日辛卯(7 月 17 日) 阴雨

远心堂西南亭是日建立。

接李甥女初二日信。

初八日壬辰(7 月 18 日) 雨

初九日癸巳(7 月 19 日) 晴

南阳君诞日,与家人食汤饼。

初十日甲午(7 月 20 日) 晴

胡升来,载泰州王氏女子去,还其家。

十一日乙未(7 月 21 日) 晴

十二日丙申(7 月 22 日) 晴

十三日丁酉(7 月 23 日) 晴

接金眉生初七日信。

十四日戊戌(7 月 24 日) 晴

十五日己亥(7 月 25 日) 下午风雨

十六日庚子(7 月 26 日) 阴

十七日辛丑(7 月 27 日) 薄阴

十八日壬寅(7 月 28 日) 雨

曾君麟来谭。实儿至苏州。

十九日癸卯(7 月 29 日) 薄阴

下午访陆云生、涑文,晤云生少谭。至两女家诊外孙长纶疾。

二十日甲辰(7 月 30 日) 阴

写阿哥信,即发,信局。般仲信,同上。实儿信。即发,信船。

接金眉生十六日信。

二十一日乙巳(7月31日)　晴

二十二日丙午(8月1日)　晴

实儿自苏州归。

接金眉生△△日信。

《藤花亭》十种。道光间广东顺德人梁廷枏著。其人微尚金石,因读法性寺两铁塔题名而为《南汉书》演一为四,其于金石亦然。《论语古解》则掇拾以冠冕数书丛刻之例也。曲话是其本色语句。

二十三日丁未(8月2日)　晴

二十四日戊申(8月3日)　晴,夜大雨

陆云生来答候。

二十五日己酉(8月4日)　晴

远心堂落成,设几榻燕坐煮茗,看清泉茂林以自劳。

二十六日庚戌(8月5日)　晴

二十七日辛亥(8月6日)　晴

二十八日壬子(8月7日)　晴。立秋

临水亭等皆成,而未制名。

二十九日癸丑(8月8日)　晨雨旋雾

招子永昆季食薄饼,甚美。

《憨山大师自叙年谱》二卷。释德清自记。不可谓非龙象,而英气不除。伊川所云英气最害事,殆信。均门弟子记录。

附后目一卷,注语一卷。

七月戊申

朔日甲寅(8月9日) 晴

初二日乙卯(8月10日) 晴

晨携实儿至石梅茗肆少坐,过陆氏别业,不见主人,遂归。子永昆季来。

初三日丙辰(8月11日) 晴,夜大雨

接子谨六月十四日信。

初四日丁巳(8月12日) 晴

喜林门内为半亭,曰"蕚笑",今日成。写金眉生信。初五发信局。

答金眉生书

诵三次手书,皆以廷议穆宗升祔事为问。及示大著与某侍御疏,某君说事体重大,非草野所敢与闻。然不敢言庙制,而习礼则正吾辈事,谨以所闻知与所疑者陈之左右。

恭按本朝始建太庙于盛京,奉肇祖以下。世祖入关,修明敬庙奉太祖武皇帝、太宗文皇帝,谓之太庙,其后则列圣祔焉。而肇祖以下留盛京,谓之四祖庙。顺治五年,复奉肇祖以下于京师太庙之后殿,岁暮则与中殿列圣祫祭于前殿,时飨则否。凡中殿亲祭者,后殿皆遣官,是后殿即古之祧庙也。太祖、太宗开国之君,实当用之世室,而祀后殿可乎?古者庙制郊宫而各庙故亲尽,而有功德不当祧者,立特庙谓之世室。今制同堂奉太祖、列圣,而为太宗别立世室,是别庙也。唐之于中宗、宋之于哲宗、明之于武宗实然,又可乎?古无列帝均配南郊坛之文,

我世祖孝思不匮,顺治十四年,奉太宗与太祖并配,后世遵守,各尽尊崇之极。至世宗升配而已,不给于地,改小幄幕几案。逮乎宣庙之世,势无可加,故宣庙未命,实与一代大典相终始①。

夫严父莫大于配天,其功德视特庙称祖宗犹大,孰谓德可配天,而庙犹可祧乎?唐虞亲庙,四始祖庙。一为五庙,商书七世之庙,可以观德。周之庙制,其说不一。古制则以三昭、三穆与太祖之庙而七,祭法则以考、王考、皇考、显考、祖考与二祧而为七。郑氏以二祧即文、武世室,杜氏佑非之。韦玄成则以后稷始封,文、武受命,三庙不毁,与四亲庙而七。刘歆则以三昭、三穆与太祖而七,文、武不在数中。至东迁,而平王为东迁始君,故又有平宫,是并不止九矣。故七庙常也,特庙异也。常有定数,而异惟其宜。本朝圣皇接踵,其制不同古初,而可拘泥七庙、九庙之数,轻议祧迁乎?

古之异庙、昭穆不相见,各成其尊,至禘祫而始合食于太祖。自汉明更制,遂为同堂异寝,一成不变。盖后世事烦,天子欲躬亲祀事,骏奔群庙,则势不给,变法良非得已。然以王者事亲,若是之简,不几几官师一庙之制乎?夫七庙递迁,则有易檐改涂,迁庙、衅庙诸事,不惮其烦。而一堂一室之变改是靳,不已俭乎?又礼,禘祫则群昭群穆合食于太祖,今制时飨则太祖以下合食前殿,而岁暮大祫,肇祖以下亦合食前殿,是始祖合食于昭穆,而非昭穆合食于太祖矣。执礼以言今制得乎?非天子不议礼不制度,行于一王为之制,垂之后世为之礼。礼可定而制不可定,虽圣人处今之世,必不牵古初之礼以揆今制明矣。

---

① 此句后稿本有"周氏谓因祭法郊鲧之文,以为郊者其庙不免于毁。后儒曲见,学者多非之"小字。

以今日之事,但当言制,不当言礼。制之而宜,即礼岂有异乎?清庙明堂,士民不得而见,仅据书策,终不尽其长短广狭之数,或增或改,非可臆度也。必不得已,而姑为刍荛之议。稽之《会典》所载,前殿十一楹,制甚宏大。中殿、后殿各九楹为寝,稍杀而制同之。后殿如故,或者后殿之北,更为四祖设庙,而以今之后殿专奉太祖至宣宗配天之君,以今之中殿别为若而室以奉祖祢。时飨则奉后殿、中殿合食于前殿,大祫则增奉四祖如故事。其于礼制或无戾乎?不敢妄论,谨私议以答明教。

初五日戊午(8 月 13 日) 晴

候邑侯徐介亭大令,不值。访次侯贺其五十生朝,遇价人、君梅诸君,午食后散。访咏春久谭,以《议礼书》示之,甚韪余言。

初六日己未(8 月 14 日) 晴

次侯来候谢,久谭。

初七日庚申(8 月 15 日) 晴

初八日辛酉(8 月 16 日) 阴,微雨

初九日壬戌(8 月 17 日) 薄阴

张楚孙自常州来,留榻久谭。写阿哥信,以颖侄将授室,修贺也。即发,信局。慎甥女信。同上。

初十日癸亥(8 月 18 日) 晴

十一日甲子(8 月 19 日) 雨

《李恕谷年谱》五卷。其门人冯辰、刘调赞所纂。颜李之学,盖惩明季诸儒空虚,思矫其弊,遂至诋諆洛闽,初心亦善,末流乃不能无门户之见。宋儒主静之近于释,灼然无疑,但近释处未止主静一端。太极先天之出于道,亦有

据依,而其言尤不足为宋儒病。盖道之流行本无畛域,即以二氏为非,但可就其非者而非之,不必并其所得之道而斥之也。若指摘其诵读章句,则生乎后世,舍此何自而闻道。且颜李之孳孳,能外是乎?礼、乐、兵、农,诚为圣学,安见宋儒之不讲解诵习而遽薄之乎?大氐颜李生于北方,识短而力长,行优而知浅,诚一世豪杰之士,而谓优入圣域,似未能然。至末年与宋儒争道统,则村夫子气象矣。衰至便骄,不亦信乎。宋儒自释氏出,而力辟释氏,颜李自宋儒出,而力诋宋儒,皆门户之见也。故释氏之学先除我见,这边悟了,方向那边行履,深哉!

十二日乙丑(8月20日)　大雨

池水两日连长二尺馀,石识出水尚馀二尺三寸,园四周堤塍不没者尺馀。百衲屿西小桥,水过桥面及寸,水势视去年五月初尚小数寸。

十三日丙寅(8月21日)　雨,下午霁,夜月甚皎

是日以筑舍复成,且亭榭宜月。邀杨咏春、书城、价人、次侯来饮,午后陆续至,皆叹赏不容口。下午观雨临池小亭,疑无月可赏,比饮罢,月大皎,移座亭中,良久各去。

接子谨六月廿九日信。

十四日丁卯(8月22日)　晴

日暮披衿池上,而季君梅来访,盖以昨相要未至故也。周旋少顷,匆匆复去。

十五日戊辰(8月23日)　晴

陆涑文、曾君表来访,久谭。夜邀曾君麟、张楚生及馆师汤石农、子永同饮赏月。

接金眉生十一日信。

十六日己巳(8月24日) 晴,夜月尤皎

写金眉生信,寄还王《圣教序》拓本,梁山舟、邓顽白楹字,前岁所赠,余以其多仪,欲却之,今始付邮使也。即发,信船,寄苏。曾沅浦宫保信。十八发,马递。劼刚袭侯信。十八发,附子谨信。恽小山信。同发。携阿酥小饮延台上,赏月至三鼓方卧。

《榕村语录》十九卷至三十卷。向曾阅此书,兹复翻览此十二卷。

《汤子遗书》十卷。

十七日庚午(8月25日) 晴

《朔方备乘图说》。何秋涛著。《朔方备乘》八十卷,专订俄罗斯国建立沿革。文宗朝经进后稿亡佚,友人黄子寿编修复为整比成书,付梓于保定之志局,此其图说也。

十八日辛未(8月26日) 晴

写任筱沅信。即发,马递。子谨信。同上。

十九日壬申(8月27日) 晴

同子永、实儿访季君梅、杨咏春,各久谭。又在石梅茗肆,张楚孙与座,亭午归。

《指月录》三十卷。明末万历间瞿汝稷仿《传灯录》之意,删辑宗门语录为之。疑去取间未能尽惬人意。

《林间录》二卷,《后集》一卷。宋释惠洪撰。皆其教中故实,虽不无依托,然说理处颇精,笔亦能达之。

二十日癸酉(8月28日) 晴

二十一日甲戌(8月29日) 晴

早起,至赵介人处,祝其夫人寿,少坐返。顺至杨书城家,贺其仲子优贡考取知县之喜,久谭。

二十二日乙亥(8月30日)　晴

接金眉生十九日信。

二十三日丙子(8月31日)　晴

早食后答访曾君标、君麟兄弟,久谭。

二十四日丁丑(9月1日)　晴

杨鹤峰部郎恩海有诗见及,答赠并呈濠叟

贤愚驰骛极,风雅递当场。有美光能闷,旋机用已藏。西乾千贝叶,东洞一书囊。老去同巴客,闻歌喜欲狂。

乌目山前水,潆洄到静溪。柳深蝉噪急,云定鸟踪微。思远风烟剧,知音湖海稀。城南一尊酒,愿与话忘机。

接完甫四月二十日信。

二十五日戊寅(9月2日)　晴

接子谨初十日信。

二十六日己卯(9月3日)　阴,微雨

同张楚孙、子永、实儿棹小舟入西湖水中,望山色弥青翠。至小石洞登陆,茗于废兰若前良久,循山下水道归。族侄叔桓自苏来,留榻。

接阿哥初七日信,又子谨二月廿一日信。

二十七日庚辰(9月4日)　阴,甚凉,如八九月时

二十八日辛巳(9月5日)　阴雨

二十九日壬午(9月6日)　阴

南阳君至苏省其叔母,实儿侍行,二鼓解维去。

接子谨五月二十日信,又任群伯十五日信。

八月己酉

朔日癸未(9月7日) 阴

写子宪兄信。即发,信局。金眉生信。即发,附家信。南阳君信。即发,信船。

初二日甲申(9月8日) 晴

写南阳君信。即发,信船。

初三日乙酉(9月9日) 晴

写南阳君信。即发,信船。金眉生信。同上。

接南阳君初二日信,又金眉生初二日信。

题郭子瀞庆藩,湘阴人,意臣之子。读书秋树根图

定王台下一尊酒,已过苍茫十七年。正忆家风湘水曲,又瞻符竹浙江边。陈编落落遗尘事,古树冥冥入暮烟。不见驰车千载子,问津谁欲愧名贤。

初四日丙戌(9月10日) 晴

傍晚,南阳君自金昌行旋。

初五日丁亥(9月11日) 晴

眉生自苏来枉顾,留饮畅谈至二鼓去。

初六日戊子(9月12日) 雨

约眉生游山,值其疾兼雨,不果。亭午访之舟中,畅谭至酉刻归。见示明魏忠节狱中遗属真迹,甚从容,语亦和平,而料理身后棺敛事至周悉。夫既不有其身,而又拳拳遗蜕,何邪?又林文忠及其子汝舟编修却赎锾书,文忠以夷事遣戍伊犁。浙寒士唐梦蝶与眉生

醵淮商出资为之纳赎，编修先有函辞谢，而公手书继之。文忠作事绵密，利害思之烂熟，此特其小节。若编修则父被重谴，远谪万里，仓皇号迫之中，亦能审处，却顾所言，与公若合符节，洵可为名父之子矣。二册皆可传，眉生索余笔，诺之。

初七日己丑(9月13日)　阴，午后晴

眉生来畅谭名理，甚愉快，午食后去，遂解维。曾君麟来谭。夜与妻子觞月临水亭中。亭久无佳名，眉生为题“绿就”二字，甚得题神。

初八日庚寅(9月14日)　晴，夜月甚皎

张楚生及叔桓侄皆去。写六姊信。即发，交张楚生。

初九日辛卯(9月15日)　阴，傍晚雨

接子谨七月二十四日信。

初十日壬辰(9月16日)　晴

写阿哥信。即发，信局。龚孝拱信、魏般仲信。同上。子谨信、少颖信，寄去起服咨文。十一发，信局。

接子宪兄初五日信。

十一日癸巳(9月17日)　晴

写眉生信，即发，附金力甫。金力甫信。即发，信船。

十二日甲午(9月18日)　阴，微雨

南阳君嗜山水，卜居虞山下十馀年，甚慕剑门、拂水之胜，屡欲同游而未果。兹以佳日，遂挈长女柔、幼女五子、童妾阿酥，命舆出西门，微雨沾洒，凉飔拂衣。过烧香浜洞天福地坊登山，余舆先至剑门，从奴瀹茗以待。家众至，班坐石上，面湖背峰，欣瞩良久。余复

行至三峰寺，索山僧具伊蒲馔果行腹，遂遣家众由北门先归。余复至破山晤比丘莲航，导登救虎阁，甚幽隽，前数游，均未至也。戒坛殿前老桂，数百年物，惜花未开，拟待后来，酉刻行返。

十三日乙未（9月19日） 雨

十四日丙申（9月20日） 晴

子永来，同过杨咏老，久谭至下午。偕出至陆涑文别业，少坐归。得《汉圉令赵君碑》整本，此拓绝无仅有，贾贩自如皋将至，无意遇之，可为狂喜。又《凉州刺史魏君碑》，翁覃溪仅一见拓本，殆无人知之，疑为重刻本，而纸墨古茂，刀法和缓，亦可宝贵。

接李甥女初八日信。

十五日丁酉（9月21日） 晴，夜微雨，至二鼓月始皎然

夜荐月饼、称贺如故事。

十六日戊戌（9月22日） 晴，夜月甚皎

夜与家人饮绿就亭中，望月不甚畅，复登延台，则与白银宫阙无异矣。三鼓尽始卧。

十七日己亥（9月23日） 晴。秋分

午间合祀先祖。

十八日庚子（9月24日） 晴

十九日辛丑（9月25日） 晴

早食后同子永、实儿至杨咏叟处久谭。俟其午食毕，共步出北门，茗饮道旁肆，肆为孙姓祠，有花树池石。下午复步返。

二十日壬寅（9月26日） 晴

接子谨初八日信。

二十一日癸卯(9月27日)　晴

接阿哥初十日信,颖侄已于七月间就婚胡氏。

二十二日甲辰(9月28日)　晴

族侄松如、国藩。子然自苏来,下午遣实儿偕赴旗亭小酌。夜复来告别。写金眉生信,即发,交松如。

接眉生十九日信。

二十三日乙巳(9月29日)　晴

接眉生十八日信。

二十四日丙午(9月30日)　晴

写曾沅浦信,即发,交眉生处。眉生信。即发,交来足。下午赴方氏次女临蓐,得一男。虽分娩尚易,而气血奔溃,可险之至,叠进老山参始少定。二鼓归。

致沅浦宫保函

初秋曾肃寸丹,谅经钧察。比来敬维荩躬集祜,道誉遐宣,曷甚祷颂。

本日接获金眉生廉访来信,云及今年各省荒歉,以山西、福建为最。闽省奏仿直隶之例,到苏劝捐。适有已革徐州镇詹启纶之妻,愿照赎罪定例一万二千两加倍捐制钱四万千为其夫纳赎。此乃向有定例,尽可在部递呈,而闽中委员思集此巨款,再三招揽。詹姓向在扬营与眉生熟识,特向商量,审告以捐福建不如捐山西,盖以吾师当日督兵金陵,距扬相近。为之声叙,易于措辞。詹姓深以为然,恳求转达。眉生专函致烈,其言如此,并抄寄呈禀及拟奏咨各稿见示。烈伏思该革职案关人命,久定缳首之条,准赎与否,碍难悬揣。且烈与眉生皆处废闲,不当与闻外事。眉生热肠好义,烈虽私信其然,而缄默相规,尤不欲其卮言之日出。继思晋省方居水火,吾师定处焦劳,捐过巨万,其数不为不多;能活多人,其事不为不重。若仅引嫌自计,壅于上闻,未免问心难过,用特撮略来函,专呈慈鉴。事之可否,悉在鸿裁。或不轻上达,亦可据咨两江,请其转奏。准则钱归西用,不准则与西无干,似属万全之计。

至詹姓与烈,无一面之识,其原案亦未见过,仅据眉生之信而言。以关系饥民生命,故即日修笺,不及细询底蕴,理合声明。专此云云。

接龚孝拱廿二日信。

二十五日丁未(10月1日) 晴

早食后至方氏女家看视,下午归。

二十六日戊申(10月2日) 晴

题魏忠节狱中家书遗迹并序

明季士节凌驾唐宋,安溪李文贞以为风气如此,未尽中道。虽其言至精微,然观诸君子从容处义,困而能安,不可尽谓之气胜于志也。公遗书云已接物微峻,此其临命时默默自验之言。呜呼,深矣!是册劫中流转,仍归魏唐侻道人令君名安清。得之。余归田后,道人恒远道命驾,每来必携书画,慰余孤寂。今月初旬过余虞山寓舍,以之见示,余转示濠叟杨君名沂孙。叟欣然泚墨其上,并谓余物见归。静日展读,不能已于言,辄步其韵,应道人之属。夫得失奚定,魏先生得坚械毒棓于阉以成其名,亦偶然耳。况玉之璞,珠之椟,精凿之糠秕,在彼在此,又足辨邪?濠叟欲毁前题,书以止之。

人生各自爱,畜志辨寸臆。衰荣境千殊,匪石奚转侧。完躯众有道,忍欲负家国。驱车触炎威,奔走赴阉敕。圜中虽云酷,大命讫可息。风高士愈峻,世窳俗弥刻。挥手天壤间,含笑在烹殛。呜呼圣不作,所贵全秉直。浩然有正命,何暇事窥测。遗言炳千秋,观者讵能默。庶几同心人,兢兢守终节。

二十七日己酉(10 月 3 日)　晴

至方处为女庄诊视。访咏春,同游兴福,登救虎阁久坐,谭甚畅。归途过赵次侯。写孝拱信。即发,信船。

接孝拱廿五日信。

二十八日庚戌(10 月 4 日)　晴

杜小舫方伯自苏来枉顾,久谭。以即解维未往答。

秋日偕杨叟咏春游破山兴福寺,
登救虎阁畅谭,归纪其事

秋光满城闉,举目见青嶂。键居届三载,游事今始创。贻书见招要,佚兴共遒上。笼鹅笔豪素,强饭罢杯盎。欣然踏林坰,莫问屐几俩。出门逢腰舆,安坐天所相。低桥接重村,老木夹清漾。寒花粲无名,晚稻熟弥望。深丛致窅窕,平野恣莽旷。峰连欲屯云,峦远得层浪。一气之所钟,抒写各殊状。大文何昭昭,巨笔孰与畅。琳宫当山隈,毗尼古径藏。自更乱离来,殿阁几凋丧。方潭水渟黝,曲径草荒障。劫遗仅危楼,独出气清亢。木床坐凭轩,煮茗索僧饷。谭空穷名理,论古追霸王。黄虞迄清时,纵说递奔放。世衰有曲学,士习异先尚。雕锼到楮棘,抽剥及丝纩。雷同逐风声,邪许互和唱。饰躬术尤奇,由画踵初样。幻师一机牵,诸根混真妄。塑工貌真仙,抟换势何壮。秦关效鸡鸣,益州医马胀。心思亦云劳,口腹志在养。吾侪寡营为,旁睨徒悢悢。谁能倒波流,一举束群飏。人闲思弥深,地回辞许宕。山灵乐闻之,排闼笑相向。童奴巾归车,林鸟助鸣吭。斯行绝尘氛,夙抱久酝酿。逢君屡倾倒,得所气增旺。微诗非云游,犹能写心脏。

二十九日辛亥(10月5日) 晴

下午龚孝拱来,晚饭后去。

三十日壬子(10月6日) 晴

孝拱来谭终日,至二鼓去。以前售碑拓偿价不能满意,意甚怫然。四月间来信,已有绝交之言,至是遂支辞牵蔓,文致余罪。盖以前取余百五十金,不能偿,故强颜为此,其计甚左。余念交久,但笑谢而已。

九月庚戌

朔日癸丑(10月7日) 晴

孝拱来,立索诸碑拓去,亲点齐全,抽身下舟,前取碑价已不敢问,而假余精拓《张猛龙碑》、《麓山寺》、《兖公颂》等若干种,亦悍不还。余送之登舟,坐良久,请置前事,同登剑门看山,乃盛气不答。余谢过先归,再视之,已解维矣。

初二日甲寅(10月8日) 晴

写般仲信,即发,信船。以孝拱廿馀年旧交,而以琐故至此,颇为怅然。故有是书,请为开解,非辨曲直也。

致魏般仲书

般仲老弟足下:

孝叟来,闻文从在苏,计有数日勾当,甚用遥忆。前月初十有一函,并寄李樾翁酬笔微款,询不为辖亵否?此信想亦能达。

孝叟于昨岁四月枉顾,言有尊彝、瓦当及碑拓甚多,欲以赠人。烈先年曾见瓦当一种,俱精异,欣然愿观。七月初孝叟携至木匣、纸包各一,启视皆汉唐碑拓,新旧十一,列目三百馀种,值四百馀金。又言此外有三断碑整本,值百金,及宋拓《内景经》等,均未至。烈素不暇为金石家,往往收弃,第欲供耳目之玩,故贵精不贵多。又铜器、瓦当等均未见,意本不愿,以孝叟敦询,颇赧于辞,遂妄请以五百金尽得孝叟金石瓦砖诸拓,不复逐件论价,孝叟慨然乐为,且言铜瓦拓本不可言价,吾愿奉赠。留三日,携百金去,馀约年内归二百金,次年归二百金。至九月初六,孝叟复至,携三断碑及《内景经》二种及原议外之金石各书,列值百五十元。烈以旧藏有其半,姑请暂留。是时孝叟欲携家结邻,下榻半月馀,谭话最欢,为觅屋数处,均未洽。是月杪仍携各箱匣原件及借观烈旧藏若干种而去,所存仅十馀种。至十一月函询碑值,以诸拓携去未还,又正在窘乡,故仅措交五十元。

今年二月,三次枉顾,又将箱匣等带来。添出另单各种,而铜器等始终未见,临行取去二十元,手示一单,前后各件,计值八百馀金。烈已知此事终无保全之策矣。四月内赐书敦索,遂有绝交之说。烈不得已,请以原件缴还。日昨因敝居改造完毕,函请见过。孝叟复书,约至苏州,彼此互还碑帖。适值家众一时俱病,烈亦抱恙,辞谢不往。廿九日孝叟来,至三十日将各件交毕。烈另单请留若干种,以抵前项。孝叟以价尚不敷,云以原金见还。

是日谭饮如常,酒阑之后,忽云同治元年徐雨之帮周处五百金,系吾垫付交尔手,或云此银周处未见,尔当见偿,辞色并厉。周处未见之说,据云得之阁下,想系老孟之言。但是年闻弢老讣,烈往江西迎家姊等返皖,即系烈向曾侯乞助六十金,又尼请沈幼丹制军代售书籍得百金,始得还房钱店账成行。嗣后同孟甥奔丧赴扈,在沪月馀,还吴晓翁棺值,雇沙船一艘,请炮船三艘护送,向贼中行。抵江北,又住月馀,买地安葬,并趁轮返上游,不知所用何款。烈生平被冤多若此,兹不具明。又云同治八年代买呢羽等七十元未还。又云屡次赴虞盘费不少。烈揣知孝叟处况窘迫,殆系实情。又所留只以合意,非借此索银。且见孝叟之状不胜觳觫,亟请以各种交付前事不提,始旋霁威而去。

昨早上岸,运物下舟,匆匆成行。烈询问借去之精拓各种,笑而不答,飘然竟去。详思此举,烈含糊勉强于前,而明白精详于后,诚为有罪,孝叟斥为买卖家数,诚不敢辞。但孝叟力艰,不与前值,何妨见告,而以十六年来从未提起之代人说项垫出多金为辞,似近稚气。又如十年前代买呢羽袷褂各一套,又羽毛马褂料一件,鬼子手镜一枚,诚有其事,当时请价,蒙以上海土仪,无劳致意为说。且二十馀年彼此投赠殆非一端,以此立言,亦甚不直。现既分袂,如此而止,原无不可。但烈与孝叟交情非泛,患难扶持,流言不信,想亦阁下所具闻,并为旁人所惊诧。今以细故如此下台,未免念之怅然。

烈归后以力绵之故,久遭众唾,何妨更增一人。而孝叟见好之笃,亦在人口,赠碑之说,又众所见闻。若云争价散场,容恐有玷盛德。计今孝叟或未他去,阁下彼此均属至好,务乞婉言居间,深道烈悔过之诚。乞于烈原单内不拘拣出若干种见惠,烈更勉措饼银若干凑足前项,以符孝叟之价,以完一局,单内有孝叟平定之价。庶交情不至弃捐。而烈之买碑论价,孝叟之闲款抵制,均可付之酒后谰言。阁下以为何如?倘已他去,即为致书道达,亦无不可。专此云云。

初三日乙卯(10月9日)　晴

汪凫舟大令定勋,徽州人,十年前在紫卿兄处识之,今有事来虞。来候,久谭。费幼亭廉访自苏来,亦见候久谭。下午答候汪凫舟、费幼亭及其同游之陆竹垣,邦煃,苏州人,前直隶晋州知州,为曾文正劾罢。均不值。

初四日丙辰(10月10日)　阴,大风

写杜小舫信。即发,交费幼亭。

接阿哥八月廿二日信,又薛安林初二日信。

初五日丁巳(10月11日)　晴,甚寒

初六日戊午(10月12日)　晴

下午,闻费幼亭等尚未返苏,拿小舟候之,又不值。

初七日己未(10月13日)　晴

费幼亭、汪凫舟、陆涑文、曾君麟来访。良久,汪、陆、曾三人去,费独留谭至二鼓,设酌饮毕乃别。

初八日庚申(10月14日)　晴

写薛安林信。即发,信局。杨鹤峰来访久谭。

初九日辛酉(10月15日)　阴,微雨

早登延台以应佳节。早食毕,答访杨鹤峰不值,访杨书诚久谭。至方氏女家,先命实儿邀曾君麟看归氏屋,俟余于方氏,遂偕往,君麟及其堂弟吉园伯伟子。已先在,周览毕,同过君麟家久坐,冒雨归。为屋图,将寄吾兄于屯溪,兄监税年馀,薄有所畜,余劝早为退步,适顾氏屋值廉,故往观也。

初十日壬戌(10月16日) 晴

有利疾。先是南阳君亦病利,垂半月将瘳,而余复患之,幸势轻耳。

十一日癸亥(10月17日) 晴

利止而尚有馀疾。

接任小沅八月廿七日信,又曾沅浦宫保八月十四日信。

十二日甲子(10月18日) 晴

馆师汤石农来自常州。写薛安林信。即发,信船。

接阿哥八月廿五、八日两次信,又薛安林十一日信。

十三日乙丑(10月19日) 晴,夜微雨

天色久旱不雨,气尤暄和。池北碧桃落叶已尽,复着花数朵。

濠叟为前游作诗,复征和。曩相语云,斯游最乐。

叟因用乐字韵,余用游字

耽居绝期约,夙好在清游。携手濠梁上,徘徊古道周。仰观青山峰,俯听寒泉流。村舍断复续,松竹霭以修。得意尘境忘,何劳入岩幽。

青青古桂树,烨烨吐高秋。空山自凋荣,岂知人世求。岑楼绝飞埃,方池闷灵湫。赏心本殊俗,甘此寂寞游。游骢正骄嘶,流电惊未休。言归下山椒,杖履何悠悠。是日有游人走马踏里中儿。

观濠有深意,厥志慕前修。念彼澹沱人,愿随逸足游。朝出北郭门,暮上青林丘。道洽形影忘,意适言辞稠。杳杳空山中,响答如泉流。乐哉心相期,庶能写我忧。

慷慨谢尘壒,晏息山海陬。林泉事幽栖,役夫庶云休。冉

冉少壮年,百志未一售。缅怀千载间,恐为吾党羞。浩然道无垠,姑作汗漫游。云将与鸿蒙,安用言相酬。

十四日丙寅(10月20日) 晴

早饭后过陆涑文别业,晤陆云生、赵次侯少谭。又访杨咏春、滨石兄弟,并识施励卿,崇明人,先余寓崇明,其族兄弟问渔、映溪均熟识,故稔知余。少谭归。

十五日丁卯(10月21日) 晴

钱子宣绍文,里人,鲁斯先生之孙,湖南知县。自里中来见访,久谭,施励卿亦至,二人同行也。下午答访钱子宣、施励卿,不值。顺访汪凫舟久谭。夜汪凫舟来看月,二鼓去。

接杜小舫十四日信。

十六日戊辰(10月22日) 晴

写阿哥信,寄去苏州本家收条及屋图。即寄,信局。金眉生信,寄出魏忠节字迹。同上。

十七日己巳(10月23日) 阴

接金眉生十五日信。

十八日庚午(10月24日) 晴

写眉生信。即发,信局。薛安林信。即发,信船。

十九日辛未(10月25日) 晴

二十日壬申(10月26日) 晴

午刻至两女家晡食持螯。薄暮与子永、实儿阅市,无所见。

二十一日癸酉(10月27日) 晴

写莫善徵信,寄赠鸦青库缎全青骨种羊外褂一件,以抵今年见寄百金之款。即发,信局。

二十二日甲戌(10 月 28 日) 晴

吴蔚若郁生,苏州人,曾君麟之妹夫。来候,少谭。写薛安林信。即发,信船。杜小舫信。即发,信船。

接金眉生二十日信。

二十三日乙亥(10 月 29 日) 晴

答候吴蔚若不遇。至二女家为中女诊疾处方。访赵次侯,秋色盈庭,主人方与客博戏,独坐亭下,赏对良久,主人时来,惧败其兴,遂起出。又访杨咏叟久谭,茗饮于石梅肆中。

二十四日丙子(10 月 30 日) 阴,微雨

下午汪凫舟来访。

二十五日丁丑(10 月 31 日) 晴

写薛安林信。廿八发,信船。答访汪凫舟不值。

接杜小舫廿三日信,又薛安林廿四日信。

二十六日戊寅(11 月 1 日) 晴

二十七日己卯(11 月 2 日) 阴,微雨

吊翁玉甫中丞同爵。之丧,并候其弟叔平侍郎同和,在易州识之。久谭。至两女家视中女庄疾。

二十八日庚辰(11 月 3 日) 阴雨

接魏般仲廿五日信,又金眉生廿四日信。

二十九日辛巳(11 月 4 日) 阴雨

翁叔平来答候。

十月辛亥

朔日壬午(11月5日)　阴雨,甚寒,始衣皮

恽仲清颂孙,次山子。自苏来见候,久谭。写般仲信,寄去移参二两与慎娥。即发,信局。

初二日癸未(11月6日)　阴雨

初三日甲申(11月7日)　晴

写阿哥信。即发,交汪福。余与南阳君有山水之约垂十馀年,时值多暇,命奴子买舟,拟明日出游,赴邓尉看石楼、石壁之胜。

接子谨婿五月廿六日信,带归《通志略》等书。

初四日乙酉(11月8日)　阴雨

午刻偕南阳君成行,童妾冯酥随侍。由园池棹小舟至西关下,登大舟即发,雨中山色冥蒙,云气滃郁,秋林红叶,若美人新沐,嫣润天成。凭舷清话,不啻拔宅飞升,初登云路也。夜至吴塔住舟。

初五日丙戌(11月9日)　阴雨

早发,巳刻抵苏城,由齐门移泊阊门。下午复移泊山塘花肆门外,菊正繁,以舟狭不可载,未能购买。欲游张公祠,以暮不果。

初六日丁亥(11月10日)　晴,亭午阴,将晡复霁

出门遇雨,游兴颇索。晨起忽见日色,急呼榜人放舟光福。巳刻过胥门,出横塘桥下,两岸青紫之色已应接不暇。午过木渎,未泊,舟中望灵岩、天平,与山灵作三日约。未刻过善人桥,自此以西山势错落,或离或合,纡妍百态。水道亦渐宽,舟中晶窗四扇洞启,

略一转移，辄得画四幅。与南阳君各据一槛，盖目劳而不敢瞬者，凡阅十馀里。度东崦，夕阳正丹，射枫柳松榆，浅深浓淡，极人间之色，余酒肠素窄，是日持螯痛饮尽四巨尊，略无醉意。信乎境之足以移人也。酉刻抵光福镇泊舟。

初七日戊子(11 月 11 日) 晴，无风无云，和煦皎洁，气候如暮春

欲与南阳君尽邓尉之胜，而山舆无障覆，南阳君颇难之。然以出游不易，且值此佳日，天意亦似相许，遂耸恿成行。晨起食毕，草草梳裹，故衣去饰，即命舆登陆，过墅野岭。初至柏社，徘徊浓翠之下良久。舆过天井村，花农聚居于此，略驻复行，南登石壁山。坐庵前石台瀹茗看湖，几不欲去。

日已过午，乃下山，循故道将至天井，折而东南行，穿丛树中。冯姬钗罥于木，舆人偻始得进。石楼有庵，在潭山南麓，门外磴道盘曲，修篁蔽天，雨后鲜绿通明，百万亿青色吠琉璃成此世界。入门屋舍不暇观，闻庵左万峰台近在咫尺，急携南阳君步往，数武已见太湖豁然在前，沙石径两三折即至峰顶。南望湖波三面相衔，形如环玦，近之渔洋，远之东西洞庭与诸岛屿，莫不尽态竭妍。披露相向，北则潭山主峰巑岏云表，领袖群山，铜井、玄墓，翼其左右。树色苍苍，无寸土可见。台上立石相倚，有瞿木父等题名。阁如楼观，石楼以是得名。余及妻侍约攀跻至顶，铺茵褥而坐。自柏社以来，深林曲径，幽隽已臻其极。石壁山北幽而南畅，至是乃兼而又胜之，恨不移家终隐，以卒余生。

日下舂，舆人促行，寻径下山。东过长旗村，越长旗岭，如墅野岭而峻，过此已见圣恩寺，在玄墓山麓，殿宇甚壮。约二三里抵寺，寺门正向湖，玄墓为倚龛上，长崎为东西沙，山下田畴千顷，与湖水吞吐。明堂、渔洋山平列无少偏为正案，天造地设，世间无此严丽。

寺创于元世，主僧自言得之传闻，无古碑记。殿及门五层，有钟楼在寺外之东，皆完整。正殿西客堂曰还元阁，窗外湖光出树色间，有徐昭法题额三隶书，宋牧仲、沈归愚诸人诗榜，石琢堂楹联“西山朝来致有爽气，太华夜碧时闻清钟”，均称今代剧迹。少坐，属香火煮〈面果〉腹，见天色垂暮，遂由此径度墅野岭而归。抵舟已须灯烛矣。

初八日己丑(11 月 12 日)　晴，有风，夜大雨

辰刻发光福，不暇梳洗，推窗与诸山言别。来时夕阳，去时朝旭，光色又复不同。巳刻抵善人桥，复觅山兜，与南阳君、侍者冯酥登穹窿山。道田野中数里有亭，榜曰“直上云霄”，过此乃升山，级甚平，两旁老树经兵燹尚未尽，丹碧可观，然较庚申春来时已十去五矣。山道约二三里至洞天门，入门数折，抵上真观，大殿毁于兵，近复火灾，诸旁殿甚颓敝。进至养和堂少坐，榜字隶书，西庐老人笔也。旋下山，循故道归，道旁涧石磷磷，幽泉悦耳，而四山遥揖，紫翠烂然，亦足以怡游客。

抵舟即发，申刻至木渎，泊端园门外。偕登岸，入园遍览，甫出化境，至此觉庸姿强施膏沐，弥增陋态。于环山草庐少坐，对临池老枫树，差可人意。下舟移出斜桥，访周氏寓，往晤李、周、陈三甥女久谭，南阳君继往。二鼓下舟，明日尚欲游天平，而夜大雨，潺潺彻晓。

初九日庚寅(11 月 13 日)　晴

晨起喜见日色，属周氏代雇舆至，移舟至市稍，巳刻登岸，行田野间约十里，抵天平山范氏坟堂楼上少坐。霜枫千万株，丹黄如锦，与奇石间立，已胜矣。而仅见主峰一面，乃由寺后寻径升山，相与扶曳，喘汗交属，兴不衰减，跬步积累，良久甫至连环亭，则山上山下一览皆尽，有当阳负扆之势。它山石多平出，独此十馀里间，矗然直立如笏，拱揖相向，俨然大朝。余乱后已来两次，皆春夏间，未见枫林

之胜，今游始称观止。更上为一线天，旧亦熟游，南阳君不能复行，余相共坐亭上，冯姬偕一妪升至山腰始返。同入白云精舍，坐兼山阁烹白云泉瀹茗。阁东向，下临深谷，亦以枫林为胜，与连环亭一堂皇，一隐秀，各臻其极。下山，舆循堤行，绕东山麓出童子门，约三四里抵支硎山，寺废于兵，山势亦散而不聚，无可观。仍旧路归，略范坟过，道鸡笼峰下，趋无隐庵。庵僧鹿苑余旧识，适他出，遍历亭榭，以舆人炊饭充腹，坐俟之甚久，濒行日已逮晡，灵岩咫尺，不及游。

酉刻下舟即发，初鼓抵胥门，夜月甚皎，横塘道上，烟水迷蒙。与南阳君出坐鹢首，赏叹忘倦。盖是游晴日晦雨，夕月朝烟，游子不能尽赏者，闺阁皆得而见之，余谓南阳君之福，于是甚大。

初十日辛卯(11 月 14 日) 晴

黎明移舟齐门邓氏寓舍门外，余登陆至邓处晤树人，安林亦至。遂偕安林茗于玄妙观，午后归。南阳君至其母家，余亦至树人处，坐良久乃返。写实儿信，十一发，交南阳君带归。左仲敏信。附实信。余拟在此稍停，借寓邓处，遣舟送南阳君及冯姬先归。二鼓与家人别，登岸。

接实儿初七日信，言左仲敏自浙来访，在虞相候。

十一日壬辰(11 月 15 日) 大风雨

闷坐竟日。写实儿信。即发，信船。

接实儿初十日禀，言宗湘文亦来虞相候。

十二日癸巳(11 月 16 日) 晴

安林来少谭。亭午候潘季玉、杜小舫、吴平斋、费幼亭、汪凫舟、金力甫，皆不值。候恽仲清久谭。至伯厚大嫂处久谭，两侄均他出未晤，遂归寓。写宗湘文信。十四发，信船。

接南阳君十一日信，已于是日酉刻抵家。

十三日甲午(11 月 17 日)　阴,午后大雨

晨起,奴子押原船至,左君仲敏乘之而来。闻尚未起,余先至玄妙观前候之,遣要安林至,仲敏亦来,同茗旗亭,谭别后事甚畅。而雨大至,赁舆返,以舟狭,仲敏行囊甚多,故仍寓邓处。写南阳君信。即发,信船。

接南阳君十二日信,又莫善徵初六日信。

十四日乙未(11 月 18 日)　明,午后微雨

晨起下舟,余拟赴常州、宜兴扫墓,仲敏欲至扬州,遂定放舟阊门,另雇舟载仲敏,在此少留,而余径发。恽仲清、汪凫舟来答候,均未晤。午刻舟行,余上岸谒客,期于阊门外候金立甫,并晤其兄瘦筠久谭。写眉生信。即发,立交甫。候蒋莼顷久谭,十馀年之别,不通音问,闻其归后杜门不通请谒,颇以为奇,故亟欲一晤,屋舍殊狭,僮仆甚陋,所闻殆非虚言。坐中极诋苏守谭钧培之苛,致苏人为悬一扁曰"谭公维私",殊足发一大噱。申刻下舟,仲敏雇舟已成,方简装襆被,傍晚始去。写南阳君信。即发,信船。夜过仲敏舟久谭。

十五日丙申(11 月 19 日)　晴

早发苏城,巳刻过浒墅,夜泊无锡。

十六日丁酉(11 月 20 日)　晴,顺风

早发无锡,申刻抵常州。写南阳君信。即发,信局。舟入北关,泊药王庙前,登岸至六姊处畅谭。傍晚访开生不值,归途路遇之,同至陈宅久坐聚阔悰,二鼓乃去,少选余亦下舟。

接曾劼刚九月十二、廿一日信,已奉旨以四五品京堂候补。

十七日戊戌(11 月 21 日)　阴,午后微雨

早食后访子宪二兄,并晤通生四弟,同通生谒十叔父,并晤卫生

大兄、榴弟、审安侄。至通生家少坐，返六姊处，俟墓祭品物备乃行。先诣宗祠谒驾部府君以下各主，出大南门诣三堡桥茔祭如故事。新种松柏较有生意，而坟茔未修，篱界未扎，远家数百里外，它子姓不问，念之惨然。旋诣茶山茔谒祭，值雨沾衣。事毕，进小南门回六姊处。访开生不值。子宪、通生、李甥来，审安来谭。

十八日己亥（11月22日） 雨，午后益甚

早持笠登岸，至六姊处，旋谒九叔父于祠舍，久谭。访钱子宣、庄心吉，各久谭。访史贤希不值。访开生久谭。候杨见山岘，时权常州府。不晤。返六姊处，李甥伯房来久谭。二鼓与六姊别，冒雨舆下舟。

十九日庚子（11月23日） 阴

早发常州，未刻过寨桥，夜泊和桥。

二十日辛丑（11月24日） 晴

早发和桥。写南阳君信。即发，信局。辰刻抵宜兴县城，泊东关内。上岸购祭物，饮茶肆中，吃馒头甚佳。未刻移舟出城，至东山浜访坟户王安大等，皆樵薪未归，会天将暮，不克登山。王安大、周采大及村人周六三来舟。

二十一日壬寅（11月25日） 薄阴有日，夜微雨

黎明起，视祭物备具，匆匆早食，即登山诣先府君坟祭奠如故事。茔兆自丙辰年亲视兴筑，至今二十二年，完整无少坍塌，第树木为贼所伐，通山数千家坟墓，所在均以山空草盛，野火时起，不能补种，童山无庇，每至怆然。余念先茔在此，而家居虞山，远隔三百馀里，又无祭产可资，后世子孙渐远必致遗忘。常欲更得一地，自为生圹，庶它年随侍泉下，依附先灵，实人子之至愿。且家既聚处，子孙

祭扫亦易为力,差可永久。乃求之历年不得。至是,坟户言有许姓祖业山地二亩,离舟次不远。于祭毕往观,地名汤家山,龙脉自东山第三支发来,逶迤连属,至是山而止。山下复起平墩,沙水拥抱,气势凝结,面前小墩名朱家墩,作近案。墩外平田直接东山中支,此支张列如屏,为外案。有二处可为穴场,地亦甚宽,约抵平田三四亩。与先府君茔东西遥遥相向,甚惬余意。

归舟携王安大等三人至城,仍泊东关。业主许盛奎及子来大适在城,王安大等居间通说,遂定买价洋银二十六元,当日成交。下午业主、中人均来舟,册书杨某代笔写纸,以酒资付王安大邀诸人至旗亭小酌。余往候荆溪县主潘芝岑,树辰,归安人,昔年在苏州书局相识。托税契并谭良久,下舟。潘芝岑来答候,以舟小谢去,旋送契来,已为税讫。盖自看地至成契纳税未愈一日,自来无此爽利。然余行装为之罄尽,尚欠契价十元,舟中仅存数百文而已。

潘令君赠《晋略》一部,盖保绪先生之孙丹文所重刊。丹文余旧识之,闻作古矣。

二十二日癸卯(11月26日)　薄阴

早至绿华茶肆吃馒头。下舟移至东山上岸,赴汤家山与原主定界,东南西均至路,北至缪姓墓,周视良久。下舟即行,过城未泊,申刻至和桥,酉刻至钟溪桥住舟。

二十三日甲辰(11月27日)　阴,午后霁

五鼓发钟溪桥,黎明过五洞桥,走间道径至无锡。未刻抵洛社镇,归运河正路,西过县城,泊东门外。

偕南阳孺人、侍女冯酥游邓尉,登万峰台作歌

君不见姑胥台下飞尘中,毡舆赤盖光童童。歌筵舞席乐不彻,客醉欲归闻晓钟。又不见雕甍绣闼兽烟出,户户开奁镜如

月。晨妆方罢灯烛张，夜半金尊坐调瑟。九衢肩背行相推，惟有空山寂寂无人来。此时与子共行乐，携手清游何快哉！太湖如玦环山隈，上有万峰兀臬之高台。潭山直走倚天表，远摭日月掎风雷。岚松沉沉黛烟合，径竹袅袅青琼开。波光沦涟欲飞上，洲岛错落同浮杯。灵奇变化眩耳目，气势荡谲抒胸怀。欲住不住心徘徊，欲行不行去复回。天风吹汝云鬟陨，钗朵罥落苍莓苔。绮罗胜事但软暖，到此一洗凡俗离尘埃。人生有情浩无际，浅淡深浓贵能契。得辞簪组赴山林，万顷天成好家计。枫丹榆碧群锦叠，岫远峰湾众眉细。后房纷艳孰俦匹，俯视金昌失雄丽。吾家长物近可携，白首相约云山栖。老夫腰脚胜舆马，童妾与君作杖藜。抛书逐日对溪壑，醉听千山春鸟啼。

翌日复偕游天平山，连环亭上烹白云泉、看枫叶

茂苑韶华事已空，无人能识馆娃宫。偶歌双桨桃根曲，来共千林道蕴风。青嶂明于红叶外，苍泉流向白云中。春芽一盏连亭坐，更莫仙源问钓翁。

二十四日乙巳(11 月 28 日) 晴，顺风

早发无锡，申刻抵齐门泊舟。访邓树人少谭。傍晚候费幼亭不值，候汪凫舟久谭。又候金立甫，闻眉生在苏，舟住胥门外，遂遣信相闻，约明早移舟往谭。返舟，薛安林来。

二十五日丙午(11 月 29 日) 阴雨

早由齐门移舟胥门，访眉生久谭，至午后别。复移舟葑门，访吉如侄久谭。又访李眉生，谭至傍晚归。

复曾劼刚京卿通侯

劼刚通侯大卿阁下：

月望后一日，至毗陵省视先垄，舟中得九月十二复信，又廿

一夜手示,读之可抵十日之谭矣。百冗之中,前函虽托之记室,而亲笔乃再倍之。知君侯笃念故旧,于烈独尤拳拳,感怀畴曩,涕泗沾臆。

烈以孤生受知先太傅夫子二十馀年,虽官不过五品,家无中人之产,而恩礼之隆,爱护之切,言辞之洽,意气之孚,几于一时无两。露章剡列至再至三,他人绸缪百计而不得者,烈朒缩坚让而有之,使非抗志辞禄,曷尝不与衮衮诸公同其荣膴也哉?士风凌替,人趋华竞,私心每用为耻,而无能于宠,亦非身福,知之既深,故不为也。晚年一调,先使君侯敦譬,复躬亲劝免,律以人理,无可再辞。是以服官之日,兢兢守节,未尝逾尺寸。然自知动与世违,终不可久。

遭天不造,哲人之萎。合肥相公雅素爱好,顾视颇优。而烈之意决不能挽者,诚虑一夫之智,不可以敌众。旦夕偾仆,使谤言蒙于恩地,何颜更以自处。故仕进非所怀,温饱非所计,官无逋负,毅然引身,岂有他哉?乃噂沓之声,以为不足州郡,或云资生甚厚,发自戚近,布于遐远。夫以烈之薄弱,五十之年,心维首丘,皇冀清名,更志弋获,但恐夫子之门,增一干荣耆货之流,使冥冥之中,犹有馀恨,愚窃病之。去官欲以逃谤,而谤更随之,虽由不德足致愆尤,不亦为人伦之羞,贤智之辱乎?比辱来书,方谓烈爽直之性,至今不改,卒忤权要,解组而归,隆辞以相慰藉。自非知之有素,流言不信,奚及于此。此烈所以开卷循诵,不知涕之何从也。

杜门以来,馆粥薪蔬,粗足自给,顾不能无非时之须,第斥衣物以供之。舍旧有楼五楹,仕俸所入,复增三楹及客座一处,以待亲故。又临水小亭,元辰令节,奉夫子之象,为遗民坠泪之所。馀日则偃仰于是,赡生生资,如此而已。亦知琐屑不足烦听,盖以烈虽策名王朝,临民受祜,然未尝执珪以见天阙,则外同文子之升,内实原思之宰,覼缕之情,可信之道路之口,而不能不白之于尊门也。

世路悠悠,人事弥促,西园之游,南皮之饮,知复何年?君侯清修峻节,播名京邑,故卿贰之重,牖自帝衷,益冀畜德养望,亲贤好善,韬华蕴采,敛辞抑气。回翔出入十年之间,何所不至。道路传闻,以为方使异域,鄙心深以为惑。国是未明,众议不一。班超、傅介子之功,事非今日;王伦、赵良嗣之辱,人非吾徒。蒙冒不测,而出疆未能专命;跋涉至远,而天下以为异端。犹忆十年之前,夫子欲专请烈为上介,幸具启事,固辞却之,颇赏其所执之正。岂有匹士无聊,尚不肯为,而君侯名公之胄,台阁在望,甫辱居行人者乎!虽未必有是,顾既有知闻,区区之诚不容暂已。想明哲之见,亦无俟谰言也。

昆友聚居,何事最乐?得暇枉报,庶瘳远思。专此云云。

二十六日丁未(11月30日) 甚雨,逆风

早移舟娄门,候杨卓庵,方卧未起,遂解维归。巳刻出娄门,晚抵家,家中均安好。写曾劼刚信。十一月初二发,交李眉生。

接阿哥初三日信,又少颖侄△日信,又黄子寿△日信,又归屏如初三日信。

二十七日戊申(12月1日) 晴

子谨归已三日,遣邀至畅谈弥日。

二十八日己酉(12月2日) 晴

子谨来谭,携代购书籍二箱至。南监本《晋书》、汪刻《隶释》等

颇精。

二十九日庚戌(12 月 3 日)　晴

访子谨久谭,又同过杨咏春,又同归静圃,良久乃去。

接邓季垂二十三日信。

三十日辛亥(12 月 4 日)　晴

黛语楼后植白沙枇杷四株,迟来岁当食果。

十一月壬子

朔日壬子(12 月 5 日)　晴,夜雨

写邓树人信。即发,信船。

初二日癸丑(12 月 6 日)　阴,风

写六姊信,即发,信局。子宪兄信。附陈。李眉生信。即发,信船。子谨来久谭。

初三日甲寅(12 月 7 日)　晴

写阿哥信。即发,信船。静溪北岸植朱砂梅一株。

初四日乙卯(12 月 8 日)　阴

接邓树人初三日信。

初五日丙辰(12 月 9 日)　晴

初六日丁巳(12 月 10 日)　阴

乐林门外叠石为假山成。

初七日戊午(12 月 11 日)　晴

初八日己未（12月12日） 雨

植海棠三株，绣球一株于乐林门外石台。

初九日庚申（12月13日） 阴

觞馆师汤石农、女夫方子谨及其二弟。

初十日辛酉（12月14日） 阴雨

至石梅翁氏祠买盆梅四株。

十一日壬戌（12月15日） 阴

买大盆梅二株。

十二日癸亥（12月16日） 阴

买小榆树一株，甚有古致。杨壬山来自上海见访，久谭。

十三日甲子（12月17日） 阴雨，大风，夜微雪

十四日乙丑（12月18日） 阴寒

写六姊信、槐亭信。即发，交实儿。邓树人信。同上。宗湘文信。即发，托陈处。实儿同妇至苏，以陈氏全家赴浙，于路省之也。

十五日丙寅（12月19日） 明雨

下午子谨昆弟来辞行，赴常扫墓。

十六日丁卯（12月20日） 阴，微雨雪，甚寒

写开生信，庄心吉信，钱子宣信。即发，交子谨。写实儿信。即发，信船。

十七日戊辰（12月21日） 阴雨，风寒

十八日己巳（12月22日） 阴，风寒。冬至

合享先祖于祠室。写金眉生信。即发，交来丁。

接金眉生初十日信。

十九日庚午(12月23日)　晴,甚寒,池始冰。寒暑表三十五分

二十日辛未(12月24日)　大雪

与家人赏雪临水亭中,晶窗三面,如处冰壶,楼台林沼、山峦城堞,浩无异色。仙人所宅,宁复胜之。

二十一日壬申(12月25日)　晴

邀杨咏春、书城、鹤峰、曾君标、君麟来饮。鹤峰、君标不至,更约子永。主客尽欢,初鼓始罢。

接阿哥八月十六日信。

二十二日癸酉(12月26日)　阴

下午候庞昆圃久谭。候翁吉卿不晤。夜实儿与陈氏妇归自苏州。

二十三日甲戌(12月27日)　阴

写阿哥信,寄萧尺木画、酒杯、贝叶、大图书一方。〈长庚信〉。廿六发,交汪福。黛语楼下〈增〉植大红薇花一株。

接阿哥初十日信,又长庚侄九月廿三日信。

丁丑仲冬廿日雪,招同人集静圃临池小亭。其次日雪晴,
杨叟咏春、书城、曾子君静始至谈宴。又次日
曾子圣与先有诗为赠,咏叟继作。辄次谢灵运
《登池上楼》韵,兼效其体奉答

高车厌穷巷,空谷喜遐音。萋萋素景凋,浩浩玄云沉。幽寄事诚惬,离索心匪任。弘农古通德,曾子世琼林。壶觞偶相属,巾拂俨存临。辞窭怍肴薄,乐野欣山岭。朔气荡凝冱,曦光涣重阴。冰池涸游鲦,风树动归禽。偭彼万象驰,感此下里吟。

俯仰挹清抱,欢爱遗尘心。敻哉啸俦侣,悠然无古今。

咏叟复投长篇,歌以答之

我昔泛舟江海津,长年榜客为亲邻。一昨驱车向京国,黄尘扑人面无色。读书不成身后名,学剑不使千人惊。揭来落拓赴场圃,犹觉胸臆狱狱无时平。濠梁有叟神穆清,春醪百斛如饴饧。涉旬不见耿相忆,但恐鄙吝还能生。静溪水流西复东,小亭因之宛在中。采山钓水约未至,有雪不看辜天公。明朝日出见晴昊,四野晶莹去如扫。围炉白战昨所期,曝背南荣同笑倒。人间颜色须臾变,何况暄凉禀神造。吾侪会遇各适时,赤日白雪皆吾资。炰羔羹雉烹伏雌,且此旨酒安足辞。山居槛角水到墀,梅欲作萼柳尚丝。苍官左右树交枝,见花开敷心悦之。是非在彼文在兹,轩冕可弃人可师。生平碌碌卧未迟,守女丹籥息坐驰。得闲到死宁后时,能发吾者惟公诗。

二十四日乙亥(12 月 28 日) 阴

二十五日丙子(12 月 29 日) 阴,微雨

庞昆圃来答候,久谭。下午钱子宣自常州来见访,杨鹤峰来访,各久谭。夜答访钱子宣,觅舟不得。

二十六日丁丑(12 月 30 日) 薄阴,下午微雨

答访钱子宣于东门舟中,并晤施励卿久谭。访赵价人、季君梅不值。访咏叟久谭。子永、子谨先后来。

二十七日戊寅(12 月 31 日) 阴雨,寒

招钱子宣、施励卿、杨咏春、鹤峰夜饮,雨甚,二鼓始各去。

二十八日己卯(1878年1月1日)　午前霰,午后雪,傍晚旋止,夜复大雪

与南阳君看雪亭中。

二十九日庚辰(1月2日)　大雪盈尺不止

自吾为水亭,期欲观雪,亭成而今岁雪甚,南中十数年无之,煮酒观书,晨夕于是,幽栖之惬,可谓天相之矣。久无佳名,辄赓雪堂、雪楼之称署之曰"雪亭"。并召子谨昆季尽家而至,谭饮彻暮,始着屐去。长、次两女不得返,塑雪为两姝,极窈窕之致,亦闺中雅事也。

(以上《能静居日记》四十三)

十二月癸丑

朔日辛巳(1月3日)　雪霁严寒,池冰尽合,寒暑表低至二十五分。南中稀有之候也

赋得雪,步东坡尖叉韵,和杨鹤峰、曾君静

鸳瓦先流冰柱纤,晶窗又觉晓风严。直凌玄圃千寻玉,更覆沧江百斛盐。绿蚁酒香频唤客,红梅花小罢巡檐。陶壶自向林间煮,新泼旗枪试两尖。

千山冻合断飞鸦,万径深封阻客车。天上瑞林刚落叶,人间薝蔔又舒花。铜驼未必资凉国,玉马何当助晋家。惟有寒江蓑笠者,独从冰下忆鱼叉。

初二日壬午(1月4日)　晴

子永来。

初三日癸未(1月5日) 晴,夜复雪

晨登延台观雪,送目益远,颢气流转,胸无纤尘。惜风厉不可凝伫,不然为雪中无上境矣。命舆出北郭门,访赵次侯,一路琼玉。回忆辛酉小除登黄鹄矶时,风景不二。并晤李升兰、张雨生久谭,下午归。答访杨鹤峰,兼识令弟竹云。鹤峰复有尖叉诗见赠,可谓健者。

鹤峰复用前韵见赠,再叠奉酬

丹砂戏掷爪痕纤,符篆愁亲玉宇严。鹤峰官曹郎,不赴。高隐自捐虞帝璧,静姝羞洒晋宫盐。论交晚岁人倾盖,煮酒寒宵雨拂檐。雪径奚囊驰未歇,吟眉漫欲蹙峰尖。

灵诠能识药三鸦,夙学曾传书五车。心与匿王观逝水,文还庶子擅春花。泉林乐趣齐群彦,裙屐风流自一家。泥饮城南吾辈事,酒钱日日画竿叉。

初四日甲申(1月6日) 雪

晨起独坐亭中,对冰池雪岸,意况清绝,食烟火人不容到此。折简招鹤峰,不至。

初五日乙酉(1月7日) 晴,严寒,寒暑表二十三分

子永来。

雪晴,招杨鹤峰,辞以家事,复赠前韵诗三叠答谢兼嘲之

由来物量异洪纤,瓦土何如七宝严。纵嗜疮痂同假食,不应刻划到无盐。期君把卷临清沼,且莫狂吟侧帽檐。一样形容苕霅老,头颅甘让笔公尖。来诗用松雪头尖事。

已放新晴见鹊鸦,来游未必叹无车。剧怜环珮天山玉,好趁缤纷晚岁花。畲瓮岂能妨逸兴,扁舟只合到君家。明朝丈室瞻狮座,莫但清修共式叉。梵语"式叉摩那尼",此云"学戒女",鹤峰

携妾别居,故云。

初六日丙戌(1月8日)　晴

初七日丁亥(1月9日)　晴

鹤峰书至,昨得一雄,四十五年首子也,四叠为贺

阴功不用虑儿纤,昨夜神车幢节严。食菜庾郎空笑韭,前诗以齑瓮为戏。孕灵富媪已成盐。风清绮户鸠飞树,日暖璇闺鹊噪檐。有子由来万事足,浮图新合相轮尖。

生期瑞应邵庭鸦,早作高门待驷车。共试啼声惊老蚌,慢摇吟颊咏飞花。三朝剩欲吾为客,百岁真成子克家。头玉峣峣风骨异,咳名来看鬌双叉。

初八日戊子(1月10日)　晴

初九日己丑(1月11日)　晴

候杨鹤峰,贺生子之喜,久谭。复候杨书城,亦久谭。陆涑文来不遇。子永来。

初十日庚寅(1月12日)　晴

答访陆涑文久谭。又访曾君静,亦久谭。曾圣与、君静偕画师吴秋农来。杭州人。写曾沅浦信,任筱沅信。十一发,马递。

答曾沅浦宫保书

秋暮奉钧答,敬审体侯万福,惟目疾尚未尽瘳,此盖忧廑民生劳勚致此。今年晋省之旱,闻颇酷剧,北中人来,传师跣祷日中,观者感泣。大贤痌瘝在抱,平居何以见知,比忧患当前,而后闿悌恻怛之心,显然异于恒俗。昔富郑公赈荒,活饥民数十万,与所厚书曰,在青州二年,胜二十四考中书令远矣。千古豪杰之心,岂不足令人兴起也哉!

符卿世兄在湘定增学殖，思臣世兄荣膺胄选，已列何曹？一切景系之至。烈燉门三载，岁月虚驰，零落寒濒，心神颓沮，重蒙奖劝，弥劭惭颜。南省亦有虫灾，籽粒腾贵，幸入冬多雪，来年或兆丰盈。而气候严寒，蔀屋穷黎未纾枵腹之忧，复抱无衣之叹。惜不得大裘万丈，广被长江南北，当日出之水火者，今复俾炳照，给足袵席，慰苍黔之愿于无崖耳。

专肃云云，并叩年釐。

十一日辛卯(1 月 13 日) 晴

子永来。写莫善徵信。即发，马递。魏般仲信，龚孝拱信。即发，信局。

十二日壬辰(1 月 14 日) 晴，天色稍和，寒暑表三十五分

池冰犹未解，吴门航船不通者已十馀日。直岁暮，百物昂贵，前数日至无柴薪可买。余家中人犹为所窘，况蔀屋邪。写金眉生信。即发，信局。

十三日癸巳(1 月 15 日) 复雪，午后晴

曾君静偕吴秋农来，为余绘《溪北斗诗图》，作稿甚肖。

十四日甲午(1 月 16 日) 晴

子永来，同至曾君静家，并晤赵价人及曾君表，观吴生作图。下午邀馆师汤石农饮饯，并招方子谨，初鼓时散去。

接阿哥十一月廿五日信。

十五日乙未(1 月 17 日) 晴

十六日丙申(1 月 18 日) 阴

《溪北斗诗图》成，曾君静遣价送至，更侑绝句六首。余因为文以记之。

溪北斗诗图序

虞山之南,东琴水之北,有溪焉,广轮十亩以肆,岁旃蒙赤奋若,南兰陵之逋民赵烈文,始挈其孥来居溪北,而圃于其东。越四年,民以贫受禄于幽冀之野,未几病归,归则晨夕溪上。民故号能静,遂名溪曰静溪,所居曰静圃。云时溪之北有楼二、堂一,南与东为圃自若,以饮以食,以作以息,廓乎其有容。既民升其堂,则奇衺不中绳,临溪而观山水之奥,其色在晦冥,雨雪无屋蔽之,则不可以宁。距始至一纪,岁在强圉之夏,民乃撤其堂而正之,以馀材为亭堂之西少南,仲冬亭成。既成而雪,请客故濠州守杨叟咏春与其弟书城、鹤峰,曾君表、君静,方子永来集以落之。君表先中酒,鹤峰眚目,谢不至。其二日,君表首遗二诗,濠州继之。民酬诗五言一篇。三日,濠州投长歌道民生平及筑室溪上事已具,民复酬诗七言一篇。而君静、子永诗间作。少间,季冬之朔,大雪卷轴狎至,鹤峰、君静仿宋人为险韵诗,民奋相和,而鹤峰苦斗,重叠四五作不止,濠州老益壮,三日四叠韵。吾家次老闻之,亦再叠。于是民谢曰:"公等健者,奈何以众暴寡,且吾学为诗,不学为斗,敢乞骸骨。"皆笑而罢。君静独曰是,会当有图,遣其友槜李吴秋农为之图。民曰:"斯图也,以斗诗而斗,诗不可以形,乃形其亭。则亭之当何地,居何人,始何年,不可以不明。《春秋》之义,名从主人,宜列亭所昉而名之曰'溪北斗诗图'。"濠州篆之,民序之。时光绪三载涂月望后一日。

倒叠前韵酬杨咏叟论诗,兼似家次侯。余喻步险韵诗如女郎襄足,咏叟以为善喻,次章故云补录十四日作

漫放心思入角尖,高吟落落响晴檐。我如棘杪难成刻,君

似莼羹未下盐。末下,或云当读未下。仅有葩花同舌粲,定谁藕孔避军严。群言拟折诗中圣,宁效颠狂莫学纤。

纤容弱态斗裙叉,地凿金莲识内家。犹忆缘流人濯素,岂妨对镜脸呈花。润脸呈花,唐人碑志中语。吾行不用歌伤足,安步从今可当车。一笑论文同解缚,敢劳采凤更随鸦。

十七日丁酉(1月19日) 晴

下午,赵次侯来久谭。

十八日戊戌(1月20日) 晴

天色始稍和,池冰尚严,而河流渐有通意。

十九日己亥(1月21日) 晴

写阿哥信。即发,信局。邓季垂信。即发,同上。杨咏叟来久谭。季君梅、张雨生同来久谭。子谨、子永来。得晋《太公望表》、宋《泷冈阡表》各一册。

接阿哥十一月廿五日信,又金眉生初八日信。

题赵次侯《学佛图》

有大居士名曰非昔,处华林中,图其身形、香炉、坐具,清静自然,而誓学佛。能静学人作礼问言:"夫学佛者,为是身学,为复心学?如身学者,此幻身躯,四大和合,四大若离,何身可学?若心学者,心本是佛,复何所学?且此图形,心于何见?"居士答言:"欲学佛者,不以身学,不以心学,亦复不离于身心等,故调御师知法本空,然亦不舍诸威仪。事如睹史,天摄匠往,返利众生,故摩旃檀顶。汝新学人,欲离色身而学,于佛无有是处。"于是学人欢喜赞叹,而作颂曰:

一切诸法等虚空,如芭蕉坚无实性。至人妙解有无理,发肤皮骨建道场。何况清净妙色身，而不于中作常住。善哉居士绘身形，欲以感化未来者。彼诸严奉世希有，乃独耽此空寂观。种种智慧大声称，视等浮沤而奉佛。此则深心应顶礼，无言善教我当知。但愿后来学佛人，悟身非身色非色。随顺世间而说法，实际理地净无尘。不以色见音声求，是故名为真学佛。

二十日庚子(1月22日)　晴，暄和，河道始通

接伯房甥十六日信。

二十一日辛丑(1月23日)　晴

二十二日壬寅(1月24日)　晴，下午阴

访陆涑文不遇。答访张雨生，并晤其兄岳生及冯石甫。又答候季君梅久谭。又答候杨咏春久谭，至下午始归。写龚孝拱信。即发，信局。

接龚孝拱十六日信，仍欲以碑拓见畀也。

二十三日癸卯(1月25日)　晴，天色大暖，池冰尽泮

子谨、子永来。写魏般仲信。即发，信局。夜祀灶如故事。

接魏般仲十八日信，又李甥女同日信。

二十四日甲辰(1月26日)　晴

写李甥伯房信，寄洋四元。即发，信船。薛安林信。同上。

接槐亭初六日信，寄到《胎产心法》一部。

二十五日乙巳(1月27日)　晴

过年斋佛如故事。写金眉生信。即发，交来足。

接六姊廿一日信。

二十六日丙午(1月28日)　晴，夜雨

过年祭(行)〔神〕、中霤、门户、桥梁如往年。以今年始立仓厅，

始收租,增祀仓神。光福人王云起载树一船至,迫岁除,急欲易钱。有早桂二,高几三丈,粗逾拱把;玉兰一,高亦几二丈,价复廉。狂喜,借贷买之。植玉兰于书塾内,植早桂二及稍小之桂二株于厅事东。拟造花厅之前植柏一,蜡梅一于百衲墩。植绿梅一、天竹一、玛瑙石榴一于黛语楼下。黄石榴一于静溪北岸。骨里红梅一于梅园。馀树散植,待后匀配迁种,至傍晚始毕。

接子宪兄廿二日信,又金眉生△△日信。

二十七日丁未(1月29日) 雨霰,夜雪

至方处为次女诊疾,并与子谨等少谭。

接邓季垂△△日信,又魏般仲廿三日信。

二十八日戊申(1月30日) 阴

二十九日己酉(1月31日) 晴

三十日庚戌(2月1日) 晴

下午悬影象,奉祀如往年。

光绪四年(1878) 岁在著雍摄提格，余年四十七岁

正月甲寅

元旦辛亥(2月2日) 阴，微风

黎明起，率家人拜天及先圣，次供十方佛，祀灶，祀先祖。称贺如往年。

发笔占流年课得：升至师。

妻财双持，世、应未交，立春仍系丑将，且比劫全无，财爻可为甚旺。动爻官鬼为午火回头克尽，化出子孙福德之爻，为世爻原神。全卦无冲、无破、无空，可谓吉祥安静之课。此卦全不验。九月注。

官鬼 、、 酉
父母 、、 亥
妻财 、、世 丑
官鬼子孙 ○ 午
父母 、 辰
妻财 、、应 丑

《易林》之卦辞："鸳生会稽，稍巨能飞。翱翔桂林，为众鸟雄。"

巳刻悬曾文正公小像于雪亭，祀以清茗佳果，陈宋椠本书，拜毕旋撤，嗣后每年为故事。晚祀先如礼。

初二日壬子(2月3日) 微雨雪

晨起祀先毕，以诞日家人称贺。至诸家贺年，惟方处及杨书城处、赵次侯处降舆入，馀均谢客。次侯家亦仅见其两子，未刻归。子谨、子永、子顺来。曾君麟来候贺年兼贺寿，谢之不得，

出见少谭。

初三日癸丑(2月4日) 霁有日色

午间祀先毕,收影像。

初四日甲寅(2月5日) 晴

初五日乙卯(2月6日) 晴

同次儿宽至方处早食毕,同至各书肆阅书及茶店饮茗,午后归。与儿子等检点所藏书籍。写金眉生信,为购垂柳百株,遣奴子送往。初六发,专足。

初六日丙辰(2月7日) 阴

答候曾君麟谢寿,并晤潘子昭。

初七日丁巳(2月8日) 阴寒,大雪

初八日戊午(2月9日) 雨

初九日己未(2月10日) 雨

初十日庚申(2月11日) 阴,夜霁有月

接阿哥三年十二月廿三日信。

十一日辛酉(2月12日) 晴

接金眉生三年十二月二十日信。

十二日壬戌(2月13日) 薄阴,有日色

赴曾君表、君麟招饮,同座杨咏春、潘子昭、杨鹤峰、陆云生、涑文、叶翥云,下午散归。

接施励卿初八日信,寄《谷朗碑》一张,梁普通元年砖一函。

十三日癸亥(2月14日) 阴

写施励卿信,答寄易州碑拓一包。发,交来足。

十四日甲子(2月15日)　阴

十五日乙丑(2月16日)　阴雨

十六日丙寅(2月17日)　晴,下午复阴曀

督园丁修整园树。延次婿子永课次子、长孙读。

十七日丁卯(2月18日)　阴

修园树复竟日,甫毕。

十八日戊辰(2月19日)　阴,细雨

接金眉生初十日信。

十九日己巳(2月20日)　阴

二十日庚午(2月21日)　晴

晨至杨滨石太常处贺其续娶,时年已五十五,新人年三十馀,夫妇共有九十岁,亦创闻也。归途至杨咏春处少谭。

二十一日辛未(2月22日)　晴

二十二日壬申(2月23日)　晴

接魏般仲初六日信。

二十三日癸酉(2月24日)　晴

二十四日甲戌(2月25日)　阴

二十五日乙亥(2月26日)　阴

子谨来谭。下午雷振初副将来候,未之见。

二十六日丙子(2月27日)　阴

得周处信,知孟舆竟于去腊二十日去世,此子俊朗有才,早年甚

嗜读书，心地亦厚，事余犹父。同治六七年间，始与其表弟李伯盂亲密，又以书局事在苏多接浮夸之友，嗣后遂日趋下流，疏远正士，疾视老成。余苦口告戒，致成寇仇，然犹不察。十一年夏闻其南中狼狈，召之北行，抵署时颇恭谨，未逾年，放纵益甚末流，至于腾书痛诋，不别而去。余亦不得不相远避，尚冀其阅历艰难，渐能悔悟，乃以积劳兼之不慎，遽夭天年。家室流离，无复可望，念之摧怀。扪心虽无甚愧，而舅甥至亲，不能教诲防闲于前，又不能隐忍含容于后，殊无面目见亡姊于地下耳。自得信后胸次作恶，为之食不下咽。写金眉生信，魏盘仲信。即发，信局。

接金眉生十六日信。

二十七日丁丑(2 月 28 日) 阴

子谨来谭。下午答候雷震初不晤，又答其后任叶吟伯全庆，江宁人。少谭。

二十八日戊寅(3 月 1 日) 阴

里人张润生来见候。

二十九日己卯(3 月 2 日) 阴

种长松二株，一于喜林门内，一于池心方洲。

接子宪兄十二日信，又宗湘文三年十二月廿四日信。

三十日庚辰(3 月 3 日) 雨

早至陆云生、涑文家祝其母夫人寿。还至子谨家，并晤张润生，谭至下午归。

阅《元亲征录》一卷。无撰人，何愿船秋涛校正本。此书为订正《元史》者之资粮，然亦断烂朝报。

二月乙卯

朔日辛巳(3月4日)　雨

雨中植竹十馀本于乐林门外。

初二日壬午(3月5日)　雨

移植翠薇一株于静溪北天放楼前。写仲颖、叔桓二侄信。即发，信局。李眉生信。同上。

初三日癸未(3月6日)　阴，亭午有日

远心堂榜成，是午悬挂。夜子谨来久谭。

接周甥女正月三十日信，前属吉止函询孟舆身故情形，兹复云尚傍人信，未知底细。

初四日甲申(3月7日)　晴

午后赴杨鹤峰招饮，同座杨咏春、滨石、书城、张岳生、曾君表、君静、赵价人等甚众。席终同咏老至书成家久谭，傍晚归。

初五日乙酉(3月8日)　晴

植碧桃九株于静溪之东西南岸，溪中方洲名之曰“静渚”，植梅一、梨一、樱桃一、绣球一。

初六日丙戌(3月9日)　阴，夜雨

下午延张润生及子谨、子永饮，二鼓散。

初七日丁亥(3月10日)　阴

写子寿信，归屏如信、完甫信。廿一发，交子谨。

复黄子寿书

去岁孟冬之杪,奉函讯,兼赐法书,文绣珍食,地则千里,时逾数年,故人之心,殷殷尚尔。沉默寂寥之中,为之煦然春满。始与公有挂席吴江之约,想帷幄之谋,文字之请,正未有暇。虽闻全志当就梓南中,犹不敢遽望颜色。阔别以世论,开缄能无神往。

并豫幽青,竟成浩劫,僻处偶闻传说,至于掩耳。幸名贤项领相望,赤心拯援,而米贵途艰,恐亦计穷力尽。昔富郑公一官青州,自云胜二十四考中书令,计所活廿馀万饥民耳。乌有至数百万人而能尽免沟壑者。荒政诸书,部帙丛多,不过补偏救弊,非有仙人点金之术。见卵求夜之非早,羡鱼结网之已迟。〈或者〉图谋于未雨之时,擘画于散赈之外,立心精专,刊落华伪,庶天灾流行,不为民害者乎?

见询金石纂稿,往意不复相须,故虽随时结集,而迄无定本,惶愧!惶愧!私计斯作颇有数难,常山贞石、赵州全刻等皆见原石,或收拓本,故得逐篇详订。此则仅凭目录诸家,不独篇中疑义无可发挥,往往此出彼入,沿谬踵误。如石经碑本在房山,而《日下旧闻》列之大宛;谭柘诸僧阡表,《访碑录》置之蓟州。欲其事事核实恐难。自信志乘金石,非徒嗜古,盖欲知今。故《景定建康志》载石刻,至己身所作,然访求于一地,尚易为力,搜讨于全省,岂所能胜。又况穷居相隔千里,或载或否,则挂漏孔多,断自前朝,又非志体。综直隶而论,有金石家记载可考者,仅一二邑,馀它简略,尽属无征。多者既不可弃,少者又难虚造,汇成简帙,盈虚径庭,相形弥绌。有此数难,裒集即成,恐为全书之玷。但夙诺有年,公意如此,谨当略置讥抨,胪列故见,早则夏季,迟则秋间,决可缮录就正。至钞胥笔资,姑不敢领,俟览定一二足采,再縻公廪,未为晚也。

贱躯养息,渐少疾痛,而蒲柳之质,内实早衰。多言则舌蹇,多视则目昏,禀赋有限,非伊人力。公谓田间终老不可必者,终则决矣,老则正未能自信。南中书册精本,久已不胫而走,杜门来亦遂不求。室中旧侍以不耐寒薄请去,近供驱使者,幼婢能捧砚耳,尚未学养子,孙男二人,皆归田以前所生。不如公别后之玉雪当前、芝兰继茁,为可企羡也。承询敢布一一。

夹袋绣碑,精雅绝俗,兹命长女纂组为答。海虞近摹宋椠《陶集》,奉助校雠。叵无佳品足敌公洋枪队者,蜜渍橙橘,鱼胙并去。再同、秦生两兄,想学诣日进。在远久无由请问,如何?如何?乘子谨去便,缕道近状,敬请道安。同局诸公一一贡念。

初八日戊子(3 月 11 日)　晴

天日晴煦,园梅渐开,与家人巡塍玩赏。

接阿哥正月廿日信,又颖侄正月十九日信,又金眉生初四日信。

初九日己丑(3 月 12 日)　晴

答访张润生及其居亭曹景涵。又答候李升兰少谭。旋至张润生寓,同过子谨久坐。下午偕阅市,得味辛先生刻唐独孤及《毗陵集》,又上海徐渭仁刻《春晖堂丛书》。

接金眉生△△日信。

初十日庚寅(3 月 13 日)　晴

子谨来久谭。写槐亭、六姊公信,贺姊五十寿。即发。周甥女信,询孟甥身后事。即发,信船。子宪兄信。即发,交张润生。金眉生信。即发,信船。

十一日辛卯(3月14日) 晴

子谨、张润生邀至小石洞,同行者子永、实儿及曹景涵。傍晚归。

十二日壬辰(3月15日) 晴

曲阜人孔桂轩持碑拓来,得五凤石刻、上谷府卿、况基卿、鄐君开褒、余道、苍颉碑、会仙友、沈君阙、武梁祠等汉唐碑数十种。

十三日癸巳(3月16日) 晴

陕人雷某来,得汉唐小种十馀。下午张润生来,辞行返里。

十四日甲午(3月17日) 晴

写少颖侄信,任群伯信。廿一发,交子谨。下午招子谨昆弟小酌。接曾沅甫正月廿五日信。

十五日乙未(3月18日) 晴

溪北斗诗第二图序

昔王维居辋川,图其胜概为二卷,流传至元明间犹存于世。维号达者,不传舍逆旅视其居,而图之不已,乃又图之,何好事之甚哉?人之生也有崖,而世无崖,蟪蛄之岁月,游处于是,饮食于是,歌啸于是,鼎鼎尔欲使之与日月齐寿,虽童骙犹知其愚。然而一时怀抱之所寄,往往托之豪素,更千载而不朽。非其情之厚、志之专,有以凝固而不解者,乌睹其能然也。

曾中翰君静,深于情者也。自余集海虞知名士为溪北斗诗之举,君静既属其友吴秋农为图以赠,又约小之为斗诗第二图,而自藏弆之,更征余序。余逃世名,终年戢影于蓬庐之下,顾炫诸君之美富,以忘其丑,将欲使后之视今,犹今之视昔乎?抑何其情之溃樊〈决〉篱,日骋千里,而不能以自守也?而奚更序之。

虽然,可逃者名,不可逃者情。

君静以楮来,书此以道余情。甘食悦色,朋游博弈,旦暮之情也;高位以弋,丰财以纳,终身之情也;若夫役志于冥冥,寄想于未形,其为志不远且大,而实吾侪之情也欤?又况罗四维,掩八纮,鹏飞之所不能运,亥步之所不能踪,古之贤杰流连想望不能去者,而余又焉逃乎。会君静以楮至,述余之情以告之,以为斯图序。若图之地、之人、之时,杨濠州记及之矣。

溪北斗诗第三图序

按人之情皆有托,上之析圭儋爵,弼谐于朝,下之荷锄把耰,劳力于野。夜有思,日有营,所处之殊乎而欣欣者,未或有异同也。列圃之树,花繁者实寡;决云之禽,与翼者夺足。各囿所域,而矜其所长以自鸣,相与驳娑骀宕于玄黄之间。曰天之隆德,莫或余能胜也。海虞之逸叟,与南兰陵之逋民遇,恒道斯义而相笑。

大雪既降,逋民集叟及其同志于所居之静溪之北,饮酒乐,既而诗之,既而图之。叟又受图覆之,于是斯图盖已三矣。夫叟不图其居,而图人之居,且不自图,而覆人之图,义得毋剩乎?而不厌为者,有托焉已尔。且树之于花实,非有憎喜也;禽之于翼足,非有人己也;人之于圭爵、锄耰,非可已而不已也。蕴于中者托于外,境之所专,心之所宣。天之苍苍,为是温热凉寒;地之芒芒,为是群山百川。历万古而莫止者,奚独余数人之沾沾也哉!图成逾年,叟以示民,为序之如此。

十六日丙申(3月19日)　阴,夜微雨

溪北斗诗第二图序重定本

昔王维居辋川,图其胜概为二卷,世贵重之,久而不泯。维

号达者，曷不传舍逆旅视其居，而图之不已，再图之，何其不惮烦也。人之生也有崖而世无崖，蟪蛄之岁月，游处于是，饮食于是，歌啸于是，鼎鼎尔欲使与日月齐寿。童骇犹谓之愚。然而一时怀抱之所寄，往往托诸豪素，更千载而不朽。非其情之厚、志之专，有以凝固而不解者，乌睹其能然也。

曾中翰君静，富于情者也。自余集海虞知名士为溪北斗诗之举，君静既属其友吴秋农作图以赠，又约小之为斗诗第二图，而自藏弆之，〈更〉征余序。余逃世名，终年戢影于蓬庐之下，乃炫诸君之藻采，以忘其丑，将慕于维之徒而效之乎？抑何其情之溃樊决篱，日骋千里而不能以自守也。而奚更序为？虽然，可逃者名，不可逃者情。盈酒罗色，游谈朋说，旦夕之情也；丰货以入，高位以弋，终身之情也；若役志于冥冥，寄想于未形，斯于情何物而何名。夫不有择，安有执，又况罗四维，掩八极，鹏飞之所不能运，亥步之所不能迹，古贤杰之士流连往复，以写其陶陶者，盖欲外之而不得，而余又焉逃之。

序成，君静以楮至，为书之以谂来哲。若图之地之人之时，杨濠州记已及之矣。

十七日丁酉(3 月 20 日)　　晴

接周甥女十五日信。

十八日戊戌(3 月 21 日)　　晴，暄和，始衣棉袍

早至赵价人家贺寿，其庶母某氏有鞠育之劳，七十称觞也。旋过咏春谭。午间春分合祀先祖。夜子谨等来馂。

十九日己亥(3 月 22 日)　　晴

柳风堤及南洲植秋藤六株。孟舆甥妇自木渎来，至其舟中吊

之,道家事狼狈之状,为之惨然。余家资产微薄,而官中尚有应领之款,拟以千金为助,但不知有司出入之吝,得如愿以偿否?当托友人关说也。下午子谨来,谭至二鼓去,将欲以后日成行至直隶。

二十日庚子(3月23日)　晴,夜雨

写周钧甫信。二十一发,交子谨。夜子谨来告辞北行。

接金眉生十八日信。

致周钧甫书

钧甫老弟足下:

去岁复缄,谅登签室。北中人至,传闻德义修明,文史自重,企佩企佩。

前月之杪,惊悉孟甥竟夭天年,始骇继悲,为之神情惝恍者累月而不能已。弢老之宏厚,家姊之慈淑,似当有子克家,即孟甥中年沦落不偶,而其始初亦未尝不好学乐善。鄙意犹冀其阅历艰辛,折节改行,以承先绪,乃今遂无可望,能不痛伤!其家事之狼狈,殆不忍言。东西漂流,无立锥之地,曩年割屋后数椽与共门户,今两家人口渐众,势不能容。居无茅茨之庇,食无升斗之储,而费用素繁,债累尤重,啼号在迩,生事茫然,固不待见西华之葛帔,而后伤其蕉萃也。

烈既至亲,同居甚久,其家事缕屑能知,是以罢官之时首欲代筹久计,不意其命途乖舛,人事不齐,垂成而自败。往事念之心痗,且久在知见,不必言矣。若烈之近况,衣食仅可补苴,岂皇他及。且其一家十馀口,无丝粟之藉,相濡以沫,何益久长。转展筹思,寝食为废。烈北中应领官款为数尚多,第交代未清,而陵工豆草长垫积年例案,忽为部胥生风陡驳,故应领应解款虽有馀,而外费酬劳转无定数,此时请领颇难邀准,然舍此以

外，更无涓滴能于旁润。用特专函奉商，由烈出具大差归垫实银一千两印领，领出后存放公中妥处提利，专为伊家糊口之用。惟司库能否准发，殊无把握。烈在远方，绝无切近援助之人，不得不仰资大力，设法请求当事。俯念亡者室家不保，而烈斯举尚出至诚，非甘食美衣之私见，破格允行，不翅生死肉骨，或亦慈人君子所乐为也。事如可行，印领一切可告子谨。至院司之费，仍由烈另具总归一千成数，不欠缺为率。

再如归殡一节，道路太遥，伊家非但无此力，亦无此人，必须仰仗中堂宪恩，俾资官力运送至津后，再由其家迎取。又有《平捻记》若干部求售。此二层，均望阁下与子寅从中代恳。烈乞骸后久无笺禀，无颜渎陈，且异姓亦未便越俎耳。种俟高明鉴裁，不胜待望之至。稚五先生闻近权善地，陆君彦颀与孟舆儿女姻亲，二处可函述苦况，冀有佽助，亦望酌之。

再者，吾里志局近有函至，属撰夫子及尊先伯凤翔公与弢老事略。烈受业师门仅道光癸卯一年，时十二岁耳，嗣后未尝从游。故出处大概全无知见。凤翔公亦仅壬寅、癸卯谒见数次。至弢老品性学诣，烈能状之如绘，然服膺其内，而忽略其外，其生平亦未能言之亹亹。凤翔公及弢老已函致孟甥家中，索取行状以备撰述。夫子生前行谊事迹，当有尊藏志传，望即飞寄来南，转致局友，庶免后时。又弢老诗文、日记，其身后烈均为整理，定本仍交孟舆，此时是否在遗箧中，务须查检见寄，切勿失落。并望，并望。

二十一日辛丑(3 月 24 日)　晨阴，有雨意，下午仍晴

访子谨，送其行，视登舟乃返。

二十二日壬寅(3月25日)　晴,甚暖,始衣夹

写阿哥信,即发,信局。颖侄信。同发。金眉生信,龚孝拱信。同发,信船。

二十三日癸卯(3月26日)　大风扬沙翳日

早至园课客作灌梅树,觉感风,下午微恙。

《艺舟双楫》第十二、三卷。泾包世臣。言书法精到,确有心得,而炫博矜奇,时亦不免。道光戊申余谒先生于白门,每晤必出枣木本阁帖以示,临行赠所书两纨扇及全书四种,后皆失之。继得此本于恽伯方,鸿仪。藏之亦垂二十年。取阅一过,念先哲之沦亡,慨书学之零替,为识于此。

二十四日甲辰(3月27日)　阴,微雨

二十五日乙巳(3月28日)　晴

写般仲信。即发,信局。

接六姊二十一日信,又般仲二十一日信。

二十六日丙午(3月29日)　晴

楼阴文杏盛开,赏对移晷。天放楼藏书检点写目至今日竟,共△。

二十七日丁未(3月30日)　雨

接金眉生二十三日信。

二十八日戊申(3月31日)　晴,晡后阴,夜雨

疾少瘳。五日不窥园,自力往步,心意开豁,遂愈。

二十九日己酉(4月1日)　阴,下午晴

三十日庚戌(4月2日)　晴,风

阅《南村辍耕录》三十卷。元陶宗仪著。非小说家,无精义,然从田间

忆朝事掌故如此其详,记分亦不可及耳。读《元史》者要不可不见。

三月丙辰

朔日辛亥(4月3日) 阴风雨寒

昨衣袷尚烦燥不可耐,今日拥裘犹栗栗,夙夕之间,暄寒顿异,可怪也。

《皇陵碑》、《西征记》、《平西蜀记》,各一卷。明太祖撰。虽无文藻,然质实得记载之体。

《孝慈录》一卷。所争欲诸子为庶母服耳。无义理,但道私臆。

《纪梦》一卷、《周颠仙人传》一卷。记即位前所梦及周颠事,以见明祖英雄而极信祯祥。古之帝王崛起寒微,其不能自信以信天,盖祸福之心胜,吊伐非能为民也。

《广寒殿记》、《御制诗》,各一卷。明宣宗。颇有文笔。

《敕议或问》一卷。明世宗。以孔子尊号不合礼意,及大内失火等事,与廷臣争辩,辞气鄙悖,无复君人之体。

《谕对录》一卷。明张孚敬。纪其争张鹤龄狱事,措辞疾而所执坚,几以古之贤臣自居矣。然动称议礼之得罪于众,以自昵而固宠,断非正人君子之所肯为。孟子曰:"我知言,我善养吾浩然之气。"奄然消沮至此,则其中之所存可知。遂欲以此愚世,多见其不谅也。

《皇朝本纪》、《天皇玉牒》各一卷。亡撰人。说多荒陋。

《龙兴慈纪》一卷。王文禄。以闻其母述明开国时事,故立名如此。

《国初礼贤录》、《遇恩录》各一卷。《礼贤录》亡撰人。《遇恩录》则刘伯温之子仲璟纪高祖召对事。

《否泰录》一卷。刘定之。《北使录》一卷。李实。《北征事迹》一卷。尹直。《正统临戎录》一卷。哈铭。《临戎事迹》一卷。皆记明英宗北狩事。《临戎事迹》即《临戎录》而文之者。

《复辟录》一卷。亡撰人。纪天顺初事。

《天顺日录》一卷。李贤。

《古穰杂录摘抄》一卷。同上。

《圣驾南巡日录》一卷、《北还录》一卷。陆深。纪嘉靖幸承天事。

《平胡录》一卷。同上。纪载率略。

初二日壬子(4月4日)　雨

《平汉录》一卷。宋濂。记陈友谅。

《平吴录》一卷。吴宽。记张士诚。

《平蜀记》一卷,亡撰人。《平夏记》一卷,黄标。均纪明玉珍事。

《北征录》一卷,《后北征录》一卷。金幼孜。纪永乐八年、十二年征胡事。

《北征记》一卷。亡撰人。纪永乐二十二年征胡事。

《西征石城记》一卷。马文升。纪成化丁亥宁夏土达满四。

《安抚东夷记》一卷。同上。纪成化十二年安抚海西建州卫夷事。

《兴复哈密国王记》一卷。同上。纪弘治中立元裔巴陕为哈密王事。

《平番始末》二卷。许进。纪前事,许时任其事。

《平夷赋》一卷。赵辅。纪成化丁亥征建州事。

《平蛮录》一卷。王轼。纪弘治十五年平贵州普安蛮妇米鲁事。

《西征日录》一卷。杨一清。纪正德五年平宁夏贼何锦等事。

初三日癸丑(4月5日)　雨

《制府杂录》一卷。同上。纪其西征时杂事。

《云中事纪》一卷。苏祐。纪嘉靖癸巳大同兵变,祐时为巡按。

《定浙二乱记》一卷。王世贞。记万历十年浙兵变事。

《云南机务抄黄》一卷。张沈。洪武中为云南布政使,抄录平滇时诏谕。云抄黄者,犹今誊黄也。

《滇载记》一卷。杨慎。纪六诏以至段氏及元梁王据滇事。

初四日甲寅(4月6日) 阴

写金眉生信,魏般仲信,仲颖、叔桓侄信。同发,信局。

接魏般仲初一日信。

初五日乙卯(4月7日) 阴,夜大雨,水暴涨,池上石志馀二尺,盛于去夏

亭午招咏叟、鹤峰、其侄政甫、曾君标、君静饮,闻吴子登至,亟邀之来同饮。子登者,南丰人,余旧识也。早年好谈西人之学,今以编修加侍讲衔,使美利坚、西班牙、秘鲁三国,为参赞,与鹤峰为僚婿,以有远行,来托妻子于鹤峰也。是日谈燕甚乐,傍晚散去。

初六日丙辰(4月8日) 雨

答候吴子登,不晤。赴滨石招饮,同座子登、咏春、鹤峰、政甫。饮散至咏叟处久谭。夜复赴鹤峰招饮,同座子登及其同行之戚沈君、张雨生、杨滨石、政甫,畅谭至二鼓尽始散。

送子登侍讲嘉善出使大西洋序

光绪四年春,吴子登侍讲奉朝命,将与陈荔秋宗丞兰彬使大西洋米利坚、秘鲁、西班牙三国。二君者,与余皆故人也。子登独来常熟,寄孥于戚杨氏而后行,余得与之谭宴两日,请问使指。

古之出使绝域,招徕远人,不顺则以少胜众,出奇制胜者,汉唐为盛。乘百战之威,凌驾万里,使彼土至今慴伏者,元为盛。若泛舟沧溟,连艅洲岛,散金帛以饵睢盱之民,得其称臣奉贡,则明有之矣。然其细乃在耳目之玩好,奇禽异兽之观。上

之则通贡篚,纳侍子、颁朔、赐冠带以张王会。又上之则兴灭继绝,主张其政事国俗,俾知尊中国。更上之则争城夺地,树国之宗以屏王室,声教所讫,际于四海极矣。故其使者,皆以权奇忍鸷,斫弛吊诡之士为选,卒不闻有魁儒硕彦、宽裾博带出乎其间,如今日之事者也。

夫夏则资葛,冬则资裘,时之所宜,各适其用。今天子方以文德怀四海,宽柔以教,不报无道。故彼虽争尚功利,以夸诈强险相高尚,而我则专以道义为先。轺车之使,皆择敦庞和厚、好善爱民之儒者,称先王、法圣人,雍容揄扬于怪险奇幻之地。于是彼之奇技淫巧、利兵坚甲,幻人眩术,莫不屏营怔惶,始而笑,中而疑,终而愧,而卒以废沮。风气蒸蒸,改义率德,以轨于大同。其道大,其化神,其利溥,其号尊。不其休哉,不其休哉!不然,今之操贫富强弱之说者,既有徒矣。国家苟志于此,不将选矜奋之士以将命而出使之,剧先之以侍郎郭公,继之两君,兹三贤者,高蹑遐轨,其意思深远,大氐殊乎流俗。朝廷用人,不彼而此,其旨不显然乎?且吾闻之,中国流人佣诸国者,其人遇之虐,命使臣为之援助。是斯行也,以爱民为本,而志不存于利害,尤可见矣。子登勉之哉!君之学道,所以爱人。夫国家中外之臣,虽各有其职,然而为文制之所牵迫,行行不展其志,孰如将命千里之外,内之以庇吾民,外之以化异俗,其所及远大哉!

子登行急,余不克远饯,谨稽古人之义,以为斯序。

第二稿:

光绪四年春,吴子登待讲奉朝命,将与陈荔秋宗丞兰彬。使大西洋米利坚、秘鲁、西班牙三国。二君者,皆烈之故人也。子登独来常熟，寓孥于戚杨氏，而烈得以间为两日之饮，且诹使指。

古昔之世，使于异国，有衅则以少伏众，出奇制胜者，汉唐为盛。乘百胜之威，囊括席卷万里之外，一不顺指，而将师随之，使遐方之民至今言之挢舌者，元为盛。若泛舟海中，外抚夷而内行贾，睢盱椎结溪谷之长，饵以王号，出其珠犀，则明有之矣。其细始于耳目之玩好，珍禽异兽之观。进之则通贡篚、征侍子、颁朔、赐冠带，以侈王会。又进之则扼形势之要，断其种类交结，宁吾边圉。更进之则斥土广地，去异族以树宗藩，声教所讫，放之四海。极矣，蔑以加矣！故其使者，皆以权奇坚鸷、斫弛吊诡为尚，其利虽见于斯须之顷，而其害亦承于眉睫之际。千数百年以来，卒不闻有魁儒硕彦、宽裾博带之士出乎其间，如今日之事者也。

夫冬则资裘，夏则资葛，寒暖甚殊而各适其用。今国家方以文德怀远，宽柔以教，不报无道。彼方竞于功利，以夸诈悍忍相高，制器残民，伏死百万，而游谭津津，若有得色。圣人在上，恻然矜之，故专务道义诚笃，轺车瑞节，以交邦聘。皆择敦庞和厚、好善爱民之儒者，称先王，法圣人，雍容揄扬以跻绝域，将使其奇技淫巧、利兵坚甲、眩术幻人屏营怔惶而不敢进。始而笑，中而疑，终而愧，而卒以废沮。治化蒸蒸，改义率德，以轨于大同。其道大，其化神，其利溥，其号尊。不其休哉，不其休哉！

不然，今之操贫弱富强之说以相动者，繁有徒矣。不得已而防患师其技者，亦既行之矣。国家而志于此，其使宜有异，而首发使驻于英吉利国者，则有侍郎郭公嵩焘。英之次美利坚为大，而继之者则有两君。兹三贤者，世称为儒素之君子，其役志远,不规鲰浅;其用心深,不顺流俗。乃朝廷用人,不彼而此,其意不显然乎?且闻中国流人佣力于诸国者,其人遇之虐,朝命使臣为之将护,是斯行也,以爱民为本,而非利害之图,尤可见矣。

子登勉之哉!君子学道,所以爱人。诚能先道德而后功利,则瀛海之壖,何殊于中国;皇华之使,岂后于封圻也哉?使节有程,不皇博说,辄摅微管,以为斯序。

初七日丁巳(4月9日)　阴

接释妙空△△日信。

初八日戊午(4月10日)　阴雨

初九日己未(4月11日)　阴雨

初十日庚申(4月12日)　晴,夜复雨

时连雨旬日,河水张发,闻麦田尽没,静溪之傍堤岸为水啮,馀不盈尺。

《平定交南录》一卷。丘濬。记永乐平黎季犛,郡县安南事。

《安南传》二卷。王世贞。记安南国沿革。

《南翁梦录》一卷。黎澄,季犛子,被禽仕明为工部侍郎。记其国佚事,新颖可喜。

《勘处播州疏稿》一卷。何乔新。勘播州宣慰使杨爱与兄友互讦事,此其复奏。

《防边纪事》一卷。高拱。记隆庆初在内阁筹宣大边防事,奏议颇通伟。

《伏戎纪事》一卷。前人。记俺答孙把汉那吉来降,招抚封贡事。

《挞虏纪事》一卷。前人。记用张学颜巡抚辽东,御建州夷酋入犯事。

《靖夷纪事》一卷。前人。记抚贵州土官安国智事。

《绥广纪事》一卷。前人。记平广东寇事。

《炎徼纪闻》四卷。田汝成。官南徼诸省参政,记所闻苗蛮叛服事。

《星槎胜览》一卷。费信。

《瀛涯胜览》一卷。马欢。二人永乐间皆从太监郑和泛海使岛夷者,所记略同。又改定一卷,张昇。即前书润色之。

《奉使安南水程日记》一卷。黄福。永乐初使安南。

《朝鲜纪事》一卷。倪谦。景泰初使朝鲜。

《使琉球录》一卷。陈侃。嘉靖间使。

《鸿猷录》十六卷。高岱。记明开国至嘉靖诸用兵事,繁简得中,取裁有法,异于诸野史矣。

《治世馀闻》八卷。无撰人名,止称芷沅箬彼,微臣。书中参考知其人陈姓,官参政。所纪皆弘治朝事,分上篇四卷,多记孝宗君德。下篇四卷,则杂记臣庶及琐事。

《继世纪闻》六卷。前人。纪正德朝事。

《名卿续记》四卷。王世贞。纪开国至嘉靖文武名臣。

《靖难功臣录》一卷。无撰人。记永乐靖难诸佐。

《国琛集》二卷。唐枢。纪开国至□□名臣。

十一日辛酉(4月13日) 雨

写仲颖、叔桓两侄信。即发,信船。妙空僧信。同上。

接仲颖、叔桓两侄初八日信,又槐亭二月廿九日信。

十二日壬戌(4月14日) 阴

十三日癸亥(4月15日) 雨

候杨鹤峰、杨政甫,均久谭。时两君皆将入都也。

十四日甲子(4月16日) 雨

十五日乙丑(4月17日)　雨

暮春之望,往年仅衣袷,而今非皮裘不可,景象甚类庚申年。天意谓何?念之栗栗。南中淫雨如此,牟麦均已萎黄,而北方自冬至今无涓滴,灾祲连年,不知所届矣。写金眉生信。即发,交来足。

接金眉生△△日信。

《国宝新编》一卷。顾璘。为其亡友李梦阳等十五人所作传赞。

《续吴先贤录》十五卷。刘凤。明世吴郡之贤士,各为之传赞。

《明诗评》四卷。王世贞。为当世诗人小传,各系以评。

《吴郡二科志》一卷。阎秀卿。亦记吴郡名人。二科者,一文苑、二狂简,仿圣门四科言之也。

《新倩集》一卷。徐祯卿。记唐寅、文璧诸人事。

《金石契》一卷。祝肇。为其友朱存理等十人作传赞。

《守溪笔记》一卷。王鏊。多记明初诸人逸事,兼摭异闻。

《震泽长语》一卷。前人。记明事每冠以目二字,如经传、国猷、官制之类。其书必有可观,惜此摘抄无几耳。

十六日丙寅(4月18日)　晴

昨夜雨彻晓,水骤涨一尺二寸,溪北石岸不没者八寸。百衲墩水至石路,柳堤南半没径,南洲西半居水中,静渚之上积潦寸许,渚东南沿篱路口不通。东皋水及葡萄棚,棚下石坛出水仅四寸,迤北种竹之地半有水,石路以西沟塍皆通流,门外通衢有阻断者。询之邻里,云水势与同治八年秋相上下。是年静溪北岸尚未加筑,门径半没水中,今则尚馀二三尺,而东皋之路,西之柳堤,南之静渚,皆高于昔。水退能速,树艺当无损也。早食后至园中,课奴客拔起数桃树在水中者,叠石为台更种之。

十七日丁卯(4月19日) 晴

水退二寸许,静渚已无水,葡萄棚石坛旁亦干涸,知两地低于溪北石岸凡一尺。午间与南阳君观水溪上,南阳君久疾甫愈,不窥园已月馀矣。雇山兜出西门登拂水岩,山涧有潺湲声,无水喷过头之说也。山下湖田半没,麦苗飘荡水中,春穑殆十失其五。旋升齐女墓俗名望海墩,亦名四柱墩。远眺,虞山最高之所也。

墩东北下山,行松枥中里许,达连珠洞,石涧在山之阴,雨后淙流颇盛。当涧石厂,下空如屋,广轮几亩馀,厂西南角石穴,涧流下注穴中若悬霤。既下,复为涧,奔流出厂。东行石厂中,有僧祀观音大士,香火翕集,祷者皆掬霤水盥面嗽口,云能已疾。近数年中,集香资已为大殿二重跨涧上,殿南有桥,在两山间,水出桥下,奔流殊驶。盖虞山幽秀之概,莫是若矣。

下山顺访次侯不值,饮于保慈桥下之酒肆,小酣。复舆行上桃源涧,水盛于连珠洞,为瀑布三尺来者二所,坐石上对之良久。日薄暮始归。

十八日戊辰(4月20日) 晴

水退二寸,东皋沟塍中水渐涸,竹地无水,知两地低于溪北石岸尺有二寸。

接仲颖侄十五日信,寄其妹庚帖,时拟为相攸也。

十九日己巳(4月21日) 阴,夜小雨

二十日庚午(4月22日) 晴

是日里俗有龙舟之戏,家中孩幼均棹小舟往观。余微恙不出,邀子永来谭。

《彭文宪公笔记》一卷。彭时。记宦途所闻见,无精义及可取资者。

《畜德录》一卷。陈沂。记其时前哲言行,宋人《厚德录》之流也。

《青溪略笔》一卷。姚福。青溪,其金陵宅居所在也。

《闲中今古录》一卷。黄溥。杂述宋元明事。

《剪胜野闻》一卷。徐祯卿。祯卿吴人,与唐寅齐名。所记荒唐,诚齐东语也。

《玉堂漫笔》一卷、《金台纪闻》一卷、《停骖录》一卷、《续停骖录》一卷、《豫章漫钞》一卷。陆琛。其书皆杂缀无足观。

《科场条贯》一卷。前人。皆记乡、会试制度创革颇详。

《水东日记》十卷。叶盛。书颇宏富,余向曾见足本。

二十一日辛未(4月23日)　晴

水退三寸,溪北石岸静溪榜字见半,西之柳堤尚微有水,知是堤低于北岸尺五寸。

二十二日壬申(4月24日)　晴

赵次侯来久谭。写荆溪县令潘芝岑信。即发,交实儿。实儿赴里门省墓,子永附行。

《今言》四卷。郑晓。述明世故事,凡三百四十四条,事该而文核,佳作也。诸书中此为足本,求明事者必当读。

《馀冬序录》六卷。何孟春。亦多言掌故。原六十卷,此仅十之一耳。

《凤洲杂编》六卷。王世贞。亦记掌故。首卷“边费”一条可备查。二卷载明宣宗与宁藩往覆书,成祖致李景隆书,景帝与英宗书也。先书他处不见。三卷皆谥典。四卷科场故事。五卷杂记官制、兵制、女官制。六卷皆军功赏格。

《医闾漫记》一卷。贺钦。记在辽东行间事。

《译语》一卷。前人。记间谍所得虏情及虏语。考北塞外地理者宜观。

二十三日癸酉(4月25日)　阴

二十四日甲戌(4月26日) 晴

连日脾病积滞。早食后与南阳君投壶雪亭中,仍自拾箭以运筋骨,遂得更衣甚快,晚食所进较多。古人制器皆有为如此。

《海槎馀录》一卷。顾岕。嘉靖间官儋耳,记其郡事。

《君子堂日询手镜》一卷。王济。官横州归后言横州事。君子堂,横州廨舍之颜,书名殊迂僻。

《庚己编》十卷。陆粲。杂出故事、佚闻、妖异,有成化间获诛妖人桑冲公牍。

《四友斋丛说》六卷。何良俊。分经史诸门,肤说为多,实则皆耳目间佚事耳。系松江华亭人,所载关云间者尤夥,论田粮尤娓娓,以其父曾充粮长故也。

二十五日乙亥(4月27日) 晴

水退三寸许,静溪字尚止见大半,柳堤堤干彻可行。赵价人来谭。

二十六日丙子(4月28日) 晴

二十七日丁丑(4月29日) 晴,暄甚,衣单衣

写金眉生信,寄八侄女庚帖。即发,信局。

《菽园杂记》七卷。陆容。记掌故为多,颇可采撷。

《留青日札》四卷。田艺蘅。原三十九卷,小说之流。有刘谨、钱宁、汪彬、严嵩等籍没家产数。

《松窗寤言》一卷。崔铣。原书不知卷数,此仅二叶,编六十六、七、八等章。

《漫记》一卷。前人。亦仅录二页。

《近峰记略》一卷。亡撰人。亦仅录三、四叶,记掌故。

《百可漫志》一卷。陈鼐。掌故、佚闻、杂事。

《锦衣志》一卷。王世贞。叙锦衣卫创始及掌卫诸臣事迹。文法马迁。

《星变志》一卷。亡撰人,自称迂樵子,记万历间吴中行、赵用贤等争张居正夺情受杖事。

《瑯玡漫钞》一卷。文林,璧之父也。纪开国以来佚闻。

《病榻遗书》一卷。高拱。记张居正倾陷始末。

《悬笥琐探》。刘昌。小说也。

《苏谈》一卷。杨循吉。记苏州佚事。

《病逸漫记》一卷。陆釴。多掌故。

《前闻记》一卷。祝允明。佚闻,间有掌故。

二十八日戊寅(4 月 30 日)　晨微雨,午间霁,夜雨

接子谨十二日信,已到保定。又金眉生二十三日信。

《寓圃杂记》二卷。王锜。小说。

《蒹葭堂杂著》一卷。陆楫。亦小说之流,颇有议论。

《窥天外乘》一卷。王世懋。记掌故。

《二酉委谭》一卷。前人。记杂事。

《闽部疏》一卷。前人。官闽说闽事。

《江西舆地图说》一卷。赵秉忠。无图,有说亦率略。

《饶九南三府图说》一卷。王世懋。如前书。

《志怪录》一卷。祝允明。

《涉异志》一卷。闵方振。

《奇闻类纪》四卷。施显卿。分天文、地理、五行等十门。

《见闻记训》二卷。陈良谟。所记皆善恶报应。

《新知录》一卷。刘仕义。小说家杂缀之属。

二十九日己卯(5 月 1 日)　阴

牛痘局司事陈柳门会榜,丹徒人。来候,请为小孙女及两外孙种

痘也。写槐亭、六姊信。即发,信局。金眉生信。同上。

四月丁巳

朔日庚辰(5月2日) 晴

早食毕,候谢陈柳门未晤。访赵价人久谭。又访次侯久谭,同至孙氏祠屋内啜茗,看牡丹,下午归。

初二日辛巳(5月3日) 晴

初三日壬午(5月4日) 晴

初四日癸未(5月5日) 晴

写阿哥信。初五发,信局。

初五日甲申(5月6日) 晴

早起,翁玉甫中丞之殡,拜送,将窆也。

接李眉生初三日信。

送曾君表之撰入都序

士有得为者,有得言者,有不得为、不得言而得以知者。天下文敝极矣,士舍恒业而骤焉以入,不得则为之口呿而目眩,或者遂自废于纪纲政事之外,谓天下事无足以为,徒修名行,矫矫自好,足以毕矣。噫!其尽之乎哉?事机相倚,凶札变故,悬于眉睫呼吸,知之不先,讲之不夙,虽德慧术智不可以有济。维夫入之深,则利弊之端粲于目前,而后遇事知所处。上之人贵能行,下之人贵能知。是以古之君子内而修其身,外以达于天下,童髫志学,白首而不废。今士负绝特之姿,发身王朝,其当致心力于是焉否也?

君表之家,有田可耕,有舍可息,然弃安燠,凌鹜千里,而集于帝都,此其志不在饮食,途人知之。君表之为人,神清而视高,其行侻然,其言爽然,其将知其所未知,以待得言、得为也邪？抑内其身而外天下,以为非所急邪？此吾于君表之行不能毋拳拳也。

君表索言于余,故附古人之义,转以询之君表。

第二稿:

士有得为者,有得言者,有不得为、不得言而得以知者。天下文敝极矣,士舍恒业而骤焉以入,不得则为之口呿而目眩,或遂自废于民物之外,谓天下事无足以为,徒修名行,矫矫自好,毕矣。噫！其尽之也乎哉？事机相倚,瘥札变异,如环而无端,知之不先,讲之不夙,虽德慧术智,不可以有济。夫事之弥文,其始用以救弊,其久也文存质亡,而弊以滋,讨其原,则利害粲然,而后知所偏,知所救。是故上之人贵能行,下之人贵能知。古之君子内修其身,外以达于天下,童髫志学,白首而不废。今士负绝特之姿,发身王朝,其亦当致力于是焉否也？

君表之家,有田可耕,有舍可息,然且弃安燠,凌鹜千里,而集于觚棱之下,此其志不在饮食,途人知之。顾余默窥其为人,神清而视高,其行侻然,其言爽然,若短仞寻而狭跬步,其将知所未知,以待得为、得言也邪,抑内其身而外斯世,从容委蛇而已邪？此余于君表之行不能无拳拳也。

君表索言于余,敢附古人之义,还以质之君表。

初六日乙酉(5月7日)　雨

与家人赏雨雪亭之下,煮新豆荚侑尊。池上罂粟已开,择殷红数朵插碧玉瓶中,赏对弥日。

溪北斗诗第四图序

杨子鹤峰继斗诗第三图而为第四图，肖余静圃池沼，其左为浮屠下丛舍栉比，以拟其居。一径曲通，奚童负囊走径中，状斗诗之时往复相致也。夫以有吾之身而有居，有居而有静溪之名，有静溪而有亭榭，有亭榭而杨子与诸人来集，来集而作诗，诗而后图。是则斯图托始于吾之身，不翅五六反矣。而杨子乃不忍遗其童仆，以增益之于丹青之上，不已多邪？

吾闻之浮屠不三宿桑下，惧累其心也。杨子学浮屠者也，是奚以为？曰：不然。浮屠之学无亲疏贵贱一等，彼将夷名品、齐荣辱、泯高下、平得丧，而何宾客童仆之异哉？昔人以终日行炙而不得炙，谓非人情。是杨子之心，虽谓之圣贤之心可也。

杨子北入都，将行，索余序。余既序前三图，而斗诗之事实杨子与余始之。余为诗五叠，杨子又过之。然则，杨子其又今之健者也。

初七日丙戌（5月8日） 晴

接金眉生初四日信。

有清奇士周先生墓表

世人未尝不好奇，而所好卒安于耳目之玩。若尊彝罍鼎、若名书画、若珠玉、若犀象、若西海之奇器、若花重台含苞、若鸟兽异毛羽，相率贵重之，得喜失怒。而于人之奇，非微不爱之敬之，而又蹴踏凌谇，使抵于穷而后止。嘻！异矣。烈生平善游，今天下行省十八历其十一，所至见名儒硕士、豪杰长者以百计，公卿监司、郡邑守长以千计，皆未能奇。奇者乃在里闬，则周先生韬甫当之矣。

先生讳瑛，后讳腾虎，为常之阳湖人。少好书，为诗歌壮厉,人未之奇也。其先人伯恬先生官秦中凤翔令,老耽诗酒,不治事。凤故剧邑,韬甫年二十馀,甫弃书策,辄赞邑政,政无巨细皆治。时抚部为林文忠公,闻而材之。凤翔君殂官舍,贫无以归殡。未几,文忠礼之幕中。文忠久大府贵重,负世厚望,然得韬甫一言,未尝不释然忘其位。继客川中,某监司署苍头狎诸客,欲与伍,韬甫去之。

若浼会准南鹾政,故上书鹾使者,言当更革状,使者即委畀之,遂以寒生业鹾,不逾年致数大万。舍华屋,荐珍馔,交游狎至,坐后联大榇,实朱提其中,语会计者即吾友,有取,虽多勿问。歌舞筵会,一日数十金。邑子或分管其业,于某所夜召妓数辈,裸逐室中。韬甫以事往,晨过见之,笑曰:"少年豪乃尔。"旋亦兵起,鹾事大败,徒手如往年,先负人者,索逋皆自任之,不以委客。

使者雷某督兵居海陵,闻韬甫名,召与计事。韬甫首建策征商税,纳者以厘计,饷大裕。数十年间,海内踵行之,虽名臣巨公勿能变也。时使者方以忮诛杀其故人。韬甫闻之,至抗声责之曰:"若之为,奚可与一日处?我所以来,为欲明大义,解倒悬尔,宁助若?"使者颜赪汗垂,臆乃别,人奇之,然亦不敢病也。

方是时,大乱甫作,始中外知庸行不可集事,咸倒屣逆之,抵掌群帅间,声闻藉甚。晚乃遇湘乡曾文正公于南康水军中,一见倾倒,出故交上,旋以母疾引归。江南事棘,帅和委饷事某,某争走余居问计,余介韬甫习粤豪某,乃相与计,创烟土捐月增饷二十万,事成,携手去之。议功,笑谢勿受。庚申贼陷常州,韬甫时客吴门巡抚徐公有壬所,愿募军,亲率之复故郡。方阅募籍呼名,而贼已陷苏州,入与一子并为所虏。旋以计同脱,走吴兴，扣余船呼曰："吾料事定不若尔！"笑声达于邻舫，无几微不自得。

辛酉冬，复从曾公皖江，每论事穷日夜不舍，左右亲近任枢机筦事者，经旬不得见。韬甫又好为盛气质责人，识最高，辨论如刃出匣，见者色沮气丧。遇事曲直争之，不得不置，血上注，面正赤如鸡冠。于是忮之者益怒之，曾公使以事赴江苏避诸人。适某监司某斥罢，韬甫知其干，欲雪之，遽致书于郡人为枢臣佐者，故倾仄士，谮之朱邸，以招摇为罪，廷寄诘问曾公。韬甫连不得志，偶感疾，以病未几卒于上海。时同治元年夏六月也。

道光末，侍御宗稷辰奏韬甫名，同治元年曾公再奏，皆以奇才异能称之。一官部郎不之赴。烈之次姊适韬甫，磊落有丈夫气，瓶粟罄犹解衣助人急。韬甫富侈，三四年不以一钱入内，奇壮相合，若有天命焉。子二，幼者甚慧，早卒。长名世澄，负才气，不羁有父风，而志操逊之，亦不永年。其墓在吴县木渎镇之东北某山，世澄未卒时所营也。既葬之三年，距韬甫之卒十七年，友人赵烈文为之记。

初八日丁亥(5月9日) 晴

写金眉生信。即发，信局。李眉生信，寄赠李宪墓志。即发，同上。实儿偕子永自里门归。

接阿哥三月廿二日信，又潘芝岑△△日信。

初九日戊子(5月10日) 晴，夜大风雨，霹雳

初十日己丑(5月11日) 阴

下午曾君表兄弟及其戚吴子安、吴蔚若来访，久谭。

十一日庚寅(5月12日)　雨,旋霁,下午又雨

早食后访曾君表,送其行,并答访吴子安等久谭。又至两女家中看视外孙所种牛痘,下午归。

十二日辛卯(5月13日)　晴,甚凉,犹衣绵袷,南中所希见也

十三日壬辰(5月14日)　晴

十四日癸巳(5月15日)　阴雨

十五日甲午(5月16日)　晴

十六日乙未(5月17日)　晴

十七日丙申(5月18日)　阴

十八日丁酉(5月19日)　晴

十九日戊戌(5月20日)　晴

家人醵分食鲥鱼甚饱。率子永婿及实儿访咏叟,同过燕园,并招滨石太常至,久谭。又访殷伯唐,里人。从咏春学篆。家小有树石。又访季君梅,会客方博,立谭数语,仍至咏叟处晚食乃归。

偕杨咏叟及其弟滨石太常过蒋氏故居燕园

杖履闲行指旧家,清池乔木少纷华。涨留石磡经春雨,阴满莎庭历劫花。犹有楼台招远思,可能风月共无涯。芳时天遣归来早,一笑林泉乐已赊。

二十日己亥(5月21日)　晴

得少颖侄信,突知长婿方子谨抵保定志局后,患发斑伤寒,为庸医所误,不汗十日,于三月廿六去世。阅信手足震悼,良久始得发声号痛。实儿、子永等闻声来集,哀呼塞耳。时长女在其家未知也。

余以其妊身数月，骤闻此信，虑有意外，然又无不告之理，商定遣舆迎归。见家众情形已惊骇，面无人色。再三询问，余号哭告之，顷刻之间，天昏地惨，举头顿触，宛转求死。家众下至婢媪，左右挟持，哭声鼎沸良久。余以其子长绶幼弱，幸怀六甲，今日之事，子息为重，含泪敦譬，始能稍定。盖其伉俪之笃，固不待言，而结褵虽已七载，因贫奔走，相聚不及二年，婿甫三十，女甫二十有八，行时无恙，到后已得安信，青天霹雳，实人世非常之惨。余则以子谨好学敦品，内外子弟，人才无出其右，方冀门楣振兴，爱女得托，不幸至此，亦为之肠断。勉强劝慰，而老泪不制，胸次哽塞，语不成辞，辄复号叫。呜呼！人生孰不有死，曷不使其年少加，才少展而死？离家甫月馀，又曷不使其不出而死？天乎，胡为而为此酷也！真不可解矣！

二十一日庚子(5月22日)　晴

长女卧其母侧，哭竟夜。余别榻楼上，哭亦竟夜。自人世之有声，其不可入耳，无如嫠妇之哭者。余何不幸而与此惨酷相值也？

挽子谨联：

积学如斯，练事如斯，笃行又如斯，弹指失英才，迸断枯肠，纵使石人应下泪；

食贫不易，抚孤不易，成家尤不易，伤心顾娇女，摧残绮翼，可怜寡鹄竟分飞。

二十二日辛丑(5月23日)　雨，午后霁

遣长女返其家，为位成服，余亦往哭，遂留榻慰解之，兼调药饵，恐其妊体有妨也。不食已三日，敦譬始略沾米饮。回忆壬申之秋在易署为子谨先人发丧，曾几何时，方氏清德，不应七年中两丧家督，而余既哭老友，又伤快婿，涕泪亦已多矣。

写方元徵师信。即发，马递。

二十三日壬寅(5月24日)　晴

在长女家。写少颖、完甫公信,黄子寿信。均即发,马递。

二十四日癸卯(5月25日)　晴

下午自方氏归,顺道答访翁吉卿久谭,以其昨枉过不值也。

接六姊二十日信。

二十五日甲辰(5月26日)　阴,夜大风雨雷电

余以哀过微恙,南阳君至方氏。李雅轩阳,申耆先生曾孙。来候,未晤。下午扶疾往答之。延台以雨漏揭修,是日工始。

接汤果卿△日信,为李雅轩纠分刻《养一先生集》也。

二十六日乙巳(5月27日)　阴

二十七日丙午(5月28日)　阴

接阿哥初七日信,寄歙砚一方,仇十洲人物一幅。

二十八日丁未(5月29日)　雨

早食后答谢曾君静、杨书诚,各久谭,以廿三日二君均来慰问不值也。至方氏慰劝长女,余先归,南阳君亦归,实儿妇往替。

二十九日戊申(5月30日)　阴

三十日己酉(5月31日)　阴晴相间

五月戊午

朔日庚戌(6月1日)　晴

早食后至方氏,长女尚不能食,食辄吐。慰勉良久归。写阿哥

信。即发,信局。

初二日辛亥(6月2日) 晴

写六姊信。即发,信局。薛安林信。即发,交发子。南阳君往至女家。

初三日壬子(6月3日) 晴

写任筱沅信。即发,马递。宗湘文信。同上。

初四日癸丑(6月4日) 晴

南阳君自女家归。

初五日甲寅(6月5日) 阴晴相间

午前将于祠堂荐角黍,突方处遣人来,云长女令侍婢密购痧药数两,吞服求死,合家大骇,奔驰而往,幸为众知,守之不得服。藏屏处诡云已弃,诘问侍婢始得之。余再三以子谨血胤无托大义责之,但俯泣而已,余亦凄恻不能尽辞,遂归。南阳君仍留作伴。

谕女柔书

告柔女:今日闻汝欲服毒求死,惊魂千里,幸方氏祖宗之灵,使众知之,不遂汝志。然闻汝立意于产育后仍以身殉,夫人生必有死,汝诚死得其所,余惟痛哭以尽父女之情而已,复何所言。独怜汝志性刚决,虽曾读书,而于义礼精微之处不能了了,故此举全然背谬。舍生而不合于正理,死为愚鬼,故余不忍不晓畅言之,以开汝之心,而勖汝以礼。

自刘向《列女传》所载上古贤智妇人,以及今世之受旌节烈,其中杀身殉夫者指不胜屈,然皆无翁姑可侍奉,无子息可抚育,或有翁姑、子息而遭遇暴强,势不两全,故其死重于泰山,仁至义尽,惬心归当,虽死之日,犹生之年。未闻徒眷恋于恩情,弃孤遗于不顾,而得附于贤女子之列,不为明礼君子之所罪责者也。

子谨青年饱学，不幸短命，路人亦为之垂涕，何况于汝。惟其如此，汝正当立志抚孤，使承先绪，读书成人。鬼神有知，子谨当含笑泉下。汝事既毕，百年之后，方氏先灵亦皆当敬汝重汝。乃计不出此，妄生僻见，子谨生时何等爱怜长绶，身后倚赖，惟汝一人，汝不谅其心，反欲委诸外家，而以一死塞责。不知汝此一死，于方氏有何裨益，于节义有何关系？而孤儿无父无母，饥寒疾痛，谁则知之？谚云“隔肚如隔山”，设有不虞，汝非方氏之贤妇，真方氏之罪人也。亦可谓不思之甚矣！

譬如汝往日归宁之时，箱箧资财交托婢媪，令其看管。汝行之后，婢媪不思典守之重，而恋汝之恩，辄弃之以就汝。不知汝以为厚于情而喜之邪？抑以为辜汝之托而罪之也？子谨死即冥漠无知则已矣，如灵明未散，余知其徬徨靡措，而冀余之为此言以正汝之谬也必矣。且汝之求死，不过以子谨早年去世，不忍独生。又自知薄命，恐生亦无益。大氐不出此二端。然子谨死固可伤，或者皇天怜其苦志，俾有亢宗之子，犹为不幸之幸，汝反不恤其子，是以天之降祸为未酷而重之也。不更可伤乎？至于薄命，世间非汝一人。圣贤仙佛孰不从困苦中得来，汝年未三十，即成孤嫠，以人情论之，薄命极矣。安知非天意鉴汝禀性孤高，不使以庸碌以死，而玉女于成乎？古礼丧夫不夜哭，嫌其近于情爱也。夫哭尚有非时之讥，况死是何事，而可不合于礼，徇情忘义，贸贸然为之乎？从来忠臣孝子、义士烈女，非不知横死为非常之苦，而不避者，以礼义为重，不如此即得罪名教，故不得不然也。今汝所处之境，生则合义，死则悖礼。甘受此非常之苦，以成其为方氏之罪人，余甚为汝不取也。

自得凶耗至今十馀日，余废寝忘餐、彻日彻夜所筹画者，无非为方氏日后家门之计。盖以与子谨翁婿至亲,既遭凶祸,一心望其子息长大,济此艰难,重整门户,余心得以无愧。故并家以节费买宅以裕财,欲汝等不忧衣食,安心培植长绶兄弟共成,微志以不负子谨而已。今汝不遵我训,既不达礼之所宜,又不思事无可代,坚持僻见,百折不回,是方氏之祚终不可兴,子谨之绪将坠于汝。余有何才德,而能回此已成之天命也哉?

见汝辄惨,不能尽言,故为此书,剖心相告。汝能开悟,则从此收起痴心,听我安排,必不误汝。若不能从,则余父女之情已尽,但可置之不问。非余负子谨,言之不从,不可如何也,冥冥之中,自能谅之。挥泪书此,望鉴余苦心。

初六日乙卯(6月6日) 阴雨

接六姊初三日信。

初七日丙辰(6月7日) 晴

南阳君暂归复往,云长女得余书痛哭欲绝,然似稍可进言,不如前之含糊不对矣。

初八日丁巳(6月8日) 晴,傍晚微雨

是日为子谨三十岁生日,余度长女设祭必过哀,早食后往看,复竭力开譬,候哭少定然后返。

初九日戊午(6月9日) 雨

写杨壬山信,长女易钗钏得洋银二十四元,欲刻经为子谨资福,故托之也。即发,信局。金眉生信。同上。

初十日己未(6月10日) 晴

延台揭修工毕。杨咏春、季君梅来访。

十一日庚申(6月11日) 晴

十二日辛酉(6月12日)　晴

访冯式之久谭,闻其新从屯溪吾兄处归也,道兄近状甚悉。答访季君梅不值,又至濠叟处,自午谭至申酉乃归。

十三日壬戌(6月13日)　晴

十四日癸亥(6月14日)　晴

写般仲信。即发,信局。以周氏事约与吴郡一晤也。吕定之自无锡来过访,久谭。张慎卿来访。夜赴季君梅招饮,同席浦蟾芗、无锡人,定之之戚。吕定之及濠叟等。

接般仲初十日信。

十五日甲子(6月15日)　晴

早赴石梅,与定之谭茗肆中甚久,遂同濠叟在其家饭。下午偕返余家,并过滨石、价人。浦蟾芗至,共饮,二鼓始散。

十六日乙丑(6月16日)　晴

早食后至大女处一观,凄恻不能久坐而出。答访张慎卿不值。赴赵价人招饮,同座浦蟾芗、吕定之、杨滨石、次侯及余。饮散,定之解维去,余归。

十七日丙寅(6月17日)　阴,甚风

接元徵师初七日信。

十八日丁卯(6月18日)　阴,甚风

写龚孝拱信。即发,信局。雇舟成,是晚将赴苏,先余筹孟甥身后事,致书钧甫,属代为领款,其出领一切谆属子谨,乃钧甫去,子谨死,事竟无成,而周氏嗷嗷不能待,余心亦终不安,兹拟售去市廛一所,先助伊家五百金,故约般仲来晤商,而余先往料理。初鼓解维,行彻晓。

接龚孝拱十六日信，又沈子梅十六日信。

十九日戊辰(6月19日) 阴，下午晴

辰刻抵苏，晤邓树人，并识其婿刘兰孙。泗州人。要薛安林至，同茗玄妙观。又至广东人家照相，饭于肆中毕，游顾氏怡园，游者甚夥。下午返舟，邓树人来。写南阳君信。即发，信局。

二十日己巳(6月20日) 雨晴相间，晡雨甚壮，亦旋霁

至树人家久谭。下午同游拙政园，甫历数处，雨大至，坐临池小室，窗竹得雨甚翠，隔岸槐榆数十株皆参天，境地幽绝，视顾氏园真有鹄鹜之别矣。雨止径归。食新荔支。写南阳君信，〈寄〉饷三十枚。即发，信船。

接实儿十九日禀。

二十一日庚午(6月21日) 晴

薛安林来，复同游吴园，补昨未到。其池甚广，而中为土山占大半，故有回萦之势，而无浩淼之观，此其不足处也。又走廊桥径太多，疑后人增加，非旧所有。然其幽深自然，断非今日俗手能梦见也。午刻返舟，安林去。连日议售产不成，姑放舟葑门以俟般仲至否。写南阳君信。即发，信船。下午舟至葑门，过周氏寓哭孟甥，与诸甥女久谭，知般仲尚无信至，颇为焦闷。访李眉生久谭，二鼓下舟。

接南阳君二十日信。

二十二日辛未(6月22日) 晴

孟甥之子荄。来，甫十六岁，而自往北逆其父柩，可爱亦可哀也。李眉生来答访久谭，闻余弃产不售，请任其事，遂以托之。至族侄吉如处，又至仲颖处，不值，晤叔桓久谭。候高碧湄心夔，江西人，旧识，前任吴县令。不值。候沈子梅能虎。久谭，又候费幼亭久谭。候俞荫甫

不值。返至周处久坐,傍晚归舟。舟中热如蒸,而般仲不至,拟再候一日即归。写般仲信。即发,信局。

接南阳君廿一信。

二十三日壬申(6月23日)　　晴,热甚,夜雨

早食后访眉生,主人未起,坐其池亭台,召工栉发竟,主人出,言屋事不谐,其人巨富,而放利而行,方欲乘人之急。痛诋之。余曰有产不患无售处,滔滔之俗,又足咎邪?眉出金石纵观,见《司马温公神道碑》,髯苏极作,以党禁,未久仆毁,传世甚希。余家旧有一本,题跋盈数寸,收庵先生物,里中先辈之迹,尽在于斯。道光癸卯、甲辰之间为人窃去,不睹已三十馀年矣。又褚书《随清娱墓志》,前人以为赝迹,然亦非宋以后所能办。又宋拓《黄庭》数种,其一隔麻拓与余藏隔麻拓本无丝毫异,字体为最佳。又一本传云松雪斋物,字稍逊,而异文数十处,皆优于今所行者,未知果何时物也。同饭毕,别去。至周处、吉如处各少坐下舟,遂移泊阊门。

二十四日癸酉(6月24日)　　雨

早食毕,雨微落,登岸入阊门阅市,径到齐门,与安林茗于茶肆。舟至下舟,下午安林去。傍晚解维,行彻晓。

接南阳君二十三日信。

二十五日甲戌(6月25日)　　阴,晨微雨

黎明抵寓,邑西门候半时许,登岸至家,家人尚未起,独坐池亭又良久后入。南阳君患下利稍差,余各无恙。

二十六日乙亥(6月26日)　　晴

写李眉生信,即发,信局。魏般仲信,附眉。邓树人信,即发,信船。薛安林信。同上。

接南阳君廿二日信，又实儿同日信。又阿哥初十日信。又般仲十七日信，又金眉生十九日信，以上均苏州寄回。又袭孝拱△△日信。

二十七日丙子(6月27日) 晴

接阿哥十五日信。

二十八日丁丑(6月28日) 晴

写阿哥信。即发，信局。费幼亭信。同上。

接六姊廿四日信，又槐亭十九日信。

二十九日戊寅(6月29日) 晴

六月己未

朔日己卯(6月30日) 阴，微雨

般仲自苏州来访，谭燕竟日，傍晚送之，解维乃返。

初二日庚辰(7月1日) 晴，热甚，寒暑表九十六分

初三日辛巳(7月2日) 阴，下午大雨

早食后访次侯少谭，又访咏叟，谭至晡。下午与家人赏雨池上。

初四日壬午(7月3日) 晴，倏雨倏止

写汤果卿信。即发，信局。

初五日癸未(7月4日) 晴

初六日甲申(7月5日) 雨

写少颖、完甫信，即发，马递。方元徵师信。即发。

接周甥女初四日信。

初七日乙酉(7月6日)　雨

初八日丙戌(7月7日)　晴,夜月甚皎

初九日丁亥(7月8日)　晴

初十日戊子(7月9日)　晴

十一日己丑(1月10日)　阴,夜大雨

洞仙歌　夏日静溪骤雨作

乌风白雨,过溪边亭榭。柳茎花条尽低亚。倚空阑、缕缕岚翠侵衣;云乍破,檐角残虹桥恰跨。　江湖当此际,骇浪崩涛,几处归舟布帆卸。风定钓丝闲,绿到波心,铺千尺、越罗新砑。且莫羡、殷勤玉壶春,只一榻清凉,算来无价。

十二日庚寅(7月11日)　阴雨

十三日辛卯(7月12日)　阴雨甚凉,衣袷犹寒

十四日壬辰(7月13日)　晴

十五日癸巳(7月14日)　阴

十六日甲午(7月15日)　晨雨

写吕定之信。即发,信船。李眉生信,寄还《宋文鉴》一部。即发,信局。金眉生信。同上。

十七日乙未(7月16日)　雨,夜悬澍彻晓

十八日丙申(7月17日)　雨

水涨,静溪北岸馀二尺。

接吕定之十七日信。

十九日丁酉(7月18日) 雨

写周甥女信。即发,附李。李眉生信,交月中桂房契。即发,附邓。邓树人、季垂信。即发,信船。

二十日戊戌(7月19日) 晴,午错雨,旋止

有鼋大于浴斛,乘水入静溪,涉南洲登静渚,既没复出,伸头四顾。吾闻龟龙可畜宫沼,岂余德之至耶?斯物奚为而来也?

二十一日己亥(7月20日) 晴

二十二日庚子(7月21日) 晴

接族侄仲颖△日信,又邓树人、季垂廿一日信。

二十三日辛丑(7月22日) 晴

写仲颖信。即发,信局。

二十四日壬寅(7月23日) 晴,酷热,寒暑表九十六分

二十五日癸卯(7月24日) 晴

接周甥女廿四日信。

二十六日甲辰(7月25日) 晴,下午大雨,旋霁。炎蒸如故

接阿哥十三日信。

二十七日乙巳(7月26日) 晴

写周甥女信,寄去洋七十元。即发,信局。

二十八日丙午(7月27日) 晴

二十九日丁未(7月28日) 晴

写李眉生信。即发,信船。邓树人信。同上。薛安林信。附邓。

三十日戊申(7月29日)　晴

接费幼亭二十九日信。

七月庚申

朔日己酉(7月30日)　晴

初二日庚戌(7月31日)　阴雨

接周甥女三十日信。

初三日辛亥(8月1日)　晴

初四日壬子(8月2日)　晴

初五日癸丑(8月3日)　晴,午后雨,旋止

初六日甲寅(8月4日)　晴,下午雨,旋止

写吕定之信。即发,信船。费幼亭信。同上。延台改铺铝顶,又池中百衲堆重磊,均动工。

接邓树人初四日信。

初七日乙卯(8月5日)　晴

接完甫四月初十日信,知子谨之榇一时未能南旋。

初八日丙辰(8月6日)　晴,热甚

写子寿信。即发,马递。完甫侄信。附发。

接吕定之初七日信,又杨壬山初一日信。

初九日丁巳(8月7日)　晴

写金眉生信。即发,交来足。

接颖侄六月十二日信,又金眉生初四日信。

初十日戊午(8月8日) 时晴时雨。立秋

接李甥女初五日信,寄黄桃三十枚。

十一日己未(8月9日) 晴,夜大风雨

十二日庚申(8月10日) 阴

邓树人将赴闽,绕道过辞,谭竟日,二鼓送之下舟。

十三日辛酉(8月11日) 晴,下午雨

十四日壬戌(8月12日) 晴

写吕定之信,寄去《夫椒山馆诗》一部。即发,信船。

十五日癸亥(8月13日) 晴,夜月甚皎

写阿哥信,寄糟时鱼一瓶。即发,信局。写李甥女信。即发,同上。

十六日甲子(8月14日) 晴

接邓季垂十五日信。

十七日乙丑(8月15日) 晴,乍雨还止

接吕定之十六日信。

十八日丙寅(8月16日) 阴,午前雨,旋止

十九日丁卯(8月17日) 雨,有雷

写槐亭、六姊信。即发,信局。邓季垂信。同上。任筱沅信。同上。

接金眉生十六日信。

二十日戊辰(8月18日) 晴

二十一日己巳(8月19日) 晴

二十二日庚午(8月20日)　晴

二十三日辛未(8月21日)　晴

写龚孝拱信。即发,信局。

接龚孝拱廿一日信。

二十四日壬申(8月22日)　晴

二十五日癸酉(8月23日)　晴

二十六日甲戌(8月24日)　阴,微雨

二十七日乙亥(8月25日)　雨

陆涑文来访,少谭。

二十八日丙子(8月26日)　晴

二十九日丁丑(8月27日)　雨,骤凉

八月辛酉

朔日戊寅(8月28日)　雨

初二日己卯(8月29日)　晴

接六姊七月廿八日信,又邓季垂七月廿九日信。

初三日庚辰(8月30日)　晴

初四日辛巳(8月31日)　晴

访曾君静不值。答访陆涑文久谭。又至二女处少坐归。百衲堆告成,用工百九十有八。自池底至峰巅崇二丈,名其中峰曰“忘忧

之台”，树以萱草。东小峰临钓矶，名曰“操犗碣”。西峰如屏，下为平台，瞰池前后两柱，名曰“招隐窝”。环植林檎一、柏四、桂二、蜡梅一、红白槿花一、柽柳三、十大功劳一。

初五日壬午（9月1日） 晴

写邓季垂信。即发，交实儿。是日实儿赴苏俗事。

初六日癸未（9月2日） 薄阴

访咏叟久谭，申酉间方归。

初七日甲申（9月3日） 晴

接完甫侄七月廿三日信。

初八日乙酉（9月4日） 晴

初九日丙戌（9月5日） 晴

接完甫侄六月廿八日信，又劳玉初六月初四日信，又汤果卿初六日信。

初十日丁亥（9月6日） 晴

写完甫侄信。即发，马递。劳玉初信。附发。李眉生信，寄扇一柄。即发，信船。实儿信。即发，同上。

十一日戊子（9月7日） 晴

迎方氏全家来，让屋与居，而以其宅典赁得资为日用。方氏自子谨之殁，其两弟未尝更事，而余次女庄素多疾，持家不如姊，又乏财用，故余为此举。以远心堂左间奉其先祖之祀，以书舍舍次女夫妇。子及孙及外孙同读于远心堂之南轩。其幼弟子顺则与次子宽同室。长女柔先于五月迁至，居余室之南延台下。

十二日己丑(9月8日)　晴

弥陀六孺象赞,为杨濠叟书扇

弥陀钝置,六孺纵横。风光刀水,不见不闻。弥陀纵横,六孺纯置。我妙觉中,无此戏事。弥陀游戏,六孺慈悲。孰云魔娆,非大法雷。弥陀慈悲,六孺游戏。此妙明心,等无有异。

十三日庚寅(9月9日)　晴

十四日辛卯(9月10日)　晴

实儿自苏垣归。

接邓季垂△日信。

十五日壬辰(9月11日)　阴。中秋节

接少颖侄七月初三日信。

十六日癸巳(9月12日)　晴

十七日甲午(9月13日)　晴

十八日乙未(9月14日)　晴

李眉生廉访自苏来访,欲余同游虞山。午刻笋舆出西门,登剑门之峡,休于报国院。越山至三峰佛寺,坐松演堂吃素面。归过破山救虎阁。傍晚归,李即下舟。

十九日丙申(9月15日)　晴

招李眉生、杨咏叟小酌,巳刻至申刻散。

二十日丁酉(9月16日)　晴

答访李眉生舟中,易小舟同访赵次侯北门外,约咏叟先在,申刻散。仍至眉舟,将解维,别归。

接魏般仲十八日信。

二十一日戊戌(9 月 17 日) 晴

二十二日己亥(9 月 18 日) 晴,夜大风雨

二十三日庚子(9 月 19 日) 大风雨

二十四日辛丑(9 月 20 日) 风雨止,犹阴

接阿哥初八日信,又槐亭十三日信。

二十五日壬寅(9 月 21 日) 晴

赵价人、曾君静、张雨生来访,登百衲堆,叹赏而去。

二十六日癸卯(9 月 22 日) 晴

访陆涑文不值,至咏叟处久谭。又访季君梅、张雨生,均不值。遂过李升兰久谭,并晤曾伯伟。

二十七日甲辰(9 月 23 日) 晴,秋分节

合祀先祖。是日戌刻,长女柔遗腹生一女。外孙长绶素弱,两姓皆望其育次丁,不幸生女,悼叹相向,而柔女怡然。先是,其殉夫之志綦切,至是知益不可挽,家人尤忧之。余勉力伴守通夕,处方治药,天明乃卧。

二十八日乙巳(9 月 24 日) 晴

二十九日丙午(9 月 25 日) 晴

(以上《能静居日记》四十四)

九月壬戌

朔日丁未(9 月 26 日) 阴雨

初二戊申(9月27日) 阴

初三日己酉(9月28日) 晴

晨起食毕,至曾君静家祝其太夫人寿。又候季君梅,贺其子得军机章京之喜,不晤。

初四日庚戌(9月29日) 阴

初五日辛亥(9月30日) 早晴旋阴,细雨

长女柔于天未明时,乘防守稍懈,启户至后进空屋,解白布包头破为两,系屋梁自缢死。伴人醒,大呼,合家惊起趋救。余及实儿抱持解绳放木榻上,手足犹温,如法灌救,历一二时不醒,竟弃父母幼子而去。悲哉痛哉!父母念其孝,夫家两弟哀其贞,兄嫂弟妹怀其夙情,婢媪佣仆见其惨象,哭声鼎沸,风萧萧然,天日顿曀。良久,余挥手止众勿哭,分遣购木治棺及灰漆布缕为殓具,咸含涕出。下午虞邑缙绅来言,节烈非常,欲合词禀请奏旌,且言事在于虞,不应关故籍。

初六日壬子(10月1日) 阴,下午始日出

黎明敦匠治棺成,辰刻小殓,申刻大殓。六龄孤子半岁中再服斩衰,见者无不号恸。来送殓者,为赵价人、曾君静、杨实甫、曹景涵、杨少泉等。余忍泪为记其事。

长女柔殉夫记

光绪戊寅四月二十日,女婿方恮旅殁保定之信至,女柔时在其家,虑有变,遣迎之归。坐定以告,女始仰天大叹曰:"天乎,方氏之祸至此耶!噫,死矣!"绝气久,乃能哭,以头顿窗户,数媪挟之不制。二十二日归其家,为位制服,号日夜不绝声。家人更替伴守之。余以恮子长绶甫六龄,又方妊,冀育次丁,戒

勿擗踊，泣应曰诺。五月初五之晨，佣仆走告，女市痧药数两乳服矣。奔往问，则微哂指其腹。家人搜箧出药弃之。然平居与兄妻及妹为牷弟恒室者言皆身后事，抚其子呜呜若不忍舍。

月之杪，迁归母家，榻余居寝南小舍，晨夕相慰。亲故知者来劝勉，皆佯应。言之切，则曰："父母幸生数子女，少一人何损。儿诚幼，有两叔舅妗爱之，必母乃育耶?"常卧一枕，不假他手，家人疑之，潜取以观，则又藏猛剂丸散于中，缝纫坚密，不知何时所为，复取弃之。妊将弥月，貌扬扬如平常，第不欲见其子，偶见，一二语，颜色惨变，辄令婢媪引去。

八月廿七日，临蓐产一女，牷之两弟闻之，皆痛失声，众咸不怡。微睨之，无戚容，曰："生女亦佳，使我心省一系。"既免身三日，为今九月朔，夜起剖枕，知药为人匿，扬首若怒，俯而思良久，微笑遂不问。初二三日，但絮絮言琐事，某所有帛可为儿衣，某所棉十斤可以絮。婢相从来久，某衣畀赍以嫁。家众知其志定，又习闻已稔，姑听许，但令婢媪分卧榻傍室外，藏诸利器。初四夜，与伴媪言不绝口，又时探手帐外，为之驱蚊，盖意其倦乏当眠，眠又虑其不熟也。初五天微曙，尚为幼妹同榻卧者覆衾，伴人甫交睫，不知何时启外户趋后舍委积之所，解帕首布自缢以死。距闻讣百三十有二日，距免身八日。

其生之初，为咸丰元年辛亥九月二十日，得年二十有八。其死也，在母家常熟县之寓室。舅故河南灵宝县知县方骏谥，大兴籍，阳湖人。夫国子监生牷，子长绶六岁，女生未名。父前直隶易州直隶州知州赵烈文，母邓氏。

女赋性刚明善断，尚气，好为直言折人。顾慕悦礼义，幼事父母最力，疲不告劳。既嫁，恨不逮舅姑养，每梦侍舅姑侧承事,则晨喜告其母、夫。季弟怡病寄常州戚家,时恮远客,恒方试江宁未毕。女闻之,遽断儿乳,独椎髻乘小舟走三百里,往典衣治药饵,终护全之以归。又素慧,事经学无不能,诗礼略皆成诵,女红尤精绝。归方数年,操家政井井。虽生宦家,茹苦勤作,逾于贫寒。舅以直道忤上官罢,家骤落。甫嫁舅殁,婿好学敦行,名称藉藉,夫妇刻苦,能人所不能,期必振之,乃天祸中折,赍志不果。故誓死终不可挽,其心尤足哀云。

初七日癸丑(10月2日)　晴

终日与南阳君谭道,以解哀悰。邓季簪自江宁来省其姊。

初八日甲寅(10月3日)　晴

早食毕出谢客,晤杨书城、吴珀卿、杨镜泉、赵价人、杨咏春诸君,言已约邑士大夫刻日具呈,属缮昨记由,寄呈中丞吴公,并言邑侯郭君欲来枉顾。

初九日乙卯(10月4日)　晴,夜大风、雷雨

数日来热甚,当午尚须裸袒。下午命浴。余生四十七年,未尝重九日浴。今浴甚适,出斛犹挥汗。

汤少愚丹徒人,淞北营守备。来访,久谭。

初十日丙辰(10月5日)　风雨骤寒

邑侯郭汝雨元昌,侯官人。来候,久谭,言早欲相过,闻谢客,未敢冒昧。并询长女殉事,俟出殡时来吊云云。

十一日丁巳(10月6日)　阴,风雨

写阿哥信。即发,信局。

接吕定之初十日信。

十二日戊午(10月7日) 阴雨

接李眉生十一日信,并诗五首。

十三日己未(10月8日) 晴,旋有微雨

答候郭汝雨邑侯久谭。候曾君静少谭。候陆涑文不值。答候汤少愚不值。

十四日庚申(10月9日) 阴

咏叟来访,久谭。

十五日辛酉(10月10日) 阴

曾君静来答候。

接阿哥初三日信。

十六日壬戌(10月11日) 晴

十七日癸亥(10月12日) 阴

接魏般仲十一日信。

十八日甲子(10月13日) 阴

候平孚吉、潘子昭、翁吉卿、庞昆甫、范西民、国俊,在安庆时识之。潘幼南、文熊,刑部主事,未识。庞绸堂、鸿文,庶常,庞宝生之子,未识。杨书城、曹镜涵、张纯卿、叶翥云、李升兰、赵价人、季君梅、杨滨石、胡雪岑、兰枝,举人,未识。赵次侯、杨咏春、魏宝卿、炳虎,府经历,未识。曾伯伟、李佩书,诸人皆具呈举报节烈与名,故往谢其谊,惟晤庞绸堂、赵次侯、杨咏春、李佩书四人。沈旭初玉麒,沈问梅之子。来候谢,不值。

接六姊十二日信。又周甥女十六日信。

十九日乙丑(10月14日) 阴雨

写阿哥信。即发,信局。周甥女信。即发,附李眉生信内。魏般仲

信。即发,信局。吕定之信。即发,信船。李眉生信。同上。沈旭初复来候,久谭。

二十日丙寅(10月15日)　晨晴,趋午复阴

写六姊信,许以定孙女字其孙泰生也。即发,信局。邓季垂信。即发,信船。金眉生信。即发,信局。

二十一日丁卯(10月16日)　晴

下午杨咏叟来,并代招张云杭简州人,刑部员外。过饮静溪,余又益之以张小舟。云杭善医,请视内子及陈氏妇疾,制方甚妙。二鼓饮散。

接吕定之二十日信。

二十二日戊辰(10月17日)　晴

二十三日己巳(10月18日)　晴

早同邓季簪、方婿兄弟、实儿市中食,食毕茗乃归。

二十四日庚午(10月19日)　阴

写吕定之信,寄还《词辨》一本。即发,信船。

二十五日辛未(10月20日)　阴雨

得金眉生子小眉宗保。讣信,眉老竟于十八日作古,二十年患难之交倏焉遂尽,为之惨然。

接通生弟二十日信,又邓季垂廿四日信,又金小眉△△日信。

二十六日壬申(10月21日)　阴

写通生弟信。即发,信船。金世兄信。即发,信局。

接周甥女廿五日信,又李眉生廿三日信。

二十七日癸酉(10月22日) 阴雨

写李眉生信。即发,信船。

接李甥女廿四日信。

挽金眉生联:

心思足通众务,气力可概群伦,落落精神,青史应标筹国手;

识面虽在盛时,缔交已当患难,栖栖岁月,白头犹作据鞍身。

二十八日甲戌(10月23日) 晴

二十九日乙亥(10月24日) 晴

三十日丙子(10月25日) 晴

下午张云杭来为家人复诊。是夜余有微恙。

接六姊△△日信,闻柔女死相唁。又槐亭十五日信。

十月癸亥

朔日丁丑(10月26日) 阴雨

微恙避风。

初二日戊寅(10月27日) 阴雨

接阿哥九月廿一日信。又审安侄九月廿五日信,告其次子殇折,媳陆氏来守贞。并闻柔女事,相唁也。

初三日己卯(10月28日) 晴,初寒

初四日庚辰(10月29日)　晴

疾瘳,出视池上,坐雪亭终日。

接阿哥九月廿二日、廿四日信,闻柔女事来唁。又完甫侄九月廿三日信,告子谨之柩于今月初六成行。

子谨柔女殡所扁联:

呜呼才烈之殡

夫前唱,妇后随,地下果相逢,一瞑千秋诚善策;

栋既倾,巢已覆,人间何足恋,独怜两小付伊谁。

重作金眉老挽联:

叩囊才智果无穷,奈鼎钟未列,沟壑方来,问平生志业如斯,青史忍湮筹国手;

涉世衰荣胡足论,溯识面盛时,缔交患难,痛投老光阴一掷,白头犹作据鞍身。

初五日辛巳(10月30日)　晴

初六日壬午(10月31日)　晴

候杨滨石,贺其子思让、思举兄弟入泮之喜,晤面少谭。又候咏叟少谭,同至北门外孙家祠茗肆久坐。实儿同子顺、曹景涵已在俟余至,往看为子谨、柔女所赁厝屋毕,复同咏叟过赵次侯,少谭归。

接吕定之初四日信。

初七日癸未(11月1日)　晴

写阿哥信,即发,信局。槐亭、六姊信。同上。完甫侄信,寄长女事实十本。同上。审安侄信。同上。

初八日甲申(11月2日)　阴雨

初九日乙酉(11月3日)　阴,微雨

初十日丙戌(11 月 4 日) 阴雨

十一日丁亥(11 月 5 日) 阴雨

去岁田农歉收,今年甫获丰登之兆,而艾获时复遭苦雨,禾将生耳,可为愁叹。

十二日戊子(11 月 6 日) 阴雨

写吕定之信。即发,信船。

接吕定之十一日信,荐浦蟾香课余子孙读。

十三日己丑(11 月 7 日) 阴,下午开霁,夜月甚皎

十四日庚寅(11 月 8 日) 晴

早食后至宗月锄家吊其生母丧。晤庞昆圃、陆云孙。候洪廉甫,以初九日招饮未赴,往谢其意也,不晤。

接方元徵师九月廿四日信,知柔女事来慰。

十五日辛卯(11 月 9 日) 晴

洪廉甫琪,徽州人,候补直隶州。来答候,少谭。杨思让、思举来候谢。

接吕定之十四日信。

十六日壬辰(11 月 10 日) 薄阴有日

早候陆云孙不值。候叶翥云,金榜。贺其子纳室之喜,并晤季君梅。至咏叟处,尚卧未起,遂归。写吕定之信,并寄浦蟾香关聘。即发,信船。

十七日癸巳(11 月 11 日) 阴,风

接阿哥十二日信,又六姊初六日信。

十八日甲午(11月12日)　　晴,午后复阴

早食后偕季簪、实儿阅市、饮茗,归途访吴秋农画室少坐。又至曾君静处,不值。

十九日乙未(11月13日)　　晴

写方元翁信。即发,信局。

接阿哥初七日信,又金力甫△△日信。

二十日丙申(11月14日)　　薄阴,时有日色

写金力甫信,寄与眉老挽联一副。即发,信局。

二十一日丁酉(11月15日)　　晴

写李眉生信。即发,信船。

二十二日戊戌(11月16日)　　晴

下午冯士贞师偕恽伯方鸿仪。来候。冯师丁忧新归里门,恽则由贵阳府罢任,返已二年矣。相见畅谭,至二鼓尽方下舟。

二十三日己亥(11月17日)　　晴

午前冯师先至,伯方继至。食毕,伯方舆出谒客,余偕冯师茗于石梅,旋访咏春、滨石,皆晤。访季君梅不晤。夜同两君饮咏春家,二鼓返,复在雪亭少坐乃去。

二十四日庚子(11月18日)　　晴

写曾劼刚信,方以太常卿出使英国,送其行也。即发,信局。刘开生信,方以候选道为出使参赞,偕曾侯行。即发,同上。棹小舟出城答候冯师及恽君,兼陪至尚湖一游。又同过价人少谭,又在北门花农顾姓家观菊,并茗肆小坐。进城同赴滨石太常之招,价人、咏春均在座。价人复约明晚小酌。

二十五日辛丑(11 月 19 日) 晴

冯师及恽伯方来,午食毕,同过映雪山庄久坐,咏叟先至。下午舆赴价人之招,席中增书城一人,二鼓散。伯方去咏春家夜谭,冯师同返又少坐。季簪旋秣陵去。

二十六日壬寅(11 月 20 日) 晴

晨起接北信,子谨丧舟已至,遣实儿同子顺先往哭之。约杨少泉、曹镜涵来为丧识,定廿八日为其夫妇同时举殡,即致讣诸家。亭午冯师来,伯方偕咏叟继至,饭毕别去,即解维。余以事不克送。写费幼亭信,寄去北方带归里人托寄书箱等。即发,信局。

接少颖侄初△日信。又完甫侄初四日信,并子谨所遗书箱、衣匣等。又劳玉初初四日信,知柔女事,云欲于直省详报请旌。又沈霞亭云书,浙人,劳玉初之友,即为子谨携丧者。二十二日信。

二十七日癸卯(11 月 21 日) 晴

写少颖侄信,完甫侄信。即发,信局。沈霞亭信。廿八发,交来船。下午设祖奠于柔女灵次,往哭尽哀,祭毕,手题其主。复遣子永奠其兄于舟中。

二十八日甲辰(11 月 22 日) 晴

女丧卯刻发引,至城外,会子谨之丧,同赴殡宫,舆旐翩翩,双棺相继,见者莫不叹息。冥溟中果有知邪?果无知邪?结褵之年,忆若瞬息,方云有托,遽此终天,令我肝肠欲裂矣。巳刻设幕受吊,两学师及咏叟、书叟、君梅、昆圃、价人、次侯诸耆宿皆至,客共三十馀人。镜涵、少泉为识,君静、实甫接宾,惟邑侯郭君以在苏垣未返,故不至。申刻撤幕,载两主归,与方氏诸主同寓远心堂之左。

二十九日乙巳(11 月 23 日)　晴

方婿惀丧归,与柔女同日举殡,痛哭五首补廿七日作,今更定

有婿穷经艺,声华藉异才。方欣门户托,谁料栋梁摧。客路三春去,家书万里来。可怜闻讣日,骇绝不成哀。

有女明诗礼,闺门擅众长。一从操井臼,久已谢衣妆。同梦欢俄顷,成家事渺茫。伤心嫠妇哭,断尽路人肠。

百日同灰槁,心坚志已成。纵教迟一死,谁与共馀生。恨重难延息,身轻况计名。黄泉含笑下,不用筑怀清。

两美天犹妒,双清世所稀。遗文在梨枣,奇节播闺帏。对引灵车动,齐翻素旐飞。来观垂白叟,时有泪沾衣。

人事原非谬,天心定罔然。不堪遗襁褓,翻欲付衰年。泪老流先竭,肠枯释更煎。阳元未三尺,何日慰重泉。

十一月甲子

朔日丙午(11 月 24 日)　晴

初二日丁未(11 月 25 日)　阴

下午延廖季仙传,嘉定人。来相宅,杨实甫偕至。廖君精三元九宫之学,与滨石至交,余介滨石为请也。啜茗毕,引之周视内外,均云平妥,惟嫌西面河身太直,属于柳堤外填土数尺,以回曲其流。傍晚去。

接吕定之初一日信。

初三日戊申(11 月 26 日)　阴

候曾君静、潘子昭、庞昆圃、杨书城、吴珀卿、杨镜泉、季君梅、赵价人、次侯、杨咏春、陆涑文,晤子昭、价人。方氏之丧,诸人来吊,其

情皆由余处推广，故择年尊或来往密者复亲答谢之。又答候廖季仙于杨滨石家，少谭归。写吕定之信。即发，信船。傍晚下船赴嘉善吊金眉老，暮行四十里，泊洪塔。

初四日己酉（11月27日） 晴

早发，午至苏郡，泊齐门坛子河，访季垂少谭。遂邀薛安林同在观前茗舍久坐，过世经堂书坊，得李泰伯《盱江全集》一部。傍晚下舟，安林来，季垂来。写家信二封。一即发，一交季垂明日发，均信船。

初五日庚戌（11月28日） 晴，顺风

天明出齐门，午过吴江，未过八尺，申末至平望宿。

初六日辛亥（11月29日） 晴

早发平望，辰过王江泾，午至嘉兴府北门，入城内，市肆甚稠。有旧书铺，无所见。过古董肆，得明建窑印池、欧窑花盆大小六口。下舟复行，申至塘湾，以时暮不能到嘉善，遂泊。

初七日壬子（11月30日） 晴

早发，巳初抵嘉善，泊舟眉老之门，入哭尽哀，并唁其子小眉，其侄瘦筠。出晤陈臧伯，杭州人，伯之子，曩年识之上海。谭眉老身后事甚悉，外观虽盛，而内无足恃，眉老一生大氐皆然。然其愚，正非流俗能及也。臧伯邀游偶园，余前岁至，见一荒阜，今楼台鹊起，栋宇翚飞，湖石颇多。惜位置未尽善，结构曲折，亦伤琐碎。闻费凡万金，而主人不克享一年之奉，是可悲矣！主人留午食毕，即下舟行。傍晚至嘉兴泊。

接褚鼐臣调元△月△△日信。

赴哭金眉生廉访于魏唐，初入偶园志哀

胥江各棹岁云迁，乞树征诗费锦笺。花径初开方约客，霜

晨自挽已成篇。泉林钟鼎聊如此,华屋山丘尽怆然。二十年来馀一别,独挥涕泪满风烟。

初八日癸丑(12月1日)　晴寒,逆风甚大

早发嘉兴,巳刻过王江泾,申至平望,舟行不前,遂泊。

初九日甲寅(12月2日)　晴

黎明发平望,巳刻过吴江。写南阳君信。即发,信船。褚鼐臣信。十三发,信局。申刻舟抵葑门,至周处一视诸甥女,谭移时。访李眉生不值。下舟移泊胥门,登岸至宝墨斋货碑拓家,无所见。坐茶肆薙头毕,已夜乃返。

初十日乙卯(12月3日)　晴

早食毕登陆,访李笙鱼,嘉福,石门人,旧识。观所藏金石古董,有莫云卿字卷颇佳。别至磨龙街、玄妙观前阅肆,无所得。径趋阊门内泰伯庙桥下舟,舟先由胥门移至,遂命棹游山塘,即泊五人墓下。夜月甚佳,独立石岸赏玩移时。

读《盱江集》礼论七篇。大旨言乐、政、刑皆统于礼,仁、义、智、信,人之性有,而礼为之节。辞甚辩博。

十一日丙辰(12月4日)　晴

花肆得洋松大者一株,此种今最名贵,畀饼银五,肆人犹怏怏。又茶花宝珠、雪塔、洒金各一,宝珠最贵,值饼银一。月季姚黄、浅黄各一,六朝金粉、新春柳各一,二者皆白亦贵。金瓯泛绿、杏红娇雨各一,二者皆红紫。五色洋枫一、桧一、黄杨三、相思子一。非红豆。以上皆盆景。罗汉松一、大红洋枫一、银薇一。以上地景。载之满舟,遂归。过齐门,访家书,云庄女初五生一子,产后晕厥通夜,家人惶惧,专足至苏州及嘉善促余归等语。因即下舟,酉初开行,亥刻过

洪塔，因途间虑有意外，入内河小路行，夜不得寐，儿女之累，使我疲于奔命。寅刻抵虞。

接南阳君初十日信，又实儿初七日禀，又方子顺初六日信。

十二日丁巳(12月5日) 晴

卯刻起呼门而入，知二女蓐体稍定，南阳君因惊怔忡大发，尚在床褥，馀俱无恙。审安侄自里门来候余已数日，谭良久。汪燕山之子元鑫自金陵来见。

接六姊十月廿三日信。又杨壬山十月廿二日信，从曾侯出使。

十三日戊午(12月6日) 晴

与审安侄谈。与汪世兄谈，赆以饼银六。写季垂信，薛安林信。均即发，信船。百衲堆增植银薇一、罗汉松一。

十四日己未(12月7日) 晴

静溪东岸植洋枫一。

接曾劼刚初三日信，寄文正师全集一箱。其使节已至香港。

十五日庚申(12月8日) 晴，旋阴曀，微雨

静溪北植香橼一，延台下植红薇一，黛语楼后补植枇杷一，溪东梅畦换植骨里红梅四，乐林门外植白梅一、翠薇一，静渚植垂柳二，溪东西各垂柳一，百纳堆植棕榈一，葡萄棚北植柿一，柳风桥之北植金雀一。

施励卿在钰。自苏来候久谭。下午候邑侯郭汝雨，元昌。以大女请旌事谢之也，久谭。答候施励卿不值。审安侄去。

接魏般仲十二日信。

十六日辛酉(12月9日) 晴

接完甫侄十月十一日信，大女殉节事，直省又详请奏旌。

十七日壬戌(12月10日)　雨

曹景涵来谭。

十八日癸亥(12月11日)　雨

写邓季垂信,贺其续弦之喜。即发,信船。

十九日甲子(12月12日)　雨

写阿哥信,长庚侄信。廿日发,信局。六姊信。同上。

二十日乙丑(12月13日)　阴雨

二十一日丙寅(12月14日)　阴,下午微有雪意

晡赵次侯来,曾君静来,谭移时,各去。

接李眉生十九日信。

二十二日丁卯(12月15日)　薄阴

陈氏媳丑刻娩一孙女,名之曰全。戊寅、甲子、丁卯、辛丑。

接邓季垂△△日信。

二十三日戊辰(12月16日)　晴

写李眉生信,寄还《文苑英华》一部。廿六发,信船。赵元直厚甫之子。自浙中来访,略谭。

二十四日己巳(12月17日)　晴

早食后访曾君静久谭。又访张纯卿久谭,以仿宋《陶集》见赠。又见元椠《资治通鉴》,即胡刻祖本,本文文肃物,文肃之女归虞山严氏以赠嫁,康熙间严虞惇校读之,朱黄粲然。今为古里村瞿氏藏弆,而张所从假也。别张出,遂过濠叟,逢赵元直久坐,拉濠叟偕过陆涑文别墅,又少谭乃归。

二十五日庚午(12月18日)　晴

二十六日辛未(12 月 19 日) 晴

答访赵元直舟中,不直。杨少泉来谭。

二十七日壬申(12 月 20 日) 晴

下午杨少泉来谭。

二十八日癸酉(12 月 21 日) 晴

二十九日甲戌(12 月 22 日) 晴。冬至节

午后合祀先祖,次子宽始加元服。傍晚与家众共馂。

三十日乙亥(12 月 23 日) 阴雨

十二月乙丑

朔日丙子(12 月 24 日) 阴,大风

初二日丁丑(12 月 25 日) 晴,甚寒,大风

初三日戊寅(12 月 26 日) 晴,甚寒,大风

候洪廉甫不晤。候庞云槎,初归时识之友人席中。贺其子入泮,不晤。

初四日己卯(12 月 27 日) 晴,甚寒,寒暑表三十分,池始冰,午间稍暄和

写殷仲信。即发,信局。

接阿哥十一月廿日信。

初五日庚辰(12 月 28 日) 晴

写子宪兄信,寄去审安侄处洋八元。即发,信局。下午赴邑侯郭

汝雨之招,宴设甚盛。同座杨咏叟、书叟、赵次叟、曾君静,二鼓散归。

初六日辛巳(12 月 29 日)　晴

写阿哥信。即发,信局。潘子昭、陆云生信。即发,交曾君静。

初七日壬午(12 月 30 日)　晴,大风,甚寒

接丁听彝△△日信,讣告本生母之丧。

初八日癸未(12 月 31 日)　晴,稍暄

早食毕出北门,访次公久谭。午进小餐,偕至三峰以北之龙井相地,方氏毗陵祖茔已无隙地,欲改卜也。地颇宽广,山形合抱。拟询地主界址、价值,再约地师详观之。返次侯处已下晡,复少坐别。顺访咏叟,并晤魏保卿,炳虎。少谭归。

初九日甲申(1879 年 1 月 1 日)　晴,和暖,池冰欲化

阅《曾文正公年谱》十二卷,黎庶昌编。

初十日乙酉(1 月 2 日)　晴,夜月甚皎

与家人玩月柳堤,寒辉照耀,疏影纵横,胸中烟火气为之净尽。

十一日丙戌(1 月 3 日)　晴

接伯厚大嫂△△日信。

十二日丁亥(1 月 4 日)　晴,风寒

写周甥女信、伯厚大嫂信、吕定之信。均即发,信船。丁听彝信,寄赙洋贰元。李眉生信,寄《石门文字禅》一部。金小眉信。均即发,信局。槐兄、六姊信。即发,交实处。

接费幼亭△△日信。

十三日戊子(1 月 5 日)　晴

接审安侄初九日信。

阅《曾文正公日记》分类二卷。王启原编。公日记甚多,固无全刻之理,去取殊不易。此二卷中精粹虽有,芜累亦众。选家无识,足以贻累,如公曩日之虑矣。日记余曾见十馀册,如"品藻"一门,当十倍之,此之去取,不知以何为准。

十四日己丑(1月6日) 晴

接吕定之十三日信。

十五日庚寅(1月7日) 晴

十六日辛卯(1月8日) 晴

十七日壬辰(1月9日) 晴

十八日癸巳(1月10日) 阴

写邓季垂信。即发,信船。李眉生信。同上。

十九日甲午(1月11日) 晴

写李少荃相国信,谢为长女请旌,并寄《事实》一本。写曾沅浦中丞信,并寄《长女殉夫事实》一本。即日发,交县递。

二十日乙未(1月12日) 晴

接李眉生△△日信,寄到《宝刻类编》一部。

二十一日丙申(1月13日) 晴

得旧印谱数种,内《甘氏印集》四卷最精,为完白山人铁笔之祖。甘名旸,隆万间金陵人,各家印谱多有访其法,而原本世不易觏。又《韫光楼印谱》,作者为许容则,康熙间如皋人,刀法亦精。又《印统》刻本,合宋元明各家所摹古印而刻之,虽不能精,然取其备,亦印人珍品也。

接丁听彝△△日信。

二十二日丁酉(1月14日) 晴

天时暄热,三九中恒欲露坐脱帽,闻外多喉疾、痧疹,可畏也。

接阿哥十二日信,又颖侄十二日信,又金小眉十九日信。

二十三日戊戌(1月15日) 晴

访季君梅不值,遂访咏春久谭归。写李眉生信。即发,信船。

接李眉生二十一日信。

二十四日己亥(1月16日) 晴

潘子昭来候,少谭去。

二十五日庚子(1月17日) 晴

岁暮为浮屠祠设伊蒲之馔。下午访潘子昭,坐未久,奴子来言咏叟在余家坐候,遂归。咏叟欲延子顺赴池州其子思赞任所为馆师,来商也。少坐,借甘氏、许氏印谱去。

二十六日辛丑(1月18日) 阴,颇寒

岁暮祀神报谢。闻冯式之殁于石门,往唁其家,其子质甫奔丧至浙未返。晤张岳生少谭。访杨书城久谭,以咏叟延师课孙,子永为宜,属转致。

二十七日壬寅(1月19日) 阴

写阿哥信、颖侄信。廿八发,交便人。

接邓季垂二十六日信,又魏般仲二十三日信。

二十八日癸卯(1月20日) 阴

二十九日甲辰(1月21日) 晴

晡前悬影,合祀先祖于祠堂如往年。

光绪五年(1879) 岁在己卯,余年四十有八

正月丙寅

元旦乙巳(1 月 22 日)　　阴,下午大雪

黎明起,率家人拜天、拜先圣、礼佛、祀灶神、祀先祖皆如往年。谒文正曾公象于客座。

发笔书红。旧于岁首卜课已十馀年不废,兹以昨岁占甚不验,且循理而行,何卜之有,故已之。午供、晚供皆如往年,晚供令子弟执事。

初二日丙午(1 月 23 日)　　阴

早供毕,出贺年,惟晤价人,其弟次侯适至,亦晤。下午归。家人以余诞日称贺。曾君麟、杨实甫来贺,余未接晤。

初三日丁未(1 月 24 日)　　晴

早供毕,同子婿等登山椒岳祠楼观雪,良久归。午供撤影。

初四日戊申(1 月 25 日)　　阴

初五日己酉(1 月 26 日)　　〈阴〉,夜雨

答候昭文县陈钧堂,康祺,浙人。不晤。答候杨实甫[①]、曾君静,

① 答候,稿本作"答谢"。

晤曾君静。其家改造大厅，于屋梁得明时官钞半纸，纸甚厚，青黑色，上并书“大明通行宝钞”六字，次并书“壹贯”二字，下绘缗钱形，后有朱印。

初六日庚戌(1月27日) 阴

初七日辛亥(1月28日) 晴，午后阴，夜复雨

初八日壬子(1月29日) 阴雨

初九日癸丑(1月30日) 阴，大风寒

写邓季垂信，薛安林信。即发，信船。

初十日甲寅(1月31日) 阴寒

得红绿鸳鸯古梅一株，大于盎，植乐林门外。

十一日乙卯(2月1日) 晴

早食后同子永、宽儿携内外诸孙游市中良久，儿辈先归。余独访咏叟，不晤返。种柏一株于乐林门外。

十二日丙辰(2月2日) 阴，下午渐霁

静渚伐杨三株，改植垂柳，又植玉蝶梅一株。

十三日丁巳(2月3日) 晴

赵次侯来访，久谭。

接褚鼐臣四年十二月廿三日信。

十四日戊午(2月4日) 阴

早食后访咏春，遇丁听彝适自毗陵来此，少谭。遂访次侯，并晤价人、李升兰，坐至下午。归途复过咏叟，与咏叟、听彝同至石梅游，余先别归。

十五日己未(2月5日)　晴,元宵节

巳刻丁听彝来候,旋去。访曾君静,少坐归。下午招听彝、杨咏春、滨石、书城饮,初鼓时散去。

十六日庚申(2月6日)　晴

答候丁听彝不值,至书城处,又至咏叟处,听彝先在。滨石、书城、赵次侯、张雨生以次来。赵、张先去,余及听彝同搅咏叟午食、夜食,二鼓乃别。听彝即赴直隶,明日行。

十七日辛酉(2月7日)　阴,雨雪,寒

十八日壬戌(2月8日)　阴寒

静溪之东拟为小山,去岁始覆篑,今以乡里除地瓦砾增高之。

十九日癸亥(2月9日)　晴

乐林门东拟筑堂处,增植早桂一,大于盎。

二十日甲子(2月10日)　晴

静渚植巨柏一。

二十一日乙丑(2月11日)　晴

审安侄自苏州来。

接阿哥四年十二月廿五日信。

二十二日丙寅(2月12日)　晴

下午季君梅来访,久谭。

二十三日丁卯(2月13日)　晴

下午招陆云生、涑文、曾君麟、赵价人来饮,审安侄亦与座,二鼓散。

二十四日戊辰(2月14日) 晴

冯式之丧归往吊,晤张岳生。

二十五日己巳(2月15日) 晴

接阿哥十六日信。

二十六日庚午(2月16日) 晴

接六姊十六日信,又槐亭四年十二月十五日信。

二十七日辛未(2月17日) 晴,夜微雨

园梅半放,与家众游观。

二十八日壬申(2月18日) 晴

写褚鼐臣信。即发,信局。

二十九日癸酉(2月19日) 晴

张楚生来自常州。

接吕定之廿八日信。

三十日甲戌(2月20日) 晴,暖甚,衣棉

华迪秋、赵君默来访,少谭。答访季君梅不值。访张纯卿久坐,借得《广阳杂记》。赴赵价人招,同座华迪秋、李升兰、杨咏春、季君梅、迪秋之子若汀,主人昆季。席散,下午归。

二月丁卯

朔日乙亥(2月21日) 阴,大风寒

阅《广阳杂记》△△卷。刘献廷,字继庄,大兴人,侨寓江苏吴江,生于崇祯间,此书其所著也。国初佚事颇多,吴三桂、王辅臣、郑成功皆有所记。参

以本朝兵饷等旧制,间及经籍。余访求此书不下二三十年,今始见之。虽甚奇异可喜,尚觉其芜杂。盖后人为之结集,非其手稿,故不能精当也。

初二日丙子(2月22日)　阴,风寒

下午,馆师浦蟾芗明经良耀,无锡后桥人。自其家来,即日开馆。夜设席相款,并延子永同饮。

初三日丁丑(2月23日)　晴

静渚增植巨松二,又移植山矾、木兰各一,南洲植白梅五十一株。

杨咏叟来久谭。

初四日戊寅(2月24日)　阴,微雨

初五日己卯(2月25日)　阴

夜张楚生设饮,吾出共坐,坐散即下舟去。

接褚鼐臣初三日信。

初六日庚辰(2月26日)　阴

实儿之友程少山[①]无锡人,居宜兴。来自宜兴。

初七日辛巳(2月27日)　阴

得宋材明制琴一面,《考古图》、《博古图》各一部,定窑花瓶一。皆于梁溪程氏。

初八日壬午(2月28日)　阴,夜雪

初九日癸未(3月1日)　阴

晨起雪盈寸,山溪皆白,亭午消尽。

---

① 程少山,稿本作“陈少山”。

初十日甲申(3月2日) 阴，夜复雨霰

十一日乙酉(3月3日) 阴，午有日色，夜雪

写吕定之信。即发，信船。魏般仲信。同发，信局。晡招郭汝雨邑侯及季君梅、杨书城、曾君麟饮，酬郭去年之席也。二鼓客去。

十二日丙戌(3月4日) 阴，风寒，夜雪

十三日丁亥(3月5日) 晴

得秦琅琊台刻石十二行本一纸，又颜庙汉碑阴，俗称"竹叶碑"者一纸。季君梅来访。

十四日戊子(3月6日) 晴

十五日己丑(3月7日) 晴

同浦蟾老游陆氏别墅，饮茗于石梅肆中。遂访咏叟，余又独访君梅，还至咏叟处久坐，偕返。闻季垂之母廖夫人丧，明日拟买舟往吊。

十六日庚寅(3月8日) 晴，大风，夜大雨

晨买舟成，风甚不发，傍晚行，二鼓至吴塔住。地本名吴塔，前皆书作洪塔，土音讹舛，因致误也。

接讱庵侄十四日信。乳名定保，已生之嗣子，现自楚北幕游归里，信函文字居然可观矣。

十七日辛卯(3月9日) 阴，微雨

晨发吴塔，巳刻至齐门，赴邓氏吊唁，与季垂久谭。下午放舟至虎阜登眺。余自乱后屡至此，而未尝入寺门，今颓垣断砌，靡望荒榛，回忆盛时，殊怆然矣。寺正殿仅遗石址，塔尚存，阑楯尽去。天王殿则扬州一僧募造，已数年。讲经台、千人石人不能毁，贞娘墓亦

有人新建亭其上。剑泉湛碧,不改旧观。天工人工,不侔尔尔。下山已暝,还舟泊阊门。

十八日壬辰(3月10日)　阴,微雨旋霁

移舟桃花坞,登岸阅市,饮茗玄妙观。邀薛安林至,久谭。过凌云阁古董肆,以新得古琴属整理缺坏。遂赁舆访龚念匏,探孝拱病信,云已于去腊作古。子嗣久逐在外,闻亦愚弱,著作一生,谁与结集,可叹也。至周甥处久谭。欲访李眉生,闻有宴会而止。傍晚下舟,眉生遣邀明日饭。

十九日癸巳(3月11日)　阴,午雨

写讱庵侄信。即发,信局。写阿哥信。同上。赴李眉生招饮,同座高碧湄,心夔,江西湖口人,前吴县令。廿四年前故人也,剧谭甚畅。并观眉生所藏王石谷画册二,一仿古十六帧,后自跋及恽南田跋一。十二帧为西庐老人画,平生到诣尽于此中,秋林、雪景各一帧,真绝品矣,周围皆恽跋。又南宋拓《九成宫》及诸珍墨甚夥。酉刻〈别〉,又至周处少坐下舟。

写高聚卿信,二十发,信局。索逋也。

二十日甲午(3月12日)　早晴,午雨闻雷

早发鲟溪,至齐门赴邓处作奠,并与季垂久谭。薛安林亦至,同在邓处饭,饭毕冒雨下舟。写龚念匏信,唁其兄丧,并索存物也。即发,信局。下午舟冒雨归,傍晚泊陆宣公墓下,值曾君麟舟同泊,来谭甚久。

接实儿十七日禀,又魏般仲十四日信。

二十一日乙未(3月13日)　阴雨,大风

早发陆墓,酉刻抵家。

接李中堂△△日信。

二十二日丙申(3月14日) 晴

二十三日丁酉(3月15日) 晴

赵元泽来自常州相访。

二十四日戊戌(3月16日) 阴

答访赵元泽不值,旋来访少谭。叶云伯招后日饮,辞之。

二十五日己亥(3月17日) 阴,亭午晴

赵元泽来久谭。

接阿哥十一日信,又颖侄初九日信。

二十六日庚子(3月18日) 晴

写阿哥信,寄去《说文》一部。即发,信局。六姊、槐亭信,任筱沅信,陈荔生信。廿七发,交实儿。

二十七日辛丑(3月19日) 晴

实儿赴里门,并须至兰溪陈氏姊处,今夕行。

接李少荃相国△日信,并撰《大女殉夫记事》一篇。又曾沅浦正月廿八日信。

二十八日壬寅(3月20日) 晴

二十九日癸卯(3月21日) 晴

连日放晴,园梅犹盛,玉兰、红杏皆花,与家人游赏。午刻,春仲祭先祖于家祠礼成,延浦蟾芗、方子顺及与子孙馂。

三十日甲辰(3月22日) 晴

得精拓《郑文公下碑》又《上碑》,及《魏元公姬夫人墓志》,又造象等数种。《元公姬夫人志》原石本绍闻先生家藏,余家三十年前拓

本凡数十分,为友人取携俱尽,今石不知流落何所。无意于帖贾处得拓本,已残破不全,而字锋波峭不减,故亟购之。又得郑谷口楹联一双。

接金鹭卿二十七日信。

三月戊辰

朔日乙巳(3月23日)　晴

接任筱沅二月二十八日信。

初二日丙午(3月24日)　晴

下午杨咏叟来久谭,客去,遂访翁吉卿久谭。又访曾君麟,亦久谭,归已初鼓。

接吕定之初一日信。

初三日丁未(3月25日)　晴

叶云伯副将来候,久谭。访咏叟久谭。访曾士常,君麟之族人。不值归。写任筱沅信。即发,信局。金鹭卿信、魏般仲信。同上。杨世兄喧信。卓庵太守之子,吊卓庵之丧也。薛安林信。同发,信船。

接实儿二月廿八日禀,已至常州。

初四日戊申(3月26日)　晴

写实儿信。初五发信局,寄邓处。李眉生信,寄去《圉令碑》一轴。即发,信局。

初五日己酉(3月27日)　晴

初六日庚戌(3月28日)　晴

初七日辛亥(3月29日) 雨,亭午晴霁

未初一刻,妾冯酥产一女,己卯、丁卯、辛亥、乙未。大小平顺。静渚增植老松、杨梅、香樟、茗树等。

初八日壬子(3月30日) 晴

初九日癸丑(3月31日) 晴

写实儿信,即发,交薛安林。薛安林信,寄去市房契二分。即发,信局。李眉生信,即发,信船。吴平斋信。附李。魏般仲信。即发,信局。

接李眉生初五日信。

初十日甲寅(4月1日) 晴

写李眉生信。即发,信船。

十一日乙卯(4月2日) 晴

十二日丙辰(4月3日) 晴

接金鹭卿十一日信。

十三日丁巳(4月4日) 晴,夜丑刻地震甚厉

十四日戊午(4月5日) 晴。清明节

十五日己未(4月6日) 晴

写实儿信。即发,信局。

接实儿十四日禀,已由常州至苏州。又阿哥初三日信,又龚念匏十三日信。

十六日庚申(4月7日) 阴雨,甚寒

接实儿十五日禀,将由苏赴浙。

十七日辛酉(4月8日) 雨

十八日壬戌(4月9日)　阴,寒甚

十九日癸亥(4月10日)　阴

二十日甲子(4月11日)　晴

朱菉卿来候,十馀年前熟识,今来为昭文簿。适奴辈皆出,因未延纳。

接李眉生十九日信。

二十一日乙丑(4月12日)　阴,下午霁

早食后答候朱菉卿久谭。又候咏叟久谭,同至次侯处,晤徐子晋,康,苏州人,在上海识之。又识其子翰卿及顾若波。遂同饮,陆涑文亦在坐,下午归。

二十二日丙寅(4月13日)　晴,下午阴

写阿哥信。即发,信局。魏般仲信。同上。吕定之信。即发,信船。

接魏般仲十八日信。

二十三日丁卯(4月14日)　晴

二十四日戊辰(4月15日)　晴

写吴平斋信,即发,信船。李眉生信。同上。

接吴平斋廿二日信,寄赠二齐侯罍真本。

二十五日己巳(4月16日)　晴

二十六日庚午(4月17日)　晴

接周钧甫二十三日信。

二十七日辛未(4月18日)　晴

碑贾至,得《爨宝子碑》精拓本,又模专鼎及汉铜诸器、瓦当、铜

镜等拓共一册。又《汉三公山碑》、《祀三公山碑》、《曹全碑》、《张寿残碑》、《二高君阙》、《杨宗阙》、《王稚子阙》、《魏吊比干文》暨碑阴、《温泉颂》。写李少荃相国信。即发,马递。

二十八日壬申(4 月 19 日) 晴

二十九日癸酉(4 月 20 日) 晴

接吴平斋二十七日信,以前寄《齐侯女罍》有阙字,复致一本。

闰三月

朔日甲戌(4 月 21 日) 晴

初二日乙亥(4 月 22 日) 晴

访曾君静少谭。次至咏老处久坐,并过殷伯唐,下午归。写吴平斋信,即发,信船。李眉生信。同上。

初三日丙子(4 月 23 日) 晴

朱菉卿来候,久谭。

初四日丁丑(4 月 24 日) 阴,风寒

冯妾产女将弥月,出拜见先祠,名女曰秾。

初五日戊寅(4 月 25 日) 晴

初六日己卯(4 月 26 日) 晴

答候郭汝雨邑侯及管镜人庶常,邑人,前日来候。均不值。写刘申孙信,即发,附刘云樵。刘云樵信。即发,信船。周钧甫信。同上。汤衣谷信。同上。

接阿哥三月廿四日信。又汤衣谷初三日信,丁外艰返沪云云。

初七日庚辰(4月27日)　晴

初八日辛巳(4月28日)　晴

初九日壬午(4月29日)　晴

接子永三月十五日信。

初十日癸未(4月30日)　晴

写吴平斋信,寄还石章两方。即发,信局。邓树人、季垂信。同上。季簪信。附发。实儿信。附发。

接邓树人初九日信,又邓季垂同日信。

十一日甲申(5月1日)　晴

延画师范秉之绘文正曾公小象。

接汤衣谷初九日信。

十二日乙酉(5月2日)　晴

写汤衣谷信,寄其尊人奠分四元。即发,信局。子永信。即发,附其家信。曾君静来访,久谭去。

濠叟饷湖莼,答以末下盐豉,小诗侑之

清莼万丝碧于水,金箸双双挟不起。野夫睡醒日午时,白碗盛来香正美。东园生计百味殚,粗蔬淡饭犹能甘。况兹芳滑远道至,一杯到口先加餐。配盐幽菽末下至,持用报君佐烹治。人生好异口腹同,莫笑何曾作多事。

静溪晚行

暂抛笔砚许萧闲,静绕堤塍自往还。花里春星池里月,桥边浓树屋边山。馀生志事惟开卷,倦客心情乐闭关。烟霭苍茫思一棹,清波无那笑衰颜。

十三日丙戌(5月3日) 晴,夜月甚皎

与南阳君、侍者冯酥同玩池上良久。

十四日丁亥(5月4日) 晴

写邓季簪信,寄还曾文正象。即发,信局。吕定之信。十五发,交浦蟾老。

接吴平斋十二日信。

十五日戊子(5月5日) 晴,下午雨,未久止

蟾老解馆旋乡。率宽儿邀子顺同检藏书。

接魏般仲十二日信。

十六日己丑(5月6日) 晴,夜雷雨,亦未久

接阿哥初五日信。

十七日庚寅(5月7日) 晴

接吕定之十六日信,又汤衣谷十五日信。

十八日辛卯(5月8日) 晴

检藏书竟。写吕定之信,即发,信船。魏般仲信,同上。实儿信。同上。曾君静来访。

接阿哥初七日信。

十九日壬辰(5月9日) 阴

访陆涑文久谭,次过濠叟,下午归。顺答君静,复少坐归。写吴平斋信,寄新笋一筐,即发,信船。李眉生信,并诗三首,笋一筐。同发。实儿旋自浙。

接六姊三月廿六日信,又任筱沅初十日信,又陈荔生三月△日信。

象笋初刨寄中江李使君

饱露含膏气自华,篛笼先入野夫家。遥知山海珍奇后,也许清蔬涤齿牙。

甜于酥蜜白于肪,荷锸人归自煮尝。一样鲟溪清彻骨,手缄山野寄华堂。

绿萝庵里劝朝餐,刚被人呼玉版禅。不是抢篱拦一角,满庭新翠已千竿。

二十日癸巳(5月10日)　阴,微雨

二十一日甲午(5月11日)　微雨

题汪松南临同州圣教序卷,为陆涑文象宗作

临池学亦性天来,策啄如何薄小材。一论宫庭千古事①,至今人仿去思碑。同州圣教刊于龙朔三年,登善卒已五载,故孙承泽以为同州人不胜桐乡之思而摹刻之。

矜宠燕姬道已行,近人论书以赵吴兴为挟瑟燕姬,矜宠善媚。此卷汪自云学褚登善,乃类赵松雪,故云。藏锋透纸不传方。乌丝阑字秋泉集,赢得吴中数四汪。

深浅工夫定自知,吴兴面目亦堪师。只今院体寻常见,不吃金丹未可嗤。

云间人物已齐名,将母楼高卜筑成。陆别墅为楼厦,即迎板舆居之。一卷云烟凭过眼,绿波湾处与题评。

二十二日乙未(5月12日)　阴

写魏般仲信。即发,信局。龚念匏信,寄去阿哥送孝拱奠金八元。

① 宫庭,稿本作“空庭”。

同上。写阿哥信。廿三发,信局。写任筱沅信。廿五发,信局。

接吴平斋廿一日信,寄追叔彝、意敦拓本各一,自书画纨扇一。

二十三日丙申(5月13日) 晴

二十四日丁酉(5月14日) 晴

族弟子弼廷铭,企之八叔次子,浙江候补府经。来自杭州,留榻盘桓。

接企之八叔正月廿六、本月初三日信。又槐亭十二日信,寄到大女家传一篇。

二十五日戊戌(5月15日) 晴

写槐亭、六姊信。即发,信局。任筱沅信。即发,交子弼。企之八叔信。同上。子弼弟去。

齐女二钘歌

胥江江津夜有芒,其旁退楼多秘藏。鸾书凤字何皇皇,下视珠贝犹粃糠。尊彝满室偻指将,就中齐钘数最长。前器后器合一堂,遗文三百交辉光。前器百六十馀文,旧藏阮氏积古斋;后器百四十馀文,旧藏曹氏怀米山房;今皆入吴氏退楼。云雷饕餮法锦囊,赤璊翡翠纷绀苍。奇籀夭矫龙始翔,敢取绳墨期相当。白云队起风中飏,朵朵花落覆玉床。读之百遍微罅张,语奇事晦畴能详。羞钘羹器罍未彰,彝器铭辞必云某作某器。此云铸尔羞钘,铸尔羞钅匕;后器云铸尔羞镒,而不云作罍,故疑罍为齐侯女名,而非罍器也。前器不云女者,省文。钘即钘,《说文》:"钘似钟而颈长,从金幵声。"斤幵音形并近。钘,钘之反文,与钘同一钘字,亦即铏字。《周礼·掌客》:"铏四十有二。"注云:"羹器也。"钟之形制,诸家不详。考汉太官铜钟,形正如壶而颈短,铭以为钟,可见古钟之制与尊罍无甚异,后人均以尊罍名之耳。此器形亦类壶而颈较长,与许书甚合,必为钘矣。以羹器故云羞钘,若罍则酒器,不可言羞。钅匕,匕也。《说文》:"匕,所以相比取饭,一名柶。"《诗

·大东》:“有捄棘匕。”《礼·杂记》:“枇以桑。”古匕用木,故《礼经》杝鱼、杝豕之杝多从木。此则铸金,故字从金,其与钘合詺者。《曲礼》:“羹之有菜者用梜,其无菜者不用梜。”《正义》:“有菜者为铏羹,其有肉调者,犬羹兔羹之属,或当用匕也。”钘既羹器,钍在所必用,故并铸而詺及之,知匕之用,不第挠鼎载实,而亦以调羹。经说不详,证之而晓然矣。钍器微小,不特为詺后器,遂略之也。我云女鼺尸孟姜。不然乞也鱼菽尝,曷举内子称田常。女鼺名不可知。以时事考之,盖陈无宇子乞之妻,而常之母。《公羊传》:“陈乞迎阳生,诸大夫皆在朝,陈乞曰:‘常之母有鱼菽之祭,愿诸大夫之化我也。’”常之母即乞之妻矣。夫在而称妻祭,以召诸大夫,殆以其妻齐侯女,贵可以号众乎?《诗·采蘋》:“谁其尸之,有齐季女。”女之尸祭,已见于古。当时五岳神明央,凤鸣卜家世正昌。耽耽诸族瞰虎狼,二卿将饮遗周防。无宇迨老辞莒旁,胡为岩邑畀高唐。公孙古冶志若狂,赐桃争死先开疆。阮仪征之说,以詺辞堇即《左传》之子疆,釁即《史记》之武子开,其说甚辩。然《晏子春秋》言公孙接、田开疆、古冶子事景公,以勇力搏虎。闻田开疆与田开字子疆为一人,显然可知。杜氏预云子疆武子宇者,当时必有所本,未可厚非。又《史记·田完世家》云:“田桓子无宇有力,事齐庄公,甚有宠。”是开疆勇力搏虎,乃由家学,亦足为田开疆即武子开之证。无宇子开乞书,又系本无宇产子亹,此铭釁,即亹。云堇者,未知何人,盖其时开已死,乞擅公室,而堇釁诸子助祭于乞之家,从其乐舞也。惟乞奉橐树子阳,诅盟大夫佐驱攘。相齐专政厥志偿,上请王室要天庆。冶铸宗器羞羹汤,詺功勒辞声洋洋。政衰迹熄徒弱强,尚德尚力失否臧。姬乎采芑终剪康,盘石不固移侯王。此詺之作,盖记乞立公子阳生,相齐专政,请于天子,为齐命卿,归而与妻祭于无宇之庙之事。故首言旅齐侯命听命于天子;中言受奉齐侯拜嘉命,及誓于大司命,用玉于南宫;终言铸钘钍以御洹子孟姜。文甚秩,然《尔雅·释诂》:“旅,陈也。”此言陈齐侯之命以听命于天子也。受奉齐侯,“受”必人名,不然不辞。乞之名不见諮中,《说文》:“乞,即云气字。”《玉篇》:“求也。”受,《说文》云:“相付也。”义亦作取。《管子》:“釜十五,吾受而官出之以百。”注云:“受,取也。”求、取义近。考无宇诸子,惟开字子疆,书字子占,见于经传。而乞之字无闻,据此諮,疑名受,而字乞。古书简略,足补遗缺。誓于大司命,指乞盟诸大夫之事。《史记·田完世家》:“田乞请诸大夫会饮田氏,田乞盛阳生橐中,置座中央,发橐,出阳生,曰:‘此乃齐君矣。’大夫皆伏谒,将盟立之。”又云:“悼公既立,田乞为相,专齐政。”此盖得政之后,命为卿士,而与诸大夫寻盟也。盟而遂祭于无宇之庙前,以常之母之祭召诸大夫。故諮称女鼺也。其以天子之吏称洹子者,《曲礼》:“天子之吏。”郑注引《春秋》传曰:“王命委之三吏,谓三公也。”是天子之卿大夫尚不得为此称,然周制凌夷,称谓日僭,《左传·僖十二年》:“王以上卿之礼飨管仲,管仲辞曰:‘有天子之二守国、高在。’”守与吏无所轩轾,则当时命卿已有斯号。降及景、悼之世,宜大夫亦蒙冒称之矣。且无宇在景公初虽不为卿,迨逐栾高而分其室,其势当不终于大夫,况乞亲执国政之时,以卿礼祭其父,亦礼之得者。前器諮两称,后器諮一称,天子之吏,皆与洹子属,断不得移之他人甚明。二千年事渺复茫,欲一议论诚荒唐。退翁好古志勉覆,剔抉幽网为文章。一器钩索如逐亡,又若饥馑甘稻粱。我昔慕好目未相,缄题忽到充箧囊。剡藤韧薄白截肪,翠墨洒洒分条行。郜鼎纳庙讵可方,且奔真本为琳琊。作诗报翁索肺肠,何以志之永勿忘。

二十六日己亥(5月16日) 微雨

二十七日庚子(5月17日) 阴雨,夜大风

二十八日辛丑(5月18日) 阴,下午霁,有日

写吴平斋信,即发,信局。薛安林信。即发,信船。

二十九日壬寅(5月19日) 晴

陆涞文来,以其先人二象求题。写薛安林信。即发,信船。

接薛安林廿八日信。

三十日癸卯(5月20日)　晴

接完甫十四日信。

题陆在衡先生采芝图

云孙检讨名懋宗、涑文大令名象宗之七世祖,精岐黄家学,过于叶天士而不求名,名亦不迨悉,叔平翁尚书记中。

缅昔熙雍世,南沙有巨公。洞垣擅妙术,肉骨奏殊功。显晦因时异,施为及物同。谁云居白屋,真可答苍穹。任重心能壮,无称德始崇。吾侪知饱食,何以慰衰癃。溪北耕渔日,云间缟纻通。倾怀偕俊赏,展卷仰清风。泽厚传家远,流长获报丰。请看簪绂美,只在此图中。

题陆叔华先生桐阴图

懋宗、象宗之祖官滇南某县令,有善政,好释氏学。解组后遂祝发,僧俗弟子数十人,题唱宗风,远迩响应,亦异人也。

龙象当年满法筵,宰官身后比丘前。只今一卷桐阴下,方解维摩默字禅。

古庙香炉事岂虚,只愁乾慧未消除。立亡坐脱亲曾见,还识先师意皆无。吾里陆丈少逸与先生同官滇南,亲承法乳,咸丰戊午自刻九月某日当去,至期不爽。此至戚刘丈近庵目击,为余言之。

四月己巳

朔日甲辰(5月21日)　雨

题陆氏卷,报以一松,甫尺而多古姿。

初二日乙巳(5月22日) 晴

邑郊是日有龙舟竞渡之嬉,余归后数年未常往看,兹偕子顺并携次子及孙辈拿小舟抵湖滨游赏半日。青山绿树与锦绣旗幡掩映多姿,而水道空阔,凡八舟骋驶如飞,无击撞之患,颇为胜观。吾常龙舟著名江南。绚彩十倍于是,惜无佳山水助之,遂减色矣。

初三日丙午(5月23日) 晴

题谢镛《春草间房印谱》

胎息黄农肉汉京,刀前八法最分明。始知一脉传斯籀,不为人间记姓名。

初四日丁未(5月24日) 晴

初五日戊申(5月25日) 晴

访陆涑文、李升兰、朱莱卿,各谭良久。访赵价人不值。访咏叟,谭至下午乃返。

接薛安林初四日信。

初六日己酉(5月26日) 雨

写任筱沅信。即发,信局。黄子寿信。十三发,交实儿。李眉生信。即发,信船。

初七日庚戌(5月27日) 阴,微雨

馆师浦蟾老自家来。

初八日辛亥(5月28日) 雨

候曾君静,贺其生子之喜。又答候洪廉甫送行,伊挈眷旋苏也。两处均不晤。

接阿哥闰三月廿八日信,又子永婿闰三月廿日信。

初九日壬子(5月29日)　早晴,下午复雨

写薛安林信。即发,信船。

接薛安林初八日信。

初十日癸丑(5月30日)　晴

午间招曾君静、陆涑文、杨少泉、曹景涵饮,诸人皆有远行,饯之也。适陈甥叔畴范自里门来,拟十二日偕实儿赴北闱,是日亦饯之。下午客去。朱菉卿来访,久谭。

接吴平斋初七日信。

十一日甲寅(5月31日)　晴

写完甫侄信、少颖侄信、劳玉初信、归屏如信。均十三发,交实儿。

接周钧甫初八日信。

十二日乙卯(6月1日)　晴

早食毕,偕子顺、叔畴、实儿至陆涑文、曾君静处送其行,晤曾,不晤陆。又至魏葆卿家少坐。在市中观赛会,甚繁闹,下午归。

十三日丙辰(6月2日)　晴

《畿辅金石志》顺天、大宛二县、正定全府,至本日斠对始毕,共八厚册,交实儿带至保定。实儿即日成行,同伴者陈甥叔畴、杨君少泉,三人共一舟,二鼓时始行,送之门外。家庭团聚已五载,别殊怅怅。然儿已壮岁,使之株守门户,米盐琐屑,心甚怜之。此行事理当然,无足系怀耳。

十四日丁巳(6月3日)　晴

写吴平斋信。即发,信船。

接阿哥初六日信。

十五日戊午(6月4日) 晴

有俗事须料量，晨起谒家祠后即下舟行。夜泊陆宣公墓下。

十六日己未(6月5日) 阴

晨抵齐女门，停舟潭子里，食毕登岸，至玄妙观前阅肆，得明磁水中丞二，遂同薛安林饮茗于观中。下午返舟。写邓季簪信。即发，交邓处。至邓季垂家，其兄树人、履吉均奔丧返，唁之。写家信。即发，信船。

十七日庚申(6月6日) 阴，微雨

晨邀安林至，移舟阊门外，同至曾君静所开烟店料理俗事毕，午刻放舟山塘，得时花数种，石供一。返至刘园，水口停舟入游，游者士女甚繁。酉刻归，舟住阊门里。

十八日辛酉(6月7日) 甚雨

欲登陆不可，别雇小艇棹至玄妙观后，入观独茗良久。复棹至胥门，上岸访顾叟，开法帖店名宝墨堂者，见《孔季将碑》，甚旧而佳，惜价昂力不及，看多种。复下舟到盘门小仓口，坐舟已移在此。归舟食毕登岸，访龚念匏，询孝叟身后事，殊可叹也。入暮别返。

十九日壬戌(6月8日) 午前微雨，旋晴

侵晨移舟葑门，至周甥家，以售产之银五百两与之，久坐。遂访李眉生，亦久坐，假得《雁塔圣教序》明拓本，笔画较后来者瘦弱而神气充足，其页面衬纸洪武年官文书也。次访高碧湄久谭，同访杨见山，作汤饼以供客。食毕，至吴平斋处。平老六十九矣，多疾，倦见客，先知余至，戒阍人延客入。久谭，得观所谓齐侯两罍，大小如一，阮氏器一耳缺其上角，曹氏器亦一耳损而粘合之。曹器青绿，阮器褐色。平斋、眉生诸人甚重余《二研诗》，平复出纸索书。下午别出，

到护龙街古董肆议修前得宋材琴,遂返舟。食毕,过吉如侄不遇,又至周宅。眉生来请,复到其斋夜谭,二鼓别。

二十日癸亥(6月9日)　　阴

晨移舟齐门,邀安林至,同登岸,到观前书肆,见大德本《前汉》,与余藏正统重番淳化本极似,拟借抄补阙卷。又同至汪姓别墅,观磊石假山,地仅十弓,而岩岫转折,蹊径天成,名手作也。又同到戏园看戏,余盖远音声已八年馀矣。睹此繁会,不异升平,为之欣然。晡后张幕蔽天,别演灯剧,尤陆离可观。既出尚未瞑,安林邀旗亭小酌,乃归。过邓氏昆季久谭,二鼓下舟。

接南阳君十七、八日两信。又实儿十六日信,已到上海。又李眉生十七日信,到虞后复寄至苏。

二十一日甲子(6月10日)　　阴,顺风

早发齐门,巳刻过吴塔,未刻到家。

二十二日乙丑(6月11日)　　大雨

同家人观雨池上。

接南阳君二十日信。苏州寄回。

二十三日丙寅(6月12日)　　雨

写阿哥信。即发,信局。薛安林信,仲颖侄信。即发,信局。

接薛安林廿二日信。

二十四日丁卯(6月13日)　　晴

张纯卿来访久谭。夜有寒热病,甚委顿。

二十五日戊辰(6月14日)　　晴

患湿温症,拟不服药。

二十六日己巳(6月15日)

自后疾中愦愦,阴晴皆不记。疾弥剧。

二十七日庚午(6月16日)

接实儿四月十九日信,在沪将行。

二十八日辛未(6月17日)

二十九日壬申(6月18日)

三十日癸酉(6月19日)

连日疾弥甚,服本地医生夏湘舟药,未去病。

五月庚午

朔日甲戌(6月20日)

不更衣五日,用坐汤法晚间得解,然疾不减。扶疾写任筱沅信。即发,专足。

接魏般仲四月廿六日信,又吴平斋四月廿九日信。

初二日乙亥(6月21日)

初三日丙子(6月22日) 夏至

以疾暂罢时祭。

接槐亭四月廿二日信,又周甥女初二日信,问疾。

初四日丁丑(6月23日)

接邓公武三月廿日信,许以次女字余次子宽。又邓树人初三日信,已自闽归。又薛安林初三日信。

初五日戊寅(6 月 24 日)

接任筱沅初四日信,云望后即赴直藩任,现居木渎新宅。

初六日己卯(6 月 25 日)

初七日庚辰(6 月 26 日)

初八日辛巳(6 月 27 日)

自初一日更衣后,至今日再解。寒热每晡辄作,形类疟疾。

初九日壬午(6 月 28 日)

赵次侯来问疾。

接实儿四月廿四日禀,已抵天津,平安无恙。又仲颖、叔桓侄初七日信。

初十日癸未(6 月 29 日)

连日寒热前得吐,似较松快。

十一日甲申(6 月 30 日)

常州时医邹君豫春应此间孙氏聘,以同里来访,家中延为处方。

接实儿四月廿六日禀,尚在天津。接赵元泽良诒。初九日信。

十二日乙酉(7 月 1 日)

十三日丙戌(7 月 2 日)

十四日丁亥(7 月 3 日)

杨咏翁来问疾。

接薛安林十三日信。

十五日戊子(7 月 4 日)

连日病少瘳。

接实儿初一日禀，寄到《涿州志》一部。又族叔企之四月廿八日信。

十六日己丑(7月5日)

写吴平斋信。即发，信船。

十七日庚寅(7月6日)

渐能食，每餐熟水泡饭半碗。

十八日辛卯(7月7日) 薄阴

以与任筱沅久未晤，买舟扶疾访之。下午下舟，通夜行。

十九日壬辰(7月8日) 晴

黎明抵苏，召薛安林至略谭，舟即行。下午抵木渎，候任筱沅久谭，二鼓下舟。

二十日癸巳(7月9日) 阴，微雨

晨起，筱翁来舟答候，即同至其宅，盛馔见款，以疾不举箸。下午，顾竹桥思贤，广东人，南汇县知县，往年官昭文，与余相识。来访筱翁，同谭至二鼓下舟。余拟明早归，约七月初再来，送其北上。

二十一日甲午(7月10日) 晴，酷暑

早发，晨至齐门。写实儿信。即发，信局。以舟中暑甚，闻岸上僧舍颇有池亭，遂往避暑。约树人、季垂、安林来，谭至下午别去。下舟即行，三鼓泊张家店。

接南阳君十九日、二十日信。

二十二日乙未(7月11日) 晴

辰刻抵家。途中复感暑，甚委顿。

二十三日丙申(7月12日) 晴

二十四日丁酉(7月13日)　晴

连日热甚,寒暑表升至百分,余归后五年中未之有也。

二十五日戊戌(7月14日)　晴

接阿哥十三日信,又六姊十七日信,又邓季垂廿五日信,又魏般仲廿二日信。

二十六日己亥(7月15日)　晴

写任筱沅信。即发,信船。

二十七日庚子(7月16日)　晴

南阳君及冯姬均有疾,余神气亦迄未复元,心悸气馁,不能作一事。

二十八日辛丑(7月17日)　晴,夜有雷雨,旋止

二十九日壬寅(7月18日)　晴

接实儿十五日禀,以无舟车,尚未离天津。又方婿子永初十日信。

六月辛未

朔日癸卯(7月19日)　晴

初二日甲辰(7月20日)　晴

初三日乙巳(7月21日)　晴

朱菉卿来访,扶疾与之一谭。

初四日丙午(7月22日)　晴

连日虽晴,而下午多有风雨之势,故不甚炎熇,然云气不族,微

雨即止，水涸一二尺，农田甚望泽也。

初五日丁未（7月23日） 晴

初六日戊申（7月24日） 晴

初七日己酉（7月25日） 晴

写吕定之信。即发，信船。

初八日庚戌（7月26日） 晴

杨咏叟来访。今年静溪种荷，开花甚繁，余以疾未能时玩。是早与咏叟坐雪亭中赏对良久。

接李甥女初二日信。

初九日辛亥（7月27日） 晨雨旋霁，薄阴，有风甚爽

南阳君降日，时恙亦未愈，罢家人称贺。静渚拟筑舫斋，是午动工。

接方元徵师五月廿六日信。

初十日壬子（7月28日） 晴

连日觉精力渐复，方疾时邑侯郭汝雨、淞北营协台叶芸伯皆来候，往答之，各久谭。又至杨书城处少坐。

接任筱沅初七日信，又吕定之初九日信。

十一日癸丑（7月29日） 晴

写方元翁信。即发，马递。张屺堂信，为元翁事。同发。

十二日甲寅（7月30日） 晴

食西瓜过多，复患洞泄，甚委顿。

十三日乙卯（7月31日） 阴雨，渐霁出日

赵次侯来候。写邓公武信，即发，交树人等。又树人、季垂信。即发，信船。

十四日丙辰(8月1日)　阴雨,时作时止

十五日丁巳(8月2日)　晴

十六日戊午(8月3日)　晴

写魏般仲信。即发,信局。实儿信。十八发,信局。曾君静信。附发。

十七日己未(8月4日)　时雨时霁

早食后答访张纯卿、赵价人、朱菉卿,各久谭。又答访咏叟,谭弥久。留午食毕,出北门答访赵次侯不值,晤其子祖白,少坐即归。

接邓季垂十六日信。

十八日庚申(8月5日)　晴

写邓季垂信。即发,信船。

十九日辛酉(8月6日)　晴

二十日壬戌(8月7日)　薄阴渐霁

季垂自苏州来,留榻畅谭。写槐亭、六姊信。即发,信局。

二十一日癸亥(8月8日)　晴

立秋节,于先祠献瓜果。与季垂谭。

二十二日甲子(8月9日)　晴,暑甚

天久不雨,田禾干焦,静圃新种之树亦多枯死。先是,谣传今年正月至五月朔望皆火日,与咸丰六年同主大旱。斯言殆欲验矣。与季垂谭。

二十三日乙丑(8月10日)　晴

季垂凌晨去。

接实儿五月廿二日禀,甫到保定,住莲花池。

二十四日丙寅(8月11日) 晴

写任筱沅信。廿六发,信船。

二十五日丁卯(8月12日) 晴

与家众赏荷池上,时南阳君新愈,甫出房也。得旧拓《三坟记》一册,极精。

二十六日戊辰(8月13日) 晴,酷暑,寒暑表一百零三分

族侄慎庵宗毅,士伯兄之子嗣,巳生弟后。来自常州。写任筱沅信。即发,交慎庵。傍晚慎庵侄去。

接殿英兄△月△日信。

二十七日己巳(8月14日) 晴

二十八日庚午(8月15日) 晴

杨书城来访久谭。

二十九日辛未(8月16日) 晴

三十日壬申(8月17日) 晴

时不雨已二十日,酷暑非常,日色如火,禾苗尽槁,官民禁屠、祈祷已数日。傍晚有云起西南,雷声殷殷,方欣盼间,忽大风起,顷刻吹尽。①

七月壬申

朔日癸酉(8月18日) 晴。下午阵云队起,复风吹而尽

闻曾君静以事南归,凌晨往访之,久谭。云实儿有书与彼,前月

① 此段稿本系于二十九日辛未下。

望后可抵京矣。

初二日甲戌(8 月 19 日)　晴

写实儿信。初三发,交曾君静寄京。

接族侄慎庵六月三十日信。

初三日乙亥(8 月 20 日)

黎明时雨,闻檐溜点滴声即止,仍日出杲杲。辰巳间阴云四合,甘雨大澍,惜时未久已止,不满二寸,然欢声已四起矣。

初四日丙子(8 月 21 日)　晴

下午棹舟重赴木渎,以筱沅将行故也。酉末解维,彻夜行。

接吕定之初三日信。

初五日丁丑(8 月 22 日)　晴,复暑

黎明舟抵齐门,遣邀薛安林至,久谭,托以诸事。巳刻登岸,访邓氏昆季,托赁舆访费幼亭,久谭,留午食,并晤汪凫舟。未刻出胥门,舟已先在,下舟即行,傍晚抵渎镇登岸,与筱老久谭,知定之去未久,甚怅然。

初六日戊寅(8 月 23 日)　晴

卯刻候筱沅送行,少坐即下舟,主人偕至,复数语而别。舟发,午至葑门,到周氏甥家久坐、午食。又过李眉生畅谭,下午返舟。周甥之子名荽,自学馆归,言貌与其父无少别,文字颇清秀可喜。傍晚移舟娄门。

接南阳君初四日信,又任筱沅前月三十日信。

初七日己卯(8 月 24 日)　晴

安林晨至,少谭即去。登岸至邓处,其母夫人十一出殡,余病躯

惮暑,不得候,先往拜也。坐良久,安林复来。同至吴园,拟过午暍下舟返虞。方坐谭,忽四体疲胀,寒热踵至,贿园叟求药不得,奴子掇藿香数叶至,瀹汤以服,微得汗。复效熊经鸟伸之法,良久觉稍和。扶曳下舟,啜菉豆粥一碗,遂大汗淋漓,软困而卧。安林去,舟即行,夜泊吴塔。

接南阳君初六日信,又浦仲仙初六日信。

初八日庚辰(8月25日) 晴

辰刻抵家,蒙头登岸,即入内室卧。

初九日辛巳(8月26日) 晴

疾少间。

初十日壬午(8月27日) 晴

杨见山太守岘,归安人,曾守余郡,金陵作客时故人也。来候,以病谢之。

十一日癸未(8月28日) 黎明时大雨,梦中闻檐漏声壮,惜亦不久也。日中复飘洒数次

静渚东垂为小石梁通于东皋,今日始为之,工人季大。

十二日甲申(8月29日) 晴

见山复来候,扶病出与久谭。

十三日乙酉(8月30日) 晴

先祠荐茄饼,扶病拜奠,力甚不支。

十四日丙戌(8月31日) 阴晴相间

接吕定之十三日信。

十五日丁亥(9月1日)　早晴,午后大雨

晨谒先祠,自病后两月来始行礼也。早食毕,答候杨见山久谭。又访咏叟,亦久谭。

接实儿六月十四日禀,尚在保定。又吴平斋十三日信。

十六日戊子(9月2日)　晴,下午大雨

写子永信。即发,交子顺。吴平斋信。即发,信船。张纯卿来访。

十七日己丑(9月3日)　阴雨

写实儿信,即发,信局。静渚东小石梁成,名之曰"带烟桥"。

十八日庚寅(9月4日)　阴晴相间,傍晚大雨

下午约杨见山、杨咏春、张纯卿、赵次侯小酌,二鼓散。

十九日辛卯(9月5日)　晴

二十日壬辰(9月6日)　晴

早食后访咏叟,同过杨见山久谭。又访张纯卿,送其司铎荆溪之行,不值。又同访李升兰久谭。

二十一日癸巳(9月7日)　薄阴

接族侄慎庵十七日信,又方元翁十三日信。

二十二日甲午(9月8日)　晴①

昭文邑侯陈钧堂康祺,宁波人。招饮,以未谋面。辞不赴之。

二十三日乙未(9月9日)　晴,夜雨

静渚为舫斋,并自百衲堆架木梁至静渚,均是日起工。

接阿哥十二日信,又吕定之廿二日信。

① 晴,稿本作"阴"。

二十四日丙申(9月10日) 阴雨

二十五日丁酉(9月11日) 晴

写族侄慎庵信。即发,信局。吕定之信。同发,信船。薛安林信。同上。

二十六日戊戌(9月12日) 晴

候郭汝雨、陈钧堂两明府,皆晋省,不值。又候季君梅、杨书城,亦均未晤。

二十七日己亥(9月13日) 晴

天放楼后平屋一带,旧为周氏姊营之,周既他徙,因以为仓屋。余欲更造后楼,卜吉移仓屋于园东隙地,是日兴工。

接魏般仲廿四日信。

二十八日庚子(9月14日) 晴,傍晚乍雨

园桂甚馥,偕南阳君、冯姬玩赏。

二十九日辛丑(9月15日) 晴

接杨见山△△日信,寄到《裴岑碑》一纸。

八月癸酉

朔日壬寅(9月16日) 晴

跨静溪长梁成,凡十二丈馀,名之曰"渐波阁道"。

初二日癸卯(9月17日) 晴

叶芸伯协戎招饮,辞之。写阿哥信,即发,信局。邓季垂信,即发,信船。魏般仲信。即发,信局。昭文邑侯陈钧堂来候,久谭,读书伉爽人也。

初三日甲辰(9月18日)　晴

写实儿信。即发,信局,寄京师。任筱沅信。附实信。薛安林信。即发,信船。

初四日乙巳(9月19日)　晴

初五日丙午(9月20日)　晴

初六日丁未(9月21日)　阴

浦蟾芗自乡来。

初七日戊申(9月22日)　阴

写薛安林信。即发,信船。

接邓季垂初一日信,又薛安林初六日信。

初八日己酉(9月23日)　雨。秋分节

午间合祀先祖。晡邀朱菉卿、浦蟾芗、仲仙及子顺共馂,夜散。

初九日庚戌(9月24日)　雨

接实儿七月初七信,哲如侄七月廿四信,吴平斋初六日信。

初十日辛亥(9月25日)　雨

写杨见山信,寄陶诗一册。即发,信船。

接龚念匏初八日信。

十一日壬子(9月26日)　阴

写龚念匏信,寄还孝拱书目三本。即发,信船。

十二日癸丑(9月27日)　晴

接实儿七月廿一日信,已至都门。又周甥女初十日信,寄到弢翁遗稿一包,属订定。

十三日甲寅(9月28日) 晴

答候陈钧堂不值。至赵价人处久谭。

十四日乙卯(9月29日) 阴晴相间。初夜有月,旋风雨甚厉

夜同南阳君、侍者冯酥坐长桥上玩月,波心宽广,约东西三十丈,蟾辉倍增,胜景独得,抚掌不已。

十五日丙辰(9月30日) 晴,夜月甚皎

初夜荐月饼,家人贺节已,余独至长桥坐一时许,惮风露乃归。

接实儿七月廿七日信。

十六日丁巳(10月1日) 阴雨

舫斋是日落成,名之曰"系舫"。仓屋是日上梁,适雨至,工师以为大吉。

十七日戊午(10月2日) 晴

夜月甚皎,赏之于船亭,又赏之忘忧之台,酌酒二盏。比丙夜,又赏之延台上。

十八日己未(10月3日) 晴

写吴平斋信。即发,信船。

十九日庚申(10月4日) 晴

写实儿信。即发,信局。

二十日辛酉(10月5日) 阴

二十一日壬戌(10月6日) 雨

下午赵次侯、杨咏春、李升兰、赵价人、杨书城先后来观新亭、长桥之胜,赞叹而去。

接杨见山十九日信。

二十二日癸亥(10 月 7 日)　阴

陈钧堂招饮,不赴。

接伯厚大嫂二十日信。

二十三日甲子(10 月 8 日)　晴

下午朱菉卿来谭。

二十四日乙丑(10 月 9 日)　晴

接吴平斋二十二日信。

二十五日丙寅(10 月 10 日)　雨

二十六日丁卯(10 月 11 日)　雨

写杨见山信。即发,信船。伯厚大嫂信,寄洋四元。即发,信船。

二十七日戊辰(10 月 12 日)　雨

至季祖庚家吊其母丧。访咏叟谭彻晡,又到朱菉卿处久谭乃归。

二十八日己巳(10 月 13 日)　雨

写吴平斋信。即发,信船。

二十九日庚午(10 月 14 日)　雨

故人汤衣谷不见十年矣,从杭州来访,彼此衰态,相见怃然。纵谭至乙夜乃卧。李雅轩自常州来访。

接子永婿十七日信,闱后在江宁所寄也。

九月甲戌

朔日辛未(10 月 15 日)　阴晴相间

李雅轩来。答访李雅轩于其舟。季君梅来答访。与衣谷谭竟日。写袭念匏信。即发,交来足。

接龚念匏八月△日信,寄来孝叟所藏铜器拓本两大册乞售。

初二日壬申(10月16日) 阴晴相间

安林自苏州来,余欲为重楼而体乏惮于将作,安林许为监造,先来量度也。朱蓂卿来访,衣谷与之同郡旧好,因偕去,是夜未返。

接阿哥八月十九日信。

初三日癸酉(10月17日) 晴

早食后候曾君静,其母夫人寿,祝之也。晤陆云生、涑文。午刻陆涑文来访。下午赴朱蓂卿之招,与衣谷三人同饮钱氏肆,饮散与衣谷归。南阳君患疟颇剧。

接顺吉叔八月初三日信。

初四日甲戌(10月18日) 晴,夜雨

初五日乙亥(10月19日) 晴

女柔之死匝一岁矣,南阳君伤痛甚切,余亦肠中轮转不能止,因拉衣谷、安林出游以遣之。下午始归。

接实儿八月△日禀,寄回闱作颇认真,然工夫甚欠,无可望也。

初六日丙子(10月20日) 晴

下午朱蓂卿来久谭。

初七日丁丑(10月21日) 晴

杨思立咏叟之子。来访,衣谷偕去。安林是晡返苏,约明春兴工再至。

接六姊八月廿四日信。

初八日戊寅(10月22日) 晴

写实儿信。即发,交信局。六姊信。即发,交信局。于竹虚实之,山

东文登人,江苏知县,昔在军中识之。来候,久谭。

接张芑堂八月廿三日信,又廖鸿清初六日信。

初九日己卯(10月23日)　晴

接邓季垂初八日信。

题吴中七老图潘顺之、潘季玉、顾子山、彭讷生、吴引之

七人四百八十岁,共际休明得大年。为溯耆英炎汉始,商山中已有吴贤。古人以耆德会合而称者,殆莫先于汉之四皓。按地志诸书皆云角里先生姓周,名术,吴人。

至道以还元祐续,睢阳西雒各风流。齿会宋世最盛,李文正与张好问等称"至道九老",文潞公与范景仁等称"西京五老",杜祁公与王焕等称"睢阳五老",朱光复、孙瑜等称"元祐七老"。今来冠冕传吴下,不数诗人北郭愁。明初高启、王行等称"吴门十才子",又称"北郭十友"。

蒙也得归惟隐几,就中独识养闲翁。潘曾玮,字季玉,号养闲,文恭之季子,昔在军中识之。馀六人或知或否。当年一卷平吴策,赢得春风杖履同。

初十日庚辰(10月24日)　晴

答候于竹虚久谭。访次侯不值。至咏叟处长谭至下晡始释。归途顺答陆涑文,并晤钱绥卿。禄泰,昔年识之。

十一日辛巳(10月25日)　阴雨

写龚念匏信。即发,信船。薛安林信。同上。约于竹虚来谭,下午小餐乃去。

十二日壬午(10月26日)　阴雨

十三日癸未(10月27日)　晴,大风,始寒

十四日甲申(10月28日) 晴

衣谷枉过奉赠二首

身退交游尽,时衰德义孤。何期动舟楫,来与共菰蒲。窥牖云横树,开门月满湖。此间宜岁晚,安所觅吾徒。

隙地皆栽树,空塘但绕篱。辛勤△△△,老大已堪悲。皖月千杯忆,吴霜两鬓知。枯荣随物化,且欲论心期。

十五日乙酉(10月29日) 晴

答访于竹虚不值,又访曾君静久谭。

十六日丙戌(10月30日) 晴

十七日丁亥(10月31日) 晴

同衣谷乘小舟至北郊,饮茗薛氏肆。遂候次侯,贺抱孙之喜,不晤,晤其次子坡生。属雇山舆游破山、三峰两寺,过萧家站至剑门,坐盘石良久。衣谷狂喜,谓生平未见此石。薄暝下山,坠日返照石壁,青赤辉映,异观也。抵家已上灯。朱菉卿、王椒生来访,候至晚乃去。

十八日戊子(11月1日) 晴

写吴平斋信。即发,信船。

十九日己丑(11月2日) 晴

二十日庚寅(11月3日) 晴

李升兰、华迪秋、赵价人来游静圃,谭移刻去。于竹虚来久谭。

二十一日辛卯(11月4日) 晴

答访于竹虚送行,并晤曹小卿,曹去,与于久谭。郭汝雨亦至,余又少坐乃归。

二十二日壬辰(11月5日)　晴

北闱报罢,实儿今岁文颇认真,未免为之惘然。

接六姊十四日信。

二十三日癸巳(11月6日)　阴

写实儿信。即发,信局。六姊信。即发,交陈顺子。季垂信。同上。子永信。即发,交子顺。

二十四日甲午(11月7日)　阴,微雨

赵次侯来久谭。下午约赵价人、李升兰、曾君静、陆涑文来小饮,并请浦蟾芗、汤衣谷同座,初鼓散去。

二十五日乙未(11月8日)　阴雨。立冬

午刻祠堂献羔酒。

二十六日丙申(11月9日)　晴,大风甚寒,始衣裘

二十七日丁酉(11月10日)　晴,风寒

下午王椒生景寿,会稽人。来访衣谷及余,久谭乃去。

接吴平斋廿六日信,寄赠古镜拓本十六纸。

二十八日戊戌(11月11日)　晴

二十九日己亥(11月12日)　晴

候郭汝雨大令、曾君静,均不遇。又候杨镜泉,贺其子少泉获隽副榜之喜,主人卧不见客。又候吴珀卿,亦不遇。又候杨书城久谭。又候陈钧堂大令,亦不遇。答候王椒生,并晤朱菉卿久谭。又访杨咏叟久谭,并晤赵价人。下午至石梅山椒文昌阁,邀衣谷至共凭眺。椒生、菉卿皆来。良久,同过陆氏园看菊,遂归。

三十日庚子(11月13日) 晴

新建仓厅告成。

接钱仲愚廿七日信。

(以上《能静居日记》四十五)

十月乙亥

朔日辛丑(11月14日) 晴,午后阴

新仓告成,率子孙祀神,祈久长丰盈之福。得旧拓张燕昌藏本《天发神谶碑》及钟鼎、彝器、汉铜镫、洗、泉、模、戈弩、造象砖拓数百种,藏弆从此大富,欢喜无量。写龚念匏信,寄银百饼,偿孝叟碑价也。即发,交来足。

接龚念匏九月廿九日信。

初二日壬寅(11月15日) 晴

初三日癸卯(11月16日) 晴

下午同衣谷至石梅,入翁氏祠、胡氏祠,两祠皆有花圃可游观也。傍晚赴李升兰、陆涑文之招,吃南乡金爪蟹菊羹,同座苏州彭若臣、曾君静及衣谷,二鼓归。

初四日甲辰(11月17日) 晴

写吴平斋信,薛安林信。即发,信船。午后同衣谷、子顺、浦仲仙出外游步至南门,绕赴寺前街饮茗而归。

初五日乙巳(11月18日) 阴

初六日丙午(11 月 19 日)　晴

初七日丁未(11 月 20 日)　阴,大风

接邓季垂初六日信。

初八日戊申(11 月 21 日)　晴

明日赴里门扫墓,即送衣谷至苏州,是晚先下衣囊舟中。

初九日己酉(11 月 22 日)　薄阴,夜雨

辰刻同衣谷下舟即行,申刻过吴塔,夜住陆墓。

初十日庚戌(11 月 23 日)　阴

辰刻舟入齐门,招安林至,同雇小舟棹至玄妙观傍登岸,与衣谷阅市,购得旧棕竹扇一,陈曼生制沙壶一,均精致可爱。安林欲觞衣谷,与至旗亭小坐乃归,即以舟送衣谷至阊门觅友。久聚言别,见其荏弱,深为凄怆。夜二鼓,衣谷觅友不值,复来余舟。

十一日辛亥(11 月 24 日)　雨甚

写南阳君信。即发,信船。招安林至,属为衣谷觅行舟径送秣陵。衣谷性缓弱,处处流连,不欲速返,然无寒衣,无童仆,又家事甚棘,须亲料理,余深忧其道路生疾,故力劝早归。昨议始定,遂属之安林。而余登岸,访邓季垂不值。次访吴平斋久谭,借归《兰亭》二十二种,颇有佳者。次至仲颖、叔桓侄处,云已移居,觅至委巷中,湫隘特甚。二子憔悴,一卧未起,不胜怆然。谭良久出。复访李眉生久谭,明日为其五十岁生朝,处境至优裕,而门内外寂然无称祝者,亦其殊俗之一端也。出至周甥家少坐,时已薄暮,雨益甚,先约舟人候于胥盘之间大仓口,径往赴之。顺道复访龚念匏,少坐下舟。宝墨斋装潢家朱某来,以裱成江苏地图三十一册见与。

十二日壬子(11月25日) 晴,逆风

晨舟行,午过浒关,酉后泊新安镇。衣谷舟盖已前行,觅之不见。写南阳君信。十三无锡,发信船。

十三日癸丑(11月26日) 晴,逆风

〈晨〉舟行,午至无锡北门,小泊复行,夜住洛社。

十四日甲寅(11月27日) 晴

晨舟行,未刻至里门,泊唐家湾故居门前。登岸至顾塘桥本家,晤德生、通生两弟久谭。同下舟晡食毕,通生为余具祭品香楮,德生同余至子宪兄处,并晤卫生兄,又同谒十叔父,各久谭,惟审安不遇。下舟,子宪、通生及十叔家榴生弟、慎庵侄前后来。

十五日乙卯(11月28日) 晴

早食毕,至子宪兄家久坐,并晤审安侄。巳刻德生来言祭品已具,遂属两弟先至祖茔,余赴宗祠拜谒毕。候九叔父之疾,时病偏废在床,况复贫迫,为之蹙额。出过麻巷,顺候恽氏,晤恽伯诗,宝善。其弟叔愚,盖南阳君兄子婿也,时适游学他往,少坐别。出城诣三堡桥诸茔,奠酹如礼毕,在坟户家久坐,与商修理之事。即偕两弟馂祭馀,下及僮仆皆饱。乃复行诣茶山路太原府君茔,奠酹如礼毕,遂归。顺至张楚生家,适陈甥叔畴自北试归方抱恙,因为视疾,良久乃别。又候恽伯方,少谭归舟,子宪兄复来。

十六日丙辰(11月29日) 晴

子宪兄来,同至长兴馆早食。又过德生、通生家。又至子宪家少坐,问李甥踪迹,子宪亦不知迁移何所,遂下舟别去。午刻舟行,酉刻至丫河镇泊舟。闻村人方演剧,奴子怂恿往观,至则尚未登场,又无坐处,且不耐人汗臭,复步返。

皇清例赠宜人廖宜人墓志铭

光绪五年二月十四日,江宁邓氏之母廖宜人卒于苏州之寓舍。其侄女婿阳湖赵烈文书素旐其庭曰:“慈俭之宗。”越□月将葬,孤嘉绳等请为之铭。自世变而弥文,人子不以诬其亲为惧,于是表阡铭幽之文,往往不得实,无以信于后世①。烈文于妻之党,独宜人数获见熟,其行事可以言之而无愧,其曷以辞。

谨按:宜人四川陵水人,故江南盐法道讳均之子,而陕西巡抚讳廷桢之妇,安徽候补知县讳尔咸之妻也。天性笃挚,未髫龀刲臂疗母冯之疾。既嫁,得巡抚君欢,事知县君以礼。知县君早卒,有男子四人,幼者未晬。宜人不忍死,力抚育之,慈之至乃益严,毫毛之过不敢贷。比长,皆成立,有官受民社,或以文学见世,卓卓如也。凡于夫兄弟之子若女子,亲鄙中外无虑数十家,闻有庆,若己得之。或忧愁窘迫不得意至于死丧,宜人为出涕,搏膺嗟呼,亦无翅身受。往避乱滇中,复遭兵,时有门客济南毛氏之嫠,贫不能去,宜人辄斥衣装佐之,使远于难。

廖氏三世为监司,邓氏再世建节,门族郁盛。然宜人居泰时不随俗骛所好,食不过常馔,衣不过缣素。更乱复宁,虽有子仕宦,盖蔬布十馀年未尝改。呜呼!其若此,不谓之慈俭不可得矣。

宜人生于嘉庆二十年六月八日,至卒时春秋六十有五。以子官例赠宜人。子嘉绳,福建凤山县知县;嘉绩,湖北候补知县;嘉絇,前署湖南祁阳县知县。皆赏同知衔。绚赏戴蓝翎。嘉缜优〈贡〉,朝考录用知县,光绪乙亥科江南举人。女子子二,

① 后世,稿本作“后嗣”。

长适湖南候补知县萧山陶蕃祚，次适其弟廪贡生保祚。孙六人，邦运、邦遇、邦起、邦超、邦赳、邦述。女孙十一人。

以□年□月□日葬于□□之原。铭曰：

不有磐石，其佚乃创。不有崄巇，其忧乃康。惟彼淑仪，不哈而嗟。以□□□，受天孔嘉。作诗铭之，敢告有家。

泊舟常州故居门外感怀

岁岁堂前捧寿卮，朝朝窗下对欢眉。当时未解安居乐，此日空多去国思。燕雀晓飞春易改，鼪鼯夜动客能知。白云渡口连宵月，万感填胸说与谁。

十七日丁巳（11月30日） 晴

晨舟发，午过和桥，西抵宜兴县，泊舟长桥下。登岸访张纯卿，时为荆溪学师也。未数武即其公馆，入谭，少顷出，登长桥望城中民居荒残如故。至西察院故宅，依然瓦砾，两邻皆已兴葺，问其姓，则易主矣。怅然返舟。夜纯卿来舟久谭。

十八日戊午（12月1日） 晴

晨登岸吃馒头，殊逊往日。俟奴子治馔已，棹至东山下。晤坟户周采大，导至按察府君茔，拜奠如礼。不肖违丘垅又涉两年，俄顷之间，悲恋莫任。下山后至余前岁所买寿域一观，望先墓甚近，百年之事可无憾矣。酉刻返城，夜过纯卿辞行久谭。

荆溪东山有小丘，距先茔一牛鸣地耳，
前岁买以为寿藏，重过赋此

佳城留待作吾庐，咫尺泷冈胜比闾。地下果能亲色笑，人间安用好家居。蒙溪久忘思琼句，楚颂犹赊种橘书。已薄林泉百年事，荒荒终古倚堪舆。

十九日己未(12月2日)　晴

晨舟发,巳刻过和桥,午末过五洞桥入小娘荡。未刻过运村市,闻多盗贼,遂留泊不行。

二十日庚申(12月3日)　晴,顺风

晨舟发,由殷墊、华渡、天井桥、戴溪桥、新渎桥、钱桥,出会龙栅,即黄婆墩矣。戴溪、新渎、钱桥皆市镇可住,自运村至无锡约六七十里,行九龙山阴,水木明瑟,足为幽居之地。未末抵城,泊舟登岸一观,北门市井颇繁,饮茗城闉之外。傍晚下舟,移南门泊。写南阳君信。即发,信船。

二十一日辛酉(12月4日)　晴,大顺风

晨舟发,巳刻过浒墅关。午后抵苏山塘,入花市一阅。旋移胥门泊,登岸至法帖店。

二十二日壬戌(12月5日)　晴

晨食毕登岸,自胥门步至观前阅市,得陈曼生楹帖一联。约安林至,同茗饮毕,步至齐门,舟已至,遂下舟。季垂来舟,久谭去。写实儿信,闻其报罢后哭一夜,旋咯血。年甫三十,文艺亦未甚工,胡为毷氉如此。噫,亦愚甚矣!然孤客三千里,无人调视,念之心碎,故亟书慰之。即发,信局。写南阳君信。即发,信船。访季垂久谭,迨暮归。

接南阳君十七、十九、廿一三信,云颖侄自宁国来至。又吴挚甫、薛叔耘△△日信。

二十三日癸亥(12月6日)　晴,大风甚寒

晨食毕,赁舆候李眉生久谭。次至周处少坐。次候于竹虚少谭。次候高碧湄久谭,留午食毕返舟。安林来谭,时尚早,以风甚舟不可行,遣邀季垂至,久谭。

二十四日甲子(12 月 7 日) 晴,大风

晨舟发,出齐门,摇橹不前,勉到陆墓仍泊。傍晚始行,寅刻抵虞山麓。

二十五日乙丑(12 月 8 日) 晴

辰刻返舍。颖侄自皖南来,留待余三五日矣。闻吾兄精神颇好,殊慰怀也。与侄谭竟日。

二十六日丙寅(12 月 9 日) 阴

接槐亭十八日信。

二十七日丁卯(12 月 10 日) 晴

写子宪兄信。即发,信局。叔畴甥信。附宪。薛安林信。即发,信船。吴平斋信。同上。曾君静来久谭。

二十八日戊辰(12 月 11 日) 晴

早食毕,答访曾君静不值。又至陆涑文处,亦不值。又至杨咏叟处久谭,至下午乃归。家人作面饼,与浦蟾香昆季、方子顺、颖侄等共享之。颖侄嗜此,其家不能作也。

二十九日己巳(12 月 12 日) 晴

旧藏宣炉二,投壶瓶一,五月初为偷儿攫去,邑侯郭汝雨闻之,责捕严缉,居然人赃并获。今日一炉先归,虽非珍异,然摩挲垂二十年矣,失而复得,心颇为喜,因焚炭实中,手布拂拭,以消清夜。

十一月丙子

朔日庚午(12 月 13 日) 晴

初二日辛未(12 月 14 日)　　晴

浦蟾香之子祝春孝廉来。

初三日壬申(12 月 15 日)　　阴,晨微雪即止,亭午复霰

写阿哥信,祝五旬寿诞,寄古书画、茗壶等四色。即发,交颖侄。

接子宪兄十月廿八日信。

初四日癸酉(12 月 16 日)　　晴

写实儿信,初五发,马递。吴挚甫、薛叔耘公信。附实信。下午朱菉卿来谭,并赠梁中大同年造象一帧,南朝造象甚希,此可珍也,其石在嘉兴石门李笙鱼嘉福。家。写子宪兄信。即发,信局。

初五日甲戌(12 月 17 日)　　晴

与南阳君、冯酥登南楼久坐,时窗牖新成,无风而延目甚远。写槐亭、六姊信,即发,信局。薛安林信。即发,信船。

初六日乙亥(12 月 18 日)　　晴

下午杨硕甫来,留此晡食。

初七日丙子(12 月 19 日)　　阴,大风,亭午开霁

写薛安林信。即发,信船。

接薛安林初五日信。

初八日丁丑(12 月 20 日)　　晴

早食毕,候郭汝雨不值。次候杨镜泉,其子少泉贺中副车之喜,少谭。又候杨书城不值。又候朱菉卿久谭。又访咏叟,并晤价人,久谭乃归。

接李眉生初四日信。

初九日戊寅(12月21日) 晴

写李眉生信。即发,信船。

初十日己卯(12月22日) 晴

赵次侯来谭,少顷郭汝雨来答候,以家祭谢客。亭午合祀先祖于祠堂,申刻尽礼成,与家人子侄馂。

接陈甥范初七日信。

十一日庚辰(12月23日) 晴,夜月甚朗

午后访曾君静久谭。写叔桓侄信。即发,信船。

接叔桓侄初八日信。

十二日辛巳(12月24日) 晴

早食后与颖侄、子顺同步市中,过抱芳阁书肆。

接李眉生初十日信。

十三日壬午(12月25日) 晴

写李眉生信,即发,信船。龚念匏信。同上。

十四日癸未(12月26日) 晴

写阿哥信加页。十△发,交长庚。

接子永十月廿七日信。

十五日甲申(12月27日) 晴

颖侄旋皖南,是夜行,相聚匝月,颇尽诚敬,余甥侄中不忘旧恩者如侄盖无其人,故于其去,甚觉怅怅,谈至三鼓尽乃下舟。

十六日乙酉(12月28日) 阴,大风寒

自望前天色暖甚如仲春,盆梅、园梅皆放。是日始有阴沍之象。

十七日丙戌(12 月 29 日)　　晴

下午朱蒉卿来久谭,晡食乃去。

接李甥女初十日信。

十八日丁亥(12 月 30 日)　　晴

写任筱沅信。即发,马递,托常熟县。实儿信,附任。不接儿信已月馀,闻其有疾,不胜焦灼,促令归也。写邓季垂信。即发,信船。薛安林信,寄洋五十三元。同上。迪甫叔自北旋里,偕子宪兄、叔桓侄来访,相见畅谭,二鼓始去。

十九日戊子(12 月 31 日)　　晴

早约迪叔、宪兄等来,同至肆中食羊肉面,殊不见佳。归至家复畅谈一日,下午设酌共饮,二鼓别去。叔桓家寒特甚,余前招之来,拟在此久住。写德生、通生两弟信。即发,交子宪。

二十日己丑(1880 年 1 月 1 日)　　晴

静渚新亭傍植丹桂一株、古柏一株。

二十一日庚寅(1 月 2 日)　　晴

常州古董客霍仲云来,得谢笏峰希怀。大横幅山水及直幅各一,又薛天爵大直幅山〈水〉,武丹大直幅绢本山水,毛师彬山水,皆雄宕有法。武丹,江宁人,见《画征录》。毛师彬,太仓人,见《太仓州志》。谢、薛皆吾里人,然里志未载,具此胜妙,遂并湮没,可叹也。又得旧拓《三坟记》一本,与夏间所得相伯仲。

二十二日辛卯(1 月 3 日)　　晴

二十三日壬辰(1 月 4 日)　　晴

写吴平斋信,寄《养一集》一部。即发,信船。李甥女信。即发,信局。

二十四日癸巳(1月5日) 晴

连日颇寒,池水胶结。晨起徐步阁道,如从镜面行也。

二十五日甲午(1月6日) 晴

写金鹭卿信,即发,信局。张芑堂信,即发,马递。方元翁信。附张。馆师浦蟾翁明日返里,下午治具为饯,邀杨咏春、书城、曾君静作陪。咏叟畏寒不至,作诗相谢。来客饮甚欢,二鼓散去。

二十六日乙未(1月7日) 晴,暖甚

蟾翁早行,送之登舟。写汤衣谷信,即发,信局。薛安林信,即发,信船。邓季垂信。同上。

接邓季垂廿五日信。又吴平斋△日信,寄来《三续疑年录》一部。

二十七日丙申(1月8日) 阴,微雨

赵价人来久谭。写子宪兄信。即发,信局。

二十八日丁酉(1月9日) 阴,风寒,傍晚雨雪

新亭成后,雪初积白,晡食毕,顶笠过溪桥,徘徊亭上。寒林不喧,冬山如卧,凭阑独坐,自谓今世无第二人好事如我者。

二十九日戊戌(1月10日) 阴

朱菉卿来谭,移时去。

接颖侄二十一日信,又李眉生廿六日信。

三十日己亥(1月11日) 阴,夜雪

写李眉生信,寄赠《养一先生集》一部。即发,信船。

十二月丁丑

朔日庚子(1 月 12 日)　阴

晨起,楼亭、小桥皆有积雪寸许,少顷尽化。早食毕访曾君静、杨书城,皆谭移刻。答访赵价人不值。又访朱菉卿久谭。又访杨咏叟久谭,并晤魏葆卿[①]。

初二日辛丑(1 月 13 日)　阴,下午细雨

无锡人华姓持古董来售,得桂未谷分书直幅,严净可法,余访求盖久,至此始获一帧。又方环山山水中幅,又龚恬伯文熙,半千之子。山水条屏六幅,徐坛长、用锡。周山茨升桓。字条各二幅,皆妙品,价亦极廉。下午邑侯郭汝雨来候,谭良久去。写实儿信。即发,交杨书城寄。

接子宪兄十一月廿六日信。

初三日壬寅(1 月 14 日)　阴

初四日癸卯(1 月 15 日)　阴

初五日甲辰(1 月 16 日)　阴雨

初六日乙巳(1 月 17 日)　晴,甚温和

是日复于华姓手中得初拓秦氏端石本《九成宫醴泉铭》,其佳处直掩后拓之真本而上之,亦可重也。

初七日丙午(1 月 18 日)　雨

写子宪兄信。即发,信船。

---

① 晤,稿本作"遇"。

题王椒生景寿，山阴人照

水声潺潺松礌砢，弄琴者士心槃阿。松色苍苍水澄绿，心在槃阿身在俗。山阴王君今妙才，读书读律能兼该。歌吟萧寥动群籁，图画窈窕同天开。揭来下邑赞神治，洪育民物咸康哉。汤生我友夙所好，曾播风诗诵高蹈。人生命意各有方，尺幅传神若相告。丹青变化出不穷，安知我笔非天工。由来雅俗不在境，但论趋向谁当同。静溪之桥月如水，静渚之亭雪可俟。何时为我貌家山，请用斯篇作嚆矢。

初八日丁未(1月19日) 阴雨

初九日戊申(1月20日) 阴雨

接邓公武十一月十六日信，又邓季垂初八日信，又李甥钟骏初六日信。

初十日己酉(1月21日) 阴，风寒，下午雪

写高碧湄信。即发，信船。邓公武信。附季垂。邓季垂信，寄还《九成宫》。即发，信船。

十一日庚戌(1月22日) 雪

写阿哥信，寄出扇面一个。子颖侄信。即发，信局。魏般仲信。十五发，信局。

十二日辛亥(1月23日) 晴，天色暄和

自前月杪雨雪连绵，而是日为余建内楼开工吉期，适遇晴霁，日光杲杲，气象甚佳。凌晨地师秦元斋来定向线，午刻开工，先祠堂，次内楼，次书厅，次照墙，均破土动夯筑脚。写子宪兄信，以托购木促之也。即发，信局。李甥信，寄洋银两元。同发。午刻内楼开工动土。写德生、通生两弟信，属修里中先茔也。即发，信局。

接德生、通生两弟初五日信。

十三日壬子(1 月 24 日)　阴,夜大雪

常州购到木植二百二十支,即日起岸。早食后答候邑侯郭汝雨久谭。次候邓雨亭协镇,□□人,以余家香炉窃去为所得,兹送还,故谢之也。不值。次至曾君静处,不值。

十四日癸丑(1 月 25 日)　阴,午间雪,甚寒

早食毕访陆涑文,并遇魏葆卿久谭。次访赵次侯北郭门外,川原浩白,千林皆皭,舆中观之甚乐。次侯处并遇三峰主僧药龛。少刻僧去,复久谭。以宋拓《麻姑仙坛记》、明拓思古斋《黄庭》等属作跋。次访杨濠叟,亦久谭乃归。家人于雪亭治酒共赏,饮次接实儿书,在保定平安,盖不得家报已两匝月,阅之全家欢,剧饮至醉乃已。写子宪兄信,寄木植价爴银三百饼。即发,信局。

接实儿十月十六日信,又子宪兄初十日信,又周甥女十三日信。

十五日甲寅(1 月 26 日)　晴

写实儿信。即发,信局。槐亭、六姊信。即发,交德同寄。子宪兄信,寄去高丽参二两、阿胶一块。即发,信局。吴平斋信。即发,信船。薛安林信。同上。邓季垂信。同上。

十六日乙卯(1 月 27 日)　晴

陆云生同蔡理亭来访,久谭。

十七日丙辰(1 月 28 日)　阴

闻方元徵师于前月廿六下世,得年六十四。忆幼年从学之事,为之怅然。

十八日丁巳(1 月 29 日)　阴

祠堂、内楼木料是日始按丈尺解定,余冒寒雨亲督工师选择之。

十九日戊午(1月30日) 阴

接迪甫叔十三日信,又子宪兄十五日信。

二十日己未(1月31日) 阴

子永婿归自贵池。

接实儿十一月二十九日来禀。

二十一日庚申(2月1日) 阴,微雨

写子宪兄信,即发,信局。张楚生信。同上。是日书厅先期上梁,以来岁向方于远心堂不甚合,故循俗例搘木架梁以应吉期。方迄事,或持珊瑚帽顶来售,因取之为儿孙发谶。是日又于静渚西南陬造小桥一道。曾君静来久谭。祠堂、内楼、书厅木料解定均毕,用木二百八支,值洋银五百饼。

接李甥二十日信,又吴平斋十八日信。

二十二日辛酉(2月2日) 阴

写子可信,唁元翁之丧。即发,交子永。又吴平斋信,寄刻石印润笔一番。即发,信船。是日常州人霍某复持一珊瑚帽顶一来,亦内之,不期而集,可为大吉之兆。

接周再甥荄△日信。

二十三日壬戌(2月3日) 阴,微雨

傍晚祀灶如故事。

接魏般仲二十日信,又李眉生廿二日信。

二十四日癸亥(2月4日) 阴雨,寒

写李眉生信,寄赠《三坟记》一册。即发,信船。又周再甥信。同发。

接实儿初六日信。

二十五日甲子(2 月 5 日)　　阴

晨起与家众供佛。傍晚朱隶卿来谭。

二十六日乙丑(2 月 6 日)　　阴

晨起与家众报祀诸神。下午饮福。

二十七日丙寅(2 月 7 日)　　阴

接通生弟廿一日信。

二十八日丁卯(2 月 8 日)　　晨霁,下午复阴

以田租八十石充两家粥饭,为两廪于院。

接邓季垂廿七日信。

二十九日戊辰(2 月 9 日)　　阴,下午开霁

以田租供食之馀百三十石为一大廪于仓屋之外,下午毕。入率家人奠献先祖,称贺如故事。

光绪六年（1880） 太岁庚辰，余年四十有九

正月戊寅

元旦己巳（2月10日） 晴，下午阴

黎明起，率家人拜天，拜先圣孔子，拜十方如来，拜灶，拜先祖并献早食毕，诣方氏，拜其祖归，家人称贺。早食毕，设奠于曾文正之像。午奠、晚奠于先祖如故事。

初二日庚午（2月11日） 阴，午有日

晨起献食于先祖。陆涑文、曾君静来贺，少坐去。亭午出贺年数处即归。家人贺余诞日。晚奠于先祖。

初三日辛未（2月12日） 晴

晨起献食于先祖。午奠毕，撤神影如故事。杨少泉来贺。

初四日壬申（2月13日） 阴

杨书城来贺，少坐。客去余亦出贺岁，晤赵价人、杨咏春，馀皆不晤。朱菉卿来贺久谭。夜延邻居平孚吉及曹镜涵、杨少泉、浦仲仙饮。初鼓散。

初五日癸酉（2月14日） 晴，旋复阴

初六日甲戌（2月15日） 晴

初七日乙亥(2月16日) 晴,旋阴

浦仲仙归其家。写子宪兄信。初九发,信局。德生、通生两弟信,寄修三堡桥坟茔工值十六银饼。初九发,附宪。

初八日丙子(2月17日) 阴,夜雨

初九日丁丑(2月18日) 雨

写邓季垂信,即发,信船。邓熙之信。附发。李眉生信,寄去杨对。即发,信船。

接阿哥五年十二月二十日信,又张楚生初五日信。

初十日戊寅(2月19日) 雨

早食后访曾君静问疾,久谭。答访陆云生不值。又访朱蓂卿久谭。下午杨咏公来久谭。

十一日己卯(2月20日) 阴雨,夜大雪

十二日庚辰(2月21日) 阴

邓伯紫之婿恽叔愚宝善。自里门来候,留晡食,晚食后去。

接颖侄五年十二月初一日信,又子宪兄初七日信。

十三日辛巳(2月22日) 晴

答候恽叔愚不值。下午赵次侯来。午刻恽叔愚来,至晚别去。

接六姊初二日信。

十四日壬午(2月23日) 晴

下午张楚生自里门来候,留榻。初鼓时率儿婿等至邑神庙阅灯。

十五日癸未(2月24日) 晴,夜雨

夜馈元宵于先祖。

接任群伯△年△月△日信。

十六日甲申(2月25日)　阴雨

接邓季垂△△日信。

十七日乙酉(2月26日)　雨

写子宪兄信。即发,来足。夜薛安林至虞监工作也。

接子宪兄十四日信。

十八日丙戌(2月27日)　阴

接槐亭十四日信,又金鹭卿十三日信。

十九日丁亥(2月28日)　晴

二十日戊子(2月29日)　晴

二十一日己丑(3月1日)　晴

二十二日庚寅(3月2日)　晴

二十三日辛卯(3月3日)　晴

二十四日壬辰(3月4日)　晴

子永婿赴馆贵池,子顺赴试阳湖,均是日行。

接李眉生二十三日信。

二十五日癸巳(3月5日)　晴

下午王椒生、朱莱卿来访,留晡食后乃去。

二十六日甲午(3月6日)　晴

建大镜于南亭,为溪山写照。

二十七日乙未(3月7日)　雨

写邓季垂信。即发,信船。浦仲仙来。

二十八日丙申(3月8日) 晴

写吕定之信。即发,信船。浦蟾香信。同上。李眉生信。同上。

接于竹虚廿五日信。

二十九日丁酉(3月9日) 晴

遣浦仲仙至上海购楼板料。

三十日戊戌(3月10日) 晴,下午阴,始闻雷

朱藁卿同其弟萼卿来访,久谭。

接吕定之二十九日信。

二月己卯

朔日己亥(3月11日) 晴

大门改换石楣槛柱,是日先卸旧石,又书厅树立。寅正即起,督佣仆、工徒于卯刻动土,未刻安槛,书厅卯刻树柱,未刻上梁。厅三楹,后有退坐一楹,四周梅、竹、早桂已茂。余江湖三十年,有此足以娱老矣。

接子顺廿九日信。

初二日庚子(3月12日) 晴

写阿哥信,即发,信局。颖侄信。附发。

初三日辛丑(3月13日) 晴,暖甚,至不能衣棉。傍晚大风雷雨

初四日壬寅(3月14日) 晴

初五日癸卯(3月15日) 晴

初六日甲辰(3月16日)　晴

接方子可表侄正月初十日信,告丧也。又金力甫、金小眉△日信,请为其先人选阅诗文也。

初七日乙巳(3月17日)　晴

静圃门外为屏墙成。

初八日丙午(3月18日)　晴,暖甚。夜大风震雷澍雨

初九日丁未(3月19日)　阴,甚寒。视昨气候无翅数月之异

写实儿信。十七发,信局。金力甫信、金小眉信。即日发,信局。

初十日戊申(3月20日)　晴,春分

合祀先祖,以馂馀觞安林、叔桓等。

十一日己酉(3月21日)　晴

十二日庚戌(3月22日)　晴

接张楚生初八日信。

十三日辛亥(3月23日)　晴

是日祠堂及大楼、大门、内门同于卯时树柱,未时上梁。寅初即起,督家众、工徒兴作。先大门,次内门,次祠堂,次大楼,以次立柱。旭日初升,朝霞五色,正当楼屋之上。气象和淑,佳兆可知。午刻敬谢司工中霤门神,率子孙行礼。未刻循前序以次上梁安妥,率子孙行礼送神,合家称贺。与南阳君率子孙饮福。曾君静来,久谭乃去。

十四日壬子(3月24日)　晴

与安林登山至东岳庙、辛峰亭、白衣庵诸处。顾视家园楼堂雄峻,亭榭曲折。自余居此十六年,于兹遂成名胜,地之幸亦人之幸也。浦仲仙来自上海。

接邓季垂十二日信。

十五日癸丑(3月25日) 晴

是暮安林返苏。

接汤存甫衣谷之弟,向不识之。△日信。

十六日甲寅(3月26日) 晴

植大桂于新书堂之南,与旧植者共五桂。写衣谷信,即发,信局。汤存甫信,同上。张楚生信,同上。子顺信。附张。

接子永初六日信。

十七日乙卯(3月27日) 晴

写实儿信加页,即发,信局。季垂信。即发,信船。

十八日丙辰(3月28日) 晴

十九日丁巳(3月29日) 晴

二十日戊午(3月30日) 晴

王椒生来久谭。

二十一日己未(3月31日) 晴

廖季仙来访久谭并相宅。

接实儿十三日来禀,在天津发。

二十二日庚申(4月1日) 晴

二十三日辛酉(4月2日) 晴,午间微雨

赵次侯来久谭。写阿哥信,即发,信局。子宪兄信。同上。陆涑文来候久谭。

二十四日壬戌(4月3日) 晴

候赵次侯,贺其子入学,并晤价人及徐翰卿苏州人,徐子晋之子。

久谭。答候廖季仙,并晤杨滨石。又候咏叟,贺其得孙,久谭。答候王椒生,并候昭文邑侯陈钧堂久谭。又候曹镜涵、杨书城,皆以其子入学作贺,均不晤。候朱菉卿久谭乃归。

二十五日癸亥(4月4日)　晴,清明节

南阳君微恙已愈,偕入园赏玩,坐南亭甚久。徐翰卿来访,持《曶鼎铭》来售,龚孝拱物也,审系赝作,却之。

接般仲二十日信。

二十六日甲子(4月5日)　雨

午赴次侯之招,同座杨咏春、庞昆圃、季君梅、张雨生、徐翰卿及主人昆季,下午散归。是日于徐翰卿处得唐李勣、李光颜、甘露坛三碑,皆旧拓,亦皆孝拱之物,往年曾给价者。写魏般仲信。即发,信局。

二十七日乙丑(4月6日)　阴雨

二十八日丙寅(4月7日)　阴,午间开霁,夜大雨

昭文邑侯陈钧堂来候,久谭。下午至咏春处长谭,遂赴陈钧堂之招,座客甚夥,识者为庞昆圃、曾伯伟、赵价人、陆涑文、叶翥云、翁菉卿诸人。二鼓散归。

二十九日丁卯(4月8日)　雨

三月庚辰

朔日戊辰(4月9日)　雨

雪亭之西改建石桥,凿整石为之,微偻而曲,名之曰弓腰桥,于是日成。

接子宪兄二月廿六日信，属代撰金逸亭行述。

初二日己巳(4月10日) 雨

撰金逸亭行述，代其家作也。写子宪兄信，初三发，交来足。张楚生信。附发。

接实儿二月十八日信。

初三日庚午(4月11日) 晴

朱菉卿、王椒生约游虞山，以地主故，为雇舆具馔。巳刻小舟先至，朱后至，王载两君到北门外坐舆，赴兴福、连珠洞、三峰游历。山色雨后益润，颇闻水声潺潺。停舆三峰，食于僧舍，遂过剑门而归，已上灯矣。留饮至初鼓尽客始去，余乏甚，归卧。

接金力甫、小眉二月△△日信。

初四日辛未(4月12日) 晴

接阿哥二月廿三日信，寄墨四匣，又自画箑。兄素不工绘事，甫学即成，洵乎贤者，不可测矣。又方子顺初一日信，又张楚生△△日信。

初五日壬申(4月13日) 晴。连日春寒特甚，尚须衣皮

初六日癸酉(4月14日) 晴，下午雨

雷震初总戎来候，久谭。长沙人，署福山镇，咸丰初在文正南康府水师营充哨长。赴次侯招饮，同座华迪秋、李升兰、杨咏春、赵价人。

初七日甲戌(4月15日) 阴

晨答候雷震初，久谭。下午雇舟赴苏郡，傍晚解维，夜三鼓泊吴塔。

接通生弟初三日信，又阿哥二月廿四日信。

初八日乙亥(4月16日) 晴

早至陆墓小泊。午到齐门，访季垂久谭。到护龙街阅市，得桂

未谷字一帧,与去冬所得为同时书,本四帧,梁溪某家物,零落存二帧,先后归余,亦异也。道逢安林,共食于肆,下午归,在安林家息足。下舟,季垂至,久谭去,去后复来,又谭良久。

初九日丙子(4 月 17 日)　晴

放舟阊门山塘,买山茶三株、杜鹃四株、金松一株、金钱松一株、海棠一株、翠柏一株。舟入阊门,安林候我于市中,同至剧场观剧。安林以事去。忽遇吕定之、庄耀采、费幼亭及钟茗生,海盐人,今居常州。同坐至剧散,又同茗,又晤陈丽生。定之赴官直隶,明日即行。耀采同陈丽生来,方欲见访余于虞山,舟正与余同泊。茗毕,遂偕庄、陈至舟,谭移时,约后日齐门相候而别。

初十日丁丑(4 月 18 日)　晴

晨移舟胥门,至碑肆裱碑,又访龚念匏,闻孝拱两妾皆去,理故业独老妾与其次子慎甫,居念匏家。余欲唁慎甫,闻已病痴不识人,为之怅然。念匏属余葺订孝叟遗书,许之。午刻移舟葑门,访李眉生久谭。以水拓《瘗鹤铭》,康熙间物,有覃溪跋字者。又《雁塔圣教》,明拓,“治”字未损者,易余思古斋《黄庭经》,诺之。后未易成。别出到周处少坐,返舟。

十一日戊寅(4 月 19 日)　晴

午前借肩舆候客,高碧湄、任毓华、吴平斋、杨伯辛、费幼亭五家,独费未值。返至李眉生处久谭,借得王石谷山水册八页,为此老极作,挟下舟展阅,不能舍。遂放舟齐门,过季垂匆匆一谭。出齐门觅庄、陈舟,遇之,同到陆墓泊。

十二日己卯(4 月 20 日)　阴,小雨

晨发,巳过吴塔,未初到家。庄、陈两人舟傍晚方至,来候。晚

食毕，二鼓去。

接实儿二月廿九日信。

十三日庚辰(4月21日) 明，微雨，夜月甚皎

棹小舟答候庄耀采、陈丽生于其舟，同归静圃。下午邀杨咏春、滨石、书城来陪庄、陈饮，二鼓散。

十四日辛巳(4月22日) 阴，大风，微雨

早食毕，庄、陈两人至，同访书城，遂过咏老。是日三杨公酌庄、陈，座客又有赵价人，二鼓散归。

接六姊△日信。

十五日壬午(4月23日) 晴

耀采、丽生欲游虞山，来静圃早食毕，赁山舆同出西门，登拂水岩，坐观良久。顺至三峰寺，食僧舍，下午过兴福而归。庄、陈至咏老所，二鼓仍来，话别即去。

十六日癸未(4月24日) 晴

十七日甲申(4月25日) 晴

十八日乙酉(4月26日) 晴

王椒生来访久谭。

十九日丙戌(4月27日) 阴，大风

写阿哥信。即发，信局。李眉生信，寄去颍井《黄庭》一本。即发，信船。秾女及全孙、芝孙种牛痘，医者陈柳门会榜，丹徒人。来为点浆。

二十日丁亥(4月28日) 晴，夜雨

目眚数日，稍愈。同南阳孺人、侍者冯酥登南楼眺览风日，良久乃罢。

二十一日戊子(4 月 29 日)　晴

写子宪兄信,寄还木价等二百廿八元零。九叔信,寄去津贴六元。子顺信,寄考费十元。即发,专足。叔桓侄旋苏。

二十二日己丑(4 月 30 日)　晴

二十三日庚寅(5 月 1 日)　晴

目眚复甚。

二十四日辛卯(5 月 2 日)　晴

痘医陈柳门来。

接李眉生廿一日信。

二十五日壬辰(5 月 3 日)　晴

二十六日癸巳(5 月 4 日)　晴

二十七日甲午(5 月 5 日)　晴。立夏

接九叔二十四日信,又子顺二十四日信。

二十八日乙未(5 月 6 日)　晴

二十九日丙申(5 月 7 日)　晴

价人、次侯招初二日饮,以目眚谢。

三十日丁酉(5 月 8 日)　晴

四月辛巳

朔日戊戌(5 月 9 日)　晴

接陈丽生三月廿七日信,寄来书若干种,内《三字经诂训》、《千

字文释义》、《百家姓考据》,著作如此,竟灾梨枣,可发一噱。

初二日己亥(5月10日) 阴

初三日庚子(5月11日) 晴

写任毓华信。即发,信船。

接任筱沅三月十一日信,又任毓华初一日信。

初四日辛丑(5月12日) 阴

张纯卿来访,以目眚未出。写邓季垂信,寄墨三定。即发,信船。

初五日壬寅(5月13日) 阴

朱菉卿来访,久谭。

初六日癸卯(5月14日) 阴雨

刘玉山广兴,〈山东〉寿张人,拳师。二十年前在弢甫处识之。自金陵来访,说疯话一日,道其师李清风,扬州人,乃三教圣人下凡,力劝余舍俗修行,同往拜谒。又云圣人以水火木金土为运,伏羲水,文王火,周公木,孔子金。余问谁当土运,笑而不言,意在其师。荒诞可笑如此。

接阿哥三月廿六日信,又子宪初三日信,又周甥女初四日信。

初七日甲辰(5月15日) 雨

刘玉山襆被而至,欲住此与余谭道,牛鬼蛇神,纷纭满耳,可谓巡检打弓兵,无理取闹已。写金鹭卿信。即发,信局。

初八日乙巳(5月16日) 晴

刘玉山言其师之师周姓,池州人,乾隆壬辰生,道光壬辰死,住世六十载,实应土运。圣人继周、孔之后,其弟子视孔门三千又过之。少时访道至河南少林寺,遇闽人韩子玉为湘子后身,乃道教中之圣人。又江西人陈少华为释教中之圣人。周时未明道,遂执贽二人门下,迨后修证日久,得儒教宗旨,继周、孔之席,韩、陈自以为道不及,反请受业。周乃自著《易经》若干卷,道光二年书成,故上天垂象,是年四月初二日月合璧,五星联珠,盖其瑞应也。语恢诡至此,与谭三日,可当阅《齐谐》一部。下午辞去,临别犹谆谆劝余访道,虽径路舛错,用心则不可谓不诚也。

初九日丙午(5 月 17 日)　晴

初十日丁未(5 月 18 日)　晴

曹镜函来谭。是日内祠告成,为联一首。

祠堂联:

僾乎见,忾乎闻,岂陈俎载牲,遂云来格;

属于毛,离于里,非修身慎行,何以飨亲。

十一日戊申(5 月 19 日)　晴

赵次侯来久谭。朱蓂卿来久谭。

十二日己酉(5 月 20 日)　晴

率宽儿泛扫内祠,择明日庚戌未时恭请先祖神主入祠。自庚申避乱,主椟未能随行,甲子年始为柏木匣五,匣藏一世之主,历久未能更制。今家祠告成,主椟亦具,私心为之稍安。余又以今祠之西楹为长女柔殉夫自缢之地,闵其惨殁,拟为设位于祠之西壁,凡有事,此祠皆附祭之。今祔廉访公座旁,吾殁之后,祔吾座旁,至吾亲尽,祧迁而后毁。记此告子孙知之。

十三日庚戌(5 月 21 日)　晴

未刻恭奉太原府君以下神主入祠,荐糖餈,率合家瞻拜成礼,晚张灯三日以庆新居。

十四日辛亥(5月22日) 晴

亡妾李纤之母何氏及其弟来,纤殁已十年,久告其家知之。此来盖欲求助,顾念夙好,当量给之。其弟颇安详,可以成家,亦可喜也。

十五日壬子(5月23日) 晴

以番银五十饼助李姬家,遣之去。写子顺信。即发,信船。薛安林信,寄去洋百元,新居置备家具也。同上。法帖店信,寄去裱价洋三元。同上。

接魏般仲十一日信。

十六日癸丑(5月24日) 晴

陈莘农志铨,由苏奉差来虞。来候,久谭。晡食后答候陈莘农不值。次候叶翥云,以张楚生家田事涉讼,渠为照料故也。谭次陈莘农亦至,又少谭出。次访朱菉卿、曾君静,皆不值,遂归。

接阿哥初七日信。

十七日甲寅(5月25日) 晴

陈钧堂来候,久谭。

接子宪兄十四日信,又邓季垂十五日信。

十八日乙卯(5月26日) 晴

朱菉卿来久谭,写实儿信半封。

接叔桓侄十六日信。

十九日丙辰(5月27日) 雨

写实儿信半封。即发,信局。闻陈甥鼎会榜获隽,殊可喜也。

接金鹭卿十七日信。

二十日丁巳(5月28日)　晴

候郭汝雨邑侯久谭。候曾君静不值。候杨书城,贺其子政甫中进士之喜,久谭。答候陈钧堂邑侯久谭。候杨咏春久谭,至下午乃归。

二十一日戊午(5月29日)　晴

二十二日己未(5月30日)　阴,风,微雨

北楼下装修告成,以古忌五月移居,遂卜明日庚辰入居之,遂以为大寝,取汉器刻辞颜之曰"温卧"。

二十三日庚申(5月31日)　阴晴相间

晨起督家众洒扫房室,未刻偕南阳君入居北楼下之西房,实儿妇与诸孙居东房,冯姬留居西楼。余筑静圃以来,至此凡有堂楼房室亭榭八十馀间,北楼上下共十八间,深邃以宽,高明而爽,居室之美,士夫家有此,已愈恒之福矣。但愿居此者念创业之不易,修身慎行,以答天休,庶几永永,以保守之,岂不美哉!

二十四日辛酉(6月1日)　晴

郭汝雨邑侯来答候,久谭。叶翥云来答候,久谭。

二十五日壬戌(6月2日)　晴

二十六日癸亥(6月3日)　晴

二十七日甲子(6月4日)　晴

二十八日乙丑(6月5日)　阴,微雨

二十九日丙寅(6月6日)　阴,微雨

三十日丁卯(6月7日)　晴

下午曾君静来访。

五月壬午

朔日戊辰(6月8日) 晴

王椒生来访久谭。写魏般仲信。即发,信局。

初二日己巳(6月9日) 晴

写槐亭、六姊信,贺鼎甥发甲之喜。即发,交德。写金鹭卿信。即发,信局。

初三日庚午(6月10日) 晴

初四日辛未(6月11日) 晴

写阿哥信,寄对一付,即发,信局。颖侄信。附发。沅浦中丞信,即发,附任。任筱沅信。即发。

初五日壬申(6月12日) 晴。天中节

与家人祀先后称贺如故事。

初六日癸酉(6月13日) 阴

接实儿四月廿一日信。

初七日甲戌(6月14日) 阴雨

初八日乙亥(6月15日) 晴

不雨日久,河池半涸,昨甫云合,暂雨辄止,旱象殊可忧也。苏属地多生毛,状类人发,余咸丰初曾见之,较壮大,盖亦兵荒之兆。

接实儿四月十八日信。

初九日丙子(6月16日) 晴

早食后访曾君静久谭。访朱菉卿、赵价人不值。访次侯并晤价

人,久谭乃归。闻浙省遍地皆出促织,夏行秋令,未知主何事,归询内子,云咸丰六年亦然,是年大旱,塘河干断,然则亦主旱耳。写李眉生信。即发,信船。

接金力甫、小眉初六日信,寄到眉老遗集,属删定。

初十日丁丑(6月17日)　晴,午间大雨,未久辄止

十一日戊寅(6月18日)　晴

十二日己卯(6月19日)　晴

候郭汝雨邑侯久谭。

接六姊初三日信,又金鹭卿初十日信。

十三日庚辰(6月20日)　阴,旋霁

十四日辛巳(6月21日)　晴。夏至节

恭祀先祖于新祠,庭宇翼翼,步趋有容,庶于礼制稍称矣。晡与家人饮福。

十五日壬午(6月22日)　晴,夜微雨

早食后候郭汝雨不值,以俗事相烦,既成往谢也。

十六日癸未(6月23日)　阴

静安楼木工告竣。写金力甫、小眉信。即发,信局。

十七日甲申(6月24日)　阴

十八日乙酉(6月25日)　晴

十九日丙戌(6月26日)　晴

傍午候郭汝雨明府,其生朝往贺也,不晤。叶云伯协戎来候,不晤。

二十日丁亥(6月27日) 晴

答候叶芸伯久谭。候朱菉卿不值。候杨书城少谭。

二十一日戊子(6月28日) 晴

池荷盛开,与南阳君、冯姬临池上早食。

接六姊十六日信,又槐亭同日信。

二十二日己丑(6月29日) 晴

二十三日庚寅(6月30日) 阴

赵价人来候,久谭。

二十四日辛卯(7月1日) 阴雨作,复辍

二十五日壬辰(7月2日) 阴雨

雷震初镇帅来候,久谭。里人霍生来。曾君静来久谭。朱菉卿来久谭。

接张楚生△△日信。

二十六日癸巳(7月3日) 晴,夜雨

早食毕答候雷震初不值。候季君梅不值。至咏叟处久谭。至曾君静处久谭。

二十七日甲午(7月4日) 大雨三时将尽,农田焦涸至此始获甘澍

辰刻至曾君静处,公分邀雷震初、叶芸伯饮,杨书城作陪,叶翥云亦来附分,至下午客去。适翁菉卿来,又少谭乃归。

二十八日乙未(7月5日) 阴雨

静安楼漆工告竣。黛语楼下为余之小寝,颜曰"乐卧"。重易罘罳,户牖亦毕工。是日冯姬移住延台下。

二十九日丙申(7 月 6 日)　阴

接子永△△日信,寄南阳君寿颂一首。

六月癸未

朔日丁酉(7 月 7 日)　阴

杨书城来谭。写张楚生信。即发,信局。

接雷震初△△日信。

初二日戊戌(7 月 8 日)　阴

季君梅来答候,久谭。

接魏般仲五月廿六日信。

八声甘州　静溪荷花盛开,招濠叟诸人来饮

仿名园高宴赏清歌,骤雨打新荷。赵松雪、卢疏斋会饮廉野云园中之万柳堂,歌姬解语花手持荷花送酒,歌元遗山所制《小圣乐》曲,即世传"骤雨打新荷"也。喜投簪倦客,题襟旧侣,共乐槃阿。谁把凌虚仙袂,一抹付烟波。绝似华清水,影落千娥。　欲寄无穷遐思,松雪《本事诗》:"谁知咫尺京都外,便有无穷千里思。"恨芳洲水隔,蘋末风多。倚青青蒲柳,秋至近如何。向鸥边、一尊相酹,怕惊飙,又飐绿云窝。君听取,丰华到眼,莫放轻过。

初三日己亥(7 月 9 日)　阴

初四日庚子(7 月 10 日)　晴

招濠叟及其弟书城、价人、次侯、君静来饮,辰巳间络绎至,是日谭饮甚乐,薄暮客始尽去。濠叟最服余词,自云阁笔不敢和,中心见好如此,亦可感也。

初五日辛丑(7月11日) 阴雨

梁溪华生以沈石田大幅远山乔松,又董香光山水,马江香花草狮狗共三画质洋银三十饼去。沈画奇伟苍秀,目不轻见,真可宝贵。董画亦的笔,但非绝诣耳。

初六日壬寅(7月12日) 凌晨大雷雨,雨遂竟日

下午招朱菉卿、王椒孙来饮观荷,晚乃去。

初七日癸卯(7月13日) 晴

郭汝雨微服过访,同坐静溪上观荷,因煮莲实供客,良久乃去。午后庞昆甫来访久谭。

初八日甲辰(7月14日) 晴,时有阵雨,凉爽如秋

明日南阳君五旬诞日,俗有暖寿之说,家人治酒肴汤饼,晨同饮于北亭。红莲千挺,敷荣向人,若来称祝,不翅群仙之集也。

接周甥女初六日信。

初九日乙巳(7月15日) 早晴,午后雨

晨起,与南阳君拜天礼佛及常祀灶神、先祖,祠毕受子孙贺。儿女辈召歌吹侑酒,故外人知之。曾君静来贺,却之不可。邑侯郭汝雨及馀人至者,皆未延接。晡食毕,命歌者至南亭度曲,坐北亭隔水听之,音节嘹亮,觉荷香柳色益增芳丽。南阳君归余室今三十四年,子孙女媳有十二人,惟长子实客游在外,馀皆环绕膝下。若于此亭更庆旬秩两三度,则人间备福莫是过矣。

接阿哥五月廿四日信,又邓兴宗季馨之子。五月初三日信。

初十日丙午(7月16日) 阴,夜大雨

王椒生来访。

十一日丁未(7月17日)　　晴

连日水长几三尺,农田沾足,可望有秋矣。早食毕出谢客,惟晤叶翥云、张纯卿、庞昆圃,各少谭。

十二日戊申(7月18日)　　晴

访曾君静、杨书城,均不值。至朱菉卿处久谭归。

十三日己酉(7月19日)　　晴

写邓树人、季垂信,寄夏季脩八元。即发,信船。周甥女信。同上。

十四日庚戌(7月20日)　　晴,时作雨势

接庄耀采初十日信,寄《新修武阳志》一部。又杨鹤峰△月△△日信,寄还《斗诗图卷》。

十五日辛亥(7月21日)　　雨

下午曾君静来访,久谭去。

十六日壬子(7月22日)　　阴

写子永信。即发,交其家。庄耀采信。廿二发,交便。杨鹤峰信。即发。

十七日癸丑(7月23日)　　阴雨

十八日甲寅(7月24日)　　晴雨不定

十九日乙卯(7月25日)　　晴雨不定

二十日丙辰(7月26日)　　晴

早食后率宽儿偕子顺、仲仙茗饮石梅某肆,遇冯质甫。又访曹镜涵不值。又访濠叟,留午饭,李升兰亦来,晡时各散。

二十一日丁巳(7月27日)　　晴

二十二日戊午(7月28日) 晴

二十三日己未(7月29日) 晴

赵次侯来访,久谭去。写李眉生信,寄雪沟瓜八十枚。即发,专足。

二十四日庚申(7月30日) 阴雨

黛语楼下装饰新成,五色相宣,金碧晃耀,余以为小寝,取汉器刻辞颜之曰"乐卧"。

二十五日辛酉(7月31日) 阴雨

东园书堂工毕,未有名,先题一联:

清泉碧嶂茂林,离世乐道者宜有;

诵读论议教诲,大雅宏达之所群。

二十六日壬戌(8月1日) 阴雨

率家人汛扫西院,东堂陈设几榻。

接周甥女廿五日信,又李眉生廿五日信。

二十七日癸亥(8月2日) 晴

接李甥女△△日信,送南阳君寿礼。

二十八日甲子(8月3日) 晴

静溪挺生瑞莲,一干双苞,状如丫髻。余见千叶,重台、四面诸异莲,皆种类使然,不足贵,惟常莲而变化出奇,斯足为贵。今岁今月为南阳君五十诞辰。所在有此佳祥,天其默相吾两人偕老林泉之兆也夫。

二十九日乙丑(8月4日) 晴

邓树人自苏州来,谭竟日,仍下舟宿。

接邓公武廿五日信,新自闽忧归抵苏也。

三十日丙寅(8月5日)　晴,下午阴雨

约邓树人来谭竟日,晚别去。

接通生弟廿七日信,新入泮来告也。

七月甲申

朔日丁卯(8月6日)　阴,大风,乍雨乍晴,凉如深秋

瑞莲已半开,惜值风雨,幸午后旋霁,右花舒十分之七,左花略吐。亟倩画手图之。

初二日戊辰(8月7日)　晴

莲开欲足,更为第二图。

接子永三月廿一日信,又陈甥伯商六月十九日信,又庄耀采六月廿七日信。

初三日己巳(8月8日)　晴

莲开甚足,为第三图。写邓公武信。即发,信船。

初四日庚午(8月9日)　晴

是日入学吉日,与次儿各抱所业,同至书堂,愿吾子孙学习圣道,逍遥艺林,一脉相传,永永无绝。真州僧静安上人持书来访,久谭。留榻南亭下。此僧于净门颇能笃信,宗旨亦微有见地,末教中为罕觏矣。莲开欲〈卸〉,莲房尽见,为第四图。

接魏刚己△月△日信,推举静师来晤。

初五日辛未(8月10日)　阴

是日看金眉生遗集,为去取之,竟二册。

初六日壬申(8月11日) 晴

写李眉生信。即发,信船。又魏般仲信、慎甥女信。同上,信局。又六姊信,十六发,交德。伯商甥信。附发。又子永信。即发,交方处。

初七日癸酉(8月12日) 晴

静安僧返锡,晨起送之。

初八日甲戌(8月13日) 晴,颇炎热,有盛暑意

池莲复盛,并蒂莲双房同实,更命工图之。是夜月甚皎,与南阳君朝暮皆在池上。

初九日乙亥(8月14日) 五鼓骤雨,竟日秋风飒然,与昨迥别

写子宪兄信,即发,信局。寄洋银六元,托上九叔。又通生弟信。附发。庄耀采信。即发,交便。

初十日丙子(8月15日) 阴

题蒋文肃画萱花

秘殿说书清暇日,画作于康熙壬寅,乃六十一年,文肃方以学士充经筵讲官。岂同思妇恨漫漫。颇闻忧以先天下,莫共寻常草树看。

两疏功名满帝都,文肃在官以教养学生、疏导泉源两疏为最著名。拜恩常与北堂俱。文肃母最寿考,及见文肃官尚书,先文肃数年殁。生时数蒙世宗恩赍云。莫将馀艺觇生意,还识弥伦造化无。

戏题弯弓美人

慷髻啼眉出洞房,手弯弧矢御天狼。可怜金粉山河色,谩与人间作战场。

十一日丁丑(8月16日) 晴

十二日戊寅(8月17日)　晴

春夏间督兴土木,久废文翰,友生属书及题咏之件堆累盈几,作数日尚未毕也。

十三日己卯(8月18日)　晴,连日天令暄热,反甚于伏中

十四日庚辰(8月19日)　晴,傍晚大雨,旋霁

数夜月甚皎,与南阳君、冯姬赏玩于长桥上,必至戌亥间始入。

十五日辛巳(8月20日)　晴

早食〈毕〉答访朱蓂卿、王椒生,均久谭。次答访次侯,并晤价人,亦久谭。次至咏春家,少坐遂归。

十六日壬午(8月21日)　晴

长媳陈氏归宁父母于鄞县官署,率诸孙皆行,辰刻下舟。

十七日癸未(8月22日)　晴

删阅金眉生文稿。

接方子可六月三十日信,寄元师年谱稿属删定。

十八日甲申(8月23日)　晴

十九日乙酉(8月24日)　早晴,午大雨,旋止

二十日丙戌(8月25日)　晴

接阿哥十二日信。

二十一日丁亥(8月26日)　晴

写阿哥信。即发,信局。写颖侄信。即发,附张。张楚生信。即发,信局。写任筱沅信,贺其太夫人八十寿。廿三发,附家信。写实儿信。廿三发信局。

二十二日戊子(8月27日) 阴

阅《大藏一览》十卷。明万历间人陈实撰。其结构与《法苑珠林》大同小异，多列释门名相，复参以教典宗门，颇病其庞杂无绪，谓之"大乘一览"，近于夸矣。

二十三日己丑(8月28日) 雨

写实儿信加页。即发。

接子宪△△日信。

二十四日庚寅(8月29日) 雨

二十五日辛卯(8月30日) 雨

并蒂莲实告成，两苞共二十馀颗，与南阳君分食之。

二十六日壬辰(8月31日) 晴

朱菉卿来久谭。写邓公武信。即发，信船。

二十七日癸巳(9月1日) 阴

删定金眉生遗稿毕，约十存二三。写金力甫、小眉信，寄还眉翁遗稿八本。即发，信局。

二十八日甲午(9月2日) 晴

写邓季垂信。即发，信船。

二十九日乙未(9月3日) 晴

三十日丙申(9月4日) 晴

叶翥云来访久谭。曹镜涵来访久谭。写吴平斋信，寄新栗二篓。即发，信船。

八月乙酉

朔日丁酉(9月5日)　晴

写阿哥信,寄《裴岑碑》一纸,槟榔叶扇一柄。即发,信局。子宪兄信。即发,信局。李眉生信,寄新栗两篓。即发,信船。张纯卿来访久谭,下午乃去。

初二日戊戌(9月6日)　晴

续纂《畿辅〈通〉志》金石门。

初三日己亥(9月7日)　阴晴相间,夜雨

下午朱菉卿来久谭。

初四日庚子(9月8日)　晴

初五日辛丑(9月9日)　阴,傍晚雨

写阿哥信。即发,信局。

接张楚生初一日信。

初六日壬寅(9月10日)　晴

曾君静来,持碑拓若干种见示。

接张楚生初三日信。

初七日癸卯(9月11日)　晴,午间大雨

初八日甲辰(9月12日)　晴

早食后答访曾君静不值。次访朱菉卿、叶翥云、张纯卿,各久谭。同纯卿访杨咏叟,顺过顾姓看字画,无足观。主人字润琴,前科孝廉也,少坐,遂至咏老家谈,际暮方归。

阅《三悟篇》三卷。明姚广孝著。上卷"星悟",言人之生各禀日月星宿之馀气,以人之生时晷刻推测,知宿何星,辨其吉凶,语多诡异。以星属人,如乘寅化斗之说,自古有之,第儒者勿言耳。中卷"穴悟",为堪舆家学,其言视俗术较精。下卷"心悟",言观人之法,颇有奥理。此书有抄本、刻本,称为《三悟秘书》。姚之学术大率不过如此,殆非赝托。后有阳明先生跋,自言得此书于某僧,僧得之金陵某寺井中。又云生平用兵,多得力此书。推评过当,则似乎凭藉以为重,恐非先生之笔耳。

初九日乙巳(9月13日) 晴,傍晚雨

写魏般仲信,寄新栗等。即发,信局。

初十日丙午(9月14日) 阴,时雨,夜月甚皎

赵次侯来久谭。写周甥家信,寄新栗及笋。即发,信船。薛安林信,寄新栗、皮蛋。同上。

接金小眉初三日信。

十一日丁未(9月15日) 晴

曾君静来久谭。

十二日戊申(9月16日) 晴

接颖侄初五日信,侄自去冬行后,至今尚逗遛杭州未归,余屡书责之,此函详言其不归之故,其处况亦殊可悯。

十三日己酉(9月17日) 晴

邓公武自苏州来,别已十年矣,谭话颇畅,即留榻东堂后室。

十四日庚戌(9月18日) 晴

十五日辛亥(9月19日) 晴。中秋节

自初十至今,每夜月光清朗,余归后数年秋中玩月,无如是之美满者。夜设酌觞公武及朱菉卿,以朱任满欲去故也。二鼓始散。

十六日壬子(9月20日)　晴

王椒生来久谭。

十七日癸丑(9月21日)　晴,日色蒸郁,暑气盛于夏时,夜大雨

是晚公武别去,即赴闽算交代。

十八日甲寅(9月22日)　阴,大风骤凉

患滞下,颇不适。

十九日乙卯(9月23日)　阴,大风寒,衣袷衣三四袭犹觉肌栗

秋分时祀,力疾行礼。写张楚生信。即发,信局。

接阿哥初七日信。

二十日丙辰(9月24日)　阴

二十一日丁巳(9月25日)　晴

得旧拓《半截碑》一册。

二十二日戊午(9月26日)　晴,风

写实儿信,即发,信局。阿哥信,同上。方子可信。即发,交子顺。

二十三日己未(9月27日)　阴

迪甫叔自常州来。

二十四日庚申(9月28日)　阴,午间雨

梁鸿翥昭文主簿。来候未晤。早食后候郭汝雨明府久谭。次候陈钧堂明府,并答候梁鸿翥主簿,均不晤。

二十五日辛酉(9月29日)　阴雨

二十六日壬戌(9月30日)　阴

迪甫叔欲久住余处,诺之,遂归取装。

二十七日癸亥(10月1日) 晴

接六姊二十一日信。

二十八日甲子(10月2日) 晴

郭汝雨来答候,久谭。张纯卿来访,久谭。赵元直自苏州来。

二十九日乙丑(10月3日) 晴

写六姊信、槐亭信。即发,信局。陈钧堂来答候,久谭,至傍晚乃去。杨政甫自都门归来候。赵元直来。

九月丙戌

朔日丙寅(10月4日) 阴

南阳君微患带下,而次女庄患时邪大剧,昏昏不知人,合家惶遽。早食后与浦仲仙到寺前街一走即归。下午朱菉卿来访,少谭去。

接阿哥八月二十日信。

初二日丁卯(10月5日) 阴

庄女病少瘳。杨调甫自都中归,来候。

初三日戊辰(10月6日) 阴

早食后答候杨政甫、调甫昆季,均未晤,晤其尊人书城,少谈。又候曾君表、君静兄弟,贺其母夫人寿,并晤赵价人、次侯、李升兰、杨政甫等,各少谭归。赵元直来。是夜庄女疾复大剧,盖前以时邪热甚,致昏不知人,服裴姓医疏表二剂,邪去正脱,复迷懵欲脱,自觉汗孔有气外泄,目直视不能旋转,手足筋挛抽搐,齿龂心忡,其势甚危,急嚼老山参少许哺之,及与桂圆五枚,始稍定。余至四鼓乃卧。

初四日己巳(10月7日) 晴,巳刻微雨,即霁

庄女服余安中补气之剂,神气渐复。下午裴医来,亦宗余意立方。叶芸伯副将、汤少愚守备来候,久坐乃去。

初五日庚午(10月8日) 晴

早食后候翁吉卿、庞蘧庵、新科庶常。季君梅、叶翥云、杨书城称贺。五家同日有事,翁、杨娶妇,叶嫁女,庞嫁妹,而庞氏之妹即杨氏之妇也。季为其尊人九十作冥寿,殆不当贺,然俗尚如此,余不敢矫。在庞家并晤庞昆甫,季家兼晤邑候郭汝雨及赵价人、陆涑文,叶家兼晤邑侯陈钧堂及曾君表,皆久谭。而至杨家兼晤杨滨石、鹤峰。鹤峰新自都门归,相见尤喜。滨石留看新人成礼,诺之,饭后乃归。庄女疾少定。

接吴平斋八月廿八日信,惠陆桴亭、陈确庵集合刻及铜拓十馀种。

初六日辛未(10月9日) 晴

初七日壬申(10月10日) 阴,夜雨

初八日癸酉(10月11日) 雨

写六姊信。即发,信局。邓季垂信。即发,信船。

初九日甲戌(10月12日) 晴,重九节

南阳君微恙未愈,独上延台,登高眺览良久。遂献糕于先祠。

接六姊初五日信,又周钧甫初六日信。

初十日乙亥(10月13日) 晴

下午杨鹤峰来候,久谭。

十一日丙子(10月14日) 晴

写张楚生信,即发,信局。薛安林信。即发,信船。早食后答候叶芸伯不值。次答候汤少愚少谭。次答候杨鹤峰久谭。遂至朱菉卿处,谭尤久。出示所著《笔乘》、《谭粹》二书,各十馀卷,引据浩博,间录所为诗文,亦清隽可诵,同辈中甚不多见。且余观其为丞尉已二十馀年不迁,此其中之所守必有过人处。年过半百,委顿颓唐,殊足悲耳。索余制赠楹帖,因为句云:"一官漠置等敝屣,万卷不厌真老饕。"盖实录云。次至叶翥云处少谭,又答访张纯卿不值,遂归。

十二日丁丑(10月15日) 晴

下午朱菉卿来久谭,晚乃去。

接阿哥初五日信,颖侄已返屯溪,可慰。

十三日戊寅(10月16日) 晴

十四日己卯(10月17日) 晴

早食后候邑侯陈钧堂,贺其子授室,少坐出。至杨咏叟处长谭,书城亦至。咏叟并招滨石太常来晤,遂共午食,下舂乃归。

十五日庚辰(10月18日) 晴

下午朱菉卿来访,少谭。

十六日辛巳(10月19日) 晴

写六姊信。即发,信局。

接六姊十一日信。

十七日壬午(10月20日) 晴

步访郭汝雨邑侯久谭,郭得代欲去,话别也。并遇赵价人。

十八日癸未(10月21日)　晴

陈钧堂邑侯招饮,不赴。

十九日甲申(10月22日)　晴

二十日乙酉(10月23日)　晴

写实儿信。即发,信局。

二十一日丙戌(10月24日)　晴

早食毕,候陈钧堂不晤。次至朱菉卿处少谭。次候潘幼南,文熊,邑人,进士,部曹。柔女之丧曾来吊,故识之。贺其续娶之喜,并晤赵价人等。

接实儿十四日信,天津所发,八日而至。伊在保定,五日以后发信七函均不到,邮递之可恨如此。又曾沅浦七月十二日信。

二十二日丁亥(10月25日)　晴

写实儿信,即发,信局。六姊信。同上。

接实儿六月二十九日信。

二十三日戊子(10月26日)　晴

下午朱菉卿来久谭。

接陈氏妇十九日信。

二十四日己丑(10月27日)　晴

二十五日庚寅(10月28日)　晴

迪甫叔自常州来,拟久居于此。

二十六日辛卯(10月29日)　晴

早食后入市中阅书肆,邀朱菉卿来同茗饮,良久乃归。

接邓季垂廿五日信。

二十七日壬辰(10月30日) 晴

写六姊信。即发,信局。

接六姊二十日信。

二十八日癸巳(10月31日) 晴

下午朱蓂卿来访,久谭。

二十九日甲午(11月1日) 晴

三十日乙未(11月2日) 晴

新邑侯龙镜帆景徽,广东人,举人。来候。

接张楚生△△日信,又周钧甫十五日信。

阅《医论》二卷。徐大椿著。立论以平实为主,间有心得,亦近于一知半解,而肤庸则十居五六。惟径路则颇分明,学者由此进趋,不至憧惶失措,其功已为不浅。若神明变化,戛戛独造,存乎其人,固不可一概责之也。廿六日记。

又《兰台轨范》八卷。同上。拢统引经,拢统列方,各家方书皆然,安用复作。果实心著书济世,当分病分症,博引经脉,明某病所以必见某症之故,然后每病之下分列古方,亦明辨所以用某药为对某症施治之故,庶几人人可学,人人可用,斯不朽之业矣。三十日记。

十月丁亥

朔日丙申(11月3日) 晴

自上月初八雨后,至今久晴,风炎日燥,当秋冬之时行春夏之令,致疾宜慎也。

早食后答候龙镜帆邑侯,久谭。下午张纯卿来谭。

初二日丁酉(11月4日)　薄阴

前邑侯郭汝雨来候辞行,少谭即去。下午王椒生来谭良久。

接实儿九月廿二日信。

初三日戊戌(11月5日)　阴

写实儿信。即发,信局。午间答候郭汝雨送行,不晤。答访张纯卿久谭。次至叶翥云处少坐。

初四日己亥(11月6日)　晴

写实儿信,即发,马封。张楚生信。即发,信局。

接伯厚嫂初三日信。

初五日庚子(11月7日)　晴。立冬

献羊酒于先祠如往年。候曾伯伟,贺其子纳室。

接颖侄九月廿六日信。

初六日辛丑(11月8日)　晴

张纯卿代购东洋日本国仿宋刻《千金方》、仿元本《千金翼》二书,价洋银十圆。写颖侄信。即发,信局。同里赵慰卿平衡,今居济宁,在北时晤面,联宗称侄。自浙来候,欲赴北谋事,求函也,谭良久去。写任筱沅信,吕定之信。均即发,交慰卿。夜答访赵慰卿少谭。

初七日壬寅(11月9日)　晴

初八日癸卯(11月10日)　晴

早至庞昆甫处,贺其子锡九续娶。午刻张纯卿携其子仲吕来访,少谭。

初九日甲辰(11月11日)　晴

子永自贵池解馆归。闻庄女疾亟,故早归。与子永、子顺昆季谭

甚畅。

初十日乙巳(11月12日) 晴

前月即欲为常、宜扫墓之行,以庄女疾甚不果,今幸治之已痊,遂定明日行。

十一日丙午(11月13日) 晴,大顺风

辰刻谒祠告行,巳刻登舟,午初解维。风利,申末抵齐门,泊舟旧处,访邓树人、季垂久谭。遣邀安林至,同至舟中,亦久谭。

十二日丁未(11月14日) 晴

安林早至,同食毕,赁叶舟送至玄妙观东上岸,省足力也。由观前至护龙街阅肆,买磁印色盒一具,乾隆窑,值番银二饼。倪米楼稻孙。隶书二幅,值番银一饼。仍棹原舟返。招叔桓侄至,问知新聘席氏女为室,明岁成礼,可喜也。写家信。即发,信船。

十三日戊申(11月15日) 晴

早移舟葑门,巳刻早食毕,登岸至周甥家。李、周、陈三甥女皆病,幸已渐瘳矣。谭良久。遂访眉生廉访,剧谭约数时,留其斋午饭。见示曾嗣侯来信及其奏疏、公牍、书函甚多。又出金石相订证,以水拓《瘗鹤铭》有覃溪题字。及明拓《雁塔圣教序记》海宁陈氏文海英澜阁藏本。易余宋拓越州石氏残《黄庭经》刻本,余甚不满,以交旧割爱畀之。下舟,未刻移棹胥门,步访碑贾顾云峰,得乾嘉时拓本《尹宙碑》又近今拓《延光残石》、《张猛龙碑》并阴侧、《太公望碑》并阴、《高贞碑》等五种,值洋银九饼。《尹宙》三,《延光》、《张猛龙》各二,《吕望》、《高贞》各一。又访朱篆卿,遇之,与谭于茗肆,并晤龚念匏之子定孙。傍晚下舟,夜阅曾侯信札等。

曾嗣侯使俄事

光绪六年正月初三日上谕:"一等毅勇侯、大理寺少卿曾纪泽,派为出使俄国钦差大臣。初七日皇太后懿旨:崇厚前奉命出使俄国,违训越权,经王大臣等会议治罪。曾纪泽此次前往,著将应办事件再行商办,以期妥协而重邦交。钦此。"

二月△日在英国伦敦都城奉到谕旨,旋见敬陈管见一疏,略云:崇厚与俄国所定约章,大约以分界、通商、偿款为三大宗。以臣愚见,重在分界,索回伊犁;其通商各事,酌量准驳;偿款则其小焉者也。云云。又片奏,俄国如不顺情理,可将索回伊犁一层缓议,按:此语出自中朝意旨。然可暂缓,而非径让。西洋各国每遇两国辨论争持未平,而又不欲轻于用兵,有布告各与国及所争论之国,谓某事姑从缓议。英人名此法曰"嘈噜太司特"。无论强横无理之国,见之即应将所议之事暂缓云云。

四月初四日,出使敕书与俄罗斯国国书由海道寄至伦敦。六月初三在伦敦奏报启程赴俄。初七离英,初八至法兰西都城守候,总理衙门奏定崇厚所议与俄国约章分别准驳节略,至望后始到。十九日离法,廿四日到俄罗斯国森比德堡都城。廿八日接钦差大臣印,廿九日往见俄国外部尚书格尔斯、前驻中国公使布策,辨论甚苦。格云:"贵大臣此来系久驻于此之公使,抑来商办事体?"曾云:"两国和好,大皇帝原派我久驻于此,而事体应须商办者,我亦有商办之权。"格云:"两国修约,原不强以必从,若未定议而遽治使人以重罪及即设兵纷纷欲战,乃从古未有之事,本国实在难堪。又边上交涉之案,贵国亦不肯办结。"曾答以"崇使有违训越权之罪,本国治以应得罪名,并非为贵国之故。今本国大皇帝因闻外间有治崇之罪关碍贵国体面之语,已奉旨赦免。至边上官民交涉各案亦经奏结。"格云:"前崇使所定之议,在此商议一年有馀,彼亦再三争论,并非一味听从。我因各为其主，并不怪彼，既已商酌平允，何须再议？”曾云：“本国因所定之约于本国难行，故大皇帝又遣我来与贵国熟商，庶彼此各得平允，均沾利益，亦不过再加数月，无须一年之久。”格云：“前约必须照办，无可商议。”曾云：“贵国竟不肯与我商议乎？”格云：“非是此说，但无可议耳。”曾云：“我奉大皇帝之命来贵国奉有国书，照各国之例必须朝见呈递。”格云“现在之事与寻常不同，容我奏明请旨”云云而散。

七月初三上总理衙门恭亲王及中堂等书略云：俄事开办伊始，该国狡谲难测，侥天之幸将来能全收伊犁，酌改商务，是为上了。如俄不受商量，我则全驳商务，缓索伊犁，是为中了。俄人不讲情理，竟开边衅，照各国旧章，使者例须出境，是为下了。刻惟祷祀以求无至下了而已。

初四日发行抵俄国接印谢恩折。十四日接俄外部照会，订于十七日未刻朝见俄君，呈递国书。十七日由寓所乘火车行五十里，至俄君现驻城外之萨尔斯克行宫，朝房候一时许，俄国署礼部尚书达微多福奉命设宴相待。未初引入，过正殿直至殿旁小阁，俄君当门而立，照西法朝见，行三鞠躬礼，手持国书交翻译官宣读，俄君受书，又照西礼致辞颂美，俄君答辞，礼毕退，俄君送出至殿廷，亲作英语问答数句，慰劳甚殷。既出，俄君在殿廷召见随往参赞等官。

十八日，再往晤外部格尔斯面议约章，改驳六条。格云：“如此是将从前之约全行驳了，我说句实话，所说我甚不合意也。”十九日备文照会俄国外部，申明约章改定六条，略云：第一条，伊犁之境必须全归中国，俄民所置之产或售与中国民人，或由中国公平给与官价，其愿属俄国之民，俟归交伊犁后查明，听其自便。第二条，塔尔巴哈台、喀什噶尔二处，均有旧界，应照旧分境，如小有出入，两国各派大臣会同勘明，实有不便之处，彼此相让。第三条，许在嘉峪关设口通商,并在尼布楚、科布多二地添开两条行走之路。第四条,增设领事,先只增嘉峪关一处,俟通商既久,再行酌量增设。第五条,哈密、古城、巴里坤三城,止能许其指定一处为堆货之地。第六条,嘉峪关外天山南北路通商贸易不能免税。

廿三日,俄外部来文云"改定约章,不能如此办理。本国因贵国将西边各案办结,尚为和好之据,是以原定约章不强贵国概行照办。惟贵国头等钦差全权大臣所定之约,贵国视之不足为重,现欲再行商议,惟有于贵国国家耳目之前商办,则贵国自必任其责成也。本国钦差已奉命前往,如贵国意见尚副本国所望,各案业经办结,当据此美意,和中商办"云云。

廿四日奏呈递国书情形折,又备文照会俄国外部,辩驳来文之语及询赴北京议事公使官阶、姓名。

以上皆据曾劼刚嗣侯来信抄件撮录大概,此后尚无信件。惟见致某人信,云七月廿四以后,俄使既行,事无可办,俄君亦出游北海,各国公使皆四散游历,曾即拟旋英、法办理驻扎二国之事等语,是则曾所自谓下了之局也。为之喟然。

按:此事之先,索地与修约本属两端,归还伊犁是中俄交涉之专案,修改条约是各国通商之旧例,不知枋国者何以全然不思,将二事合而为一,无怪俄人之借地要求矣。又全然不思而假崇厚以全权之大号。彼崇厚者,见法国领事丰大业尚汗流色变,同治九年天津事。而谓足当俄国之君乎?噫,可谓不思之甚矣!然曾亦非能救败局、愈坏病之人也。观其《敬陈管见疏》中力陈伊犁之不可不争,而致其妹丈使英参赞陈远济书中则云"不如割伊犁而立西国一人为之君主,使为捍御于外,弃赔钱之地,塞强邻之口而得美名",是与疏中背驰矣。且当此重任,日夜惴惧,尤忧不胜其任,方且沾沾以吴某得司正,徐某得通副,羡株守都门为善计,斯岂君子敬事敬身之义也乎?独其致合肥书云“俄人大用兵则必碍英人通商之局,英必不悦,小用兵则不足以战”。又云“中国目下但须讲求小船炮台自守之具,不必购铁甲巨艇,多费而无益”,为合事理云。

十四日己酉(11月16日) 晴

早移舟阊门。写邓公武信。即发,送季垂。写家信。即发,信船。安林来,余以来舟漏罅多风,属易一舟,甚华畅,价亦不昂,第嫌稍大,吾辈用之为过分耳。易舟定,安林去,未刻舟行,至枫桥泊。

阅《数术记遗》一卷。伪书,托言汉人徐岳撰。而中有释经“刹那”之称及神仙麻姑之名,彼汉人乌从知之邪?所述亦畴人家至粗之迹。

又《黄帝宅经》二卷。伪书。二十四山向统分为阴阳二宅已疏矣,而以迁徙所从来方为阴宅、阳宅之分,尤无义理。假如仕宦之人周遍四方,每岁假归,将一宅今年为阴,来年复为阳乎?其所谓吉凶之方,年年修改之乎?荒谬至此,乃托名古圣,可谓大妄。

又《古文参同契集解》三卷。明蒋一彪集,彭晓等注。

又《古文参同契笺注集解》三卷。汉人徐景休注,明蒋一彪集解。

又《古文参同契三相类集解》一卷。汉人淳于叔通补遗,明蒋一彪集解。《参同契》,汉人之书,为后世错乱,往往不可解。若徐景休,淳于叔通两人之注不见载籍,安得以小说家言为据依,且以为其注羼入正文,强分拆之。又托云掘地而得,此升庵娇诬之习,断不足信。蒋一彪独尊奉之,噫!异矣。

十五日庚戌(11月17日) 晴,逆风

早发枫桥,暮抵无锡。

十六日辛亥(11月18日) 晴,无风

早发无锡,巳刻至洛社小泊。适早食毕,上岸行饭,见一招提颇宏壮,名开利寺,乱后重修,内有僧数十人。傍晚舟至常州,沿途见

白家桥等镇市居然,屋瓦鳞比,人烟稠集,可喜之至。舟入北关,以久晴水浅甚,二鼓方泊于唐家湾。上岸访子宪兄久谭,闻通生弟以事渡江,遂以先茔祭品等托宪兄。写家信。十七发,交宪兄。

十七日壬子(11 月 19 日)　　阴,大风

早食毕,宪兄来舟少坐,同登岸,遇卫生兄于途,交数语而别。候十叔父久坐,审安侄时亦同居,方卧未见。仍至宪兄家,俟祭品备,乃舆行先谒宗祠毕,候九叔父问所患,良久辞出。诣三堡桥茔、茶山路茔省视如礼。三堡桥茔冢拜台、篱落皆坟户王荣德为余新修,颇整齐,费洋银三十二饼。归过南门御史桥,舟已移泊相候。遂下舟,仍移西门外驿前,以水浅,城中不可泊也。

十八日癸丑(11 月 20 日)　　晴

晨起,坟户王荣德来久谭。早食毕,登岸至杨柳巷,候庄耀采久谭,并晤陈绣农。借耀采轿候刘云樵,游其园,亭榭甚华。次候徐葆光,次候恽伯方,各谭良久,在伯方处晡食。次至宪兄处,李甥伯房正在彼处相候。余属宪兄约堪舆师章瑞山到宜兴相地,伯甥往为订之。次访周钧甫于灵官庙,不值,时设卜肆庙中也。次过陈氏甥女久谭。写六姊信、家信。即发,均交甥女代寄。仍至耀采处,耀翁设馔相候,并约其族侄守斋嘉兴人,旧籍常州,向在金陵识之。来谭,二鼓归舟。

接南阳君十六日信。

十九日甲寅(11 月 21 日)　　晴

早发,未刻过寨桥,夜泊和桥。

二十日乙卯(11 月 22 日)　　雨

早发,午抵宜兴,泊蛟桥下。邑人史润生开文德堂书坊,因朱菉卿而知之,招至舟少谭,买储遁庵方庆,康熙时官清源令,征鸿博未取。

集，又其子六雅大文，康熙末年馆选。所著《存砚楼集》。夜李甥同章瑞山舟至，同泊。

二十一日丙辰（11月23日） 晴

早偕章瑞山及李甥食馒头市中。巳刻解维，赴东山茔祭扫毕。瑞山周视龙气，以为甚吉，不可多遇。下山至前岁新得之地一观，瑞山以为不可用。申刻下舟遂行，夜泊河桥。章及李甥别去返常，余由无锡行。

二十二日丁巳（11月24日） 晴，大顺风

五鼓发河桥，辰刻过运村，未刻出洛社口归入运河。申末到无锡，泊北关外，上岸觅骨董家华老镛，与阅市饮茗，初鼓返舟。写南阳君信，寄馒头百四十枚。即发，信船。写子宪兄信。即发，信船。

二十三日戊午（11月25日） 晴，大顺风

早发无锡，午初抵浒墅关。写吴平斋信，寄还其文稿一本。廿四发，送其家。是日风甚，不张帆而舟疾如箭。未初抵枫桥，与来舟相触，败舷索偿，诟谇良久，至晚乃泊阊门。写家信。即发，信船。

二十四日己未（11月26日） 晴，寒，河有冰

早至阊门市中，招安林来共早食，食恶未饱，遂由护龙街至观前阅书画、金石等，无可意者。晡复食市中，遂赁小舟至大仓口，时坐船已移彼也。招顾云峰至，买得旧拓《温泉颂》、《贺若谊碑》及旧拓《姚思辨碑》摹本，值银八饼。是日任毓华来候，不值。

二十五日庚申（11月27日） 晴

早食毕，招顾云峰复来舟，以宋拓《兰亭》、《黄庭》二种属重裱。巳刻舟行，未泊葑门，借李眉生轿答候任毓华，次候费幼亭，均不值。次候郭汝雨少谭。次候陈莘农，亦不值。次至吉如侄家，晤其昆季

久谭。饥倦遂下舟,遣刺辞李眉生,不过谭。

二十六日辛酉(11月28日)　阴寒,午刻大雪至暮

早发葑门,辰刻至齐门泊,招安林至,同访季垂于西花桥巷,公武家眷赁宅也,识公武之子士会。遂与季垂久谭出,复偕安林到观前。有吾里人赵怡庭在吴以铁笔贸食,往晤之,以两石属刻,天忽大雪,乃与安林饮市中,甚酣适。下午踏雪至观后,赁小舟到齐门。傍晚舟行泊城外。

接南阳君廿四日信,又实儿初六日信。

二十七日壬戌(11月29日)　晴

早发苏城,未刻至吴塔市,暮抵虞舍,二鼓始登岸。

二十八日癸亥(11月30日)　晴

王椒生来久谭,余前岁得明琴,椒生为安缦,操数曲而去。

二十九日甲子(12月1日)　晴

写槐亭信。即发,信局。写阿哥信。同上。写庄耀采信。同上。写薛安林信,寄去陶姓借券一纸。即发,信船。

接苏州寄回南阳君廿五、六日信,又阿哥十四日信。又魏般仲廿二日信,云刚己已下世。又张楚生廿二日信。

(以上《能静居日记》四十六)

十一月戊子

朔日乙丑(12月2日)　晴

初二日丙寅(12月3日) 晴

下午朱菉卿来久谭。

接颖侄十月廿二日信。

初三日丁卯(12月4日) 晴

写阿哥信加叶。即发,信局。颖侄信,寄鹰洋五百饼。信附兄书内,洋初九发。六姊信。即发,信局。陈钧堂来候久谭。

初四日戊辰(12月5日) 晴

早食毕答访陆云孙,余在苏时曾枉顾也,不值。又访杨鹤峰,尚未起。又答访朱菉卿,亦不值。又答访赵价人久谭。又访赵次侯,亦久谭,假元王元章梅花卷来,画中之宝也。又访咏叟久谭,赠余砖拓精品百廿馀种,皆瞿木父、程研君、僧六舟等手拓,可喜之至。

接阿哥十月十九日信,以余来年五十岁,贻明拓《不空碑》一册,番刻《樊敏碑》一张,八大山人小品八叶,陈老莲仕女一帧,龙泉窑碗四、杯六,墨十六丸。又实儿十月十四日信。

初五日己巳(12月6日) 阴

写实儿信。初六发,信局。

初六日庚午(12月7日) 阴

写金鹭卿信。即发,信局。写邓季垂信。即发,信船。薛安林信,寄皮甬一件。同发。

初七日辛未(12月8日) 大风,阴晴相间

早食毕,吊潘子昭丧子。次贺杨书城抱孙。次答候王椒生、陈钧堂久谭。次至杨咏叟处久谭。

初八日壬申(12月9日) 晴,风寒

写阿哥信。初九发,寄苏汇局。实儿信。即发,马递。朱箓卿来访,

少谭即去。

初九日癸酉(12月10日)　晴

初十日甲戌(12月11日)　晴

十一日乙亥(12月12日)　晴

早食后吊范西民之丧。归即偕子永、子顺舟赴虞山西麓,相地四处,其一颇有形势,堂局秀丽。傍晚归。是日赵次侯、王椒生均来访不值。

十二日丙子(12月13日)　晴,暖甚如仲春

今年遇先妣方恭人八十岁,孤子不忍循俗例邀客称庆,敬书《金刚经》一通荐福,是日斋素为始。李升兰来访,谭少时去。王椒生复来访,傍晚乃去。

接庄耀采初七日信。

十三日丁丑(12月14日)　阴,大风

十四日戊寅(12月15日)　雨,夜雪

接周钧甫初十日信,又金鹭卿十一日信。

十五日己卯(12月16日)　阴

写《金刚经》毕。

十六日庚辰(12月17日)　阴

写陈甥女德容信。即发,信局。

接陈甥女十四日信。

十七日辛巳(12月18日)　阴雨

是日遇先妣诞日,午后设奠视常祭,加肴馔数品,自尽诚慕而已。孤子祚薄,不获奉亲享耄耋之寿,祭虽吉而思则哀。所谓无于

礼之为礼,能中鲜矣。

十八日壬午(12月19日) 阴雨

接陈甥伯商初一日信。

十九日癸未(12月20日) 晴

二十日甲申(12月21日) 晴。冬至

早食毕,同子永、子顺至慧日寺前一行,饮茗肆中而归。午后合祀先祖如往年毕,家众相贺,乃饮福。

二十一日乙酉(12月22日) 阴,下午雨,寒

族侄慎庵自里门来,求为作荐书,傍晚去。

二十二日丙戌(12月23日) 晴

早食毕拿小舟出,至朱菉卿处久谭。又答访李升兰,亦久谭。步归。

二十三日丁亥(12月24日) 晴

下午杨政甫来访,久谭。

二十四日戊子(12月25日) 晴

蔡筑岩、江春华徽州人,蔡氏之戚。来访。

二十五日己丑(12月26日) 晴,天色暄和

午前同南阳君等涉静溪登南亭久坐,延览景物,衿抱旷然。

二十六日庚寅(12月27日) 晴,大风

下午朱菉卿来久谭。写邓公武信,即发,交来便。又季垂信。同发。

接邓公武廿四日信,又邓季垂廿五日信。又陈甥女德容△△日信。

二十七日辛卯(12 月 28 日)　晴,严寒,寒暑表二十五分,南中所罕也

学福堂书坊来,以谢刻《荀子》见售,其值洋银二圆。又《事物异名录》一元。谢本《荀子》家中旧有,官易时为何人携去,兹乃得之。

接六姊廿三日信。

二十八日壬辰(12 月 29 日)　晴,寒

二十九日癸巳(12 月 30 日)　阴,下午雨,夜雪

写六姊信。即发,信局。金鹭卿信。同上。程尚斋桓生。观察信,才叔信。即发,交慎安侄。慎安侄信。即发,信局。

接邓公武、季垂同日信。

十二月己丑

朔日甲午(12 月 31 日)　阴,微雨

写子可信,寄赙洋银八圆。初三发,交子永。魏般仲信。即发,信局。

接儿妇陈氏十一月廿三来禀。

初二日乙未(1881 年 1 月 1 日)　晴

写邓公武、季垂信。即发,信船。是日以厨灶与宅向主命不合,重作之。厨屋于巽方以压凶气,灶坐兑方、火门向坤方以合辛卯、己酉二命。卯刻即起,拜请灶神之主于别室,而后兴工。申刻吉时,合神龛,灶面安镬,先煮糖圆将熟,迎神主于灶陉龛中,设祭,率家人行礼。下午叶芸伯副将来候,少谭。

初三日丙申(1月2日) 晴

是日申刻,大门内修补砖地及砌门外街道,取日、时两丙申为主命,合官局地支。四柱为丑艮,门向财局,主命印绶局,故用之。山人来售紫藤,甚巨,植之书厅前。

初四日丁酉(1月3日) 晴

与南阳君、冯姬乘风日晴暖,临池石阑上曝背良久。又登百衲堆之巅,度渐波阁道,登南亭。名其亭上之楼曰"飞庐",以亭为舟形,楼在亭上也。返休于东堂,阅时甚久乃归。

初五日戊戌(1月4日) 晴

午刻突接吾兄讣音,云十月间以咳嗽痰喘之故,有游客携广东冯了性药酒,再三劝饮,乃饮后吐泻齐作,大汗如洗,身体战栗。从此精神大亏。至十一月初稍愈,尚出门理局事,初十觉胸膈不舒,次日胁下逆痛异常,又服柴胡疏肝散,十九日以喉间痰滞难忍,又略吃药酒,入暮微作谵语,二十日寅刻竟尔逝世。余接书开见素纸,已手战不止,甫阅数语,心神骤懵,如坠深谷,力挣乃能发声,惊悲交集,不知如何而可。吾兄所如不偶,毕生郁结,又身体孱弱,绝不知养生之方,余忧之已久,故每有书函必进服饵诸法,吾兄最不信医,未尝用也。然余见其作事周匝完密,似乎寿征,常亦以之自宽,不图变起须臾,竟丧游棍之手。伤哉!伤哉!回忆同治癸酉在易州送兄之行,距今八年,中无岁不萌到屯溪省视之意,因循怠忽,遂成死诀。余之谫劣,咎复谁委,惟有自伤自恨而已。诸侄书中,各事茫然,毫无头绪。初七为吾兄五十一岁诞日,拟于是日设奠成服后即赴丧次,以尽余心。写诸侄信,告以初八赴丧之行。即发,原局。

初六日己亥(1月5日) 晴

以岁暮家事正繁,忽有远行,忍哀料理诸务,终日未得少息。

接族侄慎庵初三日信,又张楚生△△日信。

初七日庚子(1月6日)　　晴

午刻设位于中堂,与家人哭奠成服。兄弟之分,一生已毕,伤哉!伤哉!下午结束行李,遣奴子雇舟未成。朱菉卿来候辞行旋杭,亦觅舟不得,遂约同伴,合雇一差大之舟,定明晚下船。

初八日辛丑(1月7日)　　晴

写张楚生信。即发,信局。是日为腊八日,晨供腊八粥,以行事泣告先祖。冯质甫来晤久谭。叔桓侄自苏州来,以将婚娶求助,赠以银十饼、米二石。下午季君梅编修闻信来唁。杨咏春来函唁并前致先兄书属焚之几筵,读之感怆。初鼓后小舟渡至南门外,登行舟,候朱菉卿,丙夜不至,觉心中怔忡大作,不得意先卧,夜半后乃至。

接伯厚大嫂△△日信。

初九日壬寅(1月8日)　　晴,逆风

卯刻发舟,午过吴塔。阻风。酉刻复行,夜泊陆墓镇。

初十日癸卯(1月9日)　　晴

早发陆墓,巳刻入齐门。薛安林来唁,写家信,即发,交安林。邓季垂来唁。既去,舟即行。午至胥门泊,登岸访徽州人江春华问路,值其出,不晤乃返。傍晚江春华来访久谭,述杭州至徽州水道颇艰。其家自杭至徽之街口、朱家村均有分店,允为致书店中人预雇舟舆,待余之至,意甚可感。朱菉卿有事登岸未返。

接南阳君初九日信。

十一日甲辰(1月10日)　　晴,顺风

舟中兀守,江君之函至午乃至,复少谭。书凡三通,一致杭州钱塘江头,一致街口,一致朱家村之店。写家信。即发,交江代寄。未刻

朱菉卿下船即行，申末过吴江，夜宿八尺，行六十里。

十二日乙巳(1月11日) 晴

早发，巳刻过平望，未初过王江泾，余自咸丰丁巳后不行此道凡二十四年矣，是日行八十里。申刻至嘉兴府北门外泊舟。写家信。即发，信局。菉卿邀同登岸，闲步一散，傍晚归舟。菉卿之弟谔卿来唁。

哭兄五首

寒门本衰薄，兄弟各艰辛。生世逮五十，未辞手足皴。吾兄役王事，促促车马尘。方期虞山下，约归及新春。胡为严霜姿，一夕凋松筠。心坚匪可卷，道丧谁能陈。天意良尔尔，勿言人世瞋。

读书数千卷，下笔最清泚。古籀迄丹绘，控纵在臂指。博闻众已罕，好学老未止。一与世尚违，多能胡足恃。惊俗恒默默，有言直如矢。择术固未工，奚辞道边死。呼号向穹苍，天心岂鉴此。

一别已八载，人生有几何①。是以常远望，不知涕滂沱。尺书从南来，安好谅无佗。谁云旦暮间，一病成蹉跎。悲来忽如梦，痛定还疑讹。凄凉白衣会，远去凌江波。君殁长已矣，我生心则那。

我昨脱尘鞅，筑室聚妻孥。迁客积忧畏，欢悰渺难图。信书去靡间，十九相招呼。所冀草泽间，垂老乐可俱。呜呼天何酷，此志终复渝。含悲不成声，欲号涕泪枯。百年已长诀，伤哉形影孤。

---

① 有，稿本作“能”。

孤舟泛江湖,一日心百结。饥冻岂未谙,贸此百年别。轻身求一饱,岁月去如瞥。自伤失良图,用心何谫劣。苏杭万汇集,触目成哽噎。彼微变化姿,迈往事无缺。何为守穷独,心志长孑孑。悲伤复何言,泣涕下如血。

十三日丙午(1 月 12 日)　晴

早发嘉兴,巳刻过斗门,夜宿石门县。十里分香铺,十里斗门,十里赵墙铺,十里永新桥,十五里皂林,今名石门湾,二十里石门县。既为哭兄诗,夜卧追忆同治癸酉岁易州送别情事,及兄生平之所遇,悒怆不已。翌晨更为长律六首以抒余痛。

易州西郭古河干,雪涕轻舠下急湍。舆盖翻令行路羡,杯尊难得旅怀宽。早知别去成千古,何用归期订岁寒。山鬼若传今日事,送君应着白衣冠。

当年橐笔赴戎行,徐庾清才枉擅场。已薄轩车皆乘鹤,终悲博塞共亡羊。坐听箫鼓春声沸,独拥文书夜漏长。此境旁观为惆怅,不堪追忆泪纵横。

危时作椽号军谋,知己深惭束缚酬。岂有新诗题客位,每因独宿感清秋。十年衫袖乌成沈,一夕头须白已稠。自古文章侪卜祝,敢将通塞竞时流。

津亭斜日过船时,料得清愁满鬓丝。教令久输驵侩诺,头衔仅许画图知。便回天地看群杰,乞与丹黄听众嗤。不是荒荒千古别,肯将涕泪与轻垂。

物理茫茫半有无,但论枯菀亦非夫。投闲甫以贫为乐,失路俄惊运已徂。行哭只今馀弱弟,成家何日见诸孤。冲寒千里还愁到,忍作凭棺一抢呼。

芳蕙明膏逐例煎,信由人事岂由天。撑胸历历三千卷,挥手匆匆五十年。招隐已成垂老痛，联床未卜后生缘。扁舟一梦江湖白，泪泼寒衾不忍澌。

十四日丁未（1月13日） 晴

早发石门，午过塘西镇，市集繁盛，有方亭建水中，颇雄壮。夜至杭州北关外登瀛桥宿。十里高阳桥，三十里双桥，四十里塘西镇，五十里杭州。

十五日戊申（1月14日） 晴

早发，数里至沈家湾，过坝，杭州上河水来自城东永昌门外，至城北会明圣湖下流，东北注，专溉海宁之田。下河即运河，其水来自湖郡，亦东北流，与上河并行数十里，上河恒高于下河数尺，通则顷刻走泄，故以堤隔之，中为泥坝七十二处，可由此拖船过入上河，直达城内。巳刻过坝，又十馀里入艮山门，又五六里住舟万安桥下。朱菉卿归其家，余定明日至钱唐江干买舟赴屯溪。写六姊信。即发，信局。写家信。同上。夜朱菉卿来送行，久谭去。

十六日己酉（1月15日） 晴

巳刻登岸舆行，舆担皆朱菉卿为备，又遣其仆送之江干。出候潮门，山色已扑人眉宇。约十里至海月桥，即钱塘江干，落洪巨成，过塘，行商伙方光祖，徽人，已得江春华为余雇舟以待舟，即屯溪人所驾，名鸳鸯船，状其小也。价颇昂，约七日内赶到，价洋银二十四饼。写家信。即发，交行友。未刻舟发，五里至闸口，有厘局，闻族弟子佩在局中，往呼之，值他出不至。舟复行，傍晚至闻家堰，复有厘局验舟，少住。镇市人烟极盛，宁、绍诸郡米粮萃集之所。咸丰辛酉贼围杭州，先据闻家堰绝城中粮道，饿死者数十万人，城随以陷，盖守浙必争之处也。又上游十五里名义桥，亦与此地相亚。夜舟复行,三鼓尽至富阳县城下略停。五里进龙铺,十里清风亭,十里潭头,五里闻家堰,五里烂泥汊,十五里虎爪山,十里渡船铺,十里平安桥,五里梭山,十五里大岭头,十里富阳县。

余自咸丰丙辰七月先妣方恭人殁于富阳舟中,至今二十五年不行此路,其时昏瞀中不复知亭舟处所,但闻距杭州江干十馀里耳。旧地重来,复遭惨痛,江山虽美,如余怀何!

十七日庚戌(1月16日) 晴,顺风,夜大风并雨

四鼓舟自富阳复行,辰过桐洲。浙江中有二洲,下为孙洲。以孙坚得名。《吴录》载吴武烈帝为郡吏赴府,乡人饯之,会于洲上,父老云:"此沙狭而长,君其为长沙太守乎?"后果如言,遂名此沙为孙洲,即此。上为桐洲,以近桐庐得名。过桐洲后至窄溪口,窄溪在江东岸,至此入江,其对岸为新城县,港口有小山,在港之北。而港南群山,岩壑无际,水色尤清美。复十馀里到桐庐县,县始于吴黄武四年,《耆旧传》云有大椅桐远望如庐,遂谓为桐庐。县在水西,桐江出县郭之左,其源来自天目山南,亦浙江之上流也,出口会徽、婺、衢三水,东下为浙江。桐君山翼然水上,上有塔寺,景物殊异,惜无暇登眺。

未刻入七里泷,东北距桐庐约十馀里,山峡倏合,水行其间,黛色可染。复十馀里为芦茨原,《方舆纪要》以为居民采薪为炭,可供数州蒸爨之用,故名。唐方干隐居之所。其遥对者,为子陵钓台。两石岩均在山半,筑亭其上,号东西钓台,去江数十丈,非任公子之巨缗,不可达矣。其下有泉,陆羽称之为第十九泉。夜二鼓,风雨大作,泊乌石滩尾。二里洛山铺,二十里汤家埠,五里长山垅,十里陈坟,十五里包家集,二十里新城港,十里柴埠,十五里桐庐县,三十里芦茨原,十里钓台,十里冷水铺,三十里胥口,此处出七里泷,十里乌石滩。此地余年二十四应

钦差大臣湘乡曾公幕府之辟于南康,曾过之,同行为仁和龚君孝拱。抵军中曾公视余最厚,而前两江总督侯官沈公葆桢方为九江守,亦亲余,朝夕过从。幕府中同事为兴国陈秋门先生、与先君丙戌同年。湘潭罗伯宜诸人。匆匆二十馀年,曾、沈两公皆捐弃宾客,孝拱、秋门、伯宜亦皆下世。前尘缥缈,如在梦中,独客重来,慨叹不已。

十八日辛亥(1月17日) 阴雨

五鼓发乌石滩,晨至严州府城南门,泊舟候津吏验视,城在水北,有山在水南夹之。徽港由此出口,亦名新安江,源来自黟、歙、休宁,黄山南面溪涧皆合之。《山海经》云浙江水出三天子都,即此也。严州本秦汉鄣郡,丹扬吴郡之地,三国吴大帝平黟歙贼,立新都郡,治今淳安县。晋改新安,隋改睦州,唐登封二年始移今治建德县。宋曰严州,明为建安府,后改严州府,今仍之。

过严州西行,山势回合,千环百曲,与下游七里泷相类,水宽狭亦等,而滩多水浅,舟行渐艰。巳刻过倒潭插,晡过下衙埠,夜泊白沙埠。十里严州府,十里倒潭插,十里宗潭,十里马没滩,十里下衙,十里杨溪,十里白沙埠。

十九日壬子(1月18日) 晴,大风

四鼓发舟,巳刻过茶园,有市集。下午过罗山墩,风甚不得行。徽港之舟首尾通彻,风寒无可拥蔽,引被覆首而已。申末复行,夜泊塔行之西,有废塔在山上。十里试金滩,五里狨狲洪,五里小溪岩,五里百步街,五里茶园,十里罗山墩,十里藻河,十里塔行。

二十日癸丑(1月19日) 晴

黎明舟发,辰刻至遂安县港口,巳刻至淳安县治,在水北,无城。即吴所立新都郡处,与黟、歙同隶一郡。新安大好山水,即指此地

也。按徽郡之水皆东入之江,则在黟山大岭之东可合浙而不可合皖甚明,以此知古人封界山川无不有精意,非今之草草也。夜泊慈滩,水声终夜聒耳,不得卧。十里遂安港口,十里朝爵滩,七里东溪源口,三里淳安县,五里羊须滩,五里小金山,十里仰村冈,十里慈滩。

过七里陇长歌写臆,即寄静安内主

大妇旨蓄御寒冬,小妇宛宛随老翁。南亭北亭坐相望,东堂西阁何雍雍。天公忽作霹雳怒,驱我一夜直走穿群峰。锦衾角枕不得卧,雪涕道路号长风。吴城越邑岸如绣,目肿不看扪双瞳。昨朝舆出武林郭,十幅高挂浙江篷。山川奇秀甲天下,四面皆作青茏苁。欲观不忍避不可,譬以锦缬为牢笼。我生耽此久成癖,况直异境悲心融。推篷长啸坐复叹,苦乐相战鏖心胸。境观交互固若尔,如绠两股缠藤棕。至人荡荡若无物,安得追学一涤凡膈诸尘蒙。山神与我昔有素,卅载之别今能逢。桐君直上富春渚,江水百曲山千重。江回岸折去无所,山转路断来何踪。仙人螺髻翠满空,泼黛万斛玻璃筒。上下一绿无边中,碧玉台作青琼宫。或言万朵抛芙蓉,或言夹岸走两龙。诗人题咏各有似,要以藻绘为雕虫。岂知造化本难测,笔所能到非神工。富媪不惜尽奇秘,宜有瑰伟为天钟。起施霖雨泽枯槁,如甫降岳申生嵩。胡为钓叟一见客星奏,坐使异代贤哲皆终穷。玄英先生擅文号,献赋三刖谁为通。由来唇缺道不缺,乐士如此殊尧聪。金闺美人亦皮相,佳咏出入梨涡红。一朝曲牖见颜色,杜口遂作深秋蛩。文辞自古不敌貌,悔不入厩偕修容。乃知江山有神性中狭,每阂奇士为深祟。不然春猿秋鹤自来往,曷以点缀峦岫高压三江东。浙、婺、衢三江。我行看山转呜咽,纵挹灵灏非吾衷。扁舟行哭振林樾,有愤直欲呼苍穹。人生达观不可弃，贵赍厥志期能终。冲寒千里孰将护，第以食息珍微躬。持书报子勿相念，归计当及春花秾。家园虽芜山可望，亦有十亩波溟蒙。朝烟挂树曳素练，夜月入沼涵青铜。此时与子坐亭宇，何异仙窟同飞翀。欢忧倚伏日相凑，轮在车毂磨在砻。双丸一瞥境如洗，安用烦郁心冲冲。书成挥手更西迈，卧听篙桨争奔洪。罗帱期子寐无觉，当有夜梦随飞鸿。

虞美人　富春道中

富春江上山如绣，山鸟啼清昼。渔舟终日此山中，一任帆分南北往来风。　青山赢得青长在，不管东流改。莫言难挽是颓波，尽有澄潭千顷佳山阿。

二十一日甲寅(1 月 20 日)　晴，西风甚厉

舟中坐卧不安。吾自壬戌以后，虽行踪几遍天下，然处境稍裕，盖不尝此苦已二十馀年矣。幸以观心自持，念苦乐平等，皆因妄心执计而有，故随来随遣，不以挂意。夜三鼓舟即发，巳刻行过威平镇。宋宣和间，方腊作乱于青溪洞，韩世忠击败之。贼据岩为三窟，诸将莫知所入。世忠潜行溪洞间，挺身捣其穴，擒腊以出。贼平，改青溪为威平洞，即此地也。山谷幽险，径道迂曲，易以薮奸，守土者不可不知。泊舟候验毕即行，浙省所设榷场尽此一处矣。

未刻至街口，入徽境，有界碑在山边道上。泊舟候验，徽省第一卡也。登岸，持春华书访其行伙胡姓，询赴屯岸道，以舆贵不可赁而止。夜泊牵钻滩。自至街口，水益浅，滩益高，去屯溪尚百六十里，不知何日方达耳。忧心如焚，夜不能寐。十里老人窗，五里锡行渡，五里云头潭，五里竹节洪，十里威坪市，三里和尚岭，二里常潭，二里滚滩，三里王家潭，五里街口镇，五里八郎庙，五里米滩，五里牵钻滩。

二十二日乙卯(1月21日)　晴

天未明舟发,未刻至深渡。自徽郡城南浦口至此,古号“八十里苦”,故亦名苦溪,言滩石险恶,舟楫之艰也。按浦口至深度实止四十馀里,盖该下流言之,或云自绩溪扬之水至此八十里。夜泊绵潭。五里横石,五里结坞头,五里山茶坪,五里小沟,五里境口,五里白石岭,十里深渡,五里九里潭,五里蓬暴,五里绵潭。

二十三日丙辰(1月22日)　晴

三鼓舟发,巳刻至梅滩,水涸甚,前舟数十艘停滞不能行。吾心急欲至屯,顾陆无赁足,水不容刀,烦懑难言。访之途人,至朱家村尚十五里,遂决计襆被步行前往。午刻离舟,八里至狼源口,冬晴甚暖,喘汗已甚,自闵其衰颓。奴子劝息市肆中,市人或为赁舆至者,遂径赴朱村,将至,过渡到水南入村,其村北小溪达徽州府城约十馀里,即所谓歙浦也,县以此得名。持江春华书赴江怡盛行,行主江培之、汉三皆春华犹子,相待极殷,留榻设醴,行友王禹田、胡锡藩皆来晤,及为雇屯溪舆,定明日行。夜宿江氏楼上,念去吾兄丧次仅五十里,使去年早来相见,不知如何之乐,今日往对素帏,何以为心,不觉捶胸自恨。是日为祀灶日,爆竹喧闹彻夜,万感填胸,泪眼未尝少合。五里庄潭,五里薛坑口,五里沦潭,二里梅滩。陆路八里狼源口,三里梅口,四里朱家村。写家信。即发,信局。

二十四日丁巳(1月23日)　晴

早餐后舆行至雄村过渡,午至篁墩中尖,申刻抵屯溪,行渐近,泪不可制。比至,见缌帷遗棺,始信吾兄果无复面之日矣,与诸孤相持大恸。谒嫂氏,复哭失声,众劝少休。复请嫂氏出,细询兄生前死后诸事,哽咽不能成语而罢。夜榻兄殡旁室,卧不能安,冀一梦晤不可得。生死暌隔，固若尔邪！陆路五里雄村，五里神沙渡，十里烟村，十里篁墩，十里姚岭铺，十里屯溪。

二十五日戊午(1月24日) 晴

夜祷于兄，冀得一梦，而灵贶杳然。乃知委蜕人间，无复顾恋，晨起为之一恸。巳刻候代理厘务胡企之庭徽，武昌人，曾权舒城县。久谭。又候局友汪寿卿、铎，休宁人，帐房。胡友山、绩溪人，文案。徐经一、镕，□□人，牛坎分卡。许理亭汝训，□□人，写票。久谭。寿卿言先兄管榷数年，弊绝风清，为皖南厘局自来所无，公事丝发不苟。前年为嫂冯氏之母购寿木一具，必于厘卡报捐而后行。本局经费全恃以钱易银，市估每两价千六百文，报价向至一千八百文。自去春上游札饬按市估报销之后，百费皆绌，他局多与商客私通卖放，藉以弥补局用，故解数大减。独屯局照常办理，收数石较往年为多，而上游不问也。

皖南牙厘总局道员陈□，以需索各局为肥己地，局员每年贿之数百金不等，独屯局时节水礼亦不致送，致成龃龉，凡事无不掣肘。比易孙道振铨来总厘务，其相望亦然。数年中先兄恒悒悒不欢，职是之故。余闻之涕下覆面，不能自止。今日宦场尽成犬彘，凡稍有人气者尚不堪与之共处，况清操绝俗如先兄者乎！

回忆先府君道光中年官赣南道，遵旨禁雅片烟，实心奉行，亡后亏关项至数万。后任开禁畅行，数月致货品数万。又余官易州时，以民事与陵员争执，不阿其意，两遭讦奏。一家父子兄弟受群犬龃啮，如出一辙。然家传清白未尝有所污染。今日先兄下见府君于九泉，已无愧色，视驵侩无赖、酣嬉酒食之徒，其得失固不可以道里计也。悲来念此，聊以自解。

归寓与嫂、侄详谭，先兄易箦时仅馀洋银五十二饼，幸吾前寄颖侄之款于廿二到屯,后事得以料理。目下除官款无亏外,归榇及寓中费用全无所出,闻言又为悲愁欲绝。嫂氏又言数月前先兄曾自忧其身之多疾,言万一不幸,家计全无指望,在屯惟购存字画金石等约数千缗,儿辈一时不必需此,宜变价以充衣食,其言绝痛。嫂氏且泣且诉,阖室哀号,惨不可闻。余惟力任代谋诸事,慰之而已。夜卧忧怛,不能贴席。

二十六日己未(1月25日)　晴

诸侄携先兄在海阳数年所买古董亲笔账相示,前后共用洋银三千八百余元,其中送人去三分之一,约原值尚二千馀元。余夜卧详细计度,今日急务以宅舍为第一,先兄有子四人,一人已成室,房屋太狭,必不能容。吾苏省问舍不易,计非两竿不可,此款余当力任。其衣食一宗,则以长物变易,闻购时价廉,冀下游可贸微息,或符原值之数,则二三千元亦足以当蔬布之用矣。拟略观大概,方能定规模之广狭。下午阅铜器若干种。胡企之及汪寿卿等来答候,辞不晤。

二十七日庚申(1月26日)　阴雨

早食毕,至卡晤汪寿卿。寿卿以余戚戚,约同至市稍观音庵、华山寺一眺。庵在山足,小室面对一峰,寿卿指言为前广东按察使金君逸亭扎营处。逸亭吾故人,卒亦经岁矣。陈迹纷纭,动触哀绪。出庵复至华山寺,寺处山麓,门前聊可一豁,复少坐归。

二十八日辛酉(1月27日)　晴

诸侄以金石书画来观,金石精者不过数十种,字画仅直幅小名家颇有幽隽之品,卷册有大名者均多赝物。一生劳劳,仅存故纸,可为长痛。

二十九日壬戌(1月28日) 晴

天旱久,河涸重舟不可行。与嫂、侄议,余明正轻舟先归,买屋定,再相迓。此间行计,诸侄已乞寅好中集资,亦须俟之。连日所阅古董,交余带苏杭设法变易,其事亦不可缓。众议相同。惟尚有各处讣函须缮,行李先归者须结束,约正月初十方得了。余在兄寓数日,哀声彻耳。昕夕难安。闻黄山白岳去此甚近,拟元旦出游以避之。

三十日癸亥(1月29日) 晴

正与诸侄闲话,忽接六姊书,知槐亭亦下世,骇怆不已。然此系第二次信,先函未达,尚不知逝化之期。槐亭夏秋本多病,余素忧之,果有此变。姊氏悲懵无主,问余能否往彼照料,并属致书宁波府,托为呵护。余意长甥已贵仕,且家室久安,与先兄情形相殊,先其所急,无分身之理。下午写六姊信慰唁;正月初五发,信局。宗湘文信,为槐兄身后事。附姊信内。王霍生积懋,近管华阳镇局。信,为先兄身后事。正月初二发,交诸侄专足。朱菉卿信。正月初五发,信局。薛安林信。同上。家信。附薛函内。初鼓写毕。诣先祖神影匣前、先兄几筵前行礼毕。孤灯一室,与两侄愁叹,二鼓遂卧。

接六姊廿二日信。

光绪七年(1881) 岁在辛巳,余年五十岁

正月庚寅

元旦甲子(1 月 30 日) 晴

卯刻起,焚香拜天及先圣,复礼十方诸佛。次诣先祖影匣、先兄几筵,各行礼讫,入谒嫂氏。余以去腊心绪不宁者弥月,胸次时时菀结。又自同治初至今多在家度岁,未尝经此恶境,身已半百,担负甚重,不可不自珍惜。故决计避之于山水间。午刻赁舆成行,赴白岳齐云山一游。渡屯溪而南,五里隆阜,为戴东原先生故里。五里梅岭,复渡屯溪而北,屯溪上流其源来自休宁,即地志所载浙溪,源出婺源,为县之浙岭,东北流至休宁县西七十里江潭,又东流百馀里至率口而会于率水,亦名渐溪,《水经》所谓渐江者也。浙江以此水为名,而其源乃在皖南。隋以后之分域失当,于此可见。又八里潜阜,四里古城岩,一山枕溪之北,上有废塔。按《太平寰宇记》云:“废吴休阳县在今县东二里,故城址尚在。”疑即此矣。山下渡大桥至水南有村,局友汪寿卿所居,往访少谭。又三里万安街,在本局分卡宿,局友黄寿之祁门人。晤待甚恭,让榻卧余,而自处别室。

初二日乙丑(1 月 31 日) 卯辰间微雨,旋霁,晴日照耀,和煦如仲春

是日为余五十诞日,去岁家人议置酒召优,余心厌之不许。思

择山水清旷处以度之，念岁首当奉祭祀，未可远离，踌躇不决。会有屯溪之行，哀毁中久忘之矣。前日屯局中诸人欲为余设汤饼，余以吉凶礼不相袭，且几筵之侧何忍为此，故作山水之游，逃于空虚，半为是也。

黎明起，于室中拜天，复遥拜先祖父母毕，乃出早食。局友未知余之生朝，治餐适为煮面，与吾家故事合，食之甚甘。辰刻舆行，五里休宁县城，入东出西，穿城而过。按休宁吴孙权所置，本号休阳，后避孙休名改海阳县，晋称海宁，隶新安郡。唐武德初改为休宁县，至今因之。西行十里至南渡，名十里，实十五里，镇市颇繁，饭于肆中。午刻复行，渡大桥甚壮丽，循山麓十五里孤舟岭，过此，见齐云山势岞崿半空，不与诸山为伍，其色亦独青翠。又五里齐云山下，时甫未刻。

由道南升山，路口有石坊，题“天下第一名山”，坊内石碑大书“齐云仙境”，字甚雄伟。过此皆磴道，盘曲上升，两旁多丛竹。逾一岭脊，约三里，过望仙亭，景渐密丽。舍舆步行，由磴道下山坳，度大石桥名梦真桥，其外两石崖对锁，下视平畴有如棋罫。西望诸峰，浮青漾翠，秀削疑与庐山双剑峰相似。过桥，复上升数转，至一天门，凿石通道，正如城阙。过此复下磴步，入门曲折，循厂下行，洞穴嵌空以数十计，闻有通至南渡者，中皆为仙佛之象。石崖上覆泉旺时，多从上飞洒，号珍珠帘。来值久旱，不见此景。再进，过二天门，亦一岭脊也。北过三天门，东转历诸道院至太素宫，正门外香炉峰特起数十丈，正当之状如米囷，有铁亭在峰顶，境甚灵幻。以时晡未入宫瞻仰，奴子导宿道院，适名长生房，谶兆甚佳。下榻小楼，开窗亦与香炉峰正对。洗沐毕，属道流温酒煮面，向山独酌以自庆。斯亦五十年未有之奇也。

光绪辛巳元旦后一日乙丑,为余五十岁诞日,境遇艰棘,逃之于齐云之山,舍于长生之院,当窗独酌,岚翠泼人,洵五十年中未有之奇遇也。为长句以志其事

独凭鸾翮去蓬莱,失笑华堂覆玉醅。幽鸟尽吟千啭曲,奇峰齐佐万年杯。人抛哀乐前尘幻,天许从容异境开。五十自知腰脚健,步行升山几十里。重游留约六旬来。

初三日丙寅(2月1日) 五鼓疏雨敲屋瓦有声,日出已霁

辰刻起,洗沐毕,诣大素宫谒真武神象,世传百鸟衔泥所成者。乾隆五十年后已毁于火,今像乃木身,后人为之也。殿宇崇闳,重檐碧瓦。殿墀有铜炉瓶高及丈,甬道有铁方鼎,广亦丈馀。左右石狮象对立,狮已毁,遗座可度而知也。明嘉靖御碑亦不复见。殿后负玉屏峰,青苍插天,左为钟峰,右为鼓峰,皆酷肖。而香炉峰正当两楹间,天造地设,以堪舆家说论之,亦为莫大之地矣。惜右砂紧抱,与近案香炉峰连接,而左砂偏松,不能遮护外,明堂亦欠端正,较之庐山竹林洞为逊耳。

返长生房早食毕,闻西去廿馀里有石桥岩之胜。午刻辞羽士行,自道院后升山,由石径西行约半里,过紫霄岩,石崖凭覆,亦如一天门,内之珍珠帘岩上小峰突起,名天灯峰。西下又三峰相接,名三姑峰。再西五峰,排比正如指掌,号五老峰,皆峻削天成,亭亭如玉,佐以古松奇桧,苍翠满空,非复人世之景,为之抃舞叫绝。坐五老峰足,流连良久乃行。上有磴道,至一大峰,盖即独耸寨,为白岳最高处。地志载宋德祐年土人结寨避乱于此,今羽流呼之为方腊寨,云方腊曾聚其地屯兵,未知信否。以路峻不登。西出西天门,叠石为门,在五老峰之南坳,过此下山,约磴道千馀级而至平地,山势郁盘,馀怒未息,犹作怪伟之象。下山复数里,村落名准口,少息,〈舆行〉

又三、五里至双溪街,今名当金街。时已及申。借民家宿,湫秽特甚。

初四日丁卯(2月2日) 阴,午刻大雨,申刻大雪

四鼓即唤起徒役使食毕,黎明出双溪街,觅导行山溪间。约十里右转入山,历两村,望见一岩在深谷中,即石桥岩也。路不甚峻,中岩下为佛殿,颓毁甚。右即石桥,架空高约十馀丈,广七八丈,深四五丈,半规如月,桥内径路已废,攀跻窥之,石峰两三,参天如指,幽奇不可名状。桥下有明新安守崔孔昕诗碣一通,尚完好。中岩之左为观音院,本有石脉出泉,号龙泉水,今不可见。院亦无僧,香火人指龛旁石洼中积水当之,疑为俗僧改作,鬻水取直,毁此胜矣。时已及巳刻,望天势欲雨,亟出山西北行,十里至渔亭中尖。渔亭属黟县,《太平寰宇记》云每岁西江渔船至祁门县,舍舟登陆,止此东水次,淹留待船,故名渔亭。今估舟东来者止此,陆行六十里到祁门县,复舟行通江西,盖浙江之穷源,江、皖之分脊,而祁门、婺源两县皆隔山岭,以隶徽郡,封域之义,盖未讲也。中食毕,欲行而雨大至,余始意自此东行十五里至东亭桥,北行达黄山。以雨甚,役夫皆疲苶,不可用命,姑冒雨行至东亭,雨益甚,慨然以为与黄山无缘,遂举手谢山灵径归。复五里,至齐云山足旅店宿。下舆坐未定,雪满山矣。

自齐云山归

归装满担是诗材,新向齐云白岳来。拔地有松皆直节,穿空无石不奇才。三年结席仙风近,五斗盘胸俗趣灰。偿负人间聊复尔,采楼端合为吾开。

欲游黄山阻雪不果

满空舞雪小溪边,相近黄山村名。咫尺天都路不前。曾展画图重入梦,黄山余素慕之,近见先兄遗箧释渐江所画天都峰图,益为神

往。岂知泉石两无缘。武林终返渔郎棹①,弱水空回使客船。归路青山千万叠,谩从云海学飞仙。

初五日戊辰(2月3日)　晴

天色虽可游山,顾视从者皆有倦色,遂命驾返屯溪,黄山之游俟之异日矣。天明自齐云岩下行,巳刻中尖于南渡,午过休宁县,申末抵屯溪。夜与诸侄话。

初六日己巳(2月4日)　阴,夜复雪

午过局中,与诸友话。

初七日庚午(2月5日)　阴雨

初八日辛未(2月6日)　阴

是日为先兄亡后修七之期,繐帷凄寂,吊客无人,视嫂、侄设奠,悲从中来,搏膺长号,久不能止。

初九日壬申(2月7日)　晴

诸侄料理诸事欲毕,余亦结束归装,定明日行,午后独步肆中,见宋均窑花尊,高不过四寸,形扁方,口歛腹侈,色如鹦羽,真异物也。又宣炉红晕满身,大理石屏青绿远山,画笔所不能及。询之,价均廉,遂不能忍,破装得之,并丁南羽白描罗汉卷、古铜花尊四事,共饼银三十六。

初十日癸酉(2月8日)　晴

雇舟成,亦鸳鸯船,较来舟稍大,价止银七饼,盖下水与上水殊也。早起助诸侄结束携归之箱匣。胡企之来候贺年,未之晤。午刻

① 武林,稿本作"武陵"。

答候胡企之并辞行，亦未晤。归叩辞先兄几筵，入辞嫂氏，泣慰之使无忧。行李下舟毕，二鼓离兄寓，长、次两侄送至舟。余谆属诸事，不觉涕下纵横，言不可尽，遂促两侄返。对烛黯然，良久乃卧。

十一日甲戌(2月9日)　晴

天明舟发，水涸行艰，巳刻乃至牛坎，有分局在此，局友徐经一来晤，余亦至局答之，少谭别。舟复行，午至篁墩。志云篁墩以多竹得名，明程敏政以题其集。盖居此村也。申刻至神沙渡，有小屿在水中，上建佛刹，名小南海，树石颇异。维舟登之，拾级百有八十至其顶，计每级八寸，约高十馀丈矣。顶有亭，已毁。下坐僧斋，凭槛啜茗，望夕崦红日，聊豁心目。下舟复行，傍晚至雄村，有闬闳甚壮，道光初故相曹文正振镛里第也。门额“竹山书院”，中一亭巨丽，或其别墅未可知。对岸山曰万松，土人名曹家山矣。夜到朱村，至江怡盛行，主人江培之、汉三皆不在，晤其友胡性存，以巨金属携至苏，以前相待之谊不可却，许之。写颖、重两侄信，寄去洋银六十圆，为昨得瓶器等价。即发，交胡性存。

十二日乙亥(2月10日)　阴，大风

早发，已过狼源口，水中巨石岝崿几满，舟行曲折其间，水石激冲，败艎穿艒盖意中事，舟人以巨絙维舟首，倒牵放之，良久乃得过。余来由旱道，初不知其险若是，因悟“狼源口”殆“狼牙口”之误，以状其险也。午过梅滩，即前陆行处，水涸如故。申过深渡，又数里泊。

十三日丙子(2月11日)　阴，大风，夜有月，五鼓雨彻旦

早发，未刻至街口泊舟，候验即行，自此出徽郡界，入浙严州界。傍晚过威平，又数里泊。徽郡处万山中，其脉来自黄山，然歙县西乡山势反开，至东乡而巑岏殆无隙地，浙江流其间，千环百锁，水口之

紧,他处无以逾也。石皆横穿水中,故自狼源口至街口数十里,滩为最恶。其地山多田少,东乡田一亩值七十缗,南乡、北乡次之,西乡田较多,然亦值二十缗。土人皆于山坡种茶,斸山如阶级列植之,壅以粪壤,春初叶放,则合村中妇女往摘之,蒸焙以售于人,其利甚重。地不宜茶者,则艺黍稷粱秫以为食,米麦皆资之江浙间。山中松枥至多,柴一束五十斤者,值亦五十而已。风俗尚俭,民多商贾,节啬治生。为房室皆高坚,而中狭小,欲其久也。土神则群祀,隋时豪民汪华,处处立庙,祭之甚虔,其下则祀华之九子,各有分地,云华据歙郡时令九子各守一隘,至今不改也。水中不产鱼虾,仅一种名君鱼,味类吴中白鱼,闻大者有重颔,脂膏甚厚,盖如易州之重唇鱼,由水湍悍而有瘿耳。冬笋甚嫩,价不过每斤十馀文。菜茹则极少,畦户不肯全株售卖,第剥旁叶入市以两计,不论斤也。此皆与吾吴甚异,故记之。

归途杂诗

无复春醪泛玉卮,归舟惟觉鬓添丝。千山月净滩声急,万树风凄谷响悲。景物故随人意变,衷怀难遣道途知。冲寒老去犹能惯,止恨来游事已迟。

游子惟歌道路难,诗人止当画图看。谁知乐府乌啼曲,尽在维摩粉本间。霜满疏林倪叟树,雨昏平岫米家山。幽栖便合携家住,安用扁舟事往还。

夜雨孤舟暗自伤,晓推篷牖路茫茫。白云得坞依山久,绿水成湾下濑长。峰罅帆来疑立石,崖边屋出隐危樯。

十四日丁丑(2月12日) 阴,下午霁,夜月甚皎,五鼓复雨

早发,午过小金山,有石阜出水边,得高不过三数丈,穿穴甚多。过此有滩,遇盐舟二十馀艘,候良久乃得行。徽人皆食浙盐,以水涸

故,盐价由每斤三十文增至四十馀文,故趱运而至。小舟约载盐十五包,包约四百斤,过滩时通力合作,一舟十馀人立水中推挽而上。舟多妇女,偕诸男子裸跣至股以上,寒冻,两胫之肉皆赤,可闵也。未刻过淳安县,夜至遂安港口,又行数里野泊。

十五日戊寅(2月13日) 雨

早发,午过茶园小泊。自过街口山势大开,过淳安后复渐合,然时间断,不如在徽郡之无一寸平地也。街口以东滩皆碎石,舟行无虞意外。自淳安以上多水舂、水磨,其业甚易致富,吾昔岁行衢港,较此间为尤多也。茶园之山产石绿色,可为园林点缀,上岸访之,闻阑柱几磴皆在杭郡琢造,此但石坯耳。下舟复行,夜泊杨溪,闻岸上龙灯甚闹,始忆元宵佳节,怳然欲涕。

挽槐亭联:

政及民,禄逮养,子克家,君之归复何憾;

行直强,文隽上,识圆妙,吾于世盖罕闻。

十六日己卯(2月14日) 早霁,停午复阴,晡霞如戎菽,夜五鼓大雨彻旦

早发,午至严州府西门泊,市蔬。下午至东关,候吏验毕复行,夜过七里泷,泊泷口。

十七日庚辰(2月15日) 阴,细雨,傍晚霁,月甚皎

早发,巳刻过桐庐县,午过窄溪口,渔舟来市桐鳊,为此邑名品,涤器蒸食,肪厚及寸。夜过富阳县,独坐舟首,月下遥望城市聚落,甚衰于前,追记旧事,泪下如沈。归卧终夜未稳。

钓台六首昨夜过七里泷作

汉庭一卧便言归,千载严陵有钓台。此老胸中无一物,谩

劳贤哲互疑猜。

失笑人间帝制雄,求田心岂异村翁。足加汝腹寻常事,妄道星辰感上穹。

生薄子阳并文叔,但殊文貌不殊情。马援心死严陵笑,物外冥鸿眼自明。

作达江湖老渐忘,收纶随处水茫茫。少年薄有几微憾,误遣名称动帝王。

粉墨优场事本殊,须眉如此岂能污。饶君古义澜翻说,若士云中迹已无。

误人千古是名高,止合空虚一夜逃。我识幽灵千万里,但留顽石听题褒。

过富阳哭姊丈陈槐亭二首

半夜归舟过富春,卧循往事一酸辛。两家涕泪催衰鬓,卌载恩情愧故人。老去犹能留劲直,宦游真欲绝缁磷。凭君莫作寻常看,此是金刚不坏身。

清声甫学九霄抟,丹穴何期老翮残。官久不迁由品在,文如欲语识才宽。生平自许论交阔,死别方知再得难。一瞑千秋君已足,只留独客泪汍澜。

贺新郎并序

咸丰癸丑至丙辰间,姊丈陈君槐亭令富阳,吾兄弟及周氏姊侍先淑人间岁每一来。丙辰之秋,先淑人弃养于是,盖二十有六年矣。周氏姊于光绪乙亥下世。比去冬,先兄卒徽州之屯溪榷场,槐亭卒宁波之鄞县官舍。至亲见存者,惟余及陈氏姊二人而已。辛巳正初吾由屯溪会兄丧归,十七夜过富阳,兵火之馀,邑聚寥落,抚今追昔,泫然涕下。枕上占此阕,以写悲臆。

何处寻陈迹。有山陬、千家夜火，一丸霜月。往事从头重追忆，老泪沾衿欲湿。数不上、年头三十。骨肉凋零馀几在？更沧桑、城郭全非昔。定使我，恨难极。　当年意气干云直。记春江，金尊酒满，玉箫声彻。绿水青山终不改，愧我星星鬓发。难挽住、风流如翼。仗策专城都梦幻，早棋收、残局输赢歇。重过此，为孤客。

十八日辛巳(2月16日)　晴，顺风

舟人竟夜行，早过闻家堰，巳刻到杭州江干闸口泊舟，候津吏验。往榷馆晤族弟子培久谭，以先兄归榇过杭托之。舟复行三里，抵海月桥泊，仍至洪巨成客邸晤方光祖，为赁肩进城。写家信。即发，信局。下午舆行，傍晚至城内豆腐三桥桥名，已见洪容斋《随笔》。沈宏远客邸，解装少息。夜朱蕖卿闻余至，来访久谭。

十九日壬午(2月17日)　阴

早食后市香烛，诣城隍山恭毅府君专祠，叩谒毕，瞻望新祠，前为大门三楹，门北享堂三楹，堂北少西楼五楹，登楼后窗面西子湖，一览可尽，豁人心目。祠自兵燹后，前年任筱沅官浙藩始规复之。大门、享堂依故址，后楼则增拓之。吾郡八邑之人有事皆集于此。实胜举也。

候吴晋壬、唐林，候补府，管江干厘局。刘容生，原名绍沅，今名濬，与余兄弟总角交，别垂三十年矣。官石门知县。皆不值。候朱蕖卿久谭，留晡食毕，同访汤壬山，衣谷之从兄。问衣谷近况，不甚了了，别出返寓。夜有呼余字而至者，声甚熟，既晤谭，始识为陆存陔，祁生先生子，余姊表兄，别亦二十馀年矣。候补通判。叙别后情事，且喜且悲。存陔故笃厚长者，入世久未改，殊可敬。然家学则似稍替矣。二鼓客去。

二十日癸未(2月18日)　雨竟日

早踏泥泞至回回堂肆中吃羊汤饭,此余少年所最喜者。昔能食羊尾二器,今老矣,犹食羊舌片、腰片尽七器,聊可自慰。顾念往时同此乐者,已尽鬼箓,不觉投箸而起,怆然不止。访陆存垓略谭,约夜晤晋壬舍,返寓。晋壬来答候久谭,以发讣诸事托之。下午赵元泽来访,闻朗甫曾向,方官金华守。亦在杭垣。朱蓂卿来访久谭。夜吴晋壬招便饭,同座陆存陔,二鼓归。是日在晋壬处见所藏《乙瑛碑》至精旧。写颖、重两侄信。二十一发,交朱蓂卿代送信局。

二十一日甲申(2月19日)　阴,午后霁

雇归舟成,视奴子结束行李。刘容生来答候,久谭,年五十二矣,有六子四女两孙。其兄子江久殁,亦有子三人。门丁可为盛矣。客去,遂候赵朗甫,答候赵元直,又候秦淡如、湘业,无锡人,向识之,候补道。史靖伯,里人,素不识之,以修恭毅祠,史监作,故候之。候补知县。皆不值。闻金衙庄树石颇胜,遂往游,已倾欹,池水亦涸,无足观者。返过朱蓂卿久谭,蓂卿约蔡公重杭人,甚知余,介蓂卿求见。官某县教谕,善画。来,遂偕登吴山,游青衣洞,石势璘峋,景甚幽折。其前杭人新建阮文达公祠,闬宇颇壮也。饮茗于四景园,吃油酥饼,亦旧时风味。傍晚蓂卿邀同晚饭,余顺访晋壬少谭,后至其家,肴核甚设。蓂卿贫而爱友,夫妇皆病,竭蹶营办,食之不安。二鼓尽别去,坚定明日留游西湖,余不忍𬞟恼之,坚辞未允。复出郑固残石旧拓本及《文献征存录》为余五十寿礼,不得已受之。遂下舟,系无锡快,虽小而洁,乘徽港船后,此如天上矣。

接南阳君十八日信,余自离苏后未得家书,阅之甚慰。

二十二日乙酉(2月20日)　晴

早发,以水小由上塘河行,未刻过临平镇,皋亭山色苍翠满目。

傍晚抵长安坝，过坝泊下河。十里东新桥，五里沈塘湾，四十五里临平镇，二十五里长安坝。

二十三日丙戌(2 月 21 日)　晴

早发，辰过石门县，巳过石门湾，夜抵嘉兴府，道旁三塔寺丹垩一新，以垂暮未入寺，舟泊西门驿前。访朱菉卿之弟萼卿希颖。于嘉兴县仓，少谭。郡守陈六笙，璚，广西人。余旧与同客曾沅甫中丞处，拟访之，适赴会垣，不果返舟。写陈六笙信。即发，送其署。朱萼卿来答访。

二十四日丁亥(2 月 22 日)　晴，大顺风

早发，巳刻过平望镇，午刻过吴江县，未刻已抵苏州府，可为速矣。泊葑门水关口。写六姊信。即发，交周处便人。子宪兄信，寄去讣五十通。同上。魏般仲信。即发，交信局。登岸至周甥家晤诸甥女久谭，始知槐亭于去年十二月十四日下世，灵柩尚在宁波，拟由宁波至杭州择地安葬，以其太夫人茔本在杭也。六姊携细弱先由海道旋常州，于月之十六过此，实儿妇及诸孙随赴常州，须下月方归云。下午访李眉生不晤，访吉如侄不晤。返舟移泊胥门。

二十五日戊子(2 月 23 日)　晴，暖甚，夜大雨

早食毕，移舟阊门，至江春华所开太和油行内，以江怡盛属携之银交付讫。遂由阊门步入城，至观前遣邀薛安林至，同晡食，又同饮茗观中。安林去，余访公武、季垂于花桥巷，谭甚久。公武示宋拓《九成宫》极旧，纸墨皆宋物，锋颖毕露，然气骨殊葸弱，余甚疑之。相传梁溪秦氏重刻，其初拓皆截宋本书眉空纸，捶元明以前古墨拓之，第一本售千金，此殆是矣。傍晚至齐门下舟，公武、季垂皆送余舟中乃去。安林来舟，谭移时去。闻伯厚大嫂于元旦去世，景象狼

狈之至,后事皆安林为之赊贷,可惨!可惨!余勉助以洋银三十圆,然行装已竭,归当筹之耳。

接南阳君二十三日信,又实儿六年十二月初八、廿五两日信,又六姊六年十二月△日信,又方子可表侄六年十二月△日信,又魏般仲六年十二月△日两次信,并寄余寿仪罗缎袍料等。又朱蓂卿廿三日信。

二十六日己丑(2月24日)　阴霾,大风甚寒,夜大雪。昨日衣棉袍犹挥汗,今日遂须重裘,天时甚可畏也

早发出齐门,勉力至蠡口,泊舟守风竟日。

二十七日庚寅(2月25日)　阴,风定雪止

五鼓舟发,晨起推窗,两岸已浩然矣。辰刻过吴塔。写朱蓂卿信。即发,信船。申刻抵家,南阳君、小极尚在床褥,馀均无恙。千里行人,重见家室,回视前尘,真梦寐耳。张楚生来自里门,留榻余家。

接释子静安十二日信,寄《居士传》一部,楼阁咒一轴,佛珠四串。

二十八日辛卯(2月26日)　阴雨

二十九日壬辰(2月27日)　阴

曾君标来候久谭。晚治具觞张楚生。

二月辛卯

朔日癸巳(2月28日)　晴,傍晚复阴晦

曾君静来候,久谭。早食毕,答候曾君表兄弟不晤。次候张纯卿少谭。次候陈钧堂、王椒生,均不晤。次候赵价人久谭。次候冯

质甫、张雨生、季君梅、赵次侯,均不晤。次候杨咏春,并晤李升兰久谭。次候陆涑文不晤。返舍。次侯来访,相俟已久,谭移时别去。子宪二兄为延里人杨晓暹来课内外孙读,是日至,陪谭良久。张楚生旋里去。

接子宪兄正月廿八日信。又仲颖、叔桓两侄正月十六信,告丧也。

初二日甲午(3月1日) 阴

季君梅来答访,久谭。写邓公武信,季垂信。薛安林信,寄去伯厚大嫂奠分三十番,属代致。朱菉卿信,寄去所贷洋银六十元。均即发,交沈高专送。下午设酌请杨晓暹先生饮,是日开馆也。

接邓公武初一日信,接朱菉卿正月廿九日信。

初三日乙未(3月2日) 阴雨

早食毕,答候龙镜帆、翁吉卿、方△△、陆云生、杨鹤峰,均不值。次候杨书城久谭。次候吴珀卿、杨镜泉不值。次答候叶芸伯久谭。次候蔡季蕃,培,本地人,其女月卿拜南阳君为义母,颇往来,兹以为先兄觅宅事托之,故往一行。不晤,返舍。

初四日丙申(3月3日) 阴,夜雨雪,甚寒

初五日丁酉(3月4日) 阴,风寒,夜雪

蔡季蕃来候久谭,允为觅屋。写李少荃相国信,讣兄丧也。初十发,寄苏州交张楚生带交吕定之转递。吕定之信。同发。子宪兄信,寄去汤果卿奠分二元。初六发,信局。魏盘仲信,寄去其兄刚己奠分二元。同上。

初六日戊戌(3月5日) 大雪

检点先兄遗箧书画。

接邓公武初三日信,又朱蒖卿初四日信。

初七日己亥(3月6日)　阴,午后渐霁,有晚照,夜复雪

检点先兄遗箧书画。写颖、重侄信。即发,交江春华代寄。写江春华信。即发,信船。

初八日庚子(3月7日)　阴,夜复大雪

写实儿信。初十发,寄张楚生带北。赵价人来答候,久谭。

初九日辛丑(3月8日)　昨夜大雪,晨起池亭尽如琼玉,而天有霁意

与杨晓暹、子永谭,茗于雪亭。张雨生来答候,少谭。客去,即偕南阳君及诸女赏玩园池。南阳君病甫愈出房,然眺览甚乐,精神为之一旺。下午王椒生来答候,久谭。

初十日壬寅(3月9日)　雨

写张楚生信,寄去携北之件。即发,信船。

十一日癸卯(3月10日)　阴,夜雨

十二日甲辰(3月11日)　天有霁意,夜复雨

十三日乙巳(3月12日)　薄阴

检点天放楼藏字画。

十四日丙午(3月13日)　晴,犹寒

检点天放楼藏字画。

十五日丁未(3月14日)　晴

正月之杪园梅已放,为春寒雨雪所勒,连日晴霁,始见欣荣之象。早食毕,与南阳君观梅于东堂,赏对良久而后返。午刻表侄方子可自毗陵来,将赴两粤制军张振轩之招,绕道存余于虞山,留榻畅

谭彻暮。写族弟长生信。即发,信局。

接族弟长生十三日信。

十六日戊申(3月15日) 晴

同子可、子永棹小舟出北门,吊子谨之殡,余不耐哀痛,俟之道旁茗馆。下午同过咏春久谭归,以小酌饯之。

接六姊△△日信。

十七日己酉(3月16日) 晴

早同子可兄弟食。蔡筑岩来,将导余觅舍屋,坐未定,赵价人同张雨生、季冠三、梁溪人华若溪迪秋子,若汀弟。来访,谭良久去。方子可欲行,送之登舟。甫返,而杨调甫又至。比杨去,始偕蔡筑岩、浦仲宣出看屋数处,皆不能合余意。归途答访曾君静久谭。

十八日庚戌(3月17日) 晴

写邓公武、季垂信,薛安林信。即发,信船。

十九日辛亥(3月18日) 晴

检点天放楼字画。

接汪柳门十八日信。名鸣銮,徽人,居苏,官司业,紫卿九兄之姨甥,往年曾识之,此书以先兄丧来唁也。

二十日壬子(3月19日) 雨

检点天放楼字画毕,凡藏名迹卷△、册△、轴大小△、横轴△、匾△、联五十。夜检点先兄遗箧碑帖。

接邓季垂十九日信。

二十一日癸丑(3月20日) 阴雨

写汪柳门信,邓季垂信。释静安信,寄地藏王象一幅,《心经》一部。均即发,信船。王椒生来久谭。

二十二日甲寅(3月21日)　晴

检点天放楼藏金石拓。

接实儿正月廿一日信。

二十三日乙卯(3月22日)　晴

二十四日丙辰(3月23日)　晴

下午陈钧堂来候久谭。是晚子永赴苏,应杨伯年招课读。

接邓季垂廿三日信。

二十五日丁巳(3月24日)　晴

杨书城来答候,少谭。下午赵次侯、翁吉卿曾纯。来访,久谭。

接秦淡如△日信,唁兄丧也。

二十六日戊午(3月25日)　晴

蔡季蕃来访,以间舍不成来告也。写六姊信,寄槐亭祭幛一、挽联一、忏一日夜。即日发,交宽儿。子宪兄信。同发。次子宽赴里门小试,当夜行。

接邓季垂廿五日信。

二十七日己未(3月26日)　晴

二十八日庚申(3月27日)　晴

早食毕棹小舟答访赵价人,不值。答访赵次侯,适饮客于梅园,强余入座,会者为杨咏春、书城、季君梅、李升兰、华迪秋、张雨生、其兄价人。下午饮毕,仍棹舟归。华迪秋、张雨生来访,余尚未返,遂去。

接张楚生△△日信。

二十九日辛酉(3月28日) 阴,微雨,下午霁

早食毕答访华迪秋、赵价人、张雨生,均不遇。访季君梅,在其圃中小亭久谭。答访蔡季蕃,少谭归。

三十日壬戌(3月29日) 晴

接魏般仲廿六日信。

三月壬辰

朔月癸亥(3月30日) 晴

赵价人、曾君表来谭。

接邓季垂二月三十日信。

初二日甲子(3月31日) 晴

前月为先兄相宅均不能成,决计于静圃之东南造住屋二进,召梓人、圬者与计工费,握算终日,神为之疲。

接六姊二月三十日信,接庄耀采二月三十日信。

初三日乙丑(4月1日) 雨

梓人来议兴作,为绘图与之。

接子永初一日信。

初四日丙寅(4月2日) 晴

写实儿信,即发,交张楚生。张楚生信,即发,信船。秦淡如信,初六发信局。庄耀采信。即发,信局。

接实儿、宽儿二月廿二、三月初一信。

初五日丁卯(4月3日) 晴

写颖、重两侄信。即发,交江春华。子永婿信。即发,信船。邓季垂

信,薛安林信。同发。

初六日戊辰(4月4日) 清明节。阴雨

初七日己巳(4月5日) 薄阴

写宽儿信。即发,信局。

接静安和尚△日信。

初八日庚午(4月6日) 晴

新宅木料运至,赴园点收。

初九日辛未(4月7日) 晴

季君梅、李升兰、曾君表、君静来访,久谭。

接方子可初六日信。

初十日壬申(4月8日) 晴

园花盛开,偕南阳君赏玩终日。

十一日癸酉(4月9日) 晴

赵君修价人子。同其戚马氏、王氏来视余园。

十二日甲戌(4月10日) 晴

接颖、重两侄二月廿七日信,归榇无资,来取也。

十三日乙亥(4月11日) 阴,风寒

早食毕答访曾君表,不晤。出南门至苍浜清凉庵相地,为先兄归殡之所。主僧圆明,常州人,谭甚久。答访李升兰久谭。次至季君梅处,不值。次至杨咏叟处,并晤曾士虎,谭至晡乃归。

十四日丙子(4月12日) 阴,风寒,须衣裘,傍晚微雨

十五日丁丑(4月13日) 晴

写颖、重两侄信,汇寄洋银二百元。十七发,交江春华转寄。

接张楚生十三日信。

十六日戊寅(4 月 14 日) 晴

静圃东隅新宅，卜是日辰初刳木动工。卯刻即起，赴园监诸匠兴作，际暮乃入。

十七日己卯(4 月 15 日) 阴，大风，微雨，甚寒峭，重绵不暖，天令不正，其有灾乎

写江春华信，即发，信船。江培之信。即发，附颖、重信内。吴晋壬信。即发，信局。朱菉卿信。同上。

接子永婿十六日信。

十八日庚辰(4 月 16 日) 晴

监视匠人刳木竟日。

十九日辛巳(4 月 17 日) 晴

监视匠人刳木毕。

二十日壬午(4 月 18 日) 阴雨，大风寒

二十一日癸未(4 月 19 日) 晴

接六姊十九日信。

二十二日甲申(4 月 20 日) 晴

季君梅来访久谭。

二十三日乙酉(4 月 21 日) 晴

宽儿试毕归。实儿妇率诸孙皆归。

接子宪兄初九日信。

二十四日丙戌(4 月 22 日) 晴

洪廉甫镔，歙人。来访，久谭。

二十五日丁亥(4月23日)　晴

曲阜人孔桂轩来,得旧拓《受禅表》一册,厥价银四饼。

接吕定之二十三日信。

二十六日戊子(4月24日)　晴

送诸孙从杨晓暹读。

二十七日己丑(4月25日)　晴

写六姊信。即发,信局。宪兄信。同上。魏般仲信。同上。

二十八日庚寅(4月26日)　阴雨

二十九日辛卯(4月27日)　阴

四月癸巳

朔日壬辰(4月28日)　晴

东堂之东两梅圃之际,植两石如人形。北石状老叟抚接小儿,题之曰“石丈”,南石状小儿索抱,题之曰“石儿”。环之以牡丹佳种十本。两石之西正中者为范阳红,两石之东正中者为清河白,两石之东北为魏紫,西南为淇绿,西北为柳墨、为瑞珠。此六种特异。馀紫、白各种又四品,亦非市上恒有者。

初二日癸巳(4月29日)　晴

写邓季垂信。初三发信船。

接宗湘文三月廿五日信。

初三日甲午(4月30日)　晴,天色甚暖,有夏意,夜雷雨

与南阳君等出观牡丹。

初四日乙未(5月1日) 薄阴,天色复寒如仲春

写曾沅浦信。即发,马递。宗湘文信。即发,信局。金鹭卿信。同上。金苕卿信。同上。吕定之信。即发,信船。

接陆小丰△月△日信,又金苕卿三月廿二日信。

初五日丙申(5月2日) 薄阴,夜雨

早食后出北门访次侯,久谭。归途顺过咏叟,并晤曾士虎,又久谭,晡返舍。

初六日丁酉(5月3日) 阴雨

初七日戊戌(5月4日) 阴雨

接邓季垂初六日信。

初八日己亥(5月5日) 阴雨

接吕定之初六日信。

初九日庚子(5月6日) 阴

初十日辛丑(5月7日) 晴

新宅定今日巳刻破土夯筑,积阴一旦豁然,仰承天祐,不胜忭跃。是日在工次监督竟日。

十一日壬寅(5月8日) 晴

十二日癸卯(5月9日) 晴

十三日甲辰(5月10日) 晴

连日督工,日数十人,筑址已定,梓人为栋梁枅柱皆备,明日上梁之期可以从容就事矣。

接魏般仲初十日信。

十四日乙巳(5月11日)　晴

择今日巳刻新宅前后进同时上梁,值辛巳年、癸巳月、乙巳日、辛巳时,地支一气,又吉曜重重,两家年命均合,甚为希有。是日卯初即起,盥洗毕,赴工次先具朝食铺诸工作,遂立柱架梁,至巳正升脊栋讫,乃返内。王椒生来访久谭,亦以所择日、时为甚吉。

十五日丙午(5月12日)　晴,下午微阴

棹小舟出南门,至清凉庵停殡之所,区画接搭篷厂诸事,午刻归。写邓季垂信,即发,信船。薛安林信。同上。

接邓季垂十四日信。

十六日丁未(5月13日)　阴雨

接张楚生△月△日信。

十七日戊申(5月14日)　雨

十八日己酉(5月15日)　雨

十九日庚戌(5月16日)　晴

二十日辛亥(5月17日)　晴

二十一日壬子(5月18日)　晴,骤燠至不胜单袷

二十二日癸丑(5月19日)　雨,骤寒,重绵不温

二十三日甲寅(5月20日)　阴雨,风寒

接徐悦庭十六日信,寄到汉跳山石刻,并数纸索书。

二十四日乙卯(5月21日)　阴

二十五日丙辰(5月22日)　雨

写子宪兄信,即发,信局。子培弟信。同上。徐悦庭玉瓒,常州人,

实儿之友。信。同上。郭汝雨、汪凫舟信。即发,信船。

二十六日丁巳(5月23日) 晴

二十七日戊午(5月24日) 晴

季君梅、赵次侯来访,观先兄遗箧书画,午刻至,留晡食后各携数种去。

接李眉生廿五日信。

二十八日己未(5月25日) 晴

二十九日庚申(5月26日) 晴

早食后答访曹镜涵,少谭,又访张纯卿不值。又访赵价人,看新作书斋。又答访王椒生,又答访季君梅,均久谭。又访杨咏叟,谭甚久,日下舂乃归。

三十日辛酉(5月27日) 晴

赵次侯同其子坡生来观画,自午至晡,留小餐,仍携数种去。

五月甲午

朔日壬戌(5月28日) 薄阴

写李眉生信,即发,信船。吕定之信。同上。赵价人来访久谭。

初二日癸亥(5月29日) 晴

接邓公武初一日信,寄闽省所造枣糕一匣,乃贡品也,隽折有味。

初三日甲子(5月30日) 晴

子永由苏解馆归。

初四日乙丑(5月31日)　晴

接吕定之初三日信。

初五日丙寅(6月1日)　晴。天中节

荐角黍于先祠如故事。

接李少荃相国四月廿五日信,寄先兄赙仪白银二百两。

初六日丁卯(6月2日)　晴

写李相国信。初八发,交信局寄上海招商局。

初七日戊辰(6月3日)　晴

初八日己巳(6月4日)　阴雨,夜有月

初九日庚午(6月5日)　晴

东堂之前去冬植藤花甚巨,今春不芽,以为萎矣,至昨怒叶茁发,数日已成绿阴,为之喜悦不已。

初十日辛未(6月6日)　晴

积所得彝器拓本装成巨册,自以隶写定之,五日竟。

接李眉生初九日信。

十一日壬申(6月7日)　薄阴,有微雨,有日

早食毕答访次侯,赁舆不至,遂拿小舟以往,主人方会客樗蒲,少坐返。访咏叟久谭,晡归。

接子佩弟初六日信。

十二日癸酉(6月8日)　晴

先兄归榇久不至,行资去已五十日矣,亦无复书,为此焦灼,拟明日赴苏询寄资人江春华,并携遗箧乞售于人。写李眉生信。即发,信局。张吉生肇鼎,楚生之弟。自里来,来访久谭。

十三日甲戌(6月9日) 晴,甚暑

苏行已具舟,不得改也。早食毕答访张吉生不值。下午与子永同舟赴苏,夜泊吴塔。

十四日乙亥(6月10日) 晴

晨发,午初至齐门。访季垂久谭,又访安林少谭,又访公武久谭。至暮余下舟,子永赴馆去。夜安林来舟。

十五日丙子(6月11日) 阴,午间雨

写南阳君信。即发,信船。昨约子永、季垂晨至,同游虎阜,舟行过阊门而西,泊斟酌桥下,冒雨至花市观花良久,雨益甚,不及登山,回过刘园,同入园茗坐清谭。下晡两人去,余舟过访江春华,询屯眷消息。据云会款已到,未知迟行之故。仍不得确信,为之惘惘。夜泊胥门,约装潢家朱南云来舟一谭。

十六日丁丑(6月12日) 晴,炎暑

早食毕,登岸入胥门访龚念匏、朱菉卿。龚奉差出,朱留杭未至。午下舟,移泊葑门,至周甥家谭良久。又过李眉生久坐。夜归舟中,尽撤窗槛,凭舷而坐,二鼓尽乃卧。

十七日戊寅(6月13日) 晴,炎暑如昨,小舟局促,不啻甑中坐也

早作书与李眉生,以先兄所遗渐江道人《天都峰图》、明万历五彩磁笔海、明以来歙诸家造墨、张鸣歧熏炉等售与之,价洋银饼五百五十馀元,差不负已千苦耳。李又以苏髯真迹大卷见示,书《次伯固韵送叔师奉使岭表》诗五百许字,字大如钱,笔势沉酣,黄色粉笺已剥蚀,而笔笔所到,墨沈深透胶固,纸为之坚,反完善于四周,洵异宝也。下午舟返齐门,泊原处,访邓公武,季垂亦在,久谭。夜归,安林

来舟。写南阳君信。即发,信船。写颖、重两侄信。即发,信局。

十八日己卯(6月14日)　阴,晨有雨,渐止,复见日色,气候凉爽

早食毕,安林至,同棹小舟至程公祠园榭一游,茗坐良久。同至观前阅市,见元管夫人绣十八应真,精丽之至。后有中峰和尚跋,盖吴兴夫妇皆皈依中峰禅席,绣册供养寺中,而中峰为说缘起也。字亦沉雄有概。又过顾氏园延眺,顾饶书画,斥其中次者设肆园中鬻之。见清湘老人册十叶、傅青主册八叶山水皆善。下午仍棹小舟归。夜季垂来久谭。

十九日庚辰(6月15日)　阴,甚凉爽

早食毕,安林为赁舆至,访费幼亭一谈。次至子永馆中少坐。次访吴平斋,久坐留午食,导游其屋东小园,有枫甚老,斋室颇轩,张设无不精善。出徐天池墨笔山水、花草、人物册共三十六幅见示,用笔奇崛,生机鼓荡,想见其人胸次。又明周恭肃名用,字行之,山水十馀帧,卓然大家,皆墨林罕购之品也。又访金鹭卿,时从昆山调任吴县之官未久也。又访任毓华不值。又访李眉翁久谭。又至周甥处久谭,返舟。写南阳君信。即发,信船。

接南阳君十六、十八日信。

二十日辛巳(6月16日)　晴

晨约安林至,仍棹小舟到阊门肆中买物,为次儿来岁当授室也。午餐毕,同访子永,与至玄妙观茗饮,遇陆云生。晡归,过公武久坐,返舟。安林来,季垂来,三鼓乃去。

二十一日壬午(6月17日)　晴,顺风

江春华来访久谭。又至公武处,召装潢人来议整理先兄遗画,

谐价既定，返舟。未刻解维旋虞，遇顺风，酉过吴塔，亥初抵家。

二十二日癸未(6月18日) 阴雨

下午汤伯温自里门来，久谭留饭，并邀其同舟杨凤来亦里人，早年识之。至余静圃。二鼓去，冒雨送之登舟。

二十三日甲申(6月19日) 阴

下午张吉生来。

二十四日乙酉(6月20日) 阴

写李眉生信，寄去碑帖、陈墨。即发，信船。吴平斋信。同发。

二十五日丙戌(6月21日) 阴。夏至

合祀先祖如礼。晡召张吉生、曹镜涵、子永等共馂。傍晚客散去。

二十六日丁亥(6月22日) 薄阴

午后赴赵价人招饮，其书屋名“碧芙蓉馆”，庚申毁于贼，今岁重就故址建之既成，召客以落之也。客李升兰、季君梅、杨滨石、胡雪岑、钱玉舫、魏葆卿，在庚申前皆曾游谯此屋者。价翁属余题楹，因为作一联。傍晚饮散归。

接魏般仲廿一日信。

碧芙蓉馆联：

廿年华屋更开筵，喜旧雨皆来，故园重辟；

一角青山仍向我，有深杯待月，绮席当花。

二十七日戊子(6月23日) 阴

写颖、重两侄信。即发，交木行便人。

二十八日己丑(6月24日) 大雷雨

池荷始开。

二十九日庚寅(6月25日)　薄阴

新屋告成,是日作灶。写周甥女信,薛安林信。即发,信船。

六月乙未

朔日辛卯(6月26日)　晴

早食毕,访曾君表久谭。遂访杨咏叟,谭至下晡乃归。得胡克家番宋本《文选》一部,明板《古史》一部,抄本《酌中志》一部,《宛邻书屋丛书》一部,《学津讨原》零种若干种,共值银饼十七枚。

初二日壬辰(6月27日)　晴

初三日癸巳(6月28日)　晴

赵价人、曾君表来访久谭。

初四日甲午(6月29日)　早雨旋霁。夜有彗星出井、鬼二宿分度,扫紫微垣北门文昌内阶之位,芒不甚长,不入垣耳

接周甥女初三日信。

初五日乙未(6月30日)　晴

初六日丙申(7月1日)　晴

初七日丁酉(7月2日)　晴,午前酷暑,午后大风雨,旋霁

早至曾伯伟家吊其子丧。写邓公武信,季垂信。即发,信船。缪少初萼联,本地人,河南伊阳县知县。来候,久谭。

初八日戊戌(7月3日)　阴

初九日己亥(7月4日)　大雨

南阳君降日,家人称贺。下午食汤饼毕,坐池上良久。适得颖

侄信,以重侄大病不能成行,不胜焦闷,气机甚窒。又以饮茗过多,夜洞泄数十行,至丙夜觉四肢抽搐麻木,自知脾阳大败,恐有气脱之险,遂饵参少许,始觉稍定。

接颖侄五月十五日信,又李眉生初六日信。

初十日庚子(7月5日) 阴

晨起泄利一二行,身痛如被捶击。

十一日辛丑(7月6日) 晴

疲困犹昨。方子耿元徽表兄次子。来自里门。

十二日壬寅(7月7日) 晴,夜月甚皎,凉如深秋

是日始食干饭。午间勉出与子耿谭。

十三日癸卯(7月8日) 晴,时有雨

池荷甚盛,不减去年。与南阳君出,坐南北亭良久,然两足犹疲软不随也。

接邓季垂十一日信。

十四日甲辰(7月9日) 雨

写颖侄信。即发,专沈高去。江培之、汉三信。同发。吕定之信。即发,寄般仲处。魏般仲信。即发,信局。李眉生信。即发,信船。朱蓂卿信。即发,交沈高。薛安林信。同上。

十五日乙巳(7月10日) 晴

十六日丙午(7月11日) 晴。连夕月甚皎

早食后出候龙镜帆邑侯,不晤。又候叶芸伯副将久谭。又答候缪少初久谭。遂访濠叟,晡归。

接费幼亭十三日信,又刘云樵十三日信。

十七日丁未(7月12日)　晴,酷暑

接邓公武十五日信。

十八日戊申(7月13日)　晴,酷暑

十九日己酉(7月14日)　晴,酷暑

二十日庚戌(7月15日)　阴,大风雨

迪甫叔辞去,旋里。

二十一日辛亥(7月16日)　大风雨

二十二日壬子(7月17日)　阴,风雨

二十三日癸丑(7月18日)　晴,傍晚有雨阵

二十四日甲寅(7月19日)　晴

写费幼亭信。即发,信船。刘云樵信。即发,交陈处。王霍生信。即发,交邬洪。陆小峰信。同上。

接周甥女△日信。

二十五日乙卯(7月20日)　晴

释静安自苏来访久谭,留榻南亭。写子永信。即发,信船。

接吕定之二十四日信。

二十六日丙辰(7月21日)　晴,酷热,寒暑表九十五分

夜与静安上人谭。

二十七日丁巳(7月22日)　晴,酷热

二十八日戊午(7月23日)　晴,酷热

终日裸袒,挥汗如雨,不能为一事。静安旋苏去。

二十九日己未(7月24日) 晴,夜三鼓风雨,旋止

接子永婿二十八日信。

三十日庚申(7月25日) 晴,酷热如故

写定之信。即发,信船。抱芳阁书肆主鲍叔寅来,南监本宋、齐、梁、陈、隋、北魏、北齐、北周、南史、北史、唐、五代、宋、辽、金、元史十六种,价洋银七十元。苏板《佩文韵府》一部、顾刻《古文苑》一部、陈刻《通鉴纲目》一部,价洋银五十元。

七月丙申

朔日辛酉(7月26日) 阴,暑势稍杀

下午访濠叟,闻有恙故也,少谭即归。

初二日壬戌(7月27日) 晴

初三日癸亥(7月28日) 晴,酷热如前

初四日甲子(7月29日) 晴

昭文邑侯陈钧堂欲来观荷,因卜是日延之。下午与王椒生先后至,饮至初鼓乃去。

接陆小峰六月十六日信,又吕定之初三日信。

初五日乙丑(7月30日) 晴热弥甚

初六日丙寅(7月31日) 晴

初七日丁卯(8月1日) 晴,热不可耐,下午大风雨

冯质甫来久谭。

初八日戊辰(8月2日)　晴，午后复风雨，旋止

子顺旋毗陵，以元徵师之配赵宜人病亟也。是早行，午间得里门信，已于初五去世矣。

接朱菉卿六月△日又三十日两次信。

初九日己巳(8月3日)　晴

写朱菉卿信，寄赠景龙钟铭一纸。即发，信局。浦仲宣旋无锡去。

初十日庚午(8月4日)　晴

十一日辛未(8月5日)　晴

赵价人来访，少谭。馆师杨晓暹以母病旋里去。先是食客甚多，席几不容，奴僮求事者亦坌至，一月以来先后尽去，门庭阒然，亦足笑也。

十二日壬申(8月6日)　晴

下午缪少初来谭。

十三日癸酉(8月7日)　立秋。晴，午后有风雨，旋作旋止，夜月较皎

招咏春及诸同人赏荷月，咏春辞疾，至者惟次侯及二曾，饮甚欢，二鼓乃去。

接实儿六月十二日信，又赵衡平六月廿八日信。

十四日甲戌(8月8日)　晴，虽已入秋而炎歊益甚

得抄本《广阳杂记》于张纯卿，值银五两。子永自苏州归。

十五日乙亥(8月9日)　晴

写吴平斋信。即发，信船。下午疾作，寒热如疟，中夜乃解。

十六日丙子(8 月 10 日) 晴

是日疟仍作,较轻于昨。赵次侯为作缘,得颖井真本《黄庭》、《兰亭》,《黄庭》有勾填处,《兰亭》则甚精。其值三十二银饼,可谓昂矣。

十七日丁丑(8 月 11 日) 晴,暑甚

当午烦燥,仍剖瓜食。下午疟至,寒甚于热。

接颖侄初五日信,知沈皋已至,月内可扶榇成行归虞,为之一慰。

十八日戊寅(8 月 12 日) 下午风雨,微有凉意

是日寒热不至。

十九日己卯(8 月 13 日) 晴

子永旋常州。浦仲宣来。

二十日庚辰(8 月 14 日) 晴

二十一日辛巳(8 月 15 日) 晴。连日均有小风雨,而秋暑仍炽

余疾虽寒热不作,然中满阻食,不更衣。夜卧烦燥,必数起,湿热之为患如此。以无医,终不服药。

二十二日壬午(8 月 16 日) 晴

接吴平斋廿一日信。

二十三日癸未(8 月 17 日) 晴

二十四日甲申(8 月 18 日) 晴

始出户小步,意尚恶风。

二十五日乙酉(8 月 19 日) 晴

二十六日丙戌(8月20日)　晴

二十七日丁亥(8月21日)　晴

二十八日戊子(8月22日)　晴

二十九日己丑(8月23日)　晴

三十日庚寅(8月24日)　晴

闰七月

朔日辛卯(8月25日)　晴

疾渐平,气犹绵惙。

初二日壬辰(8月26日)　晴,下午大风雨,暑气稍涤

初三日癸巳(8月27日)　晴,夜大风雨

写吉如侄兄弟公信,即发,交来足。谢其专人送先兄赙仪四银饼也。

初四日甲午(8月28日)　大风雨,骤凉如暮秋。昨裸袒犹不胜,今可御薄绵,天令不正如此,可畏也

初五日乙未(8月29日)　阴,犹风

初六日丙申(8月30日)　晴

初七日丁酉(8月31日)　阴,有雨

初八日戊戌(9月1日)　晴

初九日己亥(9月2日)　晴

初十日庚子(9月3日) 晴,夜月甚皎,半夜有雨

十一日辛丑(9月4日) 晴

写吴平斋信,寄栗二篓。即发,信船。李眉生信,寄去《道因碑》、黎萠册、王梦楼册。同上。

十二日壬寅(9月5日) 晴

十三日癸卯(9月6日) 晴,风

前疾愈已数日,而目眚复作。鲍叔文来荐裱褙人严慎生。

十四日甲辰(9月7日) 晴,秋暑复炽,夜雨

裱褙人严慎生来。

十五日乙巳(9月8日) 晴

午刻祭谢土神,以屡兴工作故也。

十六日丙午(9月9日) 晴

接吴平斋十四日信,寄太室埙拓本二品,铭七字,一阳款,一阴识。古陶器阅二千馀年不毁,诚绝品也。

十七日丁未(9月10日) 晴

十八日戊申(9月11日) 晴

十九日己酉(9月12日) 风,时雨时霁

二十日庚戌(9月13日) 晴,风

鲍叔寅来,以《经义考》、《亭林十种》、《杜诗愚得》、《啸堂集古录》、《铁网珊瑚》、《墨池编》、《金石契》、《济南金石志》、《文房肆考》、《潜研堂金石跋尾》共十种来售,价洋银三十元。

接邓公武十七日信,又邓季垂△△日信。

二十一日辛亥(9月14日)　晴,风,傍晚雨

下午,赵价人、杨书城同翁小山曾桂,湖南衡州府。来观余园,坐久乃去。

接方子可十一日信,已自粤旋里,讣其母赵宜人之丧也。

二十二日壬子(9月15日)　晴

写吴平斋信。即发,信船。方子可信,寄表嫂方宜人奠分四元。廿三发,信局。

二十三日癸丑(9月16日)　雨

得唐咸通五年张万迪造象一小册,颇精,值洋银一元半。

二十四日甲寅(9月17日)　晴

写邓公武、季垂信。即发,信局。

接邓季垂廿二日信,又李眉生二十日信。

二十五日乙卯(9月18日)　雨

写实儿信,即发,寄津交哲如。赵慰卿信,同上。哲如侄信。即发,信局寄津。任筱沅信,贺其升山东巡抚之喜,并谢送寿屏。即发,附实儿信内。宽儿赴江阴院试。

二十六日丙辰(9月19日)　雨

监视裱褙严生托诸古金拓本。

二十七日丁巳(9月20日)　雨甚

赵价人来谭。

二十八日戊午(9月21日)　雨

赵次侯来久谭。

二十九日己未(9月22日) 雨

得孙月峰书画跋,跋于抱芳阁,值洋银两饼。

接宽儿廿七日信。

八月丁酉

朔日庚申(9月23日) 晴。秋分节

午后合祀先祖如礼。

接方子可闰七月廿六日信。又吴平斋闰七月廿七日信,寄来古埙拓文又一品,别瓦登等拓廿九品,古印拓十品。

初二日辛酉(9月24日) 晴

监视托诸钟鼎文毕。写李眉生信,吴平斋信。薛安林信,寄去钟表、帽子。即发,信船。

初三日壬戌(9月25日) 晴

早食毕答访赵次侯及价人,均不值。访濠叟问疾,疾甚笃,痰喘昏瞀不知人,为之怆然。写魏般仲信,寄去新栗等。即发,信船。

初四日癸亥(9月26日) 晴

写六姊怡,寄去新栗等。即发,信局。

初五日甲子(9月27日) 晴

闻濠叟疾益笃,亟往探,其家人围绕床下,良久不得见乃归。未移时而凶耗至。余自北归居虞七年,能共谈者一人而已,今兹契阔。濠叟年七十无可悲,顾余之索居为自嗟耳。

初六日乙丑(9月28日) 晴

傍晚往哭濠叟,搴帏失声,泪不可制,良久乃出。晤庞昆圃、赵

价人、次侯、翁吉卿、曾士虎诸人,吊者殊寥寥。戌刻大殓后乃返,胸次作恶,夜卧不稳。

初七日丙寅(9月29日)　晴

初八日丁卯(9月30日)　晴

初九日戊辰(10月1日)　薄阴

接六姊初八日信。

初十日己巳(10月2日)　阴

宽儿小试不售,偕子顺等归自澄江。写十叔父信,寄去九叔奠分十元。即发,信局。李眉生信。即发,信船。族侄定保来自常州,留榻。

接程尚斋六年十二月△日信。

挽杨咏春联:

劬学信殊恒,由八体以彻六书,理董犹能惊叔重;

赏音良不易,纵千年而横万里,卮言无复遇蒙庄。

十一日庚午(10月3日)　晴

同定保谭,夜去。

十二日辛未(10月4日)　晴

十三日壬申(10月5日)　晴,夜月甚皎

下午赵价人、曾君表、庞伯深昆甫之子。及江阴陈聘臣子蕙之子。来访,久谭。

接邓公武初十日信,又魏般仲△日信。

十四日癸酉(10月6日)　晴,夜月甚皎

连夕皆与家人玩月池上,夜深乃返寝。

十五日甲戌（10月7日） 阴，细雨，夜无月

写邓公武信，即发，信船。薛安林信，同上。魏般仲信。即发，信局。晚荐月饼于先祠，家人称贺如故事。

十六日乙亥（10月8日） 阴，细雨

十七日丙子（10月9日） 晴

十八日丁丑（10月10日） 雨

十九日戊寅（10月11日） 雨

接赵元泽七月十八日信，又雷震初△△日信。

二十日己卯（10月12日） 雨

二十一日庚辰（10月13日） 雨

二十二日辛巳（10月14日） 雨

接颖侄十二日信，云已于初十离屯溪，时不接书又二月矣，得问稍慰。

二十三日壬午（10月15日） 晴，下午复晦

二十四日癸未（10月16日） 雨

接子永婿△△日信，又朱菉卿初六、廿三日信。

二十五日甲申（10月17日） 雨，午有霁意

写子永信，即发，信船。颖、重二侄信，即发，信局。朱菉卿信。即发，信船。

接实儿闰七月廿五禀，又任筱沅闰七月十八日信。

二十六日乙酉（10月18日） 晴

早食后访次侯久谭。次访君梅亦久谭。次访吴珀卿、杨少泉，

各少谭。次答访杨书城、翁吉卿,均不值。

二十七日丙戌(10月19日)　晴

乡人小舟求售,以洋银二十五饼易之,为游行之助。

二十八日丁亥(10月20日)　晴

二十九日戊子(10月21日)　晴

三十日己丑(10月22日)　晴

九月戊戌

朔日庚寅(10月23日)　晨雨,午后霁

以殿板前、后《汉书》易得赵次侯所藏元板《后汉书》,与旧藏元板《前汉书》合成一部。写颖侄信。即发,信船。

接颖侄八月廿七日信,已过杭城,不日可抵苏。又子永婿△日信。

初二日辛卯(10月24日)　晴

下午王椒生来访,久谭。

初三日壬辰(10月25日)　晴

早食后棹舟出城,至清凉庵停殡所视篷厂等事。薛安林自苏来。

接颖侄初二日信,已抵苏州。又邓公武初一日信。

初四日癸巳(10月26日)　晴

冯质甫来。迪甫叔来自常州。午刻先兄灵榇舟至南门步头,遂

赴舟哭迎毕,见嫂氏、诸侄。余先择今日及初七吉期,请嫂氏入居新宅,以时甫及午,商定移眷舟至西门便于登陆。酉刻全眷皆至,行李布置亦毕,房宇宽厂,嫂氏以下皆喜,余亦为之心慰。

初五日甲午(10月27日) 晴

定初七日迁殡清凉庵,先遣人往照料陈设。是日讣告知友。薛安林夜去。

初六日乙未(10月28日) 晴

午刻赴殡宫躬视诸务。方子顺、浦仲宣、宽儿皆往。外客至者为曹镜涵、杨少泉。傍晚客位及殡屋陈设皆毕乃归。

初七日丙申(10月29日) 晴

寅正即起,偕宽儿、子顺、仲宣食毕,天欲明,同至榇舟,请灵榇登陆,仪从导至殡宫。辰初奉安讫,吊客渐至。官自邑宰陈钧堂等,邑中耆旧自季君梅、赵价人等皆来设奠。午刻家祭,哭尽哀。申刻教颖侄自题神主,遂奉主入于新居,虞祭礼成。客散,时已酉刻。

初八日丁酉(10月30日) 晴

初九日戊戌(10月31日) 晴

初十日己亥(11月1日) 晴

早食毕,候谢吊客之与先兄不相知者。晤赵价人久谭,下午归。

十一日庚子(11月2日) 阴,微雨

颖侄妇胡氏举一子,锡名新兴。

接张楚生初十日信。

十二日辛丑(11月3日) 阴,晚晴月皎

十三日壬寅(11月4日) 阴

十四日癸卯(11月5日)　阴

接周再甥十一日信。

十五日甲辰(11月6日)　晴

接胡子继初五日信。侄妇胡氏之父，名培系，绩溪人，官宁国教谕。

十六日乙巳(11月7日)　晴。立冬

接子卿、靴之族兄十五日信，寄先兄奠分二元。

十七日丙午(11月8日)　晴

题卫铸卿《东海归帆图》

击楫横流事已赊，扣舷归去老桑麻。书生自有乘桴志，不是人间博望槎。

十八日丁未(11月9日)　晴

黎明起，至濠叟家作吊，并为陪客，下午归。

十九日戊申(11月10日)　薄阴

丁孟舆同方，听彝之子。及其弟遇元、吴□□、勖仲之孙，席珍之子。赵棣威朗甫之孙，仲固之子。自里门来见候，久谭而去。

二十日己酉(11月11日)　雨

欲答候丁、吴诸人，以雨不克往。

二十一日庚戌(11月12日)　阴

写子卿、靴之两兄信。即发，信船。

二十二日辛亥(11月13日)　阴

接魏般仲十八日信，又张子嘉十九日信。不知其人，疑是张倬云之子。

二十三日壬子(11 月 14 日) 晴

二十四日癸丑(11 月 15 日) 晴

二十五日甲寅(11 月 16 日) 晴

曾君静来候少谭。

二十六日乙卯(11 月 17 日) 晴

答访曾君表、君静兄弟,不值。

二十七日丙辰(11 月 18 日) 雨

写实儿信,寄去志局各件。即发,信局,寄交哲如。哲如信。即发,信局。

二十八日丁巳(11 月 19 日) 雨,初寒,始衣皮

题华氏《世守芝石图》为华迪秋作

迪秋十四世祖当明成化间生孙,有濮隐士作此图以赠贺,图久亡失。光绪戊寅,迪秋得之,是年亦生孙,征同人题咏。

世德百年觇世守,清门奕代有清才。莫怜缣素如飞叶,亲见高曾矩矱来。次卷中徐昌穀题句韵。

矫矫当年烈士风,墙东归去老君公。九英方作人间瑞,把卷含饴乐未终。次卷中唐子畏题句韵。迪秋早年从军。

婆娑老子钱为骨,婉娈文孙雪作肤。合节征祥十四世,君家真有玉麟符。次卷中文湛持题句韵。

二十九日戊午(11 月 20 日) 晴,甚寒

三十日己未(11 月 21 日) 晴

(以上《能静居日记》四十七)

十月己亥

朔日庚申(11月22日)　　晴

拟偕南阳君为姑苏之游,是日命具舟。季君梅生日往贺,并答候叶云伯、汤少愚,晤汤少谭归。

初二日辛酉(11月23日)　　阴

初三日壬戌(11月24日)　　阴,大风

舟具欲行,以风不果。傍晚始偕南阳君挈妾冯酥、幼女秾棹小舟出城登吴船。

初四日癸亥(11月25日)　　晴,顺风

黎明舟行,申初抵苏州,泊新桥上岸,访邓树人、季垂不值,访邓公武亦不值。坐候良久,公武偕其两弟皆归。薛安林闻余至亦来,又久谭。与安林至其家少坐,步返舟。南阳君至其弟树人、季垂家,二鼓尽始返。写宽儿信。即发,信船。

初五日甲子(11月26日)　　晴

早食毕棹小舟到玄妙观后上岸阅市,约子永来,同饮茗观中良久。安林至,属少坐,余与子永晡食市楼,仍到茶室,少选公武来,傍晚仍棹舟返新桥。南阳君挈女秾到其弟公武家,二鼓尽始返。

初六日乙丑(11月27日)　　阴,细雨

早舟行,绕阊门至山塘,冒雨入花市,得老梅一、黄杨一、虎刺、六月雪各一,皆古致历落可喜。下午移舟刘园,偕南阳君等游观良久去之,傍晚泊胥门外。

初七日丙寅(11 月 28 日) 阴,午后雨

早食毕,上岸行入胥门,约朱菉卿饮茗肆中,谭良久。午刻赁小舟至临顿路上岸,到安林家,呼装潢人陆生来,付卷册轴二十馀件,谐价至暮始毕,饭安林处。时座舟已移娄门内,雨甚,舆下舟。南阳君是日过葑门周甥寓中,即返。

初八日丁卯(11 月 29 日) 晴

早食毕偕南阳君、妾冯酥、女秾游于吴园,周观良久返舟。余别易舟,以原舟送南阳君返虞,未刻行。下午安林来,舟移泊坛子河。下午赴邓公武兄弟招饮,子永亦在座,二鼓返舟。

接宽儿初五、初七日两信。

初九日戊辰(11 月 30 日) 晴,旋阴晦,下午雨

早食毕,树人来舟,安林亦至。树人去,同安林上岸阅市,看寿材数处,午后饮茗于顾氏园归。晡食毕,写家信。即发,信船。傍晚过树人、季垂久谭,二鼓归。

初十日己巳(12 月 1 日) 阴

早食毕,赁舆至子永馆中少谭。次访吴平老,托以代售先兄贞明遗物。平老出示潘郑庵尚书复信,以余为考释古埙文字极为推服,云学人之言,无一字不确,并欲以古拓见遗,殊愧佩之。平老新得唐人廓填晋贤墨迹,系青麻阔帘纸,古色黝然,有“绍兴”二小玺、“缉熙敬止”玺、“贾氏”曲脚长字印,朱泥灿烂,厚堆纸上,至字迹则未见大过今人处。首有渊如先生题签,末有张叔未跋,皆云贾秋壑模本,余谓诚出贾手,安得有绍兴玺,两贤评唱,殊不足信。而稽之纸色、印色,决非宋以后物,盖唐人仿书至多,固不必尽善也。平老深韪之。别平老,遂访眉生,病尚未愈,延余卧室久谭乃出。至周甥

家,又久坐,舆返舟晡食。夜安林来谭。写家信,即发,信船。浦仲仙信,同发。魏般仲信。即发,信局。

接宽儿初九日禀,又浦仲仙同日信。

十一日庚午(12 月 2 日)　晴

午错安林来舟,同上岸看寿材数处。安林有事去,余过公武久谭返舟。写家信。即发,信船。夜安林来,树人、季垂来,二鼓尽乃去。

接南阳君初十日信,又般仲初七日信。

十二日辛未(12 月 3 日)　阴雨

安林来即去。写吴平翁信,交以先兄遗箧书画。午至邓公武处,邀其弟树人、履吉、季垂同到观前文乐园酒肆小酌,并邀子永至,饮毕冒雨归。复在公武家、安林家各少坐,返舟。

接宽儿十一日来禀。

十三日壬申(12 月 4 日)　晴

写浦仲宣信,即发,附家信。宽儿信。即发,信船。亭午移舟山塘,上岸观览,平桥野水,夕照灿然,甚以为美。买盆梅三株,复移至胥门泊。

十四日癸酉(12 月 5 日)　雨

早食毕,冒雨登岸,饮茗市楼,约朱菉卿来久谭,下午别去。舟仍移阊门,泊桃花坞。写家信。即发,信船。

接南阳君十二日信。

十五日甲戌(12 月 6 日)　晴

早食毕安林来,同至金昌肆中,观寿材数家,饮茗市楼。下午返舟,移泊坛子河。夜季垂来久谭,二鼓尽乃去。

接宽儿十四日来禀,又浦仲宣同日信。

十六日乙亥(12月7日) 晴

早食后访费幼亭,并晤其子屺怀久谭。汪柳门鸣銮。亦至,又少谭别去。访吴平斋久谭,谆托书画求售之事。平老出示宋拓《麻姑坛记》,闻余有跋数百字,属为录之。次答访郭汝雨不值。次访任毓华不值。遂归舟饭毕,至安林家,并晤季垂,少坐各散。至舟中,写家信。即发,信船。夜季垂来久谭,二鼓尽去。

接宽儿十五日来禀。

十七日丙子(12月8日) 阴

早食毕,安林来舟,同上岸至观前护龙街书肆、骨董肆,得大德本《汉书》,其值银五饼。又汉铜大洗,中有"宜侯王"三字,其值银十二饼。约子永同来饮茗于市楼,少选安林去,余与子永过任毓华,观其新宅。下午步返舟,疲甚。

十八日丁丑(12月9日) 晴

舟人欲嫁女,不能留客,遂复易一舟,较焕美。挈装过舟,泊拙政园门外。写高碧湄信欲发,安林至,云高已前日卒矣,为之怅然。余初识之彭泽军中,至今凡二十六年,为人有才气,喜事内热,始以举人从军,旋会试获售,游要人门,假其力欲魁多士,廷试之日,要人视贡士卷书善者,日稍晏,辄夺其卷,欲以便高。故苏抚吴元炳同试,几夺复置。然高亦不售,改官江苏知县,补吴县。吴适来帅苏,高以事解任,久不进用。谭钧培为苏藩,好毛击细故,才高,任之复署吴县。未几有常熟举人宗廷辅者,与高同岁生,宗女适陆,妒,陆不得志,至苏纳名娼金氏,五六年不归,宗忿,以流娼请驱逐。函致高,高故猛戆,信之不疑,发役围之,掠其资,金惧自缢,民间哗然。高又舐谭旨,疾僧道,以他事拘僧某游街示众,而闭穹窿山道人狱中。

苏臬许应鑅素重释教,缁流出入官署时诉之,许固已怒矣。会金之死,欲因之以起大狱,赖吴元炳以母死去官,谭钧培护抚篆,高乞病假,复解任,事已小愒。未几,苏绅顾文彬嗾其女夫御史太仓朱□,以威逼人命入告,奉旨查办,狱又棘。高忧恨遂病二月馀遽卒,年尚未五十也。

高急功利,为令长轻视民命,皆可死,虽工诗善书不能掩之。顾为上者不奉成法,宽猛任情,专以爱憎进退人吏,占望风旨,谳狱非常,杀人媚人者,独一高哉!余终伤高之才,而所遇皆不偶,使不得科第入官,终身白袷,以才艺成其名,岂不美哉?

下午安林复至,移舟齐门外,同上岸观其新创之市屋。又同看寿材三处,二皆短薄,然岁久木干;一甚巨犹湿,皆不成。舟还故处泊,安林去。

十九日戊寅(12月10日)　晴

写张楚生信,即发,交家中转寄。写家信。即发,信船。安林来即去。是日未上岸,舟中读《汉书》六卷。

接南阳君十七日信,又宽儿十八日禀。

二十日己卯(12月11日)　晴

季垂来舟久谭去。安林来,移舟同赴齐门外木行,买成寿材二十棵,皆围四尺左右,惜不甚干,共去价纹银九十三两。余夫妇年过五十,多病,天数不可知,与其仓卒为之,毋宁先事预图。此行前后凡看数十处,皆小不中程,惟此江西深山所产,木理最密,与他处及平地之木异,尺寸又至巨,不易得也。拟运归择十一月廿三未时动工解板,度之徐俟其干而后成之,以俗说置寿材须闰年且辛巳年、辛丑月、辛亥日、乙未时。余夫妇皆辛卯命,天干三辛,比附身强,乙禄到卯。地支已丑拱成金局,以助辛金,亥未拱成木局,以助卯木,皆三合长生为上吉也。傍晚舟返原泊之所，安林去。余亦上岸，访树人、季垂久谭，为方子顺乞昏树人女，是日成议，初鼓后归。写家信。即发，信船。

接浦仲仙十九日信。

二十一日庚辰(12 月 12 日) 阴雨

棹小舟至观前街买物，独于市楼啜茗，傍晚归。

接宽儿二十日禀。

二十二日辛巳(12 月 13 日) 阴

安林来，久谭去。写家信。即发，信船。傍晚访树人、季垂不值。夜安林来，树人、季垂亦至。少选，安林去，树人、季垂二鼓尽去。

接南阳君廿一日信。

二十三日壬午(12 月 14 日) 薄阴

晨起，安林来，少谭即去。巳刻舟行返虞，出娄门，至齐门外泊，俟奴子取寿材同行。写子培族弟信，附吴信内。吴晋壬信。即发，信局。胡子继培系，绩溪人，颖侄妻父。信。廿六发，交颖侄。傍晚木材载至，舟行数里泊陆墓镇。

二十四日癸未(12 月 15 日) 薄阴，逆风

黎明发陆墓，未刻过吴塔，亥刻抵家。写薛安林信。即发，信船。

接十叔十三日信，寄到先兄挽帐等。又谢厚庵兰生，里人，浙中曾识之。△日信，寄到其著作一部。

二十五日甲申(12 月 16 日) 阴，微雨

接子永廿三日信。

二十六日乙酉(12 月 17 日) 阴

写子永信。即发，信船。

二十七日丙戌(12 月 18 日) 晴

写邓公武信,即发,信船。邓树人信。同上。郭汝雨来候久谭。

二十八日丁亥(12 月 19 日) 晴

答候郭汝雨不值。候吴珀卿,以次侄重从学作文往谢也,久谭。候蔡季蕃,贺其子入学,女出阁。答候吴子登,嘉善,新出使德国回。已入都,不值。遂晤杨鹤峰,久谭乃归。同里余元孚鸿诏,余冰怀之孙。来索先府君道光五年欠款洋银百元。

二十九日戊子(12 月 20 日) 晴

步访曾君表、君静兄弟久谭。

接邓公武廿八日信。

十一月庚子

朔日己丑(12 月 21 日) 晴

早食毕,答候叶芸伯不晤。候曹镜涵,贺其子娶室之喜,少谭。访赵次侯,久谭归。

初二日庚寅(12 月 22 日) 晴。冬至

午后祀先祖如往年。礼毕,至先兄处几筵行礼。

初三日辛卯(12 月 23 日) 晴

堪舆人朱少真来。写子慎叔信,初五发,交宽儿。六姊信,同上。张楚生信,同上。方子可信。同上。

接子永初一日信。

初四日壬辰(12 月 24 日) 晴

写子永信,寄去改定《合肥相国六十寿序》稿。即发,信船。

接张楚生十月廿九日信。

初五日癸巳(12月25日) 阴,微雨雪

遣宽儿至常郡及宜兴祭扫先茔,余以家冗不能分身也。

初六日甲午(12月26日) 阴

初七日乙未(12月27日) 晴,下午阴

写李中堂信,并六十寿序一篇,十一发,附家信。实儿信,十一日发,托郭汝雨专足。郭汝雨信,即发,交子永。子永信。即发,信船。

初八日丙申(12月28日) 晴

池东旧为土山,欲山上为亭以延远景,以在宅之午方离卦,于艮宅为祸害,于兑命为五鬼,不宜高大,兹改于山椒为小茅亭,其址高于池水八尺,面对西山,亦足以挹爽气矣。用本日辰时平土,合申子辰水局以制南方炎上之气。亭后旧土山接为冈阜,亦于是日覆篑。写子永信。即发,信船。

接子永初六日信。

初九日丁酉(12月29日) 晴

张纯卿来访,久谭。

初十日戊戌(12月30日) 晴

吴仲英恒,钱唐人,前松江同知。来候久谭,其人好金石,知文字,从莫善徵闻余名,故托曾君静介绍而至也。

十一日己亥(12月31日) 晴

早食后,答候吴仲英久谭,知余所藏《兖公颂》有江秬香两跋者,龚孝拱攫去,已售于彼,并欲余重作跋,余为辗然。次至赵价人处不值。次访张纯卿久谭,见瞿氏所藏宋绍兴刻《通鉴》无注本,十一行,

纸墨精绝,旧为黄荛圃物,更汪阆源家而至瞿氏,余见宋椠书至多,以丁雨生所藏世綵堂《韩文》及此为至精,此视《韩文》则又巨擘矣。

接李甥女初四日信,又邓公武初十日信。

十二日庚子(1882年1月1日)　晴

池东土山戴之以石,是日石工季大来兴作。写邓公武信、邓季垂信。即发,信船。得汪文盛本前后《汉书》,各缺数卷,其值番银八饼。

接宽儿十一日信。

十三日辛丑(1月2日)　阴

候王星涵树榆,太仓州人,秀才。少谭,以馆师杨晓暹欲去,张纯卿荐为余课孙也。写魏般仲信,即发,信局。李甥女信。附发。

接子永十一日信。

十四日壬寅(1月3日)　阴雨

写子永婿信,即发,信船。薛安林信。同上。

挽高碧湄联:

人患才少,君患才多,廿载两相逢,仗策专城,高世终归杜陵笔;

有气如虹,有髯如戟,一宦三仕已,明煎芳艺,挽歌愁听楚些招。

十五日癸卯(1月4日)　阴

王星涵来答候。杨思立同祜,咏春次子。来候谢,久谭。写薛安林信,寄去表三个。即发,信船。

十六日甲辰(1月5日)　阴

宽儿自阳羡归,敬知松楸无恙。

接六姊初十日信,又子慎叔初八日信,又邓公武十四日信,又方子可初九日信。

十七日乙巳(1月6日) 雨

十八日丙午(1月7日) 昨夜微雪,晨起瓦楞铺白,天渐开霁,午间放晴,大风甚寒

招吴仲英、陆云生、曾君表、君静、赵价人午饭,畅谭,傍晚客去。写邓季垂信。即发,信船。

接子永婿十六日信,又邓季垂十七日信,又郭汝雨△△日信。

十九日丁未(1月8日) 晴

先兄小祥礼忏是日起。写子永信。即发,信船。

二十日戊申(1月9日) 晴

午刻诣先兄几筵前奠拜释服。池东土阜茅亭于申刻上梁,亦合申子辰局也。

茅亭题联:

尘海沤中已无锥立地;

孤峰顶上有把茅盖头。

二十一日己酉(1月10日) 晴,甚寒,夜月皎朗

写子永信,即发,信船。薛安林信。附方。李眉生信,即发,信船。寄黄大痴画一幅。吴平斋信,廿三发,信船。寄还代题《麻姑坛记》。夜赴兄宅听道场焰口经咒,三鼓归。步园中,寒月如水,忘其疲困。

二十二日庚戌(1月11日) 晴

下午赵次侯来访。

二十三日辛亥(1月12日) 晴

是日解寿材为板,儿孙祠寿星求福。

二十四日壬子(1 月 13 日)　晴

早食后棹小舟同子顺出西门,至西山下为其家相地数处,惟三箕湾近孙氏古茔者可用。申刻返。又至其新赁中胜巷宅相度阴阳向背宜忌之理,定房灶诸向,傍晚归。

二十五日癸丑(1 月 14 日)　晴

率子宽、犹子颖、重、表侄方子顺合钞正统番淳化本《汉书》缺卷,余认《武帝纪》,宽《礼乐志》,颖《外戚传下》,重《外戚传上》,子顺《西域传》。是日为始。

二十六日甲寅(1 月 15 日)　晴

接张楚生廿二日信,又吴平斋廿三日信。

二十七日乙卯(1 月 16 日)　晴

写邓季垂信。二十八发,信船。

二十八日丙辰(1 月 17 日)　夜雨,辰刻止,阴霾

写吴平斋信,即发,信船。陈钧堂信。即发,信局。

接子永婿廿七日信,又张楚生廿五日信。

二十九日丁巳(1 月 18 日)　晴

东亭是日葺茅竟,亭后土阜覆箦亦竟。写子永信,即发,信船。薛安林信。同上。

接邓季垂廿日信。

三十日戊午(1 月 19 日)　晴

访曾君表,同访陆云生不值。

接实儿八月廿三日禀,又朱菉卿廿八日信。

十二月辛丑

朔日己未(1月20日) 晴

初二日庚申(1月21日) 晴

写朱菉卿信,即发,信船。薛安林信。同上。

接朱菉卿十一月三十日信。

初三日辛酉(1月22日) 晴,天色暄暖,仅衣小毛服

馆师杨晓暹去。

初四日壬戌(1月23日) 晴

写邓季垂信,即发,信局。吴平斋信,附邓。李眉生信。即发,信船。

初五日癸亥(1月24日) 晴,午后阴,夜雨

写子永信。即发,信船。

接邓季垂初四日信,又朱菉卿同日信。

初六日甲子(1月25日) 阴雨

初七日乙丑(1月26日) 晴

写季垂信。即发,信船。

初八日丙寅(1月27日) 阴,下午雪

接子永婿初六日信,又邓公武初七日信。

初九日丁卯(1月28日) 雨

写吴平斋信,寄还《麻姑仙坛记》。即发,专沈高。写朱菉卿信,助洋银四元。同上。写子永信。同上。巳刻奠告先祖,为宽儿纳采江宁邓氏公武之次女也。礼毕,遣奴子沈高赍礼书、聘物以行。写李眉

生信。即发,信船。

接李眉生初八日信。

初十日戊辰(1月29日)　阴雨

写张楚生信。即发,信局。

十一日己巳(1月30日)　阴

十二日庚午(1月31日)　大雪

亭午雪甚,朵大如小儿拳。与南阳君观赏于雪亭。方谋煮酒,而赵价人冒雪至,因款留之,下午乃去。

接张楚生初九日信,又吴平斋初十日信。

十三日辛未(2月1日)　阴

写吴平斋信,即发,信船。张楚生信,即发,信局。陈钧堂信。同上。

十四日壬申(2月2日)　阴

邓氏允婚书至。子永婿自吴门归。写吴平斋信。即发,信船。

接邓季垂十二日信,吴平斋初六、十一两日信,朱棻卿初十日信。

十五日癸酉(2月3日)　晴

十六日甲戌(2月4日)　晴。立春

亭午荐春饼于先祠,并告邓氏婚事。

十七日乙亥(2月5日)　晴

写六姊信。即发,交德。次婿子永挈家移居城东钟胜巷,相依凡四年,或云方氏赖吾以生,子永性耿介,故欲别居也。小人之口可畏哉!

十八日丙子(2月6日)　晴

写魏般仲信,即发,信局。邓季垂信。即发,信船。

接雷震初△日信。

十九日丁丑(2月7日) 晴

下午子永兄弟来谭。余元孚鸿诏。复来索逋,先于同治十一年其兄桂孙亦持一契来易州署,欠数洋银二百元,当以远债付纹银百两了结,嗣称尚有百元之契未携至易,指此另索二十金。第二年又索去二十金。第三年余元孚亦来,值余罢归之际,仅与四金,前后因此欠已付过四十馀金,与余桂生所持之券了结时相仿。又在岁暮急迫,故予仅能略尽忱意,乃余大不为然,言桂生所取与彼无干,势甚汹汹,无可和会,姑劝其下舟而已。

二十日戊寅(2月8日) 晴

余元孚来,使颖侄出应客。

接朱菉卿十九日信,又张楚生十七日信,又吴仲英△△日信。

二十一日己卯(2月9日) 晴

余元孚来谭良久,不能相就,仍罢去。写张楚生信。即发,信局。

二十二日庚辰(2月10日) 阴

早食后至庄女家观其新居,亦尚妥贴。次访张纯卿久谭。又答访赵价人,并晤季君梅少谭。又访杨鹤峰久谭。又答访余元孚,不晤归。余元孚来,晚饭后去。

接吴平斋十九日信。

二十三日辛巳(2月11日) 晴

使颖侄至余元孚舟中,赠以五十番饼,下午余来交送原约而别。写吴平斋信。即发,信船。夜祀灶如故事。

二十四日壬午(2月12日) 晴

写魏般仲信,即发,信局。朱菉卿信。即发,信船。

接邓季垂△日信。

二十五日癸未(2月13日)　阴

年终设斋礼佛如故事。写吴平斋信,寄去陈钧堂送林海如之洋银二十元。即发,信船。陈钧堂信。即发,交来足。雷震初信。即发,送常熟县。吴仲英信。即发,同上。薛安林信,即发,信船。

二十六日甲申(2月14日)　雨

年终祀神报谢如故事。下午与家人诸子孙饮福。写邓季垂信。即发,信船。

二十七日乙酉(2月15日)　阴,大风寒

买《容斋随笔》等书二十部,值洋银二十八元。

接叔桓侄廿二日信。

二十八日丙戌(2月16日)　阴

子顺来久谭。

赠张纯卿学博瑛

岁暮虞山下,萧萧昼掩关。囊箱书历乱,朱墨几斓斒。佳树阴成幕,君斋中有黄杨一本,古干虬曲,阴覆满庭。寒花色正殷。喧豗城市里,此味几人谙。

二十九日丁亥(2月17日)　晴

岁事从容,祀先仪则宽儿颇能敬承。余得逍遥东堂之上,书屏幅十纸,笔势甚健,自喜其未衰也。书贾鲍叔寅持明人重刻宋绍兴无注本《通鉴》来售,其佳处可以是正元兴文署本者几百馀条,真宝书也。以番银二十六饼易之,书林又增一壮观矣。下晡盛服承祀如往年,家人称贺团饮。

光绪八年(1882) 岁在壬午,余年五十有一

正月壬寅

朔日戊子(2 月 18 日) 晴,薄有云气,西南风

黎明起,偕南阳君率子孙妇女拜天、拜先师孔子、拜佛菩萨、拜灶神、拜先祖父母后,合家称贺。旋至先兄几筵前行礼,并谒嫂氏。还献茗于曾文正公像前。祠堂午荐,率子宽、犹子颖、重、敏、敦,孙万民、千秋,跪读云浦府君传、蘖斋大小题文序,俾知我祖宗九死一生,苦守读书恒业,子孙得有今日,列于缙绅,不坠贩竖,其恩德为不可量也。

下午昭文令君裴浩庭大中,皖人。来候,再三称谢,不可,乃延入书堂,道其慕仰之意,久谭未去。曾君静、赵价人续至,又少顷,始散去。静圃堂榭既成,是岁始悬灯,自祠堂达于园中,用烛六十四炷,空处殊多,遍悬当得二百炷。夜与南阳君临观,书生之豪不过尔尔,一笑。

初二日己丑(2 月 19 日) 晴

早荐毕,陆涑文来候,赵次侯续至,均久谭。子永、子顺兄弟至。亭午出候诸友贺年,晤者赵次侯之子祖白、杨滨石、赵价人之子君默,馀均不值。遂至清凉庵先兄殡前行礼,并晤僧圆明。下午归,家

人候余称祝,均彩服以待,中堂为之满,视去年独酌深山,景味大不侔矣。夜放花爆池中石阜,与诸人同观。

初三日庚寅(2月20日) 晴

午祭毕,收先祖影象。夜邀曹镜涵、浦仲宣、邻子王宛人饮。

初四日辛卯(2月21日) 晴

午招杨少泉、方氏昆仲及颖、重二侄饮,又同至市中茗室。

初五日壬辰(2月22日) 晴

初六日癸巳(2月23日) 晴

初七日甲午(2月24日) 晴

中楼拆通三间为内厅,是日寅刻动土。

初八日乙未(2月25日) 晴

蔡筑岩偕其妹倩黄耀河光荣。来候,久坐。

初九日丙申(2月26日) 阴,大风

初十日丁酉(2月27日) 阴,大风,傍晚雨霰。

浦仲宣旋其家。

十一日戊戌(2月28日) 阴

写邓季垂信,即发,信船。薛安林信。同上。

十二日己亥(3月1日) 晴

十三日庚子(3月2日) 晴

候陆涑文久谭。答候黄耀河不值。至庄女家久坐。访张纯卿久谭。

接实儿七年十一月廿九日信。

十四日辛丑(3月3日) 晴

子永兄弟来,同季君梅至其家久坐归。赵次侯同朱葆之来访,久谭。午刻张纯卿招饮,同坐季君梅、华心桐、顾舜琴、庞伯深,饮散同至寺前阅市,又同至陆涑文别墅,主人不在。少坐乃出,又同至邑神庙观灯,良久乘月归。

接实儿七年十二月十七日信。

十五日壬寅(3月4日) 晴

接邓季垂十三日信。

十六日癸卯(3月5日) 晴

写邓季垂信。即发,信船。

十七日甲辰(3月6日) 晴

张纯卿、顾舜琴来答候,久谭。馆师王星涵树榆。来候。杨思赞同福,咏叟之子。来候谢。

接邓季垂十六日信。

十八日乙巳(3月7日) 晴

十九日丙午(3月8日) 晴

晨告先祠,遣价持聘币至苏州邓宅行问名、纳吉、纳征、请期之礼。写邓季垂信。即发,信船。下午王星涵来开馆,夜设觞款待,请张纯卿及子永兄弟作陪。写张楚生信。即发,信局。

二十日丁未(3月9日) 晴

二十一日戊申(3月10日) 晴

午后价旋,奉邓氏回书告于先祖。

接邓季垂二十日信。

二十二日己酉(3月11日) 晴

答候杨思赞不值,又答候裴浩庭亦不值。访赵次侯久谭,早晡归。写邓季垂信。即发,信船。浦仲宣自梁溪来。

二十三日庚戌(3月12日) 晴

午后至寺前街书肆,又至乾裕钱庄晤管事人汪豫川。又访曾君表、君静于其新园,久谭归。

接吴平斋廿一日信,又朱菉卿十五日信。

二十四日辛亥(3月13日) 晴

二十五日壬子(3月14日) 阴

二十六日癸丑(3月15日) 晴

下午招季君梅、杨书城、陆云生、曾君表兄弟、赵价人兄弟饮,夜散。

二十七日甲寅(3月16日) 晴,今月未有雨,天色炎燥特甚,皮裘不复可御

园梅欲谢,新种之牡丹皆有苞,与南阳君在东堂赏玩终日。将暮又至东亭,凭槛看夕山深紫,映以新柳娇黄,人间无物可与方艳也。

二十八日乙卯(3月17日) 晴,暖甚,衣袷

写吴平斋信,即发,信船。李眉生信,同上。朱菉卿信,同上。李甥女信,即发,信局。长生、通生弟信。同上。酉刻冯姬复生一女。壬午、癸卯、乙卯、乙酉。

二十九日丙辰(3月18日) 晴

晨至陆云生家,祝其母夫人寿。

二月癸卯

朔日丁巳(3月19日)　阴,大风寒。前日衣夹衫,今日复须衣皮

初二日戊午(3月20日)　阴,大风

接邓公武初一日信,又张楚生正月△日信。

初三日己未(3月21日)　晴。春分

写张楚生信。即发,信局。午后合祀先祖如礼。

初四日庚申(3月22日)　晴

写邓季垂信。即发,信船。

接邓季垂初三日信。

初五日辛酉(3月23日)　晴

初六日壬戌(3月24日)　晴

陈甥鼎自里门来。

接六姊初二日信。

初七日癸亥(3月25日)　晨微雨

初八日甲子(3月26日)　晴

初九日乙丑(3月27日)　晴

杨滨石之子思举来,少谭去。

初十日丙寅(3月28日)　晴

下午陈甥去。

十一日丁卯(3月29日)　晴

十二日戊辰(3月30日)　晨雨旋止

写邓季垂信、薛安林信。即发，信船。

接实儿正月十一日禀，又李少荃相国正月初七日信。

十三日己巳(3月31日)　晴

十四日庚午(4月1日)　阴，夜雷雨

接朱菉卿十一日信。

十五日辛未(4月2日)　阴雨

写朱菉卿信，寄洋银三十元。即发，信船。薛安林信。同上。

接张楚生十三日信。

十六日壬申(4月3日)　阴，午霁，夜复雨

写邓季垂信，即发，信船。薛安林信。同上。

接邓季垂十五日信。

十七日癸酉(4月4日)　阴，甚寒，午刻雨雪，傍晚霁

写邓季垂信。即发，信船。

接朱菉卿十六日信。

十八日甲戌(4月5日)　阴，微有日色

周滋明菱。自苏来贺，留下榻。

接魏般仲十三日信，又张楚生△日贺帖。

十九日乙亥(4月6日)　晴

次儿宽完娶，诹吉月之二十二日，内外陈设是日完具。赴邓宅迎亲船只亦于本日自苏启行。

二十日丙子(4月7日)　阴,大风

女舟申刻至,泊南门外,舆迎。季垂来久谭,晚饭后去。

二十一日丁丑(4月8日)　阴,有雨意,下午放晴

季君梅来贺,久谭。赵价人来贺。巳刻设筵于前寝,迎先祖神主升筵告祭如时祭礼,去焚楮用乐,礼成,送主入祠乃退。下午女氏奁赠至,用舟载入静溪,省费也。遂醴媒氏邓季垂、方子永于远心堂,初鼓宾退。

二十二日戊寅(4月9日)　薄阴有日色,未刻晴霁

巳刻媒氏至,既饭,同赴女氏舟。午刻遣宽儿赴舟亲迎,贽以鹅代雁,返。未刻遣舆迎女,申刻女至。宽迎于堂,交拜合卺于室皆如礼。是日贺客至者,庞昆甫、赵坡生、次侯子。浦玉圃、炳勋。曾君表、君静、曾伯伟、杨书城、季祖庚、曹镜涵、杨少泉、蔡筑岩、黄耀河、平孚吉、王宛人及邑侯龙静帆十馀人而已。

接李甥钟骏十九日信。

二十三日己卯(4月10日)　晴,夜雷雨

巳刻新妇见舅姑及诸亲于前寝,遂率以见于先祖,皆献枣栗。姑、长妇率新妇见于灶,礼成,合家称贺如岁时仪。遣宽谢女父母于舟中,返。余亦至舟候谢,主人谢不晤。下午醴妇于寝,用乐。自此以前,礼节皆循余家旧规,而以古礼、时风参酌之,详余定嘉礼目中。季垂来谭竟日,夜去。客散事毕,乃大雷雨,人咸以为得天助也。

二十四日庚辰(4月11日)　阴,微雨

下午具酌邀新亲家邓公武、季垂兄弟及公武之子士会来饮,亦酌公武夫人张氏及其幼女于内。亭午客至,初鼓客去。

接李眉生廿二日信,又朱菉卿廿三日信。

二十五日辛巳(4月12日) 阴雨

邓公武来谭竟日。宽儿及其妇至舟,循俗例曰回门也。

二十六日壬午(4月13日) 晴,太风

约邓氏兄弟、其子士会及子永游虞山。巳刻至舟中少坐,舆上维摩寺,亦此间名刹,乱后未复。次至剑门,盘桓良久,有邑人严竹亭结茅于是,邀入煮茗相待,颇得山人之趣。遂至三峰寺晡食素筵,杨少泉读书寺中,邀共食,傍晚归。邓舟明日欲行,留晚食乃别。遣宽至舟送行。

二十七日癸未(4月14日) 晴

午刻出候谢贺客,惟晤叶芸伯久谭。又至庄女家少坐。

二十八日甲申(4月15日) 晴

徐文卿邑人。来访。

二十九日乙酉(4月16日) 晴

三十日丙戌(4月17日) 晴

三月甲辰

朔日丁亥(4月18日) 晴

答访徐文卿不值。在鲍叔寅书坊久坐,又在乾裕钱庄少坐归。仲颖侄自苏来,留榻。

初二日戊子(4月19日) 晴

接邓公武初一日信,又邓季垂同日信。

初三日己丑(4月20日)　阴,微有雨

接实儿二月十四日信,又邓公武初二日信。

初四日庚寅(4月21日)　阴

初五日辛卯(4月22日)　阴晴相间

初六日壬辰(4月23日)　晴

下午同乡钱心坦偕裴仿白、中,霍丘人,裴浩庭之弟。方□□,昭署,伯房友。来访,久谭。钱以岐黄名家,属为颖侄诊疾。张纯卿来访久谭,以所撰〈《通鉴》〉校本乞为序。

初七日癸巳(4月24日)　晴

写六姊信。即发,附张。李甥伯房信,寄洋银二元。同上。张楚生信。即发,交曹镜涵。朱蓂卿信。即发,信船。李眉生信。同上。

接子宪兄初五日信。

初八日甲午(4月25日)　阴,微雨

得程勉之手拓秦汉瓦当三十八种。

挽刘开生

光绪五年,君从曾劼刚太常赴英、法国,充二等参赞。今年正月杪泛海归至沪上,感疾勾留,二月廿五日下世。余与君交游最久,钦其学行,悲其穷厄,为长联以当挽歌。

可与事君,可与治民,可与议礼,可与决狱,独于身计缺然,剩有故人心,涕泗穷荒艰一饱;

亦能圆通,亦能普澈,亦能广大,亦能精微,所忧乾慧不敌,谁为作家眼,证明末后破重关。

初九日乙未(4月26日)　阴,微雨

写邓公武信、邓季垂信。即发,信船。魏般仲信。即发,信局。

初十日丙申(4月27日) 阴,大风

子永来谭。

接李眉生初九日信,又朱菉卿初八、初九日信。

十一日丁酉(4月28日) 晴

写朱菉卿信。即发,信船。

十二日戊戌(4月29日) 晴

接周再甥荄十一日信。

十三日己亥(4月30日) 晴

早食后赴赵次侯家吊其子妇钱氏之丧。归途偕子顺登山相地,在维摩寺东一地似可用,约山人明日来谭。

十四日庚子(5月1日) 晴

子永、子顺昆季来谭。

十五日辛丑(5月2日) 晴,热甚,衣袷犹挥汗

约徐文卿、汪豫川来饮,与合张钱肆也。并约子永、子顺与议。傍晚客去。颖侄之妇翁胡子继培系,绩溪人,宁国府教授。来自宣州,榻颖侄家中,来候谭。

十六日壬寅(5月3日) 阴雨,寒

晨答候胡子继,午刻招饮,并约子永兄弟陪,下午饮散遂别去。

接六姊十四日信,又朱菉卿十二日信。

十七日癸卯(5月4日) 晴

南阳君久有游武林之意,连年以事不果,兹拟同行,以践斯约。惟虞山无大舟,余先赴苏再雇舟相迓,酉刻行,夜未泊。

十八日甲辰(5月5日)　晴

辰刻抵苏,泊齐门。约安林至舟,同至观前,饮茗市楼,又阅肆数家,饭于金陵人鸡鸭店,甚酣饱。又饮茗观中。遂访公武,与公武至安林处。傍晚又访树人、季垂,少坐下舟。写家信。即发,信船。季垂来久谭。

十九日乙巳(5月6日)　晴

安林来舟,同至阊门,雇舟二,一留自坐,易原舟,一遣迎南阳君。写家信。即发,交去船。午刻移舟山塘阅花肆,下午舟返,安林去。移泊胥门,访朱菉卿,并晤其子祥甫,遂与菉卿同饮茗肆久谭。

二十日丙午(5月7日)　阴雨

碑肆人至,以洋银四十饼易得宋拓足本《麓山寺碑》,纸墨高古,可喜之至。午刻移舟齐门,安林来久谭,傍晚乃冒雨去。

接南阳君十八、十九日信,又张楚生十三日信,又邓履吉十六日信。

二十一日丁未(5月8日)　阴

早食后访费幼亭久谭。又访吴平斋久谭,见王友端松石卷,奇伟之至。又访李眉生久谭,借汉碑二种。又至周甥家久坐,返舟。南阳君率姬冯氏女婉、女秾皆至。邓公武、树人来访。

二十二日戊申(5月9日)　晴

巳刻移舟胥门泊,上岸访朱菉卿,同至茗肆,逢龚念匏久谭,下午返舟。写卫生、子宪兄信,寄殿英兄奠分四银饼。即发,交安林代送信局。

二十三日己酉(5月10日)　晴

晨舟发,午过吴江县,申过平望,夜泊王江泾。写家信。廿四发,嘉兴信局。

二十四日庚戌(5月11日)　晴

晨发,巳刻抵嘉兴府,泊北门,逢吉如侄奉其母自泗安归,吉如之弟松如官泗安巡检也。过舟少谭,九嫂亦至余家舟中,与南阳君相晤即别去。登岸阅肆,得铜爵一,文作"已举"二字,价洋银一元半。又得费晓楼美人一幅、王远山水一帧,共价洋银三元。下舟,移泊南湖烟雨楼,偕南阳君等登眺。择小阁正对东城,下临湖水,尚有清淑之致,茗坐良久。逢刘容生携眷来游,见余舟衔灯,遣仆问讯,遂晤于阁南小亭。其女亦来见南阳君,谭各移晷。刘去,余舟亦移南门泊。

二十五日辛亥(5月12日)　阴雨

舟晨发,午过斗门,夜泊石门县南郭。为开生挽诗三章。

挽使英法国参赞河南候补道刘开生翰清

旧事南兰话胜游,一时裙屐数诸刘。人间芝玉虽殊种,世外鸾皇岂有俦。君弟前权雷州知府,怿从父前分巡登、莱、青道,达、善均才艺出众。而规模远大,君独步焉。子骏经传周孔在,知幾史论马班愁。廿年无复相鸣叩,卧地蒲牢吼未休。君世其《公羊》家学,虽未成书,而深达微恉,史学亦多见其大。咸丰初,与余同在里门,纵横驰辩,谭未尝不移晷忘倦。比从军皖江,言论日少,逮今廿年,不翅维摩默字禅矣。古人为道日损,庶几近之。乃余学日荒,言日侈,遂不复得君为之针石,能无惘然。

觥觥周赵各扬镳,笙磬同音播羽韶。每以微言惊四座,便关腾口塞群嚣。先兄宫詹伯厚、姊夫周征君弢甫与君及余好为无崖涘言论,四座闻之,每挢舌不下以为狂,勿恤也。久硫圭璧知无刿,终见椒兰合众樵。从此东南奇气尽,野夫块磊几时消。庚申岁,宫詹死于兵祸;壬戌岁征君死于人口;比今壬午岁君又死于远役,伤哉!麟凤尽矣。

未听钟铭告庙堂,忽参轺节抚殊方。玉关刚遣班超入,南粤空羸陆贾装。君以△△岁参赞世袭毅勇侯曾纪泽使英法国,今年正月归至上海,二月卒于旅舍,未抵家也。泱漭雄风天宇净,连蜷雌霓海云长。清宵不尽怀人事,别有纵横泪满裳。

二十六日壬子(5月13日) 晴

舟晨发,午抵塘西,小泊即行,申至杭州府武林门外下马头。写家信。即发,信局。移舟松木厂,地近钱塘门,去湖滨里许。

接宽儿廿一日禀。

二十七日癸丑(5月14日) 晴

朱菉卿之弟蓴卿闻余至,出钱塘门在昭庆寺街相候,登岸晤之,同饮茗湖滨。识昭庆寺经房僧省洹,为余和会赁瞿氏湖楼,在钱湖之北,正对吴山。稍西为御校场将台岭,又西则育王、慧日诸峰,而南北两高峰均在西南。栖霞岭至宝石山,自西及北三面环匝,下视孤山、白沙堤、苏堤,一一可指。全湖在望,为之快然。赁价每月洋银十一饼,虽昂不靳也。下午蓴卿去,余亦下舟。

二十八日甲寅(5月15日) 大雨,雷

早食后冒雨舆至赁宅,迎南阳君等皆至。凭阑坐眺,如入仙界。写家信。即发,信局。

二十九日乙卯(5月16日) 晴

晚食后步至断桥,坐眺良久。忆咸丰乙卯冬与龚君孝拱同寓湖上一月,其居停楼三楹,亦去断桥不远,乱后不可踪迹矣。昔年游侣周君弢甫、陈君槐亭、刘君开生、龚君孝拱,非至戚即至好,其馀偶共

杯酒者如嘉兴沈匏庐、日照许印林,浦城祝桐君等名流甚众,不能详忆。屈指三十年,尽归黄壤。山水可以怡情,而老去孤踪,转增浩叹耳。

晚上断桥有怀

暮霭纷青紫,荒原少竹梧。能知前度客,但有古浮图。林断鸟声绝,潭空人影孤。还从桥背石,细认旧跏趺。

四月乙巳

朔日丙辰(5月17日) 晴

晨起食毕,肃衣冠至城内吴山恭毅府君祠展谒。维我显祖,功德在民,蒸尝不绝,小子不类,自甘放废,能无悚然。下山答访朱萼卿久谭。归途阅肆,得铜觚尊一,有文云"鼎子孙父己"。下午返寓楼。

初二日丁巳(5月18日) 晴

居停主人瞿罍轩传墫,邑人。来访,久谭。

接宽儿三月廿六日信。

初三日戊午(5月19日) 晴

凌晨赁舆至,偕南阳君、冯姬、女婉、女秾游灵竺,初至凤林寺少坐,唐鸟窠禅师道场也。在后湖南岸,燹后重建,斤斧未毕。次至岳王坟,亦乱后重建,规模不改。次至玉泉寺,殿宇皆尽,仅筑池上三楹,池水清澈如故。向有五色大鱼甚奇,近重蓄,食泉水未久,五色不具。久坐。至灵隐山门外,卖饭者家有内室待女客,挈浆者皆女子。食毕入山门至飞来峰、冷泉亭,卅年旧游,恍然心目。余所见岩壑之胜,窈窕贯通,以江西石钟及此为最,而石钟无树,石质复粗顽,不可以相伯仲矣。

亭北数武即寺门,旧有吴越石幢,已不可见。入门,天王殿西到罗汉堂皆燹后仅存者。大殿暂为小屋三楹,僧寮荡然,住山之众不及什二。穿寺西登韬光庵,竹径依然,庵亦仅存殿一,窗棂正对诸山缺处,远见之江,而西湖如在几席下,左枕北高峰麓,灵竺之秀俯手可挹,真胜境也。

良久下山,循故道复在冷泉亭少坐。出山门右行即天竺道,一径平坦,不一里即下天竺寺,正当飞来峰之背,闻泉石甚奇,未及游。峰顶有塔,隋神尼舍利塔也。又半里中天竺寺。又一里上天竺寺,夹道皆寺僧设肆以待游客,市香烛,林下往来者僧多于俗。寺在白云、乳窦两峰之间,门殿宏伟,皆乱后重修。中供大士象,传言晋天福间僧道翊得异木所造,祷雨旸甚著灵异,故香火坌集。考《日下旧闻》载△△,碑记云金宗弼犯浙,已航之而北。而此方纪载则云匿像井中得免,未知孰是。入寺,与眷属瞻礼毕,至客堂少坐,日已下舂,遂归。

循故道至灵隐寺门外,转东行过九里松、行春桥转北,仍过岳坟、凤林寺,沿湖过大佛寺,门临前、后湖,白沙堤亘其间。下舆稍驻。寺即俗称大佛头[①],内有石佛,宋僧思净募造者,已毁于贼,刬平面目胸臂,第头及两肩形似而已。返寓已酉刻矣。

初四日己未(5月20日) 大雨

以天阴游人宜少,买舟拟至湖心亭诸处,乃下舟而雨至,循白沙堤穿锦带桥入后湖,至孤山后登放鹤亭、林处士墓,康熙御书《舞鹤

① 大佛头,稿本作“大佛顶”。

赋》建亭尚在，馀皆非昔观。有钱塘典史林某殉咸丰辛酉之难，官绅附葬此间，筑一室祀之曰"林公祠"，是乱后新增者。

舟复行，出西泠桥至孤山前，泊蒋公祠。蒋公者，浙江布政使名益澧，从左湘阴复浙省，抚伤残，有惠政，故筑祠祀之。中有花圃，一亭在山上，名曰"四照"，送目颇远，以雨甚，家人不可登，遂放舟至平湖秋月，其南巡行宫缭垣已筑，中仅数椽。圣因寺亦止门庑，而平湖秋月故楼廊未改也。就酒家贳酒，市鱼脍莼羹，设小亭中，邀家人登岸，持觞对雨。食未竟，有游人至，避下舟，雨甚，他处不可往，遂归。是日朱蓂卿自苏归，遣使相讯问。

接陈氏妇三月廿八日信。

初五日庚申(5月21日) 晴

初六日辛酉(5月22日) 晴

岳王坟

千古栖霞岭，清湖照墓宫。云生楼殿白，日射幕帘红。成败谁能识，英威自不同。如何天下士，奇策但和戎。

玉泉寺观鱼

禅屋三椽俯，濠观一水明。琉璃凝有色，珠汞泛无声。僧野逢人募，鱼肥得食争。千山凭杖策，浑漫话幽情。

飞来峰冷泉亭

亭下游踪阔，云烟三十年。咸丰甲寅来游。每从清梦到，时在此山边。石态因空幻，淙声得静便。由来心冷暖，安用问流泉。时贤题柱有指泉自况者。

韬光庵

幽探入窈冥，遮径玉泠泠。客过须眉绿，僧居烟火青。镜光当短榻，练影上疏棂。何日东楼宿，凭轩一醉醒。

天竺寺

满目青林下,方袍自往来。度桥香市匝,穿坞法堂开。龙象今何往,人天尽可哀。欲从樵客问,何处绝尘埃。

林处士墓

是处青山下,英流几辈曹。千秋各有意,一节贵能操。野鹤去不返,新梅绿上条。愿除名字习,凡口息题褒。

行宫文澜阁

青碧年年草,丹黄曲曲墙。湖山市魁饮,图史富儿偿。自昔罗英彦,兹游得慨慷。水天云黯黯,独立意苍茫。

望湖亭酒家贳饮俗呼平湖秋月

笠屐孤山路,平湖烟霭霏。杯羹莼旋摘,尊酒鳜初肥。雨急珠沤散,云沉黛影微。闲吟草窗句,薄雾满香衣。

初七日壬戌(5 月 23 日)　　晴

早食后棹瓜皮艇至涌金门,步入城市,信步游览。邀朱菉卿谭至下午归。

初八日癸亥(5 月 24 日)　　午后阴,晡雨

是方四月八日香会最盛,士女登山祝佛诞、买诸鳞介放生者,舟舆不绝于道。考宋天禧四年王钦若奏请以杭州西湖为放生池,四月八日为放生会,八百馀年,此俗未变。早食毕步至孤山观之,在平湖秋月亭、蒋公祠鬻茗家各一坐。棹瓜皮艇至湖心亭一眺,亭榭皆乱后重建,然已倾欹。下午归,释钟鼎文十首。

初九日甲子(5 月 25 日)　　薄阴

张纯卿瑛《资治通鉴校勘记》序

当两宋时,司马氏《通鉴》椠本,有大字、中字、小字,已附释

文，未附释文之殊。自明迄今，藏书故家，往往知其名，而虽残帙不可得觏。其著闻者，南渡以后，蜀广都进修堂费氏有音注本，俗谓之“龙爪通鉴”。而胡三省定音注，则元末临海刻之。明洪武之世，取以藏国子学者，号“南雍本”。咸佚不传。嘉庆朝，鄱阳胡果泉中丞得元兴文署本，不忍专其美，糊木锓布，海内承学之士，家置一编，人人以为探骊龙之珠。更兵乱刓失，吴中书局复为之补刊，今所谓“局本”者是。

虞山张君纯卿，种学绩文，五十之年，铅椠不去手。其戚瞿氏，以藏书名东南，乃就假元兴文署本之别存者，以正局本，得谬误如干条。又假宋绍兴无音注本，以正元本，得谬误如干条。其大者周赧王五十二年之事，元本割隶五十一年下，而佚其年纪，皆依宋本一一著明之。又附昔人校议，而己见亦类列焉。于是涑水之书，宋椠仅在重于球璧者，虽寒生得而有之。嘻！善矣。

夫明道资于学，为学资于书。不为学则道废，不信书则无征。而世祀久远，书阙有间，浅夫以意为损益，书之存去亡无几，故校雠之学，自汉以来重之。本朝儒者，项领相望，莫不以是正文字为发轫之始。甚谓不辨诸本之异同，不可以为学。其言稍稍过，然非困心横虑，斐然下学上达之旨，不能喻也。

张君用功之勤，凡七阅寒暑而始卒业，读者不翅事一功万。顾自温公作书至今凡八百年，书成元丰七年甲子。身之定注亦六百年。书成至元二十二年乙酉。诸家疏通举正，若史炤，若王应麟，以及今世陈景云、赵绍祖之流，成书者指不胜偻，是非得失之林，白首不可终穷。吾愿后之人毋以倖心尝之可也。

初十日乙丑(5月26日) 晴

晡食后步入昭庆律寺,惟山门新建,正殿三楹,茅茨而已。访白莲堂、万善戒坛遗迹,均不可见。寺东为望湖楼地,东坡集宾客恒在此,已久付榛莽矣。寺僧课诵仅仅三四人,自粤贼之乱,湖上招提几无一存。直时人多以儒者自命,偶得位,则争言黜二氏以自张卫道之功,而缁流亦黾勉苟活之不暇,卒无一人能崇信所学、笃志向道者。旃檀之林,上者为贾贩,下者为乞丐,伤哉伤哉!内外之典尽湮,儒释之宗并废,魔事方兴,有识之士当为雪涕。

十一日丙寅(5月27日) 晴

早食毕,买舟与家人泛湖。先过孤山入蒋祠,其扁榜曰"柏堂"、曰"竹阁"、曰"四照亭"、曰"数峰阁",皆取古名而移易其处。昔人病刊书者妄改古本,以为书愈刻而愈亡,今此类名为复古,而古迹永不可睹。噫!浅人所为,斯其一端而已。去孤山,过崇文书院门外,旁为曲院荷风,有台榭,远望多欹,未往观。入跨虹桥,苏堤自北至南第一桥也。桥以内曰里湖,可至南山下。而赵堤之玉带桥栅断阻,舟仍出跨虹桥,循堤南行,入压堤桥,第三桥也。里湖当南北两峰之奥,幽曲静深,山岚层叠起伏如核桃皱,环映水中,黛色浓淡相间,虽渲染不能及也。垂至水尽处,东出锁澜桥,为第五桥。仍南行,穷苏堤有宋卢园故址,今称"花港观鱼"者,颓废仅存门庑。舟循南山下,覆水芰荷亘数十顷,惜非花时。湖水清澈,日光照之,如金绳晃耀水底。昔年湖中皆然,今独此耳。

入水心保宁寺故址,今名"三潭印月"。水步在其北登岸,穿小坊,竹径尽为曲桥,有亭翼然,桥尽复竹,竹尽复桥。桥南之左新建小僧院,水榭可坐。更南又为曲桥、小亭,桥尽临湖结榭,正当南屏慧日峰下西南诸山,抱如环玦。披衿坐对,胸中无复烟火味矣。

良久下舟,日已下春,纵棹而归。甫至门,闻朱蕖卿候余望湖亭下,复赁小艇赴之。相见畅谭,同茗同食,薄暮送之去乃返。

北塔遗址今名湖心亭。三塔始宋苏轼开湖之日,以为水面封界,日久倾圮。明嘉靖间建湖心亭于北塔遗址。

划水古三塔,临流今几椽。千言空有疏,苏文忠言水利封事凡数千言。一壑竟难专。绿减葑如织,青稀柳不绵。湖中葑草芜塞,水光大减,浚湖之局虚设,而诸堤乱后种柳皆虫蚀,十枯八九,岂地气使然邪。犹存斑白叟,闲坐话当年。

苏堤

十里长堤亘,髯苏迹未刊。只今诗句里,惟作画图看。乐与宾僚共,饥同卒伍餐。勤民宣手口,此意正漫漫。

南塔遗址,兼怀彭雪琴宫保三塔之一也,久废为荒滩。万历三十五年钱塘令聂心汤取葑泥绕滩筑埂为湖中之湖,以为放生之所,四十九年别于池南造小石塔三座,谓之三潭,附会古迹,今为之三潭印月亭。彭筑庵于亭东北隅,每年巡长江水师辄来居之,今岁适不至。

水拍团瀛岸,亭依宛转桥。不闻清磬响,但见竹干霄。寺自宋迄今屡更易,辛酉乱后,废址皆以竹补之。客有屠羊返,风追策蹇超。越山青断处,怅望楚天遥。

十二日丁卯(5月28日) 晴,夜月甚皎

晡食毕,以天气清朗,夜当有月,与南阳君谋买棹往游。落日放船,暮霭横山,青苍变景。度湖至三潭印月亭,月已在东山之上。临水久坐,复棹至望湖亭,携坐具设于平台,与家人环坐,皓影当空,平湖千顷,真有冰壶濯魄之概。平生看月以乙亥年中秋在京西戒坛寺及此番为无上胜境。时市廛已寂,惟卖浆家仅存灯火,闻人声而出,瀹藕粉进客,食毕乃归,迨丙夜矣。

十三日戊辰(5月29日)　晴

早食毕棹小舟至涌金门入城市,邀朱菉卿至,同乞浆茗家,下午返。

十四日己巳(5月30日)　晴,夜月尤朗

寓楼凭窗,久不忍卧。

接宽儿初十日来禀。

十五日庚午(5月31日)　晴

写家信,即发,交朱宅。张纯卿信。附家信内。朱菉卿来,同晡食,同棹舟至望湖亭茗家久坐各返。

夜过望湖亭玩月

平渚湖流阔,深宵月色寒。禅观冰地澈,仙隐玉壶宽。山俯添层黛,波渟斗两丸。会携长笛至,倚遍碧栏干。

十六日辛未(6月1日)　晴,夜雨

十七日壬申(6月2日)　晨大雨,亭午霁,晡复雨

将游五云山,赁舆以雨不至。早食毕雨止,棹小舟直叩南山下,雨后烟光团匝,岚翠染衣,深靓幽妍,使客心醉。绕黄妃塔后小港泊,净慈寺门登岸,至雷峰塔下,拾级三十二,一小阜耳。塔据其巅,穿中径八丈二寸,高止五层,纯用砖甓累砌,不施梁柱,中为四龛座,直达塔顶。龛身与四壁逐层为孔窍,当时以架楹施板,与塔外檐牙、阑楯久毁于火,不可登矣。据记载为吴越国妃黄氏造,仅用砖灰料钱六百万,今虽十倍之,不能成也。塔下北眺全湖,南眺诸山,实揽其胜,惜院宇尽废,无驻足处。

循旧道下山,棹舟过清波门,谒钱王祠,祠旧在龙山,宋时已移建于此,兵后重造,非复昔观。中殿为五王像,西庑有明人重摹《表忠观碑》真迹,均不可得见。舟至涌金门,微雨至,笠屐而入于市中,

得古玉玦一，赤于鸡冠，目所未睹也。

晡归，许益斋增，仁和人。来访不遇。留书寓中，称从咏春知余名，心仪甚久，故来访，兼贻所刻《纳兰词》、《灵芬词》及其友王眉叔贻寿，山阴人，诸生，工骈文。集。

十八日癸酉(6月3日) 晴

朱菉卿代赁舆至，并送家书一函。写子永信。即发，信局。辰刻与南阳君舆游南山，循大佛寺、葛岭山足过西泠桥，穿苏堤尽，掠花港观鱼，升三台山谒明于忠肃公祠墓，祠在墓东，亦乱后重建者。中堂设公像，四壁大书“古今罕匹，丹心托月，赤手擎天”十二字，皆大方丈，颇雄伟，不知出谁手。龛座后有石刻真像，仅尺许。后堂像翁媪各三，殆为公之祖父也。墓前为门庑，门内列石兽六。更进一门，列翁仲四，制甚工。又进三券门，公坟居中，有碑碣。旁又六坟，未详何人。

循于祠之右墙，一径上升，得赤山法相律寺，为吴越时长耳和尚肉身所住，即永明寿禅师云定光古佛化身者。寺在颖秀坞中，山门新整，中殿已废，肉身居左厢旁殿深龛中。面秀削，鼻甚巨，耳长至肩，目垂睫，唇开上侈，骨相长短亦如中人。周身皆敷以漆絮，正紫色，冠毗卢帽，披大红氅衣，趺坐木椅上。寺僧为余言，庚申岁粤贼初次犯浙，有从贼挥刀断其两手，兼创左膝，袱两手以去，夜见光怪，为贼帅所知，送归寺中。乱定以漆胶固之，当断处犹作肉红色云。

瞻礼既竟，出寺，仍过于祠西行，坡陀升降约数里，越风篁岭至龙井寺。寺旧名延恩衍庆院，宋元丰中辨才法师退休结庵于此。后为大刹，屡毁屡建，今存茅庵数楹，亦非故处矣。访方圆庵、讷斋、神运石、七贤堂诸迹及宋贤碑题，皆不可见。龙井水在庵左，一小涧耳，其发源处为老龙井，在榛莽中相距尚数里。井旁产茶，名著天下,而市中所有皆赝品出他山者。庵僧天明纸裹两许相赠,不翅球璧之重也。

由此径狮子峰可达云栖,以径仄不能通舆,折而东行,升高约七八里,旁多秀石,山缺处时见湖光。至翁家山,望南高峰塔甚近,塔下南麓有亭榭,类野人所居。比至则烟霞洞也。洞口南向,倚石为堂,洞内高约两丈,宽丈馀,两壁有二菩萨、十八应真象。相传应真象本六,吴越王梦伟人十二,因足成之。东北一窦暗狭,得火方可入。中有真武象,则后人妄增也。洞西一石,正类象鼻,顶冠石浮屠,称普贤塔。洞外旧为清修寺,今住僧于东南临崖结榭,面对满觉陇,列若屏障。陇东缺处,见之江西兴渡,西见富春诸山,李白"浩然媚幽独"之句,不翅为斯境而作也。

时已近晡,庵僧供汤饼,食之甚甘。下山循满觉陇左约五六里,溪谷蟠回,景极幽邃,即九溪十八涧之地。入里安寺,为余旧游处,门以内尽毁。松巅阁胜冠一寺,惟存败堵,法雨泉亦水草污塞,无复清泠之色,不胜慨然。寺僧方庀材营建,少坐而出。南行过二亭,循涧数里,山势渐开,一径直达江干九龙头,此余甲寅年由富春来游所经者,景象犹在默知。

循之江岸西行约五里,至范村小歇,折而入山,则云栖径矣。山势愈入愈幽,初如两翼者,渐作环抱。过三聚亭,万竹夹路,巨于盂碗,高皆五六丈,虽挺直不阿,而烟润娟娟,醉人心目,惟有节有文之士,始可方之矣。再入为洗心亭,在路西面临小池,竹光四合,尘襟为尽。坐良久,循径而上,复过一亭无名,更数十步过御碑亭二,云栖寺门乃在高阁之上。左方拾级数十以登佛殿,居其北,不甚修广,所谓前无山门,中无大殿者,盖莲池遗制然也。到寺已黄昏,就僧假旁室下榻,静坐以补劳倦。僧致晚食,遂卧。

接宽儿十二日禀,又子永婿初九日信。

十九日甲戌(6月4日) 薄阴,午后霁

晨起登殿礼佛,入僧库借观董思白《金刚经》真迹,俗所称"三十二体金刚"者。字作行楷,无诸体之异,后有纯庙题跋及游山诗皆在焉。然董书草率特甚,御笔亦不类它处所见,疑已亡失,后人为之者。又莲池大师手札卷一,言庵中分产事,后附一纸,语如偈颂,中有"猴年二鼠,随佛上天"二句,末作"心"字数十,横斜欹正,其体不一,最后"佛心"二字连并书之。后有跋云嘉庆十七年十一月某日寺毁于火,先一日有人称从会稽来,遗书一纸径去,僧未及问所从来。灾后数年,得智者参详,以为是年壬申属猴,而月日皆子,则二鼠也。恍然知为大师所示,语绝诡异。观竟,入舍早食角黍甚饱。诣祖师堂礼莲池遗象出,步过洗心亭,少坐乃行。

循旧径过九龙头,复东行绕龙山,月轮峰下六和塔在焉。塔院亦废。更东里许,折北行,望育皇山在迩,路峻,舆人不肯登。闻上有玉皇宫,则又讹"育"为"玉"矣。平道数里,至大慈山,入定慧寺,唐寰中禅师所开,神人移南岳童子泉二虎跑以出之者,今俗咸称"虎跑",寺亦余旧所曾至也。入山门已毁,晋天福二幢分立道左右如故。里许得平桥曲涧,山翠四合。循涧级以升二门,正殿尽废,后殿新营,旁为客堂,泉在正殿西南,惟洪武时刻苏文忠游祖塔院诗一碣尚存,馀多残缺矣。寺僧品照烹泉待客,因出龙井僧所赠真茗瀹之,觉陶望龄诗所谓"已具味香无有色"者,形容虽切,尚不能尽其妙也。茗竟,复索煮饼中食,乃行。

依大慈山北麓西转,至南高峰左掖寻石屋洞,洞前古有寺曰大仁,兵后新创,三椽甚简,洞亦荒秽,逊烟霞远甚。访乾祐凿佛赞及诸题名,均不能得见。少坐即行,东北经太子湾,出赤山埠东行,循

南屏山麓过净慈略憩,旧时金碧崇闳,尽成蔓草。惟池中铁鼎,万历年所铸者,岿然独存耳。新为佛殿,二僧读经其中,见客不顾,差强人意。出经清波、涌金、钱塘三门,沿湖岸归,申刻抵寓。

谒于忠肃公墓

一死真良会,多生种善因。艰难虽活国,辛苦自成身。仪兽张牙角,从官俨佩绅。犹应念曹石,百计助磨磷。

法相律寺礼定光真身

清净身常在,千年古有庵。长耳应化在吴越国时,距今千年。云山遮老屋,灯火照深龛。宝足千轮坏,魔橦一剑镡。泥洹偿债义,难觅国师参。咸丰庚申春,粤寇犯浙,毁寺,断真身两腕,襆之以行,途见光怪送归。寺僧云。

烟霞洞

石户亭亭出,盘纡一道斜。初瞻法王座,真似野夫家。云树西兴渡,风烟富渚沙。朝朝湖上客,未许共幽遐。

云栖道中竹

昔上巢枸路,铭心万竹奇。谁知出尘语,惟有此中宜。曩游韬光,余有"客过须眉绿,僧居烟火青"之句,以为竹之美无过是矣。比至栖霞,乃知远出其上,恨不留赋此间也。屐响烟青合,衣飏露粉披。须眉怜易改,一为贮肝脾。

江干月轮峰

古塔檐栖鹘,荒冈寺少僧。红墙犹奥窔,白浪自硼磳。去艇凫鸥没,当关虎豹曾。吴越罗城门在月轮峰下。江山正闲寂,无复念飞腾。

大慈山寺瀹泉

真茗携龙井,名泉瀹虎跑。簪绅成往事,松石有新交。云母白未定，兰芽绿尚苞。安心禅偈在，且莫费推敲。东坡游祖塔院诗刻石尚存。

二十日乙亥(6月5日) 晴

早食毕，舆入钱塘门，答访瞿邕轩久谭，见所藏曹秋舫钟鼎摹石凡六十馀器，精善可喜。次至朱菉卿处久谭。下午答访许益斋于所居娱园，有花石之胜，并示名迹赵子昂《中峰和尚象并赞》，又刘文清《鲍氏义田记》，均极佳。又燕文贵《江天雪霁图》长卷，虽未敢遽定真赝，然亦珍品也。下午返寓。

二十一日丙子(6月6日) 阴，晡有雨

早食后渡至涌金门，步访菉卿，作竟日谭。下晡归，直雨。

二十二日丁丑(6月7日) 大雨

坐楼上观之，平湖烟霭，诸山尽隐，漠漠无际，与南阳君叹不能舍。适仆夫雇舟成，定廿五去此也。

二十三日戊寅(6月8日) 大雨

湖上感游

华发新欢少，黄垆旧雨多。灰心共林壑，斯意尚蹉跎。天远闻鵻鸠，山深长薜萝。愁云知客思，全掩黛痕螺。

别钱湖《汉书·地理志》但云"武林水"，《十三州志》云"钱水"，亦曰"钱湖"，其本名也。西湖乃邑治徙于湖东，方有此称。

投老林间日，轻刀访旧踪。地偏人意得，归急客心浓。饱饮西泠水，时炊北岭松。修龄天丐与，尊酒倘重逢。

别瞿氏楼楼在北昭庆寺前，古九曲城地，瞿氏清明日建楼，即以为额。

九曲城边路，清明有此楼。风花三径寂，云鸟一窗收。月

白开妆镜，山青落酒瓯。遥知悬榻意，岁岁木兰舟。

二十四日己卯(6月9日)　阴雨

下午朱菉卿冒雨来送，久谭。际暮乃去。

二十五日庚辰(6月10日)　雨

午刻眷属舆至松木场。雨后溪涨，座船不能抵埠，别赁小舟渡至武林门外新马头，及登舟，舟二，大小如来时者。

二十六日辛巳(6月11日)　晴

早发，午过塘西，夜抵石门县。刘容生官此邑，以倦游未往晤。

二十七日壬午(6月12日)　晴

早发，晨至石门湾，泊舟买菜即行。写朱菉卿信，寄诗二首。即发，交朱萼卿。晡到嘉兴，绕泊东门外，往看陈氏女甥，惊闻六姊于廿二日下世，骇涕迸流，手足无措。一年以来，姊屡约相见，以微事颇有违言，闻其老年性愈暴躁，恐成龃龉，故不愿往，不谓其永诀如此之速也。由吾天亲恩薄，不能平心自抑，悔何可言！女甥及婿已至常，其翁沈庚民懋嘉。亦病未晤。含泪下舟，初欲访朱萼卿，遂不及去。

朱菉卿县佐风雨中枉送湖上，短句志别

书字三年久，林泉一月长。犹将清闷阁，欲拟奉华堂。鹅掌吴僧颂，鱼羹宋姥坊。不因郑重意，岂到水云乡。

衮衮诸公贵，贤豪未可齐。终留强项在，止合老山栖。万卷供穿穴，双松待咏题。霜晨应共我，一棹汎东西。朱新补宜兴丞。

二十八日癸未(6月13日)　阴

晨发嘉兴，巳刻过王江泾。写实儿信。五月初二发，信局。夜泊八尺。

二十九日甲申(6月14日) 晴

晨发,午过吴江,未刻至苏。南阳君赴葑门周宅,余舟至胥门少泊,复移阊门。写家信。即发,信船。

三十日乙酉(6月15日) 晴

遣次舟送妾冯、女婉等先归。余舟亦移齐门,招薛安林来,同至观前阅肆,得端州白石花尊,高尺馀,雅净可喜。且白端价至昂,数寸小器即价十馀金,如此巨品,目所未见。旧为张子青制府物,留为八旗会馆供器,主其事者长云衢司马,康。以况迫出售,价仅十二番,吾适得之,亦可喜也。归途顺访邓季垂,少谭下舟。邓公武来,谭良久去。

接宽儿廿二日禀,知陈氏妇已赴丧毗陵。

五月丙午

朔日丙戌(6月16日) 雨

晨起,邓季垂来久谭。薛安林来。棹小舟答访邓公武,久谭。下午与公武、季垂同至观中茗家久坐。侯氏书肆得元板《宋季三朝政要》,书止两册,其值至六银饼,盖斯书仅有存者,季沧苇家旧物,故甚贵重。又元板《礼记集说大全》十本,价四元。又抄本《都公谭纂》二本,价二元。都公,南濠都穆也,书系小说,因孤本,又士礼居物,中有黄荛圃记得书始末一纸,故亦留之。又明板《医统正脉》五十九本,阙五本,价十二元。又初拓《郁冈斋帖》残本三册,价三元。下午返舟,南阳君适亦至,放舟至陆墓宿。写朱蓂卿信。即发,信局。

初二日丁亥(6月17日)　雨

晨发陆墓,午过吴塔市,酉刻抵家。

接陈钧堂△△日信。

初三日戊子(6月18日)　阴

写陈氏妇信。即发,信局。薛安林信。即发,信船。世经堂信,寄书价二十七元。同上。

初四日己丑(6月19日)　薄阴

曾君静来访久谭。又余在武林时,赵价人、次侯均枉顾,午刻舆出北门,答访赵次侯久谭。次至价人处,并晤季君梅,方为叶子戏,少坐出。次访张纯卿不值。次至庄女家,婿子永已于前月北行赴顺天试,晤子顺少谭。次访徐文卿不值。次答访曾君静,又访曾君表于新创别业,各少谭归。

初五日庚寅(6月20日)　薄阴。端午节

于先祠荐角黍。下午张纯卿来答访,久谭。

初六日辛卯(6月21日)　晴。夏至节

午间时祭如礼。

初七日壬辰(6月22日)　阴

接魏般仲初一日信。

初八日癸巳(6月23日)　阴

赴毗陵会姊氏之丧,晚下舟未发。

初九日甲午(6月24日)　大雨

晨发,午过庙桥,申过九里棚,夜泊新塘桥,距无锡廿里。

初十日乙未(6月25日)　薄阴

晨发,辰刻抵无锡小泊,买鲑菜。写朱菉卿信。即发,信局。舟复行,申过横林,戌刻到白家桥宿。

挽六姊联:

成名有子,创业有家,二十年辛苦备尝,撒手应知惭负少;

前岁哭兄,今兹哭姊,千百里奔驰孔亟,椎心终悔晤言迟。

哭六姊三首

炎夏凄风逐雨来,扁舟有客正衔哀。百年难尽伦常事,一暝真同电火催。天外孤鸿悲只影,匣中双鲤泣新裁。三月十六日得姊手书,十七日余游武林,未遑答也。比归至嘉兴,遽闻姊讣,距得书四十日耳,书尚存匣中。芙蓉溪上山千叠,难遣愁眉取次开。

宦游万里逐江流,辛苦营巢愿甫酬。陈氏湖南籍,寄寓四川已数世,遭乱不可归,乃卜居吾里之十子街,一椽一瓦皆姊力致,姊丈鄞县君不问也。有子犹赊垂老计,大甥鼎庚辰得庶常,然禄养未逮也。成家未减异乡愁。解衣德已周三党,不栉才应播两州。姊素喜词翰,从官杭州及避寇长沙,与闺侣时作唱和。难得人生无所负,漫悲身世等浮沤。

涕泪频年洒逝波,心情渐逐事销磨。何妨沟壑埋身早,胜听呼号入耳多。同气只馀衰鬓在,两家愁见素冠峨。几曾得服神丹了,哭遍周亲理则那。余乙亥岁南归即丧周氏姊,逾年甥世澄继之。戊寅夏女夫方恮旅殁保定,长女柔旋以身殉。庚辰冬先兄管権屯溪,卒于十月,而姊丈鄞县君则以十二月终甬上官舍。两家均未终丧,至是姊又弃尘壒矣。八年之中,涕泪未干,自顾衰残,固不如先归黄壤之为愈也。

十一日丙申(6月26日)　阴

辰刻舟抵毗陵北关,登岸,经过里巷已忍泪不制。入门拊灵几纵声一哭,泪为之枯,气为之竭。觉小腹隐隐鼓动,知不可复号,乃强制稍息。唁诸甥问故,则又不能忍。入室见床榻依然,则又不能忍。凡三哭,次侄重时先来助丧,掖余出,休于外舍,进糜粥,偃息良久,气始定。时陈氏约明日会吊,客来佐丧者,其婿张楚生、沈子钧及李甥伯房,赵氏则卫生兄、长生弟与次侄重三人而已。一一相见,略询情形,闻实儿妇哭母呕血,心忧之,无如何也。万孙从母来,方附读张氏,下午始见之。戌刻下船,哭后气升,又心忆明日当早起,竟夕不能合眼。

十二日丁酉(6月27日)　阴

未明起盥洗毕,即赴陈氏,入哭尽哀,遂居丧幕下,吊客至,则揖之。吊者约六十人,晤族兄子宪、侄审安及故人庄耀采、恽伯方、刘云樵、刘咏如等,馀皆戚党、故人子弟,耆宿寥寥,孤遗满目,触景皆为不怡。未刻客散,余为姊氏礼大悲忏三日。下午端明寺僧侣来净坛,余礼佛致祷毕,乃下舟。姚彦嘉来舟见访,管才叔甫自扬州返,闻余至亦来访,均未晤。夜将卧,彦嘉复来,少谭,见余疲甚遂去。

十三日戊戌(6月28日)　大雨

写家信。即发,信局。至姊家礼佛竟,始进早餐毕,出候恽伯方久谭。次候张吉生。次答候管才叔久谭,才叔言伯方、耀采、咏如及陆彦甫、庄俊甫均欲招饮,余以大功之丧,甫受绖服,且礼佛茹素,请婉言却之。才叔坚约明晡具素馔一聚,不得已诺之。次候刘云樵少谭。次候张楚生不值。次答候姚彦嘉少谭。次候庄耀采谭良久。次至外家方氏新居,在新城隍庙街,甚湫溢。晤表嫂董氏,话二十二年前上海逃难时事,为之抚掌大笑。表侄子可之妇盛氏率诸子女皆出拜。次候刘咏如久谭。时已下午,且甚雨,竹舆穿漏,衣为之湿,乃竟归,晚下舟。

十四日己亥(6月29日) 大雨

晨起至姊家,礼佛竟,早食。出赴天宁寺,候旧识僧有乾,俗家杭州,向在天宁寺充职事僧,亦二十馀年前旧侣也。有师闻余至,致书邀饭,以无暇却之,故来访且久谭。引余历观寺中兴复堂宇,自大殿以外非力能及,其馀高堂九莲阁、庄严楼、宗教净三堂、药师殿、大悲阁皆依旧制为之,有屋二百椽,有众二千指,俨然丛林气象,规模亦甚整肃,为之喜悦。余欲赴开生菆棺处一哭,闻在东岳庙,而道人扃户出,遂不果。

旋入东门,诣宗祠拜谒已。入见十一叔母,并晤卫生兄少谭。出候子宪兄久谭,并晤金人甫。次谒候十叔,并至审安侄处,均不值。次至长生弟处,谒见叔母少谭。次候庄俊甫,又次候陆彦甫,均不值。次候史佳若致驯,前任嘉善县。久谭。次候徐葆光不值。次至才叔,姚彦嘉、庄耀采、刘咏如皆至,伊蒲之馔甚精,畅谭尤足乐,傍晚归。夜恽伯方来答访,久谭乃去。余亦下舟。故交来致馈者,自亲及疏,纷纷不绝。

十五日庚子(6月30日) 雨

舟人患病甚笃欲归。时里门方踵故事,为竞渡之戏,家家出观,无舟可雇。乃订原舟十七来此载余赴阳羡,而襆被登岸,下榻陈氏。写家信,即发,信局。费幼亭信。同上。开生之子竹君诒英,光禄寺署正。来候谢久谭,述其翁从外国归及病殁诸事。又言母氏哀痛殆不欲生,而家无近亲,莫或相慰,欲余往相见致劝,言甚凄楚。余积痛在胸,不觉相向汍澜,良久乃去。下午忏事毕,余设素馔祭姊氏,哭尽哀乃出。夜复延僧来依瑜珈法施食,主僧德润年六十,亦天宁寺昔时净侣也,握手道故,不翅三生石上重逢之慨。余以泪多,脑中作痛,作礼而退,不能待终事,卧听梵音凄厉,亦未合睫也。

十六日辛丑(7月1日)　阴雨

早食毕,往哭开生而主人以他事出,阍者谢客,仍不果。访子宪兄久谭。又访张楚生,仍不值,遂归。长生弟来,子宪兄来。

十七日壬寅(7月2日)　阴雨

子宪兄来。袁潮生绩。四川□□县,素未识之。来访,久谭。午刻舆至南门外端明寺,设馔望祭太原府君以下诸茔。苦雨经旬,泥深没胫,古者太庙之祭,雨沾服失容则废,况原野乎。余又不克久留,故为此变制而遣侄重往访坟户,省识兆域。余为主僧德润款留食斋竟,乃返。途过方氏门,入少坐。答访袁潮生不值归。李甥来,余为作书与刘咏如图一席。下午原舟来迓。

接南阳君十四日信。

十八日癸卯(7月3日)　晴

早食毕,入辞姊灵,手足之分终止于此,哭失声。甥谢帏中,各以余之所见劝诫之,以尽余心,掩涕而出。遂至宪兄处少谭,又访才叔不值,乃下舟。闻邻舟声似耀采,呼之果应,遂来余舟久谭始去。子宪兄及姚彦嘉、张楚生、李甥伯房来送,客去舟行,夜泊万塔市。

十九日甲辰(7月4日)　薄阴

晨发,未初过和桥镇,酉末抵宜兴城,泊长桥下。遣奴子往办祭品。

二十日乙巳(7月5日)　大雨

晨起见有雨意,而祭物已具,遂放舟东山。甫解维,雨大至,冒雨得达,遂于舟中望祭毕,笠屐登山,山水大发,隔涧二道皆深七八尺,不可逾越。绕道山椒,然泥深亦没胫,余素不善行路,又十馀年来未尝着屐,比至,凡再蹶泥中,衣袜尽湿。于茅菅中伏地四叩,起视兆域无恙，新植松秧大仅如箸。瞻眺移时，雨势欲集，狼狈而归。下午解维，傍晚泊和桥镇。

二十一日丙午(7月6日) 风雨

早发和桥，午过运村，夜泊北新庄桥。

二十二日丁未(7月7日) 晴

早发，巳刻过洛社，午至无锡，泊惠山下。携龙井真茗试第二泉，尽两碗，下舟即行。未刻过无锡城，北门小泊，复进约六十里，泊太平桥，尚无锡境。

二十三日戊申(7月8日) 大风雨

早发，过苑山荡、佳菱荡，以水涨桥低，绕行平墅出口渡华荡，盲风怪雨一时大作，维舟芦苇中避之，酉刻始行，戌亥间抵家。

二十四日己酉(7月9日) 晴

接汤衣谷初一日信，寄惠明拓《国山碑》八幅。又吴平斋初十日信，寄致潘伯寅尚书见赠彝器百六种。又陈丽生三月廿三日信。

二十五日庚戌(7月10日) 晴

写朱菉卿信，寄去《郑文公碑》一纸。即发，信局。

接吴平斋二十三日信，又朱菉卿十九日信。

二十六日辛亥(7月11日) 晴

二十七日壬子(7月12日) 晴

写吴平斋信。即发，信船。

二十八日癸丑(7月13日) 晴

赵次侯来久谭。

二十九日甲寅(7 月 14 日)　晴

浦仲宣旋其乡。

六月丁未

朔日乙卯(7 月 15 日)　晴

写邓树人信,为表侄方子顺作伐。即发,信船。

初二日丙辰(7 月 16 日)　晴

实儿妇自毗陵归。

初三日丁巳(7 月 17 日)　晴,暑甚

初四日戊午(7 月 18 日)　晴

赵价人来久谭。

接周兹明初一日信。

初五日己未(7 月 19 日)　阴

写邓公武信,即发,信船。薛安林信。同上。

接李少荃相国△日信。

初六日庚申(7 月 20 日)　雨,下午霁,夜有月

与南阳君乘凉长桥上,见流星大于盎,其形椭圆,其色正绿,自斗牛之分越天河西南移没于云中,不知何宿度也。余生平凡三见,一九岁时在赣州榷署,一二十四岁时在衢州舟中,大小略相等,而今者所见行最缓,尤分明云。

初七日辛酉(7 月 21 日)　阴

写朱菉卿信。即发,信局。

接子永五月十四日信，又朱菉卿初三日信。

初八日壬戌(7月22日) 晴

于竹虚实之，山东人，前知江都县，以谳狱来虞。来候久谭，傍晚乃去。

接邓公武初七日信。

初九日癸亥(7月23日) 晴

南阳君诞日，家人称祝，下午共吃面。答候于竹虚不值。

接周兹明初六日信。

初十日甲子(7月24日) 黎明雷雨，晨霁，终日阴

接邓树人初九日信。

十一日乙丑(7月25日) 阴

巳刻招于竹虚小酌久谭。写邓树人信，寄方宅纳采书礼。即发，信船。周兹明信。同发。邓公武信。同发。魏般仲信。同发，信局。

十二日丙寅(7月26日) 晴

写咏如、才叔信。十四发，专足。陈钧堂信。即发，信局。

十三日丁卯(7月27日) 晴

写子宪兄信，张楚生、吉生信，寄还田租息洋银九十九元。十四发，便足。

十四日戊辰(7月28日) 晴，傍晚雨，即止

得中字《麻姑仙坛记》精拓本，此刻世不多见，仅孙退谷《庚子消夏记》云曾于恭顺侯吴瑾家见之，它金石家未有著录也。余咸丰末年得一本于父执吴山子先生之嗣孙，同辈诧为奇物，乃今不意又得一本，楮转旧于前，且系整拓，可喜之至。又得涿拓快雪堂中之《闲

邪公传》,此赵书颇散弱,而学僮习楷书者奉为指南,争相求索,故甚不易得,因值尚不昂,亦买存之。

接邓公武十三日信,又邓树人同日信。

十五日己巳(7月29日)　晴,夜月甚皎

写邓公武信。即发,信船。与南阳君玩月北亭,二鼓尽始归卧。

十六日庚午(7月30日)　晴,薄暮雨时作时辍,月仍皎然

夜曾君表携其友周韵香来吹笛池上,良久乃去。

十七日辛未(7月31日)　晴

池荷先以水涨,不如曩年之盛,至是复大开。卯刻即与南阳君往池上赏对,早食北亭中。

接实儿五月十四日信,寄回叶东卿重刻《王复斋钟鼎款识》一本。

十八日壬申(8月1日)　时雨时晴,雨时有霰。或云东乡有雪,天甚凉,皆衣袷

接邓公武十△日信。

十九日癸酉(8月2日)　薄阴

写陈丽生信,附实〈儿〉信。实儿信,附子永信。子永信。即发,信局。

二十日甲戌(8月3日)　阴

接子宪兄十七日信,又刘咏如十八日信。

二十一日乙亥(8月4日)　晴

二十二日丙子(8月5日)　晴

早甚凉。申刻地震颇厉,房屋作战,幸一动即止。当暑而寒,阳郁故也。

二十三日丁丑(8月6日) 阴晴相间

二十四日戊寅(8月7日) 晴

二十五日己卯(8月8日) 立秋。晨雨,旋复霁

浦仲宣自乡来。

接邓公武廿四日信。

二十六日庚辰(8月9日) 晴,始复有暑意

得旧拓《国山碑》、《武氏石阙》、精拓《三公山碑》、《三公山神碑》并阴、《西门豹碑》并阴、《陇东王感孝颂》共六种,值洋银七饼。为《石鼓文纂释》一卷,廿一日始,是日成。纂集宋以来诸家释,以己意是正之,间出新义数条。

二十七日辛巳(8月10日) 晴

早食毕,访曾君表久谭〈归〉。写李眉生信,寄还《韩整碑》等四种。即发,信局。许益斋信,寄《程夫人铭》一册。同上。刘咏如信。同上。邓公武信。即发,信船。邓季垂信,寄夏季脩洋银八元。同上。

二十八日壬午(8月11日) 晴

鲍叔寅来,以重刻阮氏《钟鼎款识》见赠。写子宪兄信。即发,信局。朱蒙卿信、同上。张屺堂信。同上。

二十九日癸未(8月12日) 晴

早食后访次侯久谭。又访张纯卿,亦久谭。至庄女家。

接族侄仲颖廿五日信。

三十日甲申(8月13日) 晴

(以上《能静居日记》四十八)

七月戊申

朔日乙酉(8 月 14 日)　晴

初二日丙戌(8 月 15 日)　晴

接邓季垂六月三十日信。

初三日丁亥(8 月 16 日)　雨

接邓公武初二日信。

初四日戊子(8 月 17 日)　晴

初五日己丑(8 月 18 日)　晴

族侄慎庵来自毗陵。

接费幼亭初二日信。

初六日庚寅(8 月 19 日)　晴

写李眉生信。即发,信船。费幼亭信,寄还李相家吊分洋银七元。即发,信船。邓公武信。同上。邓季垂信。同上。慎庵侄去。

初七日辛卯(8 月 20 日)　晴

初八日壬辰(8 月 21 日)　晴

赵价人、陆云生、曾君表来访久谭。

接胡子继六月廿八日信。

初九日癸巳(8 月 22 日)　晴,晨雨旋止

黄耀河来。

初十日甲午(8 月 23 日)　晴,夜月甚皎

陈甥鼎之妇李氏同其母来。

接宪兄初八日信，又族侄遵初八日信，又邓季垂初八日信。

十一日乙未（8月24日） 晴，傍晚雨即止，夜月甚皎

写子宪兄信。即发，交来足。陈甥范信。同发。鼎甥欲弃妇，妇来控诉，惟事非一朝之故，不复可合，喻甥辈有以慰安之，毋致大戾也。

接李眉生初八日信，又族侄宗毅初十日信。

十二日丙申（8月25日） 晴

写仲颖侄信，寄洋银六元。即发，信船。汤衣谷信，寄还《黄庭经》，又洋银廿四元、党参一斤。即发。邓季垂信。即发，信局。李眉生信。即发，信船。

十三日丁酉（8月26日） 晴

接周甥女十一日信。

十四日戊戌（8月27日） 晴

早食后答访赵价人、陆云生，皆不值。访蔡季蕃久谭。

接邓公武十三日信，又朱菉卿初六、初九二次信。

十五日己亥（8月28日） 阴

写朱菉卿信，〈寄〉《通鉴校记》一部。即发，信局。邓公武信。即发，信船。

十六日庚子（8月29日） 雨

写范甥信。即发，信局。

接陈甥范十四日信。

十七日辛丑（8月30日） 晴

十八日壬寅（8月31日） 晴

黄耀河来谭。

十九日癸卯(9月1日)　阴

方子顺来久谭。写子宪兄信。即发,信局。薛安林信。即发,信船。

二十日甲辰(9月2日)　阴

写实儿信,寄去《放生辨惑》二百张。即发,信局。

接邓垂信十八日信。

二十一日乙巳(9月3日)　阴,午后霁

写金鹭卿信,附薛。薛安林信,即发,信船。邓季垂信。即发,信局。

二十二日丙午(9月4日)　晴,天色复暑

写范甥信,即发,信局。宪兄信。同上。是日鼎甥妇去。

接范甥二十日信。

二十三日丁未(9月5日)　晴

暑甚,而园中早桂皆放。

二十四日戊申(9月6日)　阴,复凉

二十五日己酉(9月7日)　阴

二十六日庚戌(9月8日)　阴

二十七日辛亥(9月9日)　阴

写方存之宗诚。信。即发,交来足。

接方存之廿六日信。

二十八日壬子(9月10日)　阴

二十九日癸丑(9月11日)　阴

八月己酉

朔日甲寅(9月12日) 晴

叶芸伯来候,未接见。

初二日乙卯(9月13日) 晴

初三日丙辰(9月14日) 晴

初四日丁巳(9月15日) 晴

接邓季垂初二日信。

初五日戊午(9月16日) 晴

写邓季垂信。即发,信局。李眉生信,即发,信船。寄山栗五百苞。徐秉臣雯卿之侄。同汪豫川来久谭。王赓保同吴席珍阳湖人,旧识。来久谭。

初六日己未(9月17日) 晴,下午大雨

答访王赓保不值。

接实儿六月廿八日信。

初七日庚申(9月18日) 晴

嫂氏冯生日,往祝。写吴平斋信,寄新栗。邓公武信,同上。均即发,信船。

初八日辛酉(9月19日) 晴

接实儿七月十八日信,又子永七月廿五日信,又朱菉卿七月十七日信。

初九日壬戌(9月20日)　　薄阴

写朱蓂卿信。即发,信局。

初十日癸亥(9月21日)　　阴雨

十一日甲子(9月22日)　　阴雨

写子宪兄信,寄去十一叔母节用洋银二元。即发,信局。又魏般仲信,寄去新栗、干笋。同发。徐秉臣来,久坐乃去。

接吴平斋初九日信。

十二日乙丑(9月23日)　　阴雨。秋分

合祀先祖如礼。

十三日丙寅(9月24日)　　晴

亭午,候常熟邑侯龙镜帆久谭。答候叶芸伯不值。

接实儿初二日信。

十四日丁卯(9月25日)　　晴

写实儿信。即发,信局。

接实儿七月廿九日信,寄到番刻《陈德碑》。

十五日戊辰(9月26日)　　晴。中秋

夜月之朗,数年无之,呼庄女归,夜设宴延台上,与妻妾、两女共赏,极欢。

接邓季垂十四日信,代购《词学丛书》一部、《读书敏求记》一部。

十六日己巳(9月27日)　　晴,月朗如昨

十七日庚午(9月28日)　　晴

接邓公武十六日信。

十八日辛未(9月29日) 阴雨

十九日壬申(9月30日) 阴雨

二十日癸酉(10月1日) 晴

东堂岩桂盛开,坐林下良久。写邓公武信、季垂信。廿二发,交宪兄。

二十一日甲戌(10月2日) 阴

二十二日乙亥(10月3日) 阴

宽儿送其妇至苏州去。

二十三日丙子(10月4日) 晴

二十四日丁丑(10月5日) 阴,大风

桂蕊始落,凡坐天香中五日,鼻观无虑八百功德。

二十五日戊寅(10月6日) 阴

辰刻至杨濠叟家,叟明日将葬,往助祖奠也。晤赵价人、庞昆圃及昭文邑侯裴浩庭,久谭,午后归。

接邓公武廿四日信。

二十六日己卯(10月7日) 早阴,微雨,午后霁

濠叟发引,设奠西门饯送之,因执绋至舟,晤翁吉卿及故常熟邑侯郭汝雨,久谭乃归。

二十七日庚辰(10月8日) 晴

方存之宗诚,桐城人,直隶同官。东游苏沪,绕道来访,比邻王赓保其学生,与同至。久谭将去,裴浩庭邑侯来候,两人同乡,因订明日饮余静圃。

二十八日辛巳(10月9日)　晴

午刻裴浩庭、方存之、王庚保及存之次子樾亭来。历余亭榭,处处叹赏,以为非凡俗能及。是日畅谭纵饮,下晡乃散。

接陈甥范廿六日信。

二十九日壬午(10月10日)　晴

宽儿归自苏州。早食后棹池中小舟访方存之,已解维去,不值遂返。写邓公武信,即发,信船。邓季垂信,同上。陈甥范信。即发,信局。

接陈甥范△△日信,又邓公武廿七日信,又邓季垂廿六日信。

三十日癸未(10月11日)　晴

下午濠叟之子思赞、思立来谢,并请问其先著如何结集,久谭去。子顺来久谭。

接实儿十八日信,言北闱人众拥挤异常,辛苦之至。渠入闱已六次,极望一第,殊可悯也。

九月庚戌

朔日甲申(10月12日)　晴

张吉生自常州来,同曹镜涵见访。写子宪兄信。即发,信局。

接子宪兄八月二十日信。又哲如侄八月初五日信,代寄实儿所购蘑姑等。

初二日乙酉(10月13日)　晴

接邓公武初一日信。

初三日丙戌(10月14日) 晴

先祠造龛五座落成,于今日午刻奉神主入龛,率家人拜奠。赵次侯来久谭。写邓公武信。即发,信船。

初四日丁亥(10月15日) 晴

接族侄企翊初二日信。字莼庵。

初五日戊子(10月16日) 阴

写族侄企翊信。即发,交来足。

初六日己丑(10月17日) 阴

接邓公武初五日信。

初七日庚寅(10月18日) 阴

有嗽疾。

初八日辛卯(10月19日) 阴

初九日壬辰(10月20日) 晴。重九节

欲登延台,以嗽疾畏风不果。下午子顺来。

初十日癸巳(10月21日) 晴

医人以余嗽,教余用麻黄一分,剜梨为腔,纳药蒸服。余念麻黄甚少,当无害,乃嚼〈梨〉数片,已蒸热欲汗。夜卧沾濡彻旦,嗽不止,而增齿痛、头痛,盖心肝虚阳为所动也。噫!少不戒慎,几致困殆,药之不可妄试如此。

十一日甲午(10月22日) 阴

困卧不适。

十二日乙未(10月23日) 晴

中气渐复,而鼻中有衄血,此余五十一年所未见者。

接李甥女初四日信。

十三日丙申(10月24日)　晴,日午时微雨

嗽少定,出览园池,芙蓉盛开,红白相映。今年秋花无一不茂,盖地年邪?

接邓公武十二日信。

十四日丁酉(10月25日)　薄阴

浦仲宣下乡去。

十五日戊戌(10月26日)　阴

写邓公武信。即发,信船。

十六日己亥(10月27日)　阴

闻北闱报罢,实儿及次婿均无分,功名有定,得之亦不足为福,惟儿辈心甚急切,恐眊耗致疾耳。

十七日庚子(10月28日)　阴

早食后候赵价人,贺其子君修南闱获隽之喜。答候裴浩庭不值。候张纯卿久谭。至子顺处少谭。答候杨少泉不值归。

十八日辛丑(10月29日)　阴

接适黄氏族姊十六日信,又金鹭卿△日信二件。

十九日壬寅(10月30日)　阴

写黄氏姊信。即发,信局。金鹭卿信。同上。余自五月以后心境驳杂,未尝一日有宽闲之致,内火燔灼,心肺如焚。古不云乎:一张一弛,文武之道。思出游以弛之,亦摄生之道也。北归后未尝至沪渎,恢诡之象不见已十四年,因命奴子买舟往游走,二鼓下舟。

二十日癸卯(10月31日) 阴,夜雨,顺风

早发,辰刻过薀芜镇,昭文、新阳接界处,地名甚奇,不知所本。午过巴城镇,滨于巴城湖。申刻过昆山县,望玉峰耸黛,如见故友。舟行北门外,绕东门入新阳港,夜泊陆家浜。

二十一日甲辰(11月1日) 阴,夜雨,大顺风

早发,晨过四江口,午过黄渡,申过周太仆庙,又十馀里候潮泊。夜望鬼市,火光绛及天半。

二十二日乙巳(11月2日) 阴,夜雨

四鼓移舟泊老闸,辰刻遣奴子上岸,觅安林至,先日约候余上海,已为赁市廛。早食毕同行,乘东洋车小如凳椅,铁为轮辐,一人伛偻前挽行如飞,真以人代畜之事也。寓宝善街泰来栈房,市井最繁会处,同饮茗阆苑第一楼,楼高三层,榱桷闳丽,自来茗肆之所无。主人设此,以待游女诲淫之所。余至在午前,盖寂然也。返寓俟行李至。下午同阅市,数步即归。夜同听弹词某茗肆,亦止出门数步。亥刻归卧,闻道上车声正喧,丑刻尽始定。

二十三日丙午(11月3日) 阴

写哲如侄信,即发,信局。实儿信。附哲。南阳君信,寄洋苹果四枚。即发,信局。午间同安林阅肆,沪上所售骨董皆新物,以磁器为主,西海之民所最嗜也。周览数家,无雅玩可取。此来适值西民赛马之会,以为胜举,遂坐东洋车至马场观之。场周约十里,或云十五里,马骤一周,为时仅二秒半,以十里计之,一时当行二百四十里,昼夜十二时当行二千八百八十里,捷不至此,盖场之广袤未尝量度,而吾吴之习浮夸,为张其数耳。傍晚归,小酌粤人酒肆中。有茗楼名“华众会”,新设电气灯,为西法新至中国者,特往观之。灯以玻璃为

之,悬室中,以二铁条通至电气局,气至自燃,光正白,望之似月而更明,烛照四壁,若日初出及将落时,亦异观也。归途过日本茗肆,入座有日本女子四人,以糖糍来劝客,衣棋盘纹布长领衣,长至膝,下围似裙非裙,足曳蒲履,头上发髻正圆,两股交互,红绒为网,络其前后,鬓蓬松如葆,簪银花直立髻旁,貌不为陋,而举动粗野,不能为华言,仅知"坐、坐"二字,见客牵曳,力猛可笑。少坐归卧。

二十四日丁未(11月4日)　晴,甚寒,可衣皮

午食毕与安林入城,新北门阅骨董肆,亦无所见。饮茗于城隍庙园,芜秽如昔。下午归。傍晚杭州人胡福堂来,旧识骨董客也,拟以先兄遗匣托售。夜与安林同入剧场观剧,子刻乃归。

二十五日戊申(11月5日)　晴

写南阳君信,寄东洋糖瓷一小匣。即发,信局。午后安林有事去,余无所为,仍入间壁剧场观剧,下午归。

二十六日己酉(11月6日)　晴

史花楼在沪,闻余至,来访久谭。午食后安林去,余到钟表肆修钟表,傍晚归。夜史华楼复来,要至酒肆小酌竟,又要至茗肆,听女倡弹词,罢已亥刻,与一杭州顾姓人强余游女市,余倦怠,力辞归卧。

二十七日庚戌(11月7日)　晴,下午阴,大风

写南阳君信。即发,信局。史华楼来,少坐去。午后同安林至凌云阁骨董肆,以先兄遗字画交肆主杭州人胡福堂索售。晡在阆苑楼饮茗,归,史华楼又来,仍少坐去。

二十八日辛亥(11月8日)　晴

昨遣邀邓季垂来谭,午刻率其子同曾皆至,畅言别后一切。遂同至酒肆小酌竟,又同访邓铁仙,少坐。与季垂父子、安林赁马车游

静安寺,寺在洋场西北十馀里,新辟马路直接曹家渡苏州水道之滨,以便往来者,由此登岸较直捷也。寺本旧刹,近亦修整,门外有泉云听经泉,水微作沤泛,沪上无泉林之趣,斯已为胜。寺西茶室仿洋人房屋,卖茶一壶须钱百七十文,虽古之龙团不若是之昂矣。坐良久,仍坐马车返寓,十里行不过数杪时,往返售洋银一元中十分之八。吾昔年在沪,马车皆洋商有力者乘坐,今则处处有之,价亦日廉,然时时罣触,致马踣人颠,伤折肢体。西人习尚便利,凡事争先,以之趋利甚善,不知天下祸患皆在速中。夷俗重利轻死固然,而吾华人慕之,不翅如蝇之集膻,噫!亦可悲矣。

夜邓季雨闻余至来访,谭至二鼓乃去。

二十九日壬子(11 月 9 日) 晴

辰刻邓季雨来,同至某肆吃面,甚佳,巳刻返寓。写南阳君信,寄洋面馒头四十枚。即发,信局。午食后同安林至阆苑楼茗肆少坐,游女如云,锦锜珠翠,举目皆是,与诸茗客连肩接坐,作种种态,殊不可耐。归寓静坐至二鼓,邓季雨复来谭。

三十日癸丑(11 月 10 日) 阴

邓铁仙来访久谭。下午闻有客欲见访,避之至剧场,傍晚乃归。夜初鼓,史华楼来久谭,以债家逼迫乞援,持洋银十饼去。

接南阳君廿六日两信,一宽儿代笔。又子顺表侄廿七日信,又钦云珊廿七日信。

十月辛亥

朔日甲寅(11 月 11 日) 阴雨

早食毕阅肆,购《词学丛书》一部,价洋银一元六角,《军机故事》

一部,价一角。午刻归寓。

初二日乙卯(11月12日)　雨竟日

下午遣人至书肆,购得《筠清馆金文》一部,价洋银二元八角,《望堂金石》一部,价洋银四元八角。夜史华楼来少坐。

初三日丙辰(11月13日)　雨

下午史华楼之友顾菉川淇,杭州人,候补巡检。来访,谭西人炮械机器等事颇熟悉,傍晚去。夜邓季雨来久谭。

初四日丁巳(11月14日)　雨

早食毕冒雨出,坐东洋车阅钟表、洋货肆二处,即归。写南阳君信。即发,信局。

初五日戊午(11月15日)　雨

连日霖雨渗漉,道路泥涂。客邸清坐,惟以书本遣日而已。

接南阳君初一日信。

初六日己未(11月16日)　晴

早食毕,与安林阅肆,买洋人所制木器等未成,过自来水机器局,方鸠工未蒇,中为铁筒如烟突,高过十丈,旁六铁柱亦三四丈,铸铁管霾地下以通水,遍于夷场。其大者径几二尺,工作之巨至矣。下午茗楼久坐,同过女市,见徐慧贞,沪上之翘楚,貌在上中而乏姿韵。少坐即返寓。夜顾菉川来,再三导游,复见花月娥,亦名重一时,颇韶秀,色泽稍逊于徐,而嫣媚过之。顾强重过徐氏,听弹弦一曲,掷二银饼,时已乙夜,倦甚亟返。

初七日庚申(11月17日)　薄阴,夜微雨

安林他出,余独至钟表肆,道逢邓树人自南汇解馆归,暨季垂父

子过我，遂同返寓，留三人午食毕，乃去。下午独坐茗楼，遇顾洛川至，招邀至花氏久坐，主人欲设饮，余自顾老叟未可学少年征逐，托辞而出。惟两次食其茗果，若辈营生艰苦，当翌日遣安林代酬数银饼以偿之。不为花月冶游已十四年，如是而止，尚无损雅道耳。夜季雨来久谭至三鼓。

接南阳君初五日信，又朱菉卿九月二十九日信。

初八日辛酉(11月18日) 阴

早食毕，同安林赁马车至小东门买高丽参四两，燕窝十两，仍坐马车返。往来约七八里，两人费钱八十文，廉至极矣。先是，华人始效为马车，乘之非数金不可，利之所在，众争趋之，遂至道路皆马车，每日停车道中，以俟客之南北市往来者。县城北夷场称北市，华、洋官共辖之。南至东门，即称南市，始归地方官。人得钱二十个，犹牵衣争夺，华人游手之多，生计之窘，观之三叹。午刻归食毕，仍至街市闲步，下午听弹词，夜到剧场观剧。自京班盛行，扼吭高歌，市人乐其粗壮，几不知昆曲为何物。近日伧辈富贵既久，嗜好渐渐由浅而深，居然有好之者，于是苏班复行。今日为开场第一日，伶人奏技，竭尽所长，虽非雅音，较之二黄、其声起于湖北黄安、黄陂之地，故名二黄。梆子，其声起于山右诸处，以竹梆和曲，故名梆子。此殆击筑之遗制也。自有霄壤之别。剧终已丙夜矣。

接哲如侄初二日信，寄来蘑菇一包。

初九日壬戌(11月19日) 雨

午食后同安林至洋货肆，买大洋琴一具，铜轮戛击之外，更藏风鞴，上排诸管轮动，则鞴自鼓气入管，以分宫商，其调皆中国之小曲《满江红》、《剪剪花》、《柳青娘》之类，音节甚谐，可为巧矣。其值洋银七十饼。余惟古人尊者以乐侑食，所以养脾中之阳气，使动而不滞,最得摄生之理,故不惜重价购之,为饭馀消遣之法。虽不免稍纵于欲,而志在养生,后世子孙或不余病也。

初十日癸亥(11月20日) 薄阴

史华楼来即去。写哲如侄信。即发,信局。写南阳君信。十二发,信局。下午同安林至虹口大桥一眺,下桥入外国花园,平芜数段,中建铁亭一所,道旁置铁床数张而已,无足悦目。返过茗肆,听弹词,操缦女郎黄燕卿、金素秋,皆明艳翘出于众,然与前所见月娥等伯仲而已,面目尚已有微疵,非十成金也。返寓。夜史华楼、顾洛川相踵来导游,未许。

接南阳君初八日信。

十一日甲子(11月21日) 薄阴

同安林肆中早食鱼面颇佳,食毕,至茗楼久坐返寓。下午到钟表店催取修治之件,归途过昨弹词处,顾洛川亦来,同入座,傍晚散。夜季雨来。胡福堂售字画、磁器仅得三十五饼银,来报命,转以洒金红玉钏售余,价止十饼银。

十二日乙丑(11月22日) 阴

晨起,属安林赁舟旋苏。余此行意欲买妾,闻沪上人材之众,必易遴择,来此二旬,陌上相逢,洵多佳丽,但阛阓十万,几无一姓良家,纵使不顾后患,降心相从,竟向此中物色,而既选美材,又求完璧,千万中仅仅一二,且身价之高,有非寒流所能问鼎者。其中稍知黑白、未甘流落之人未必尽无,乃今世鄙夫言甘币重,以网罗若辈之财者,比比皆是,故待客如防盗贼,不敢与人轻道衷曲,而择人而事之道绝。馀皆自恃色艺,乐此不疲,习气深厚,良家断不能容,则尤不必言矣。偶诵梁武帝纳侯景降时,自言“吾国家金瓯无缺”之语,不禁惕然而惧。此地既无山水之观,又无友朋之乐,久留何益?故决计言旋,且至苏台访求数日,以俟机缘可耳。

早食毕,答访邓季雨不值,仅晤铁仙,并识潘□□部郎江宁人,木君先生次子。久谭,极道倾慕,欲强余更留数日,余未之许。午刻返寓,遣奴辈运行装下舟。顾洛川来,同过茗肆少坐〈别去〉。下午偕安林行赴舟次。写南阳君信加页。即发,信局。

十三日丙寅(11月23日) 阴雨

早发,午过黄渡,夜泊小赵屯港。

十四日丁卯(11月24日) 阴,大风

早发,夜抵昆山,仅行四十里。

十五日戊辰(11月25日) 薄阴,大风寒

早发,沿路守风,夜泊真义镇,仅十馀里。

十六日己巳(11月26日) 晴,大风寒

早发,沿路守风,申刻抵苏州,泊齐门。安林上岸去。写南阳君信。即发,信船。

十七日庚午(11月27日) 晴

早食毕,棹小舟至玄妙观后登岸,观中弥陀阁已整理一新,雄丽可观。至护龙街阅肆,返至观中茗楼,逢安林久坐,同食汤饼,极佳美。归舟,访邓公武久谭,夜返坐舟。

十八日辛未(11月28日) 晴

早食毕仍棹小舟访邓树人,少谭。又至观后登岸,饮于观东茗楼,安林亦至,良久,同过护龙街城隍庙前,余归原舟,安林有事去。写南阳君信。即发,信船。

接南阳君十七日信,又实儿九月十六日信,又族嫂庄氏十二日信,又朱菉卿十二日信,又顾菉川十三日信。

十九日壬申(11月29日)　晴

亭午安林来,少谭即去。移舟阊门,至虎丘花肆一游,复移舟胥门,登岸访朱菉卿,并晤其弟葶卿。菉卿适于是日赴宜兴丞任,行舟已具,以余至,改明早成行,谭至初鼓时归。

二十日癸酉(11月30日)　晴

朱葶卿来舟久谭,亭午登岸饮茗肆中,葶卿来同座。饮散,又与菉卿谭良久下舟。下午仍移泊齐门。

接南阳君十八、十九日信,又顾菉川△△日信。

二十一日甲戌(12月1日)　晴

安林来,同至阊门买衣料数种即去。余棹小舟至玄妙观前一转,遂访公武久谭,又至近文斋装潢家属重裱先世影象。下午返舟。夜安林来久谭,余拟明日返虞山。写南阳君信,寄油鸡一尾。即发,信船。

二十二日乙亥(12月2日)　晴,顺风

辰刻舟行,午过吴塔,申刻抵家。

接实儿九月廿七日信。

二十三日丙子(12月3日)　晴,天色暄热,易裘以絮

子永来久谭。

二十四日丁丑(12月4日)　晴

园中腊梅得暖已盛开,与南阳君步赏。

接南阳君二十日信,又胡子继初一日信,又顾菉川△△日信。

二十五日戊寅(12 月 5 日) 晴

二十六日己卯(12 月 6 日) 晴

写顾菉川信,即发,信局。顾三次来书,以花月娥为余许可,愿作蹇修,余念家世未尝有此,不敢作俑,为人口实,故作书辞之。

二十七日庚辰(12 月 7 日) 晴

早食后,答候新任邑侯钱秋舫保衡,杭州人。不值。候蔡季蕃,贺其子纳室。次候前邑侯龙静帆送行,不值。又答候叶芸伯,又答候赵价人,又候季君梅,均不值。又答候杨思赞及其馆师吴席珍阳湖人,里中识之。久谭。下午吴席珍来,素精岐黄,侄颖之妇胡氏有疾,属视也。

二十八日辛巳(12 月 8 日) 阴

子永来谭。

接李眉生廿五日信,寄新拓《国山碑》,纸墨均精。

二十九日壬午(12 月 9 日) 阴,夜雨

宽儿之妇自苏归。

十一月壬子

朔日癸未(12 月 10 日) 阴寒

初二日甲申(12 月 11 日) 阴,大风

写胡子继信,即发,交颖侄附函。陆小峰信。同上。李眉生信,即发,信船。寄《石鼓读》一本、自辑《石鼓汇释》一本。薛安林信。即发,信船。

初三日乙酉(12 月 12 日)　晴,甚寒,寒暑表三十六分

初四日丙戌(12 月 13 日)　晴

初五日丁亥(12 月 14 日)　晴

写邓季垂信、即发,信局。邓季雨信,附垂。薛安林信。即发,信船。方子庚自常来,是日邀偕子永来余处晡食。

初六日戊子(12 月 15 日)　阴,有雪意

初七日己丑(12 月 16 日)　阴,甚寒,雨雪

初八日庚寅(12 月 17 日)　阴,甚寒

常熟邑侯钱秋舫招饮,辞之。早食后出北郊看雪,顺访赵次侯不值。答访方子庚送行,先是,其兄子可之眷属自常避仇来虞,住子永家垂一月,于今日成行,就子可于粤东也。归途顺访曾君表兄弟,亦不值。

初九日辛卯(12 月 18 日)　阴寒

常州骨董客顾生来访,售陈渌晴镛,里人,嘉道间画师。山水屏四幅,颇佳,去银饼八。子永来久谭。

初十日壬辰(12 月 19 日)　晴,甚寒,池水冰

请吴席珍为南阳君诊疾。

接朱仲武孔彰,长洲县人,昔在秣识之。△日信。

十一日癸巳(12 月 20 日)　晴

十二日甲午(12 月 21 日)　晴,寒暑表三十五分

接族侄子慎△日信。

十三日乙未(12 月 22 日)　晴。冬至节。寒暑表二十八分

写朱仲武信,送元卷洋银一元。即发,交裴浩庭。陈钧堂信。即

发,信局。午后合祀先祖如礼。

接邓季垂十一日信。

十四日丙申(12 月 23 日) 晴

下午招吴席珍来饮,并呼子永作陪,初鼓散去。

十五日丁酉(12 月 24 日) 晴

写子慎族叔信,言大宗祠修理、恭毅府君墓道栽树及公堂祭产经理改章诸事,并寄添孙贺分洋银两元,又寄族兄子锡之女助奁四元。即发,交吴席珍。写子宪族兄信,寄还殿板三《通》二本,又族叔母□氏津贴二元。同上。写薛安林信。即发,信局。

十六日戊戌(12 月 25 日) 晴

十七日己亥(12 月 26 日) 晴

十八日庚子(12 月 27 日) 晴

十九日辛丑(12 月 28 日) 晴

二十日壬寅(12 月 29 日) 阴

二十一日癸卯(12 月 30 日) 阴

二十二日甲辰(12 月 31 日) 阴

接邓公武廿一日信。

二十三日乙巳(1883 年 1 月 1 日) 晴,甚寒

早食后,候钱秋舫邑侯不晤。至赵次侯家作吊其庶母之丧,次侯昆季早丧父母,为所抚字,守节五十年,故敬礼之甚重。候裴浩庭邑侯不值。

二十四日丙午(1 月 2 日) 晴

早食后棹小舟偕子永出西门,至凤尾涧方氏所卜新阡也。柔女

夫妇将于下月营窀穸,往为相度工料诸事,午后归。仍舟出东门看市廛一所,傍晚归。裴浩庭来答候,不值。

二十五日丁未(1月3日)　晴

张楚生之堂兄张子明来自常州过访。

二十六日戊申(1月4日)　晴

接张仲甫△月△日信。

二十七日己酉(1月5日)　晴

新任守备钱□来候。

二十八日庚戌(1月6日)　晴

裴浩庭来候久谭。下午张子明来告行。

二十九日辛亥(1月7日)　晴

三十日壬子(1月8日)　晴

写邓季垂信。即发,信局。

接朱仲武廿六日信。

十二月癸丑

朔日癸丑(1月9日)　晴

初二日甲寅(1月10日)　晴

初三日乙卯(1月11日)　晴

初四日丙辰(1月12日)　晴

接朱菉卿十一月廿五日信,其嗣子病危,求助医药之费也。

初五日丁巳(1 月 13 日) 晴

写朱菉卿信,寄洋银二十元。即发,信船。

接陆小峰△月△日信,言长吉婚期。

初六日戊午(1 月 14 日) 晴

午前同子永赴其新阡看工归。子顺自里门小试、旋虞县试甚不利,郡试居然长案第一,可喜之至。

初七日己未(1 月 15 日) 阴,有雨意。连日天色暄暖异常,时正在三九中,而与春时无异,是夜大风鸣吼彻夜

初八日庚申(1 月 16 日) 晨起有飞雪,大风严寒,寒暑表降至二十五分,南中所希遇也。辰刻开霁,日光晶莹,而寒不解

接邓季垂初五日信。

初九日辛酉(1 月 17 日) 晴,严寒

下午赵君修来候辞行,会试赴都也。

初十日壬戌(1 月 18 日) 晴

接朱菉卿初九日信二件。

十一日癸亥(1 月 19 日) 晴

十二日甲子(1 月 20 日) 晴

堪舆师钦韵珊枚,苏州人。自苏来,为方氏治葬也。下午同乘小舟出西门至所卜新阡相视,傍晚归。

接李眉生初九日信,寄赠新刻《楞严蒙钞》一部。

十三日乙丑(1 月 21 日) 晴

是日柔女之柩与子谨合窆新阡。辰刻由北门殡宫发引,申刻入土,余老病目,不忍临穴观视,遣儿辈往送,为手题其碑云:呜呼!有

清才子大兴方栓,烈妇阳湖赵柔合葬之墓。

十四日丙寅(1月22日) 晴

邀钦君为先兄卜地,遣犹子颖、重陪往。写李眉生信。十五发,交钦云珊。下午钦云珊归,同谭至初鼓。

十五日丁卯(1月23日) 阴,细雨

黎明起,送钦云珊旋苏。钱秋舫邑侯来候,久谭。

十六日戊辰(1月24日) 阴

十七日己巳(1月25日) 阴,夜雪

十八日庚午(1月26日) 雪至晓止,午刻放晴

早食毕,同家人赏玩于雪亭中。下午接安林来信,已为余相定东洞庭山人俞吟香之妹,年十八岁,貌美足纤,知书善绣。其家旧系士族,近十馀年因贫开设书坊糊口,此女亦能写记书目,装订书本云云。属余早为定见。余思之未遽深信,拟明日拨冗买棹赴苏亲看再定。

接薛安林十七日信。

十九日辛未(1月27日) 阴,顺风

早起吃点心竟,出门答候赵君修送行,其尊人价翁出晤,谭良久。次答候叶芸伯总戎久谭。次答候钱秋舫邑侯,尚卧未起。午刻归。行舟已具,申刻解维,酉末过吴塔市,戌刻至蠡口泊舟。

接魏般仲十五日信。

二十日壬申(1月28日) 阴,细雨

五鼓舟行,辰初抵齐门,泊坛子河。邀安林至舟,则云已至俞氏定婚,于昨日致聘金洋银二百元,约明年正、二月间送亲来虞。余以

未能亲见，殊为愕然。安林云昨曾说明今日亲到相看一节，遂同移舟阊门，别雇小舟至胥门，步到俞氏书肆。女兄吟香出门未返，母五十许人，状似朴愿，所居堂屋后即厨下，女正淅米未竟，窥客至，知为己来，翩然而逝。俞氏同居尚有异姓，又深讳鬻女事，故仅能遥遥一瞥，但见身材小，肤白发重而已，若品格何如，眉目何如，均不能知。与安林偕棹小舟返阊门，茗饮肆中，安林极言其貌之美，余终不能信，然亦无如何也。下午返舟，移至齐门张公桥泊，取与安林相近。入夜安林去，初鼓时复同俞吟香来舟见余，少谭先去，安林复坐良久。俞与朱菉卿相识甚久，从菉卿闻余名。其家素贫窘，近又被苏绅某所误，负累数百金，故不得已鬻妹偿负。此声一传，求者纷纷。有汪姓、周姓已谐价，而安林始知之，往执斧柯。俞稔知余家道宽裕，待人长厚，决计辞两家而相就，然初与余不相识，菉卿亦仅泛言及之，本不知其有妹，非欲为蹇修也。

连日事垂成就，先为汪氏说合者忌之，为言余年已六十外，已娶孙媳，家道平常，人尤凶狠，姬妾甚多，往往笞责变卖。俞氏寒心之至，定要原媒李应亭、苏州人，在邱姓管帐。薛安林写立担保文契，并要面见以征所闻之虚实，故夤夜而来。余始不知何故，观其辞色凄怆，心颇悯之。后安林向言底细，始为恍然。

二十一日癸酉(1 月 29 日) 阴，细雨，夜狂风大作

舟中俟安林，下午始至，同登岸至小肆饮茗久谭。安林今晨冒雨至胥门见俞氏，母子均无异言，自认误听之过。往返垂二十里，故迟迟如此。余以未见女面目如何，倩再导往细观，安林言其家终不肯使未嫁女觌颜对客，亦不肯收花粉看钱。前此诸家皆乘间窥伺，不使女知，今如再去，仍不过见客一逃而已，无益也。余心不谓然，第见其劳乏已甚，不忍过强之，相与下舟，又少谭去。

二十二日甲戌(1月30日)　阴,大风

晨起,安林至,棹小舟赴玄妙观前食面为早餐,佳甚。食毕至金珠各店,为俞女购首饰。余以未知其人,欲以人事夺天工,故为此粉饰计耳。信如安林所言,固无俟耀首膏唇为也。约略备十馀事,已费洋蚨百四十饼。下午棹小舟返至坐舟。写钦云珊信。即发,交安林。安林去。酉刻舟行至齐门外,风甚,泊少顷,前进至陆墓住夜。

二十三日乙亥(1月31日)　阴,逆风差小,夜雪

五鼓舟行,巳刻过吴塔市,申刻抵虞。写安林信。廿四发,信船。夜祀灶如故事。

接族叔子慎十五日信。

二十四日丙子(2月1日)　大雨雪

写安林信加页。即发,信船。

二十五日丁丑(2月2日)　晴,甚寒

晨起祀佛,设桑门馔如往年。与家人玩雪东堂,食米粉团、豆腐汤。

二十六日戊寅(2月3日)　晴

晨起祀行神、中霤神、门户、桥梁、仓神如故事。晡与家人饮福,并召子永兄弟及诸犹子饮于外舍。

二十七日己卯(2月4日)　晴

曹镜涵来,鲍叔寅来。写邓公武信,邓树人、季垂信,以目眚令宽儿代书。即发,信船。薛安林信。同上。

接邓季垂廿六日信。

二十八日庚辰(2月5日)　晴

接陈钧堂△日信。

二十九日辛巳(2月6日) 晴

接邓公武廿八日信。

三十日壬午(2月7日) 晴

岁除祀先,宽儿能执其事,飨堂陈设,张灯甚华整,余颇暇逸。实儿妇司烹饪,申初已告具。偕南阳君入祠举祭,礼成犹未暮也。夜率家众大小十五人饮酒致乐。饮散,历内外堂舍观灯,以西院将有庆事,故张灯再倍于往年。与南阳君坐玩良久。

光绪九年(1883) 太岁癸未,居士五十二岁

正月甲寅

朔日癸未(2 月 8 日) 晴

黎明起,率子孙赴祠上香、献朝食。退与家众拜天、拜孔圣师如故事。次于佛楼、灶神前献朝食、行礼,次至祠堂献米团、行礼。家众称贺毕。次赴先兄几筵行礼,谒贺嫂氏。还至雪亭曾文正小像前行礼。入内进早食,即出候客贺岁,凡数十家,惟晤曹镜涵、赵次侯及子永兄弟,下午返。

初二日甲申(2 月 9 日) 薄阴

晨起,诣祠献食行礼如昨。诞日,家人祀佛称贺。曾君静来,未接见。子永兄弟来。

初三日乙酉(2 月 10 日) 晴

晨起诣祠行礼,午后收先象如往年。

初四日丙戌(2 月 11 日) 晴

赵次侯来久谭。下午招徐秉臣、汪豫川、浦仲宣饮,初鼓客去。

初五日丁亥(2 月 12 日) 晴,下午阴

写安林信。即发,信船。

初六日戊子(2 月 13 日) 雨

写安林信。即发,信船。

初七日己丑(2 月 14 日) 阴

初八日庚寅(2 月 15 日) 阴

初九日辛卯(2 月 16 日) 阴

是日申刻良吉,为俞姬设欢床于黛语楼之左楹。

初十日壬辰(2 月 17 日) 阴雨

接金鹭卿初八日信。

十一日癸巳(2 月 18 日) 阴雨

写邓公武、树人、季垂信。即发,信船。安林信,并寄谢媒人李应亭洋银一百元。同上。子永昆季来久谭。

十二日甲午(2 月 19 日) 阴雨有霰

写金鹭卿信加叶。即发,信船。柳风桥重建,是晚戌刻与西亭同时

动工。

接实儿八年十二月十七日信。

十三日乙未(2 月 20 日) 阴雨

写安林信,寄新制衫裙一箱,为俞姬助妆,并再致聘财洋银四百元。即发,信船。

十四日丙申(2 月 21 日) 薄阴

张纯卿来候久谭。

接邓公武十三日信。

十五日丁酉(2 月 22 日)　　雨

写邓季垂信[1]。写实儿信。即发,信局。

接邓季垂十三日信。

十六日戊戌(2 月 23 日)　　雨雪,大风

俞氏约今日送女来虞,明日入宅,以风甚迨暮不至。

十七日己亥(2 月 24 日)　　薄阴

午刻,安林以俞氏女至,泊舟南门,戌刻遣舆迎归。值上元张灯如昼,观者堵列。姬入见于静安楼下西厢温卧,一拜之后低首敛眉,余亦未忍逼视,少坐,即送之黛语楼东间新设小寝,家人从而观者翼之如云,陆续来言新人美丽娇柔,逾于诸妾,余未深信,姑妄听之而已。

俞姬来归赋催妆一首

试灯风里画船来,旧曲桃根许俊才。莫驻云骈双凤翼,黛楼今夜为卿开。余筑黛语楼,欲择人主之,十年未得当。

十八日庚子(2 月 25 日)　　薄阴

馆师王星涵来开学,下午设饮,邀子永兄弟来陪。安林来谭。接邓季垂十七日信。

是日赋催妆第二首

画楼只在桂堂西,不是云封水满溪。好趁春阴勤护惜,待看晴日万花齐。

十九日辛丑(2 月 26 日)　　晴

安林来谭,择明日壬寅与俞姬定情,乃遣其母、兄返苏。来舟泊

① 稿本此句后有"即发,信船"小字。

西门外,相去咫尺,然未来余家,以约不往返,仅在园西隔岸遥望。心虽闵之,而人情叵测,未敢延之入室也。姬初至羞怯,余不强之下楼,投以催妆之篇,闻其读之颇有喜色。言者益绳其美。余虽未细辨妍媸,顾人言如此,心亦快慰也。

催妆第三首

窗里红灯窗外雪,各呈光色照婵娟。韶华自合人消受,莫负奁中七宝钿。

催妆第四首

异锦裁衣错绣文,珮声细压石榴裙。请开镜里羞娥蹙,春到延台已十分。

二十日壬寅(2 月 27 日) 薄阴

申刻新人妆竟,再见于黛语楼下之〈小〉奉华堂,余与南阳君既受谒,〈遂设〉醴同饮,新旧两姬皆侍。酒间略询姬家事,敛袖而对,辞色柔婉,语言敏捷,其貌盖中人以上,目波澄鲜,双眉殊饶秀色。幼曾读书,粗知笔札,它年俾司黛语楼秘册,庶不愧奉华小史矣。酒阑已戌刻,黛楼灯毕张,携之登楼,并召家人皆至,设火树银花于延台之上以乐之。余赋《定情》十篇,人定教姬读竟,自谓人间金屋未有是也。

定情十首

闻道妆成无限娇,传来消息比云韶。华灯影里春杯绿,亲上银湾鹊尾桥。

日射雕阑一桁长,手褰碧箔试新妆。盆梅似妒卿颜色,万蕊红酣绣榻旁。

三面文窗窈窕通,眉痕山色此时同。几生修得双蛾绿,好斗春光玉镜中。

万缕春稊吐嫩寒,黄梅花影正团圞。黛楼自是春如海,付与云英仔细看。

青山当牖水当门,书满妆台花满樽。无限人间金作屋,难将雅艳此中论。

胸有珠玑我自夸,愿将采笔付如花。便参玉局知文史,碧榜新题小奉华。姬文字未全通,而性颇敏慧,又家世业书,善整比旧籍,余黛楼所藏善本,拟均付之。辄题楼下书堂为小奉华,志幸也。

卿长蓬门我道途,当年樵悴旧衣襦。秦楼不照东南日,谁信罗敷自有夫。

少年图史老湖山,四十专城弃等闲。百斛云烟消不尽,一时收拾付眉湾。

敢期倾国始为佳,况有家山近馆娃。曲曲春苔花径底,十年才衬凤头鞋。

不到萧台岂是仙,此中未必逊诸天。相期莫作非常愿,饱听春莺三十年。

二十一日癸卯(2 月 28 日)　大雪

黛楼晨起,忽见飞雪浓于搓絮,千万玉鳞,长空一白。天岂以黛楼山溪之胜,非雪不足以尽其美而发余之兴邪。褰帏呼姬起,共坐晶窗下赏对良久。妆台畔盆梅盛开,与翠眉丹颊左右辉映,廿年枯槁形骸如沃春醪百斛耳。午间偕南阳君、两姬赏雪北亭中。下午安林来,设酌以酬其劳,入暮始罢。

二十二日甲辰(3 月 1 日)　阴

连日爱玩新姬,赏其眉妩,且为黛楼侍史,易其名为黛娟。并询悉其父名鹤龄,早年以贫故,弃书学贾,入某质铺为人司账。性喜书籍,藏旧本颇多,旋与居亭不合谢出,始设万卷楼书肆,贩鬻自赡,生计稍裕。暮年于朱家角青浦乡间。分设一肆,大致折阅,忧悴而死,时在光绪五年。其兄吟香名达,好书如父。益不善治生,所交皆寒畯文学之士,家无儋石,而好急人之急。父死仅有债数十金,甫二三年,遂十倍之,终日追呼诟谇,无一刻之安。其母刘氏涕泣祈死,姬终日以针黹助饔飧,自思无俾于事,不如鬻身以活母。去年九月始向母之寡姊某媪微露之,反为母、兄所责。既而其兄为苏绅洪顺之居间假西贾数百金,洪有家而制于其妇不得偿,乘夜逸去,西贾本不知洪氏,日持刃登俞氏门呼詈并命,母不得已抚姬而泣曰:"始惧辱汝父,故拂汝孝思,今若此,汝兄终无生理,是斩俞氏祀矣。两害相权,不得不从汝志。"兄亦涕泣谢其妹。乃告姨媪,于是问名者日相踵。咸言继室,或云与冢妇异居,迎娶如礼。姬慷慨谓兄曰:"妾则妾矣,命之亨否,非可力求,争此何为?且若辈言胡足信,不如厚得聘财,足以了事之愈也。"适薛安林为余介绍,其兄闻余名甚久,语妹曰:"此大家绅宦,文名满江南北,与其从大腹贾,床笫之外,不知其他,何如诗礼之族,虽婢媵犹以礼畜也。"姬亦首肯。遂尽谢诸家,从薛之请。事已定,或为菲言惑其母,母持之泣。姬自言命薄,此去但有啖饭处,无复馀念,愿母勿忧。既至虞,见余家迎姬颇备礼,定情翌日,姬遣伴媪告母、兄,以主人及大妇相待优厚,且持余诗示兄,母子相庆。其兄伏船舷录余诗藏箧中,为伴媪言:"妹已得所,我粗免罪戾,愿妹循礼法,勿为人笑。门楣虽辱,犹可以自雪也。"是夜姬以告余,余念女子不为身计,自鬻以纾母、兄之祸,与其兄鬻妹而知择大家,妹既嫁不争贿遗,而录余诗视如珍宝,皆难能之事,末世风俗所当愧者。

与姬成婚甫三日,凡余饮食居处,事事留意,不啻手足之护头目。每云此时无一毫杂念,但求主人寿考,长受荫庇而已。余年长于姬三十有三,得偕伉俪,不免自愧,闻其言,尤觉恻然于中也。

二十三日乙巳(3月2日)　阴

周瀛士士煃。忽来访,久谭,有所推委,勉力应之。下午解维去。薛安林来久谭。

二十四日丙午(3月3日)　阴

下午薛安林来久谭,拟与俞氏母子明晨旋苏。余念其劳,酬之再三,不可。余敦迫良久,始云俞氏鬻妹偿负及稍为奁赠,已无所馀,请受洋银百元为俞氏不时之需,余诺之而去。

二十五日丁未(3月4日)　晴

俞氏舟行,姬遣伴媪往送,归持其兄书,勖妹如昨所言。

二十六日戊申(3月5日)　晴

二十七日己酉(3月6日)　晴

二十八日庚戌(3月7日)　晴

二十九日辛亥(3月8日)　晴

二月乙卯

朔日壬子(3月9日)　晴

初二日癸丑(3月10日)　晴

择三月初二日葬先兄贞明于虞山之麓,明日破土。

初三日甲寅(3月11日)　晴

胡子继自宁国来迎其女,见候久谭。下午答候胡子继不值。

初四日乙卯(3月12日) 晴

午刻答候胡子继久谭。曾君表同李子均慎儒,丹徒人。来访,久谭。下午延胡子继饮,初鼓罢即辞去,同颖侄妇明日赴宁国。

初五日丙辰(3月13日) 晴

早食后答访李子均、曾君表久谭,即送其公车北上。

初六日丁巳(3月14日) 晴,风

接实儿八年十二月廿八日信。

初七日戊午(3月15日) 晴

初八日己未(3月16日) 晴

园梅甚开,携南阳君、两妾、诸女赏燕东堂,欢竟日。

初九日庚申(3月17日) 晴

初十日辛酉(3月18日) 晴

十一日壬戌(3月19日) 晴

十二日癸亥(3月20日) 晴

十三日甲子(3月21日) 晴

裴浩庭邑侯来候,久谭。

十四日乙丑(3月22日) 晴

秦淡如都转来自无锡,与华叟涤秋均来候,赵君默同来,久谭乃去。午刻答候秦、华二叟。赴赵君默招饮,同座秦、华二叟及李升兰,年皆七旬外。又杨映梅,君默姊婿。是日价人赴苏未返,故君默为主人,下午散。

十五日丙寅(3月23日)　大风雨

下午招秦淡如、华迪秋、李升兰、赵次侯、君默饮，初鼓始散。

接实儿正月廿三日信。

十六日丁卯(3月24日)　晴

午刻赵次侯招饮，同座秦、华二叟、李升兰、杨滨石、思赞，下午罢。

十七日戊辰(3月25日)　晴

接费幼亭△△日信。

十八日己巳(3月26日)　晴

写朱菉卿信，唁其子丧。即发，信局。

十九日庚午(3月27日)　晴

赵价人来久谭。

二十日辛未(3月28日)　晴

得明拓《百石卒史碑》半部、《孔季将碑》一部，去洋银八饼。

二十一日壬申(3月29日)　晴

子永欲赴直隶，就新乐令宫君招，下午设饼叙别。

接实儿正月廿九日信。

二十二日癸酉(3月30日)　晴

早食后与南阳君、冯、俞两姬同游虞山。余先诣贞明墓地视工良久。俟家人舆至，同登剑门，共坐盘石，挹湖光山色，流连不能去。从山后穿萧家栈松林，径至三峰寺，有小楼在方丈后，寂无游人，而松篁颇饶幽趣。索素馔食毕，复同游破山寺，登救虎阁久坐。薄暮遣家人先返，余又步门外山椒良久。

二十三日甲戌(3 月 31 日) 晴

写实儿信。廿六发,交子永。邓公武信。即发,信船。金鹭卿信,寄去薛安林家印照一纸。即发,信船。费幼亭信。同上。

接邓公武廿二日信。

二十四日乙亥(4 月 1 日) 晴

早食毕携宽儿出游,并招子永昆季至,同饮茗肆中。适遇价人、次侯、曾君静,共谭良久。诸人各去,余复为子永设饯于钱氏旗亭,薄暮乃归。数日前闻吴平斋观察之丧,余与之相识颇久,近以金石同好往来尤密,甚为怅然。制挽联自书之,邮达其家。

吴平斋挽联:

事功奚必自己而成,淡灾薄赋之书,夐乎千古;所著有《论救荒》及《江浉请减赋说》。

金石非有其器不录,永叔景卢诸老,逊此精专。撰《两罍轩钟鼎款识》,所载皆家藏古器。

二十五日丙子(4 月 2 日) 阴

子永明日北行,下午来话别。

二十六日丁丑(4 月 3 日) 晴

无锡人徐月庄工琵琶,吴中称最,赵次侯邀来余园亭奏技。会者十人:季君梅、李升兰、赵价人、次侯、杨滨石、书城、思赞、曾君静,主人及徐也。下午咸集余之东堂,徐抽弦转拨,始为《霸王卸甲》一曲,似有金铁声。既阕,饮于远心堂后之瑞蕖轩。薄暮罢酒,复集于北亭,为《龙舟竞渡》一曲,声情维肖。初鼓时皆去。

二十七日戊寅(4 月 4 日) 雨

费屺怀念慈,幼亭之子。自苏州来见候久谭。

二十八日己卯(4月5日)　晴。清明节

早食后答候费屺怀不值。又答候张喜生,张仲甫之侄。路遇之。归与家人赏玩园中。

二十九日庚辰(4月6日)　阴

三月丙辰

朔日辛巳(4月7日)　薄阴

先兄贞明择明日安葬。早食后往清凉庵殡宫行祖奠礼,抚棺尽哀而罢。下午费屺怀来久谭,即辞去。堪舆师钦云山来自苏州。

初二日壬午(4月8日)　阴

卯刻起,早食毕与犹子辈赴殡宫。辰刻发引,由水路至西山晏家湾,巳刻灵舆至葬所。未初三刻入穴,悬棺而窆,定向乙辛兼卯酉三分,丁卯丁酉分金。附棺以石灰、炭屑、雄黄三物。既掩土,哭辞而返。闻陈氏姊葬期择初三日,余故不及赴。岁月如流,同气俱归黄壤,悲怀殊难自遣。薄暮抵家,觉头眩胸满,遂早卧。

接朱萼卿二月△日信。

初三日癸未(4月9日)　晴

早与钦叟云山食毕,陪至石梅茶肆久坐。常熟令君钱秋舫来候,不值。

初四日甲申(4月10日)　晴

早食毕,钦叟告归,送之登舟。

初五日乙酉(4月11日) 阴

早食毕访赵价人不值,与其子君默久谭。又答候钱秋舫邑候,亦久谭。下午,平孚吉来谭。

接朱菉卿二月初九、廿七两日信。

初六日丙戌(4月12日) 晴

初七日丁亥(4月13日) 晴

写陈甥信。即发,信局。

接族弟长生初五日信。

初八日戊子(4月14日) 雨,大风甚寒,须裘。节逾清明,去立夏二十日,而春寒如此,非好气象也

写任筱沅信,时以东抚被劾,奉召入都,闻乞假南旋将至,寄书慰之。即发,信船。魏般仲信,寄乳饼百枚。即发,信局。朱菉卿信,同上。朱萼卿信。同上。

初九日己丑(4月15日) 薄阴

写李眉生信。即发,信船。

初十日庚寅(4月16日) 阴

十一日辛卯(4月17日) 晴

季君梅来访,并同胡酉生昆季邑人,雪岑之子。游余静圃。

十二日壬辰(4月18日) 晴

十三日癸巳(4月19日) 阴雨

宽儿赴常州扫墓。

接陈甥范初十日信。

十四日甲午(4月20日)　阴

刘玉山广兴,山东寿张县刘家桥人,拳师,昔从弢甫处识之。自苏州来访,并求下榻,所谭仍如庚辰岁来虞时语。先是嘉道年间有池州人周泰毂客游扬州,好为大言夸诈,自云与扬州李某有缘,数当授以大道不传之秘。今世当孔子后二千馀年,天地元会之运发泄极盛,有三教圣人同时下世,普度众生。释教则江西程某为弥勒降生,道教则福建韩某为韩湘子降生,而己则儒教圣人,第为谁某不敢轻泄。受度者有八百大仙、三千小仙,凡世传三教之书,皆皮毛糟粕,别有真传口诀须口口相授,得之方能成道。周于道光十二年去世,遗言教中流通传授,均以付属李某,并奏天帝派张、关、吕、济四人为护法。张为文昌,关为关王,吕为洞宾,济则济颠僧。其言荒诞若此。李某自诡为周高第弟子,颇张皇其事。一时名下士如荆溪周保绪、宿迁臧穆庵、桐城江龙门、祥符张虎头名丙英,祥符人。等,翕然信之,倡为五陵豪杰之名。扬州广陵、镇江平陵、常州毗陵、江宁金陵、杭州武林,言非此五处人不能入道,即非此五处人,亦必流寓是邦而后可。煽诱日广,吾所知者,则有弢老之友钱东平、孔宥函、沈俊甫等,而江西之熊龙沙、吴子登,咸从李某受口诀。李尤形踪诡秘,时时易姓。刘玉山大氏受李之意,为之招徕。前数年特从金陵来访,余以其言鄙陋,一笑置之。刘则以为可动,故又为是行。《传》不云乎:"上无礼,下无学,贼民兴。"又曰:"上失其道,民散久矣。"彼白莲、糍团、蜡烛诸邪教,仅以惑乡愚,而此则浼及士大夫,念之可为三叹。

十五日乙未(4月21日)　晴

与刘玉山言,力斥之。

接邓公武十三日信。

十六日丙申(4月22日) 阴

刘玉山遭余痛诋,乃辞去。

十七日丁酉(4月23日) 阴

为《天发神谶文》跋千三百言。

接金鹭卿△日信。

十八日戊戌(4月24日) 阴

十九日己亥(4月25日) 阴

牡丹盛开,与南阳君同赏。曾君静同洪文卿、钧,苏州人,状元。吴蔚若苏州人,翰林。来访,久谭。

二十日庚子(4月26日) 阴,夜雨

与家人观龙舟于西门外,傍晚归。

二十一日辛丑(4月27日) 晴

答访洪文卿、吴蔚若于曾君静家,曾独在,久谭乃归。写邓公武信。即发,信船。宽儿自里门归。

二十二日壬寅(4月28日) 阴

写费幼亭信。即发,信船。方子顺来。

二十三日癸卯(4月29日) 雨

二十四日甲辰(4月30日) 晴

二十五日乙巳(5月1日) 晴

接李眉生廿二日信。

二十六日丙午(5月2日) 晴

季君梅来访久谭。

二十七日丁未(5月3日)　晴

二十八日戊申(5月4日)　晴

赴昭文邑侯裴浩庭招饮,同座朱缉甫、成熙,昆山人,辛未翰林。孙竹堂、士达,绍兴人,直隶津海道。张纯卿,下午饮散。答访季君梅不值。余荫芝杰,绍兴人,族伯梅谷之婿,幼年在宜兴识之。来候。

二十九日己酉(5月5日)　薄阴

答候余荫芝于昭文署,时就裴君幕也。又候裴浩翁久谭,并候朱缉甫不值。下午赴杨滨石招饮,同座李升兰、季君梅、赵价人、次侯、曾君静、胡幼〈生并〉主人之弟书城。未坐顷,与君梅至胡幼〈生〉家,有黄杨二本,数百年物,扎缚成盘,大于米囷,而高不及丈,异观也。少坐,就杨氏饮,傍晚归。

三十日庚戌(5月6日)　阴

写金鹭卿信,初一日发,信船。薛安林信。同上。裴浩庭同朱缉甫来候久谭,至下午乃去。

接邓公武廿九日信。

四月丁巳

朔日辛亥(5月7日)　雨

李眉生偕顾子山文彬,苏人,前宁绍台道。自苏州来见访①,傍晚去。

接周甥女三月廿九日信,又费幼亭三月三十日信。

① 此句稿本后有“久谭”二字。

初二日壬子(5月8日)、 雨

早食毕,答访李眉生、顾子山,舟中久谭。访赵价人不值。赴赵次侯招饮,同座李眉生、顾子山,下午归。眉生携松雪斋藏本《黄庭经》见示,与今本文字异者四十馀处,因斠录别本之上。其纸墨坚凝,固宋拓无疑,而笔致仍未能远胜,盖亦唐人所摹耳。今本起处为四言六句,此则云"上有黄庭下关元,前有幽阙后命门,呼吸庐外入丹田",为七言三句。而"后"字下误书"有"字,外字下误书"出"字,皆点去,此则致误之由也。题跋甚众,元则方方壶,明则天师张无为暨莫云卿、俞安期、杨明时、刘然、陈眉公、董思白、周叔宗、程孟阳、许元奋、吴孔嘉,国朝则王杰、韩城相国。张鹏翀、常熟人。翁方纲、谢墉、梁芷林。

初三日癸丑(5月9日) 雨

眉生书来告行,棹小舟往送,并归所假《黄庭经》,久谭乃别。顾子山则先已解维,不及见。

初四日甲寅(5月10日) 阴

赵元泽自里门来见访。

初五日乙卯(5月11日) 雨

春来苦雨连绵,天色阴寒,今已首夏,犹衣重绵。气候如此,仅酿疾疫,犹民生之幸也。

初六日丙辰(5月12日) 阴雨

芍药盛开,偕南阳君率两小妇同玩。赵价人来答访,少谭去。

初七日丁巳(5月13日) 阴,大雨

接族弟渝江初四日信。

初八日戊午(5月14日)　阴,阴雨

初九日己未(5月15日)　阴

初十日庚申(5月16日)　晴

午刻赴季君梅、李升兰招饮于赵次侯家,同座杨滨石、书成、赵价人兄弟、钱绥卿、曾君静、胡幼生,下午饮散。归途顺访杨思赞少谭。

十一日辛酉(5月17日)　阴

毗陵西门盗劫钱店,讹传教匪起事,合城迁徙殆半。

十二日壬戌(5月18日)　阴,有雨

十三日癸亥(5月19日)　阴,有雨

接子永婿三月二十日信,已到新乐县馆。

十四日甲子(5月20日)　雨

接朱棻卿初三日信。

十五日乙丑(5月21日)　晴

接陈甥伯商△日信。

十六日丙寅(5月22日)　晴

十七日丁卯(5月23日)　雨

接实儿三月三十日信,又邓树人十六日信,又赵元泽十五日信。

十八日戊辰(5月24日)　晴

十九日己巳(5月25日)　晴

二十日庚午(5月26日)　晴

二十一日辛未(5月27日) 晴

写邓树人信。即发,信船。

二十二日壬申(5月28日) 晴

费幼亭自苏来见候久谭。族叔迪甫居此二年馀,不乐遽去。

二十三日癸酉(5月29日) 晴

晨起答候费幼亭,方卧,未晤归。早食毕,步至南门市中观赛城隍神会,下午归。

接族弟渝江廿日信。

二十四日甲戌(5月30日) 晴,下午雨

候方联三聚星,本城城守都司。不晤。候赵次侯,贺其子坡生续娶,并晤季君梅、赵价人、朱保之等久谭。候孙竹堂士达,绍兴人,直隶津海关道。久谭。候裴浩庭,赴省不晤。至方处久坐。答候陈柳门,会榜,牛痘局官医。投刺即返。

二十五日乙亥(5月31日) 大雨

写长生弟即渝江。信,寄祖坟钱漕四洋饼。廿六发,交宽儿。写陈甥伯商信。即发,交实儿妇。

二十六日丙子(6月1日) 阴

宽儿赴里小试。

接任筱沅△△日信。

二十七日丁丑(6月2日) 晴

接顾菉川△日信。

二十八日戊寅(6月3日) 晴

昭文新邑侯黄耀堂灿,合肥人。来候,久谭。早食毕,答候黄耀堂

不值,即下舟为姑胥之游,访任筱沅中丞也。巳刻行,至陆墓住舟。

二十九日己卯(6月4日)　晴

卯刻舟入齐门,泊坛子河。招安林至,棹小舟到玄妙观后上岸,登弥罗宝阁,时新毕工也。凡平地至墀七级,下层至中层三十级,中层至上层二十六级,级约尺以来,上层楼板盖去地六丈矣。然所见万瓦鳞鳞而已,无山川胜概也。下阁饮茗肆中,到磨龙街闹市,得《破邪论序》、《乐毅论》各一本,颇旧,尚未审所出,厥价银饼二。仍返观中茗肆,约顾蒃川至,少谭。余与安林食市中,安林去,余棹原舟过公武、树人,各久谭,返舟。夜树人与同曾来舟。

五月戊午

朔日庚辰(6月5日)　晴

安林来,代赁舆至。早食毕,候吴让泉,如皋人。宽儿新从阅文师也,久谭。候费幼亭不值。候任筱沅,方登舆欲出,余至乃复下舆,入谭少顷,命其子毓华待客,仍去谒客,约即归共饭。余与毓华遍观所创新居,颇华焕。将午筱老归,长谭五年中宦况,及此次被劾之由。因劾一总兵、一知府,皆台谏某至好同乡,而京曹亦多责交际不至者,弹章络绎,呵成一气。幸恩眷未衰,不至严谴。极欲从此乞身养亲,而新章蒙召入都之员不许逗留,故七月中假期届满,仍须北上也。下午候金鹭卿不值,至公武处少谭而返。夜安林来。是日费屺怀来候不晤。

接浦仲宣△△日信。

初二日辛巳(6月6日)　晴

早食毕,访费屺怀久谭。又访筱沅,留饮,同座者梁敬叔,恭辰,福建人。芷林中丞之子,新权杭嘉湖道,卸事来谒筱沅求荐书,往见合肥相也。其官则监司,其阶则二品,岂不足以焜耀,乃所言无聊乞活,甚至云舟中殆无隔宿储,其情形可为怆叹。虽或由其不自检抑,言不必信,然以方面官狼狈至此,官人之方固不应尔也。余前日所见松雪斋本《黄庭经》即其家物,据云原值七百金,质李眉生处仅三百金。又问《华山碑》,则云尚在匣中,十日内亦不可保矣。饭毕梁去。余偕筱翁访顾子山于怡园,谭至日入乃返。夜安林来,公武来。

接南阳△△日信。

初三日壬午(6月7日) 晴

金鹭卿来候久谭。安林来,同放舟胥门,〈登岸〉茗饮。初欲访李眉生,闻其他出未返而止。下午安林去。

初四日癸未(6月8日) 晴

写朱蒉卿信,寄去汪板《汉书》十本。即发,信局。朱蕚卿信。同上。宗湘文信。附发。未刻登岸访顾云峰家翠墨,无所得。安林至,同茗饮,薄暮散去。

卖花声二阕

碧玉不知年,生小天然。将花羞嫩玉羞妍。椭样庞儿天上月,一样清圆。　　环脚鬓云边,低罣香肩。画梓亲捧见双纤。俊眼向人刚一瞥,已过窗前。

斟酌此容光,合住华堂。怕随人去嫁王昌。一树柔条风不定,难问行藏。　　缟袂正如霜,压尽新妆。料无宋玉称窥墙。蝶粉易干莺易老,何处欢场。

初五日甲申(6月9日) 晴

天明移舟葑门泊,至周氏甥家久坐,以角黍至,聊应节物。辰刻返舟,遣呼族侄仲颖,候至午刻不至,遂解维,行过齐门,招安林来,少谭即发。未正离苏垣,酉初过吴塔,亥初抵家。是日东南风盛,自苏至蠡口直北行为后八尺风,舟甚速而稳。自蠡口至冶长泾东北行为前八尺风,舟大欹侧。自冶长泾至泥金桥,直北微偏东行亦速。自泥金桥至常熟,直东微兼北行,风逆卸帆摇橹,故到城较迟也。

初六日乙酉(6月10日)　雨

接顾菉川初五日信。

初七日丙戌(6月11日)　阴,有雨

重建柳风桥于是日申刻合龙。汪豫川来久谭。

接魏般仲初三日信。

初八日丁亥(6月12日)　晴

写任筱沅信。即发,信船。顾菉川信。同上。薛安林信。同上。

初九日戊子(6月13日)　晴

赵价人来访少谭。

初十日己丑(6月14日)　晴

写雷震初信。即发,交便人。

接宽儿初八日信。

十一日庚寅(6月15日)　晴

十二日辛卯(6月16日)　晴,甚暑

接费屺怀十一日信。

十三日壬辰(6月17日)　晴,甚暑,寒暑表八十七分

十四日癸巳(6月18日)　薄阴

写宽儿信。即发,信局。

接任筱沅十二日信。

曾沅浦宫保六十寿联：

播捷江东，活民河北，功名蟠际两间，有大德必得其寿；

坐镇南天，都护西域，中外讴吟一老，祝纯嘏至于无疆。

十五日甲午(6月19日) 晴

写邓公武信。即发，信船。

接邓公武十四日信，知季垂会试报罢，以知县掣签分发，竟得贵州边省，殊代扼腕。又吴广安△△日信。承璐，平斋之子，前太仓州知州，今归道班。

十六日乙未(6月20日) 阴，下午雨

接雷震初十五日信。

十七日丙申(6月21日) 阴，有雨

十八日丁酉(6月22日) 阴，下午晴。夏至节

合祀先祖如礼。写任筱沅信。即发，信船。吴广安信。同上。费屺怀信。同上。

十九日戊戌(6月23日) 晴，下午雨，大风雷电

早食毕候杨书城不值。又候叶芸伯久谭。又候赵价人，为周甥之子荄欲聘李伯盂女，请作蹇修也。价人适他出，与其子君默久谭。又候昭文邑侯黄耀堂久谭。写宽儿信。即发，交船人。

接宽儿十七日信。

二十日己亥(6月24日) 晴，下午雨

赵价人来答访，久谭。

二十一日庚子(6月25日) 晨大雨，日中亦雨数次

二十二日辛丑(6月26日)　阴

宽儿试归,知子顺已入学。裴浩庭来自无锡,见候久谭。

二十三日壬寅(6月27日)　晴,有雨

柳风桥南为小屋,备守夜人宿,今日戌刻上梁。

答赠顾艮庵文彬

百年鼎鼎孰可磨,能适吾意谁当诃。山林钟鼎事则异,用遣岁月无殊科。艮庵逸叟颜赤酡,七十依然鬓未皤。金符簜节弃敝屣,归以城市为盘阿。声容壮浪逾鸣鼍,腰脚矫健欺奔骡。酒城百战旗不靡,作诗挥笔同挥戈。谓叟游戏犹若尔,况遣危驾驰峨嵯。不然赤手障澜倒,或则大药苏群痾。胡为骀荡在闾左,忍不策身为蔺颇。叟笑且言子谬讹,斯理天赋人则那。吾园有山青峨峨,上下曲径成旋螺。吾园有水风不波,旁带荇藻中蕖荷。吾园有石积玉珂,鹏搏凤起龙腾梭。吾园有树绿骈罗,松杉手种交枝柯。中有五车百城之秘册,宝章剧迹恣编摩。上稽黄农订三古,亦有彝鼎书蚪蝌。美人一笑扬翠蛾,玉咢波动双梨涡。清歌未终客未醉,起见帘底悬星河。人生行乐各有在,顾视与今孰少多。千篇乐府薙及半,一一实事共吟哦。书成亦可作缟纻,子能读者知无他。扁舟别叟恍然去,归置口颊除烦苛。息机我亦久抱瓮,勿以戏论为吾瘥。凉飔入园叶未脱,当有载酒人来过。

二十四日癸卯(6月28日)　晴,午后阴

赵价人来候,送李氏女庚帖也。写顾子山信。廿五发,信船。

二十五日甲辰(6月29日)　阴,午间大雨

晨起答候裴浩庭不值,遂赴价人、次侯招饮北墅,座客裴浩庭、

翁菉卿、曾君表、叶茂如。未刻饮毕，雨适止，遂归。下午招裴浩庭饮，并招价人、次侯、曾君表，初鼓客散。

二十六日乙巳(6月30日) 晴

是日为南阳君合寿器，巳刻动工，择二十八日午刻合龙。

二十七日丙午(7月1日) 晴，申刻大雨，旋霁

接族叔子全△△日信。

二十八日丁未(7月2日) 晴

寿器合龙，家人供佛祈福。

二十九日戊申(7月3日) 晴，下午暴风雨甚厉

六月己未

朔日己酉(7月4日) 晴

子顺小试入学，归自江阴，来谭。

初二日庚戌(7月5日) 阴

亭午候常熟邑侯钱秋舫少谭。至方宅贺进学之喜。访季君梅久谭。

接朱蓴卿五月△日信。

初三日辛亥(7月6日) 晴，傍晚暴风甚雨疾雷，园树多折

下午钱秋舫邑侯来答候，少谭，雨欲至即去。

初四日壬子(7月7日) 阴，池水大涨，去岸不及尺

写曾沅师信。十九发，交颖侄。

上曾沅甫宫保书

自前岁肃笺后,以道远难将,且不敢以草野芜散之言上渎钧听。然忆早岁过蒙笃厚,流光荏忽,山河渺绵,则又感叹往复,自以其疏外为足罪,寸心千里,不能喻焉。

今秋恭直吾师六秩诞庆,南望海天澒洞之间,旌麾满庭,绅佩盈阶,鹄立序进,鞠躬屏息,以各尽其咏歌飏颂之忱者,盖不可以更仆数。以师之盛德大业,总师干则,扫逆巢、擒巨憝,为中兴元功第一。抚晋都则活饥人、兴地利,务本之治,溢于舆人之口。至于今者,出镇南陲,其彰施之隆,固非跧居在远之人所易测识,闿弟纯挚,乐善爱民,则固烈昔年耳濡目染,心焉藏之,莫或忘之者。夫治心在于中,治言出于口,治事加于民,以昔准今,而知岭峤之民被泽酴渥,其与吴人之出阱,晋人之含哺焉无有异,不俟算数烛照而悉也。武功彰彰如彼,文治斛斛如此,天视自我民视,天听自我民听,其不报之以纯嘏、身康强而年耄耋者,未之有也。计咏歌飏颂之辞,凡在帡幪之下,孰不能知能言。烈窃以为常人之寿,以百岁为期,若君子则有声闻之寿,巍然为河岳,昭然为日星,亘千载而不渝,历悠久如一日。此虽师之所固有,而区区不胜大愿。愿德益高,名益茂,日进孳孳,至于无疆,不其休欤!不其休欤!

身贱力孱,不获远诣,谨遣犹子颖代躬恭叩,附呈幛联二事,不足以厕廊庑之末,聊用见肝膈所存,盖视曩者秣陵之关、雨花之台,嘏颂杂于军书,樽俎糅于戎事,忧乐相忘,夷险合德,无二致焉耳。临颖无任翘勤之至云云。

初五日癸丑(7月8日)　阴

子顺来谭。得顾南原双勾《华山碑》一册,价洋银八饼。

初六日甲寅(7月9日) 晴

写吕定之信。十九发,交颖侄。

初七日乙卯(7月10日) 薄阴

初八日丙辰(7月11日) 晴,夜月甚皎

初九日丁巳(7月12日) 晴

南阳君生日,家人称祝。

初十日戊午(7月13日) 晴,暑甚

书厅之东为东楼,是日寅刻动工,拟十六日上梁,地在宅之巽方,此二日年月日时八白均到巽,在形家为上吉,未知验否。写族叔子慎信。即发,信局。朱萼卿信。同上。方子可信。发,交颖侄。

十一日己未(7月14日) 晴,傍晚微雨

十二日庚申(7月15日) 晴

十三日辛酉(7月16日) 晴,夜大雨

十四日壬戌(7月17日) 阴,夜雨

十五日癸亥(7月18日) 阴雨,午后霁

写杨壬山信。即发,信局。

十六日甲子(7月19日) 晨雨,亭午霁,夜月甚皎

东楼于亥刻上梁。

接任筱沅十四日信。

十七日乙丑(7月20日) 阴

写任筱沅信,即发,信船。邓季垂信。同上。

十八日丙寅(7月21日)　晴,傍晚雨

接江春华十五日信。

十九日丁卯(7月22日)　晴

写江春华信,邓公武信,即发,信船。均寄西瓜若干。遣颖侄赴粤东干谒曾沅帅,于是日行。

接实儿初七日来禀,又邓季垂十七、十八日信。

二十日戊辰(7月23日)　晴

早食毕,候庞昆甫,其七十岁寿日,往祝也。主人卧疾,晤其两子。又候赵价人不晤,晤君默久谭。归途至方处,少坐归。

二十一日己巳(7月24日)　晴,连日甚暑

写邓树人、季垂信,薛安林信,即发,信船。均寄西瓜若干。

二十二日庚午(7月25日)　晴

杨书城来答候,少谭。

二十三日辛未(7月26日)　晴

写任筱沅信,即发,信局。寄西瓜若干。

二十四日壬申(7月27日)　晴

二十五日癸酉(7月28日)　晴,下午有雨即止

候昭文邑侯黄耀堂久谭。

二十六日甲戌(7月29日)　晴

下午黄耀堂来答候,久谭。

二十七日乙亥(7月30日)　晴

二十八日丙子(7月31日)　晴

二十九日丁丑(8月1日) 晴

接任筱沅廿四信。

三十日戊寅(8月2日) 晴

季君梅来,久谭去。赵价人来,久谭去。写任筱沅信。即发,信船。邓季垂信。同上。朱菉卿信。即发,信船。

七月庚申

朔日己卯(8月3日) 晴,午间有雨

初二日庚辰(8月4日) 晴,傍晚大雨

接颖侄六月廿八日信。

初三日辛巳(8月5日) 阴雨

初四日壬午(8月6日) 阴雨

写任筱沅信,寄雪济瓜四枚。即发,信船。

初五日癸未(8月7日) 阴雨

初六日甲申(8月8日) 雨,下午霁

接实儿四月十五日信。

初七日乙酉(8月9日) 阴

徐文卿来访,新自江西归也,久谭。亭午邓季垂自苏州来,季垂礼部试报罢后,以优贡考用知县,赴部掣签,乃得贵州省,家寒道远,朋旧咸为扼腕。月内拟挈眷而去,故来话别。写陆小峰信,为重侄婚期择九月十六,往告也。即发,信局。夜与季垂长谭。

初八日丙戌(8月10日)　阴雨甚寒

早晚与季垂剧谭。

接任筱沅初五日信。

初九日丁亥(8月11日)　阴寒弥甚,至欲挟纩

下午设具饯季垂。

初十日戊子(8月12日)　晴,下午有雨,骤复炎熇

下午赴苏,季垂与余同行,二鼓泊吴塔。

十一日己丑(8月13日)　晴

早发,亭午至齐门泊,季垂去。余招安林至,棹小舟至玄妙观茗肆避暑,傍晚归。

十二日庚寅(8月14日)　晴,傍晚欲雨不果

巳刻赁舆候任筱沅,以其奉召入都,定十五成行,故来送之也。并晤其兄步园久谭。同饭后,访费幼亭久谭。次访邓公武久谭,次访邓树人、季垂,少坐,有雨意,即返舟。安林在舟相候,谭至傍晚去。

十三日辛卯(8月15日)　晴

辰放舟葑门。写实儿信,十四发,交任筱翁。子永信。同发。亭午访李眉生久谭,示所得顾子山《过云楼百种》中之二十馀种,皆唐宋及元名迹,〈有〉王右军《千字文》,硬黄纸书,玺印重重,内府所藏,曾刻入《三希堂帖》者。然书法殊拙滞,盖唐人勾拓之下品也。其文句不可读,世行《千文》之字大氐具在,推抑之者,以为即周兴嗣之所本,决不可信。又佛告比丘郁单越州云云一节,凡数百字,不知何经何品,亦硬黄纸书,歙鲍氏物,曾刻之《安素轩帖》中者,书尤俗劣,或出唐写经生手,即程瑶田强名之为钟绍京书,后人翕然重之,亦可笑

也。馀宋元人物殊夥，惟米虎儿《海岳庵图》及跋一首，的系真迹，画笔简古，云山滃郁，而天趣盎然。书字尤雄厚，不似后人所模，专作佻仾行径。又苏髯《民师札》，赵吴兴草书《千文》，二者亦真迹，他俱不足观。

余偶及沈仲馥藏虢叔钟非阮仪征故物，眉生为之挢舌不下，曰："沈纳此钟，酬值至三千金，以其传授有绪耳。今若此，是一文不值矣。"余哑然曰："君以为诸家珍弆皆足恃邪？三代法物，汉人偶一见之，至于改元称瑞，而今者满目皆是，其赝显然。第以器伪而文不尽伪，苟能决择，或有畀于六书，故学者重之。今日收藏家无衡鉴之才，不能审观文字之得失，专以授受为据，是由魏晋用人专尚门第，几何不误哉！且沈引阮以为重，不知积古书中，舛误正不可量，又可信乎？今日万事万物无一而非伪，惟金石一门，伪中尚有真意，藉以消遣可已，何必定求其真邪？"眉生曰："善。吾虽多畜古物，心亦疑之，无以易君语，请敬闻命。"

下午移舟葑门口，至周甥家少坐。返舟，仍移泊齐门。

十四日壬辰(8 月 16 日) 晴

与安林、季垂及季垂子同舟至玄妙观茗肆坐谭良久，又至文乐园小酌，以饯其行。酒罢复入茗肆，公武、树人续至，谭至傍晚各散归。夜树人、季垂复来余舟，二鼓别去。

接宽儿十三日禀，又朱菉卿初六、初八日信。

十五日癸巳(8 月 17 日) 晴，夜月甚皎

今日中元节，吴俗赛会，虎丘山塘甚盛，与安林移舟往观。辰刻泊洞桥西河岸，时游船已接踵而止。乱后重创灯船凡四艘，皆高广于前。其馀逆水船、言能逆水而行，甚驶也。快船无虑千艘。盖以外来各色舟艇又若干艘，是日赁雇皆罄。士女倾城出观，粉白黛绿，露坐

鹄首,饮啗谭笑,旁若无人。翡翠玉簪射日光正碧,夺人目睛者以千计,茉莉花如雪压鬓,至不见发,雏鬟佣媪皆披纱縠,轻裙广衲之服,不翅万计。游冶少年争棹小艇往来诸舟之间,目有视视此,耳有听听此。岸上神会相衔接二十馀起,旗盖照耀,钲鼓镗鞑,若无闻见也者。诸神悉城隍、土地之属,而皆号为王侯,又各加以省垣诸官之职任。如府城隍之为知府,县城隍之为知县,无论已有抚署,前之土地神即号为江苏巡抚,财帛司神即号为江苏布政司,纠察司神即号为按察司。其馀某为督粮道,某为总捕同知,下至经历、照磨各有一神当之。又有所谓相王者,不知何神,乃号之为织造部堂。神名之见于古者,惟春申君、蒋子文二人,一为财帛副司,号布政司理问,一为织造副堂。其荒诬不经至此,可为喷饭。盖庙皆无巫祝,其事神者皆各署之胥役,分占一庙,即以本官之号号之。又视其庙境之广狭及民户之所业,以为贫富之差,如春申君庙境内多货玉器者,则旗盖往往缀以珠玉,其极贫者寥寥数人,仪仗黯蔽,亦如人世,诸官缺有优瘠。吁!可谓异已。

自巳刻至未刻会始竟,余不耐烦杂,乃别安林放舟胥江,欲送任筱沅之行。比至,则不见其舟,询之津吏,则已于凌晨解维矣。傍晚舟仍返阊门,碍游船不得行,以为明月之夜,听水上琵琶,计亦良得,而俗歌甚稀,但闻船人呼嚗之声,莠言充耳。竭力撑持得脱,择静处维舟,独对皓月,久之乃卧。

十六日甲午(8 月 18 日)　晴,逆风,下午微雨

寅刻舟行,卯刻过陆墓,辰刻过冶长泾,午刻过吴塔市,申刻过莫城,酉刻抵家。

十七日乙未(8 月 19 日)　晴,夜月甚皎

十八日丙申(8月20日) 晴

写朱菉卿信。即发,信局。

十九日丁酉(8月21日) 晴

接杨壬山初六日信。

二十日戊戌(8月22日) 晴,下午有雨

早食后访徐文卿久谭,并晤其侄秉臣。候季君梅,贺其子纳室,主人谢客不晤。候张岳生,贺其女子赘婿,并晤赵次侯、李升兰久谭。

二十一日己亥(8月23日) 阴雨大风

二十二日庚子(8月24日) 怪风如揭,疾雨若注,园树多为损折,南亭檐角毁其一

二十三日辛丑(8月25日) 晴

二十四日壬寅(8月26日) 晴

二十五日癸卯(8月27日) 晴

得王石谷《山水册》八叶,值洋银十六饼。

二十六日甲辰(8月28日) 晴

早食后访赵次侯久谭,午后归。

二十七日乙巳(8月29日) 晴

写邓季垂信,即发,信船。张纯卿信。即发,交其家。李眉生信,同上。

接族兄子卿廿三信。

二十八日丙午(8月30日) 晴

二十九日丁未(8月31日)　晴

接邓季垂廿七、廿八日信。

(以上《能静居日记》四十九)

八月辛酉

朔日戊申(9月1日)　晴,傍晚阵雨。连日酷暑异常,寒暑表至九十五分

写子卿四兄信,寄洋四元。即发,信船。

接廖登瀛七月廿九日信。

初二日己酉(9月2日)　晴

初三日庚戌(9月3日)　晴,晡后阵雨

赵次侯来久谭。

初四日辛亥(9月4日)　晴

接族侄吉如初三日信。

初五日壬子(9月5日)　阴,午间阵雨,天色稍凉

写邓公武信。即发,信船。

接魏般仲初一日信。

初六日癸丑(9月6日)　晴

初七日甲寅(9月7日)　晴

初八日乙卯(9月8日) 阴

写族叔子慎信,并迪甫叔津贴。族兄子宪信,并邢叔家津贴,葵生侄入学贺分。即发,信局。

初九日丙辰(9月9日) 晴

接邓公武初八日信。

初十日丁巳(9月10日) 晴

十一日戊午(9月11日) 晴

十二日己未(9月12日) 晴

十三日庚申(9月13日) 阴

赵价人来,以微恙未晤。写吉如侄信,李眉生信,即发,信船。魏般仲信。即发,信局。

十四日辛酉(9月14日) 晴

十五日壬戌(9月15日) 晴。中秋节。夜月甚皎

薛安林寄闽中新桂圆见饷,肉色白如晶球,余生五十二年,初尝此味,因荐于先庙,合家同享。是日为次女庄三十岁生日,招之归,设馔相庆。夜家人出赏月,余以微恙畏风,仅至延台小立而已。

十六日癸亥(9月16日) 薄阴,夜微雨

十七日甲子(9月17日) 阴,风

写金鹭卿信,即发,交薛。薛安林信。即发,信船。闻陆小峰去世,余方拟遣次侄往就婚诸事,百千摒挡而后成,忽遭意外,殊叹家运之不齐也。

接陆彦和鼎翰。△日信,报其兄小峰之丧。

十八日乙丑(9月18日)　晴

今年木樨花较迟,早桂向七月内开者,至今始放,大抵雨水过多之故也。

十九日丙寅(9月19日)　雨

二十日丁卯(9月20日)　晴

雨霁后园桂吐香馥郁,偕南阳君、冯姬玩赏,俞姬以疾未全愈不能从。今年桂花视往年迟开一月,盖天令不正,又雨多之故也。

二十一日戊辰(9月21日)　晴

二十二日己巳(9月22日)　晴

接邓季垂廿一日信。

二十三日庚午(9月23日)　晴

接族侄慎庵△日信。

二十四日辛未(9月24日)　晴

接族弟长生廿一日信。

二十五日壬申(9月25日)　晴

陈甥叔畴自常州来。

二十六日癸酉(9月26日)　晴

二十七日甲戌(9月27日)　晴

二十八日乙亥(9月28日)　晴

接李眉生廿五日信。

二十九日丙子(9月29日)　阴,晡后雨

小舟偕陈叔畴、方子顺到北门外茗肆久坐,途间答访赵价人不

值。方茗时遣邀赵次侯不至，遂归。归途顺访殷伯唐，见所藏元人顾渊《层岩积雪图》，颇惬心赏。舟过城南及西，值雨甚，林峦烟霭，不翅高房山卷中也。

三十日丁丑(9 月 30 日) 晴

九月壬戌

朔日戊寅(10 月 1 日) 晴

寄费幼亭信，即发，信船。邓季垂信，同上。杨壬山信，即发，信局。朱菉卿信。同上。族弟长生信，寄洋二元。同上。赵价人来访久谭。

初二日己卯(10 月 2 日) 晴

接朱萼卿八月廿五日信。

初三日庚辰(10 月 3 日) 晴

早食后候曾伯伟，贺其孙纳室。又候曾君表兄弟，祝其母七十寿，并晤赵价人、潘子昭、杨书城、徐雯卿等。下午赵次侯来访久谭。

接族弟长生八月三十日信。

初四日辛巳(10 月 4 日) 晴

初五日壬午(10 月 5 日) 晴

初六日癸未(10 月 6 日) 晴

写邓季垂信。即发，信船。陈甥旋里去。

初七日甲申(10 月 7 日) 晴

初八日乙酉(10 月 8 日) 晴

下午费幼亭自苏来，过候久谭。

接邓季垂初七日信。

初九日丙戌(10月9日)　晴

初十日丁亥(10月10日)　晴

下午答候费幼亭,于舟中久谭,并识其戚瞿炳孙、诸兰圃。又遇钱秋舫邑侯,云有苏省转行部文,查回籍之员,三十馀人中有余名,未知何事。幼亭云是查曾经记名人员,然不应若是之多也。夜赴黄耀堂邑侯招饮,同座孙竹堂、叶叔谦。士荃,本科进士,部主事。

十一日戊子(10月11日)　晴

接朱菉卿初一、初五日信。

十二日己丑(10月12日)　晴

午间赴曾君表兄弟招饮,座客费幼亭、杨书城、赵次侯、魏葆卿、胡幼生、浦元圃。饮散,徐雯卿亦至,又少谭归。

十三日庚寅(10月13日)　早阴旋霁,晴日杲杲

谚有"重阳无雨看十三,十三无雨一冬干"之说,今年夏秋雨水过多,此占殆当验矣。写李眉生信。即发,信船。

十四日辛卯(10月14日)　晴

徐文卿来久谭。早食后访孙竹堂久谭,孙蓄促织五千馀头,日使之斗,前日同饮约余往观也。又访赵价人不值。

十五日壬辰(10月15日)　晴

十六日癸巳(10月16日)　晴,日久不雨,风气干燥,秋阳骄人,不翅炎暑

早食后候季君梅,其幼子赘张氏,是日挈妇归,乃受贺也。并晤赵价人、次侯、杨滨石、李升兰、钱绥卿等,将午返。傍晚费幼亭来访

久谭,辞返苏。

十七日甲午(10月17日) 晴

十八日乙未(10月18日) 雨

十九日丙申(10月19日) 阴

二十日丁酉(10月20日) 晴

二十一日戊戌(10月21日) 晴

接李眉生二十日信。

二十二日己亥(10月22日) 阴

二十三日庚子(10月23日) 阴

二十四日辛丑(10月24日) 晴

费幼亭之友孙毅堂、徽州人。诸兰圃常州人。来久谭。

二十五日壬寅(10月25日) 晴

早食后访徐文卿不值。访赵次侯久谭。写李眉生信。廿七发信船。

二十六日癸卯(10月26日) 晴

接实儿十五日禀。

二十七日甲辰(10月27日) 雨

次婿子永自北归来,久谭。

二十八日乙巳(10月28日) 晴

二十九日丙午(10月29日) 晴

三十日丁未(10月30日) 阴,大风

十月癸亥

朔日戊申(10月31日)　阴,大风

南阳君赴苏州,是晚下舟。

初二日己酉(11月1日)　晴

初三日庚戌(11月2日)　晴

午间为徐雯卿设饯,并招杨书城、曾氏昆季,下午客散。写南阳君信。即发,信船。

接南阳君初二日信。

初四日辛亥(11月3日)　晴

自初一日落时西南方氛气紫赤半天,至初鼓时始渐淡,盖兵气也。望之心惴。赵次侯来访久谭。

初五日壬子(11月4日)　晴

初六日癸丑(11月5日)　阴

写南阳君信。即发,信船。

初七日甲寅(11月6日)　雨

初八日乙卯(11月7日)　阴

写南阳君信。即发,信船。

接南阳君初七日信,又邓季垂初六日信。

初九日丙辰(11月8日)　晴。立冬

接南阳君初八日信。

初十日丁巳(11月9日) 晴

十一日戊午(11月10日) 阴

午间奉安曾文正公小象于东楼下层之直心道场,是日为公诞辰,设祭飨祀,此后每岁举行,以志感仰。下午邀王星涵、浦仲宣、方氏昆季来饮福。

曾文正公龛联:

梅花卅树昭其芳洁;

虞山百仞无此峥嵘。

十二日己未(11月11日) 晴

候陶巽行炳权,行一,廪生。久谭,赵次侯荐为宽儿课文也。访子永、子顺久谭。候钱秋舫邑侯久谭,以有部文准军机处片查回籍各员有无事故,凡三十馀人,第二人即余,余久无宦情,拟称旧病未愈,属为申复,故往告之也。

十三日庚申(11月12日) 晴

赵价人来访久谭。将赴毗陵省墓,是晚下舟,俞姬附行至苏,余许招其母、兄来一晤故也。

十四日辛酉(11月13日) 阴,顺风

早发,辰过吴塔,午过蠡口,未刻泊舟齐门,遣奴子至葑门周宅问候南阳君。夜安林来舟少谭。

十五日壬戌(11月14日) 阴,亭午霁

早食毕,安林以小舟来,同至玄妙观后上岸,饮茗于熙春台,又至师竹斋,得小宣炉一,颇精雅。舟还,访季垂久谭,廿三即成行赴黔,色殊匆遽,余遂下舟。是日安林遣其女来舟,偕俞姬游玄妙观及

顾氏怡园,离乡乍归,思母綦切,虽事排解,不能止其涕零也。

十六日癸亥(11 月 15 日)　　晴

早移舟葑门,至周宅与南阳君久谭。遣刺到李眉生处,旋来邀,即往一谭。以赵次侯旧藏王元章《梅花卷》为李所见,坚欲得之,赵索值千金,而李止偿三百,余往返偕合,始以洋银六百元成交,而余之笔舌为之均敝矣。下午仍至周处,与南阳君谭至初鼓下舟。写家信。即发,信船。

接李眉生△日信,自虞寄到。

十七日甲子(11 月 16 日)　　晴,下午复阴晦

黎明移舟胥门,早食毕上岸,安林适至,同在风池园饮茗良久。棹小舟到阊门,盘桓半日,归胥门,舟中已曛黑矣。是日俞姬母、兄、两妹来舟中聚晤,闻余将返,乃过小舟去,其幼妹小莺年甫八龄,独未去,与姊抱头小语,时时啜泣,殊可怜闵。其兄吟香以诗文稿各二册就正于余,虽非雅音,而颇饶清思。俞氏原本士族,至其父始学为贾,其兄则又不屑为之,好与书生往还,久之无所成名而呆日甚,家计亦日萧索,逼迫无路,不得已鬻妹偿负,追呼虽脱,而饥冻依然。今秋大病之后,继以呕血,药饵无力,一息奄奄。余谓商贩之家,忽好高慕雅,即系大不祥之兆,又重之以痴呆懒散,欲不败得乎?顾其愚虽不足致惜,其志则不无可矜。世家大族日饫膏粱,而不肯一亲卷帙者比比皆是,但以多财为世亲重。若有识之士,固不肯轩彼而轻此也。

十八日乙丑(11 月 17 日)　　晴,下午阴晦

早食毕仍上岸,棹小舟到阊门,饮茗于肆。未刻安林至,同至申衙前访公武,于其新居久谭。下午返胥门,复饮茗肆中。傍晚下舟,

俞姬母、兄已去，留小莺伴姊至虞山作小住。余闵俞氏子之疾，助以药资十银饼，三辞而后受，耻心未泯，亦与无厌者殊也。

十九日丙寅（11月18日） 雨

早食后遣俞姬坐原舟赴葑门，随南阳君同归。余襆被入小舟，运至阊门内神仙庙西公茂客栈作寓，以俟原舟至赴里。解装竟，即赴玄妙观西茗肆候安林至，同饮茗良久，傍晚旋寓。

二十日丁卯（11月19日） 雨竟日

巳刻安林来，下午冒雨出，赴茗肆坐谭，复同归，傍晚始去。

二十一日戊辰（11月20日） 阴

巳刻安林来，午后同棹小舟到黄鹂坊桥，上岸访公武、季垂兄弟久谭，即送季垂之行。别后在鸿园茗肆小坐，下晡归寓。安林至，上灯后去。

二十二日己巳（11月21日） 阴

写南阳君信、黛姬信。即发，信船。朱菉卿信。即发，信局。巳刻安林来，同至阊门中市买衣料、皮货等件，未刻返寓。原舟已至，申刻下舟，泊阊门外，安林傍晚去。

接南阳君廿一日信。

二十三日庚午（11月22日） 晴

早发苏州，暮抵无锡泊北门。写南阳君信。廿四发，信船。

二十四日辛未（11月23日） 薄阴，顺风

停舟买馒头四百个，遗里中亲族。亭午方行，夜抵白家桥泊。

二十五日壬申（11月24日） 阴

晨移舟北关内泊，早食毕，至陈宅晤三甥范。入谒六姊几筵，雪

涕良久乃出。晤审安侄,时馆陈氏也。至子宪兄处不晤,谒子慎十叔久谭。至长生弟处,亦久谭。访庄耀采,坐尤深。访管才叔不值,还至陈甥家,子宪兄来谭。夜返舟。

二十六日癸酉(11月25日)　阴,大风,夜雨

范甥来舟。午刻诣宗祠恭谒,遂出南门以次省视先茔如故事。三堡桥茔前有案墩,为邻村蒋庆表挑挖,长生弟鸣官查究,蒋允服,礼培土复旧,本月事也。申刻返城,顺候董季英、惠贻,河南考城县知县,新归。刘咏如,皆不值。至恽叔愚家问山西新归黄氏姊信,知已移居宜兴县西撒珠巷徐宅。又候史佳若不值。夜长生弟来舟。

二十七日甲戌(11月26日)　雨竟日

范甥来舟久谭。早食毕访刘松甫,已筑新宅于文定公祠之旧址,闬闳甚峻,入见树石犹在,念昔欢游,怆然者久之。松甫文静有士风,可喜故人之有子也。再至范甥处,一谭即别去。写南阳君信。即发,交陈。再访才叔久谭,先是有书邀饮,辞之。至张楚生家,晤女甥容,久谭下舟。未刻舟行,夜泊丫河镇。

二十八日乙亥(11月27日)　薄阴,大顺风

早发丫河,巳过寨桥,午抵和桥,未末泊宜兴东关内。登岸访黄氏姊,问数家乃得之,相见悲喜。姊名缬玖,字佩媛,再从伯父孟文之女,与余为同高祖兄弟,早岁失恃,道光癸巳五月先府君自里门迎至安庆怀宁县署抚育之,比官山西平阳府时,同郡人宜兴上黄黄氏子字馥堂者,以盐经历需次山右,黄故仕族,其尊人曾任浙江永嘉知县,富有资。馥堂读书未成,颇谙世故,工六壬术,府君尝使占课甚验,才之,遂以姊许字为继室,此甲午、乙未间事也。比府君下世,姊随余家卜居宜兴,至甲辰七月黄氏来迎至山右完姻,前后在余家十

有二年。先考妣待之有恩,将去,跪方淑人膝下,陨涕欲绝,余犹忆其事也。时姊年二十有七,余年十有三,一别遂四十载,始得重晤。

姊在黄氏生子三,咸不育,其次子已纳资,以知县需次纳妇袁氏,无所出,同卒。前室所生长子纳妇徐氏,亦无子。今徐姑妇二人同室相守,暨嗣孙与童养孙媳而已。上黄屋百椽,乱后荡尽,田千亩为人盗卖,不可究诘,不得已借居妇徐氏之母家,长斋诵佛,老境殊可悲也。

姊能言余家旧事,惜仓卒不能竟。其言曰:道光间有某侍郎过常州,诣恭毅公祠瞻谒,见其颓败,颇有诮辞。时从祖任之方官海城县,有妾胡氏,故娼也,盛宠,欲以为正室,惧族人多言,遂寓书先府君,言胡愿脱簪珥助兴作。府君力自任,婉言却之,颇逢怒,然事得已。

又言先府君敦睦亲族,振恤无厌倦。族叔子广以纳官请乞十馀次,未尝怫之,最后以居宅施,有堂署券质五百缗,亦如其意。是年适府君疾,自知不起,呼至榻前,为言此宅本非所欲,不幸疾甚脱死,汝嫂侄归无寸椽可居,不得不以累弟矣。叔色变,遽称腹痛而出,终不答一言。比府君殁,遂宵遁。

又言壬寅六月先淑人以哭府君过哀咯血,遂得疾,已变为疟,五十日不瘳,医家言可危甚,大小惶惧,余兄弟日赴宜兴南门外华佗庙求仙方,归与医生方药同煎以进,每煎药余兄弟轮跪炉前,药成后起。七月三十日夜,余方跪庭中,是日俗祀释氏地藏菩萨,插香烛满地,余为火气所逼,又衣冠受暑热,忽仆地不能出息,救良久始苏。嗣后方淑人病亦渐间云。斯事余全不能忆,闻姊言恍如梦境。古言三十年为一世,此四十年前事,是再世矣,欲不忘得乎?

夜二鼓下舟。写朱菉卿信,菉卿分防阳港,去城六十三里,先知余至,以书来约往彼一晤,辞之。即发,交来使。

接朱菉卿初七、廿七两信。

二十九日丙子(11 月 28 日)　阴,午有日色,午后雨,彻夜不止

早起遣奴子治祭物,上岸早食馒头于茗肆毕,访任步园,于其家久谭。午刻解维诣东山,甫行雨至,停舟不得上。招冢人至,敬问先墓无恙,与久谭至暮,舟泊山下未返。

三十日丁丑(11 月 29 日)　雨

晨起,雨脉脉不已。余急欲登山,而道泞数尺,不得已缚椅为舆,赁佃人舁行。幸雨止,得祭扫如礼。比下舟,雨复甚。下午舟旋城中,泊西关口,至黄氏姊处久谭,傍晚下舟。徐元芝瑞沅,廪生。来答候,姊长子妇徐氏之兄,其尊人药园先生,杏儒,溧阳训导。与先府君乙酉乡榜同年,余顷在姊处投刺候,故来答也。徐允之来,荆溪县户房吏,住茶桥巷。以坟旁馀地潘氏鬻于章氏章心耕,在苏州开饭店,其族人章绳山在宜兴开受康棉花店。葬棺碍余家墓向,欲令迁让,故属查户粮也。夜又至姊处久谭,作别下舟。朱菉卿自杨港来城相晤,谭至丙夜乃去。

接族侄增龄△年△月△日信。黄氏姊胞弟谦益之子,在山西住。

十一月甲子

朔日戊寅(11 月 30 日)　雨,午后雨止

早同朱菉卿饮茗市中,亭午别去。舟行,夜泊和桥镇。

初二日己卯(12 月 1 日)　阴

早发和桥,午过运村,申过戴溪桥,傍晚过洛社,夜泊无锡。写

南阳君信。初三发,信船。

初三日庚辰(12月2日) 晴,大顺风

早发无锡,午过浒关,未刻至苏,泊舟娄门内。夜薛安林来久谭。

接南阳君十月廿九、三十日两信。

初四日辛巳(12月3日) 晴

安林来,早食毕同棹小舟至玄妙观后登岸阅市。得鼻烟一捺,下午独归。写南阳君信。即发,信船。

接南阳君初三日信。

初五日壬午(12月4日) 晴

早食后仍棹小舟,到观前茗饮良久,迟安林至,同返舟。

初六日癸未(12月5日) 晴

早食毕,安林来,同舟到阊门买物。晡到胥门返座船即行,夜泊陆墓。

接南阳君初四日信。

初七日甲申(12月6日) 晴,逆风

早发陆墓,午过吴塔,戌刻抵家。

初八日乙酉(12月7日) 晴

初九日丙戌(12月8日) 晴

初十日丁亥(12月9日) 晴

十一日戊子(12月10日) 晴

有以西海幻人技照人影镜中者番禺张生,是日招之来为静圃写影。初由溪南照溪北,自柳风桥、延台、黛语、静乐二楼,东抵雪亭为

止,余乌巾杖舄立于渐波阁道之上。次由溪北照溪南,自忘忧台、带烟桥、大愿船西至渐波阁道为止,余坐船斋前石阑内,宽儿撰杖以侍。图成密藏之,俟傅以药膏光定,后日乃可见云。下午又为南阳君、冯姬、实儿妇及女庄、女秾写影。

十二日己丑(12月11日)　晴

张生复来,以昨图傅药置日影中。下午余及南阳君又各照一影,拟用其法油画为大幅,以此为仿本也。叶芸伯来候,未接见。

十三日庚寅(12月12日)　晴

答候叶芸伯久谭。又答候钱□□文德,湖南人,守备。未晤。又至赵价人、次侯处各久谭。次侯售《梅花卷》得善值,余为作缘,以明拓《郙阁颂》、《西狭颂》为酬。《郙阁颂》为孙渊如藏物,有其释文题字在上,颇可喜也。又候钱秋舫邑侯少谭。

十四日辛卯(12月13日)　晴

写珮媛二姊信。即发,信局。

十五日壬辰(12月14日)　晴

十六日癸巳(12月15日)　晴

十七日甲午(12月16日)　晴

费幼亭奉其母丧,来葬虞山之麓,明日祖奠,约余往洽宾客,许之。

接实儿十月廿七日信。

十八日乙未(12月17日)　晴

卯刻早食毕,诣费氏舟次致祭,即为陪待来客。下午客散乃归。又至冯质甫处吊其祖母之丧,坐良久。又候季君梅不值。

十九日丙申(12月18日) 阴,下午飞雪数点,夜有雨

卯刻诣费氏舟,丧车已发引,从之登山,半道始及,遂至窀穸,既窆欲归,而曾君静至,共饭后乃散归。

二十日丁酉(12月19日) 晴,夜雨

接族弟长生十七日信,又任筱沅十六日信,又张楚生△△日信。

二十一日戊戌(12月20日) 晴

写任筱沅信。即发,信船。魏般仲信,贺其子纳室,并五十生辰。廿七发,附周信。周滋明信,贺其妹适魏氏。廿七发,交李甥女。季君梅来答候,久谭。

二十二日己亥(12月21日) 晴

费幼亭来候谢,久谭。

二十三日庚子(12月22日) 晴,夜雨。冬至节

午后合祀先祖如礼。

二十四日辛丑(12月23日) 阴雨

曾君静来访久谭。

二十五日壬寅(12月24日) 晴

接黄氏姊十九日信。

二十六日癸卯(12月25日) 晴

接魏般仲廿一日信。

二十七日甲辰(12月26日) 晴

是日重招照像人至,为俞姬及女婉、义女蔡月各照一影,惟女婉甚似,馀不能肖。下午余与南阳君、冯、俞两姬合照一图:余面几欲作字,方持笔手理笔毫;南阳君在几东坐,目视几上书;冯姬右抱巨

卷在南阳君后;俞姬捧书立余右。几上图史、彝器、文具、茶酒具、金石、犀玉毕陈,皆天放、黛语二楼所藏精萃之品。图成,留俟明日约其人来晒。

二十八日乙巳(12 月 27 日) 晴

晨起食毕,赴兴福下院吊冯太夫人丧,冯氏以居宅小,于此受吊也。亭午归,观照相人晒昨所照各影。

二十九日丙午(12 月 28 日) 阴

接颖侄十四日信,又张楚生△日信。

十二月乙丑

朔日丁未(12 月 29 日) 阴

初二日戊申(12 月 30 日) 晴

初三日己酉(12 月 31 日) 晴

以前照之象不能甚似,邀张生来重照合象一,俞姬坐、立象各一。

初四日庚戌(1884 年 1 月 1 日) 阴

亭午至张生所寓慧日寺,以所照影令晒。下午成,仍不似。

初五日辛亥(1 月 2 日) 阴

接方子可九月十九日信。

初六日壬子(1 月 3 日) 阴

早食后答访曾君静久谭,又访其兄君表于所筑别墅,亦久谭。

初七日癸丑(1月4日) 晴

接族弟长生初五日信。

初八日甲寅(1月5日) 晴

初九日乙卯(1月6日) 晴

初十日丙辰(1月7日) 晴

东堂外所安竹障不逾时辄散坏,今重为之,易以铁柱,而竹为纬,用铁三百五十斤。

十一日丁巳(1月8日) 晴

十二日戊午(1月9日) 晴

子永昆弟来谭。

接朱蓴卿初六日信。

十三日己未(1月10日) 阴

写李眉生信,即发,信船。宗湘文信,即发,交朱。朱蓴卿信,即发,信局。张楚生信,即发,交德。方子可信。即发,交方处。

接族侄遵初七日信。

十四日庚申(1月11日) 阴

写珮媛二姊信,寄去售物洋银八十元。即发,信局。长生弟信,寄去坟上费用洋银四元。即发,信局。颖侄信。即发,交长吉。李甥信。另寄洋四元。即发,交李甥女。薛安林信。即发,信船。

接周滋明再甥初十日信。

十五日辛酉(1月12日) 晴

早食毕候杨书城,贺其第七子娶妇之喜。叶芸伯来候未晤。

十六日壬戌(1月13日)　晴

接李眉生十五日信。

十七日癸亥(1月14日)　晴

早食毕诣庞氏,昆甫学博于明日葬,往奠也。又候赵价人,贺其六十寿日,坐良久归。

十八日甲子(1月15日)　晴,暖甚,夜雨

十九日乙丑(1月16日)　阴

自仲冬朔至今久晴不雨,天令暄和如春日。今岁重阳至十三均无雨,占主冬晴,其言盖验。又十月朔起,日出没时红气亘天,群以为兵象,余独云阳气不藏,斯说亦殊近也。陈品珊名珍,江阴人,子惠之子,新科翰林。来候,未延见。

二十日丙寅(1月17日)　晴

写任筱沅信。即发,信船。邓季簪信,即发苏州□钱庄汇寄汉口春生鉴号。并存款洋银五百八十元。此款南阳君在官署日所积节寿礼,归后罄囊以资其弟,又为存放历年,凑成此数。

接朱菉卿十一日信。

二十一日丁卯(1月18日)　晴

答候陈品珊于赵价人家不值,晤价人及钱馁卿、陆云生、曾君表,久谭。至女庄家中少坐。方氏新茔得之毛氏,毛氏之前为蒋氏。既葬,蒋氏称毛氏盗卖,索诈不遂,辄率人伐方氏茔树,窃碑石以去。

二十二日戊辰(1月19日)　晴

候蒋芍峰,为方氏事也,不值。归过曾君表少坐。又候邑侯钱秋舫久谭,亦为方氏事。

二十三日己巳(1月20日) 晴

写朱蓂卿信,即发,信局。邓公武信。即发,信船。夜率家人祀灶。

接族姊珮媛△△日信。

二十四日庚午(1月21日) 晴,夜阴雨

下午钱秋舫邑侯来答候,久谭。

二十五日辛未(1月22日) 阴

晨率家人供佛。

接族兄子宪廿一日信,又邓公武廿三日信,又张楚生△△日信,又魏般仲廿二日信。

二十六日壬申(1月23日) 阴雨

晨起率家人祀行神、中霤、门神、桥神、仓神。

二十七日癸酉(1月24日) 阴

家人为米团,余食尽三十枚,无异少年时,此腹真不负余也。

接邓公武廿六日信。

二十八日甲戌(1月25日) 阴

接任筱沅二十四日信。

二十九日乙亥(1月26日) 晴

三十日丙子(1月27日) 晴

下午率家众奉祀先祖如往年。夜团坐共饮,长幼十六人,设方桌三而后可容,欢洽殊甚。惟实儿在远,不能无念念也。

光绪十年(1884) 岁在甲申,余年五十有三

正月丙寅

元旦丁丑(1月28日)　晴,天色暄和

卯刻起,率家众拜天、拜先圣、礼佛、拜灶神、谒先祖,献早食毕,合家称贺。至嫂氏处贺年。归谒曾文正公象于东堂楼下。早食毕出门贺亲友,惟方处与赵次侯处,均晤,坐良久,下午归。夜献晚食先祖。

元旦发笔

岁集涒滩月孟陬,华年五十又三周。自占芳讯书红纸,更喜春光到白头。卅树寒香盟古井,一池清梦稳闲鸥。白苏一笑来相证,铁石心馀几许留。

初二日戊寅(1月29日)　大雪,亭午开霁,天色骤寒

晨起献朝食先祖。曾君表来候,以其先人遗卷求题。是日余生日,家人称祝。下午余以感寒微有恙,少刻即瘳。

初三日己卯(1月30日)　阴

晨起献朝食,午后献馔,送影象如往年。

初四日庚辰(1月31日)　又雪

与南阳君等登松颜阁观雪,四望一白,真妙色也。

初五日辛巳(2月1日) 阴

柳风桥下新设水门,择吉今日上门。

初六日壬午(2月2日) 阴

初七日癸未(2月3日) 大雪胜前二次

复与家人登东楼赏雪。下午俞姬设馔西楼,举觞称寿,余与南阳君、冯姬及诸女同饮尽欢,初鼓始罢。写任筱沅信。初八发,信船。

初八日甲申(2月4日) 雪,亭午霁

天寒,积雪甚厚,复与家人宴于东楼。写邓公武信,即发,信船。薛安林信。同上。

初九日乙酉(2月5日) 薄阴

亭午候诸友贺岁,惟晤曾君静久谭①。

初十日丙戌(2月6日) 晴,严寒

余为寒威所侵,复有微恙。

十一日丁亥(2月7日) 晴,甚寒,寒暑表二十馀分

十二日戊子(2月8日) 晴,甚寒

余疾是日瘳。遣宽儿从师陶巽行课功,令文孙等仍从王星涵读,均是日开学,余以疾未得亲事。

接邓公武初十日信。

十三日己丑(2月9日) 晴,寒威少霁

自初八日雪,至今五日,赤驭当天,而皓色如故,亦南中希有事也。

---

① 此句稿本作"惟曾君静在家,入久谭"。

十四日庚寅(2月10日)　晴

邑侯钱秋舫来答候,未接见。

十五日辛卯(2月11日)　薄阴

接宗湘文△年△月△日信。

十六日壬辰(2月12日)　阴,夜微雨

下午候陶巽行久谭。又候张纯卿不晤。又候邑侯钱秋舫久谭。

十七日癸巳(2月13日)　阴

十八日甲午(2月14日)　晴

写邓公武信。即发,信船。

十九日乙未(2月15日)　阴,微雨

二十日丙申(2月16日)　晴

写邓公武信。即发,交来便。

接邓公武十九日信。

二十一日丁酉(2月17日)　晴

下午季君梅来访久谭。

题曾退庵山庄课读图,为君表比部、君静中翰作五首

萧森树拥夕堂开,高咏南轩亦快哉。奉卷趋庭双玉立,当时已信不羁才。

轩裳钟鼎天可夺,不夺林泉数卷书。此福由来人世少,先生胸自有乘除。

长公清矫次公通,各有声华岂异同。江到岷山河积石,导源止在画图中。

门高通德知闻久,我识君门事已赊。副墨犹留长句在,诗

文至竟有传家。

明瑟君方虚廓舍，池亭直欲逊今吾。丹铅满几摊书日，知有山庄第二图。

二十二日戊戌(2月18日) 阴

二十三日己亥(2月19日) 阴

接珮媛二姊△日信。

二十四日庚子(2月20日) 晴

答访季君梅久谭，并至其邻张文卿家为费幼亭相宅。

接邓公武廿三日信，又胡子继十八日信。

二十五日辛丑(2月21日) 阴，晨有微雪，甚寒

写子宪兄信，珮媛姊信，刘咏如信。廿七发，交宽。邓公武信，费幼亭信。即发，信船。

接费幼亭廿三日信。

二十六日壬寅(2月22日) 晴

孙竹堂来候，未接晤。早食毕候陆云生，祝其母夫人八十寿。答候孙竹堂久谭。下午孙竹堂又来答候，谭尤久。

二十七日癸卯(2月23日) 晴

遣宽儿赴宜兴先茔易碑栽树。咸丰六年营葬后，以乱中碑石未题官爵，今始易之，题曰"清故湖北提刑按察使司按察使赵府君之墓"，凡十八字。烈所书也。宰木乱后荡尽，前岁种松秧数百株，今补种石楠七株，柏四株。写庄耀采信，寄杏仁一匣。即发，交宽。写曾君表、君静信，为方氏讼事。

二十八日甲辰(2月24日) 阴

二十九日乙巳(2月25日)　阴

下午孙竹堂来候久谭,傍晚同赴钱秋舫邑侯招饮。同座竹堂及余与庞云槎三人,初鼓散归。

接任筱沅二十八日信。

三十日丙午(2月26日)　晴

东堂梅萼将舒,与家人赏玩竟日。

接费幼亭二十九日信。

二月丁卯

朔日丁未(2月27日)　晴

叶云伯来候久谭。访季君梅久谭。又访孙竹堂不遇。下午孙竹堂来访久谭。

初二日戊申(2月28日)　晴

初三日己酉(2月29日)　晴

薛安林自苏来,久谭留榻。

接族侄仲颖初一日信,又魏般仲正月△日信。

初四日庚戌(3月1日)　阴,下午雨

季君梅来访少谭。同安林、仲宣小舟出东门一行。下午子永、子顺来。实儿妇赴苏州周氏宅。

初五日辛亥(3月2日)　阴雨,寒

下午具蔬酌与安林饮。

接宽儿初三日信。

初六日壬子(3月3日) 阴雨,寒

写任筱沅信,费幼亭信。即发,信船。

初七日癸丑(3月4日) 晴,甚寒

余以感寒,复有微恙。

初八日甲寅(3月5日) 晴

接宽儿初六日信,已由宜旋常郡,因县试留待缓归。

初九日乙卯(3月6日) 雨

安林返苏,未刻行。写宽儿信。即发,信局。

初十日丙辰(3月7日) 阴

十一日丁巳(3月8日) 晴

余听鸿来访久谭。

十二日戊午(3月9日) 晴

十三日己未(3月10日) 晴

答候叶芸伯不值。至方处久坐。答访余听鸿不值。访孙竹堂久谭。

十四日庚申(3月11日) 阴,大风寒

十五日辛酉(3月12日) 晴

早食毕,篮舆游剑门,入藏海寺久坐。寺后有国初玉林国师通琇。葬其父母遗蜕窀穸甚壮,形势尤佳。碑题"报恩草堂大慈老人之墓",侧记顺治某年奉诰赐金归葬之事,当时朝贵笔也。度岭赴三峰晤药龛,出藏画见示,有王西庐立轴,仿高房山笔作米家山,而以青绿渲染,不纯用水墨,白云一缕,摇曳山岚,真化工也。又石谷子立

轴,亦水墨和青绿为之,蹊境灵奇,迥非意想所到。又恽园客方册八叶,画牡丹、碧桃、紫薇等杂卉,鲜活如在枝头。紫薇一幅作夜景,华月方塘,水中数虾势欲跳跃,余所见园客真迹,此盖巨擘也。惟有印无款,疑尚有数幅流落他所。三画皆纸本新整,无稍昏渝,洵可宝爱。

药龛留晚餐,下山过山人顾祥元家,买盆树十三,黄杨二、桧一、雀梅一、六月雪一、茶花一、洋鹃大小凡七。上灯后到家。董椒生自杭州来候,泊舟宅畔,久谭,二鼓去。

十六日壬戌(3月13日)　晴

午刻董椒生同过邑人朱保之久谭,余先归。

接宽儿十三日信。

十七日癸亥(3月14日)　晴

午刻董椒生来,即去。夜又来,遂辞下舟。

十八日甲子(3月15日)　晴

下午曾君静来访久谭,为方氏之讼也。

十九日乙丑(3月16日)　风雨

陈甥三奇自常州来。

接朱菉卿十一日信。

二十日丙寅(3月17日)　晴

得金寿门梅花册八叶,价洋银六元。黄小松山水屏四幅,价洋银四元。陈甥辞下舟,明日去。

接王椒生△日信,寄自画山水一幅。

二十一日丁卯(3月18日)　晴

答访曾君静,并晤赵价人及其兄君表,久谭。至子永家久谭。

又访孙竹堂久谭，留饮洋酒。

二十二日戊辰(3 月 19 日) 晴

子永、子顺来。下午曾君静来。

二十三日己巳(3 月 20 日) 晴。春分

下午合祀先祖如礼。

二十四日庚午(3 月 21 日) 晴

子永兄弟来。

接董椒生廿一日信。

二十五日辛未(3 月 22 日) 阴，大风

下午曾君静来久谭。

二十六日壬申(3 月 23 日) 阴雨，微作霰，甚寒

下午曾君静来。写实儿信十六字，以久无信，闻其吐血，故往问安否也。即发，托薛安林用电寄去。

接宽儿廿二日信。

二十七日癸酉(3 月 24 日) 晴

邓树人自苏来候，谭至初鼓时下舟去。

二十八日甲戌(3 月 25 日) 晴

写胡子继信，魏般仲信，朱菉卿信，王椒生信。即发，信局。曾君静来久谭。子永昆弟来。

二十九日乙亥(3 月 26 日) 阴

下午曾君静来。

接宽儿廿七日信。

三月戊辰

朔日丙子(3 月 27 日)　阴，风寒

子永昆季来，午后曾君静同叶素存来，方氏与蒋氏之讼曾居间和合，令蒋氏赴方氏之茔服罪，抬还碑石、界石，所伐树株因已逾栽种之时，劝方氏自行补植，免其赔偿。两姓既许和息，由曾君静邀叶素存、曹镜涵、陶□四人出名具呈请官免究。曾仆仆多日，至今始议定。余念蒋氏伯生先生之后，不及三世，无聊至此，而去腊迄今所雇抬碑人羁押候讯，均向蒋索资，大被搅扰，本欲求财，反致赔折，不无可闵，故许其成。当属方氏昆季赴茔监视服罪，并收受碑石。曾、叶二人亦去。赵次侯来访少谭。下午子顺自茔归，言事已毕，余即候邑侯钱秋舫，属为销案，少谭即出。答候曾君静，并晤君表久谭。

初二日丁丑(3 月 28 日)　晴

写宽儿信。即发，信局。

初三日戊寅(3 月 29 日)　晴

初四日己卯(3 月 30 日)　阴

初五日庚辰(3 月 31 日)　晴

初六日辛巳(4 月 1 日)　晴

曾君静来访。子永昆季来。

初七日壬午(4 月 2 日)　晴

初八日癸未(4 月 3 日)　晴

初九日甲申(4 月 4 日)　晴。清明节

初十日乙酉(4月5日) 阴

十一日丙戌(4月6日) 晴,甚暄

季君梅来访,同过曾君表久谭。

十二日丁亥(4月7日) 阴雨

接费幼亭△日信。

十三日戊子(4月8日) 阴,风寒

接宽儿十一日信。

十四日己丑(4月9日) 晴

早食毕,棹小舟到大东门访季君梅,久谭。复下舟棹至报慈桥访赵次侯,亦久谭。写宽儿信。即发,信局。

十五日庚寅(4月10日) 阴,晨雨

曾君表来访久谭。

十六日辛卯(4月11日) 晴

十七日壬辰(4月12日) 晴

接杨见山岘,归安人,署松江府。△日信。

十八日癸巳(4月13日) 晴

十九日甲午(4月14日) 阴,晡后微雨

接实儿△△日电报十字,云无恙,四月可归。又初三日信。

二十日乙未(4月15日) 晨雨,午后晴

接宽儿十八日信。

二十一日丙申(4月16日) 晴

二十二日丁酉(4月17日)　阴

二十三日戊戌(4月18日)　晴

二十四日己亥(4月19日)　晴

写邓季簪信,即发,信局。邓季雨信。即发,专张俊。

接周甥女△△日信。

二十五日庚子(4月20日)　晴,午后阴

发舟赴苏,辰刻解维,未刻过吴塔,酉刻入齐门泊,遣声与安林相闻。

二十六日辛丑(4月21日)　晴,暄燥,夜大雷雨

辰刻安林来舟,棹小舟至玄妙观饮茗,到护龙街阅市,申刻返舟。戌刻安林去。写南阳君信。即发,信船。

二十七日壬寅(4月22日)　晴

迟装褙人毕生至,以翠墨十馀种托之。与安林移舟山塘花肆,买五色枫二盆,丽过春葩,亦奇卉也。旋舟入阊门,以舟人欲归趁节场,余挈装至去年所寓之公茂栈下榻,甚洁净,主人尤殷勤。同安林近处啜茗,酉刻返寓。

二十八日癸卯(4月23日)　晴

写南阳君信。即发,信船。午后与安林阊门外富春园观剧,傍晚归。

接南阳君廿七日信,又浦仲宣廿七日信。

二十九日甲辰(4月24日)　晴,下午阴

写南阳君信,浦仲宣信。即发,信船。下午赴观中同安林茗饮。

四月己巳

朔日乙巳(4 月 25 日) 晴,下午雨旋霁,夜大雨

写南阳君信。即发,信船。巳刻同安林棹小舟,到阊门外白莲桥之培德堂看牡丹,前数日闻其极盛,游人士女接踵。布政司谭钧培恐害风俗,恶之,堂之人惧,一夕折花皆尽。噫!坊民之严,虽草木不得逞其妖冶,其用心可谓密矣。返棹至刘园,画鹢充河,艳妆如锦,纷红骇绿,翩仙树石中,目挑心招,莫或过问。盖此园与城中之怡园皆巨绅产,官司固无如何也。园中牡丹亦盛,赏玩至薄暮乃归。

初二日丙午(4 月 26 日) 阴,亭午晴霁

午后棹小舟到石岩桥,觅安林同饮茗,傍晚归。俞吟香昨早去世,椟柎不具,其母来城介安林乞助,余甚闵之,资以番银五十饼,其母书券交安林,并自言以幼女小莺为质,其情盖可悲矣。

接南阳君初一日信,又浦仲宣初一日信。

初三日丁未(4 月 27 日) 晴

早食毕棹小舟至葑门周甥家,晤李、周、陈诸甥女久谭。午后访李眉生,谭甚畅。傍晚返寓,安林来。

初四日戊申(4 月 28 日) 晴

原舟自虞来。早食毕,命舆候费幼亭不值,晤其子屺怀久谭。次候邓公武,在秣陵未返,晤其子弟。次候金鹭卿不值。次候杨见山久谭,留饭。次候任筱沅久谭,其子群伯已弃官归,亦得晤。申刻至齐门下舟。夜安林来。

接南阳君初二日信,又宽儿三月廿七日信,又朱蕖卿三月廿一

日信。

初五日己酉(4月29日)　阴

凌晨安林来,旋去。辰刻舟行,未过吴塔,酉抵家。左孟辛夫人自秣陵来,欲为其子光字葵生。求新任江督曾沅帅荐书,以非力能及谢之。

接邓熙之三月廿六日信,又邓季雨三月廿八日信,又赵元泽三月廿三日信,又左葵生三月△△日信。

初六日庚戌(4月30日)　晴

松颜阁前牡丹盛开,清河白一种,花大几如斗。与家人赏玩移时。

初七日辛亥(5月1日)　阴,细雨

写朱菉卿信。即发,信局。

接宽儿初四日信。

初八日壬子(5月2日)　雨

初九日癸丑(5月3日)　晴

下午孙竹堂来候久谭。

初十日甲寅(5月4日)　晴

接实儿三月廿五日信。

十一日乙卯(5月5日)　阴

宽儿自里门小试归。

接子宪兄△△日信,又庄耀采二月十八日信。

十二日丙辰(5月6日)　晴

陈臧伯。衍昌,杭州人,候补同知,其尊人芰裳咸丰间识之。来访,亦

欲为之介于曾沅帅，辞之，久谭乃去。

十三日丁巳(5月7日) 阴，下午微雨

曩年得大木于苏州，今岁制以为椑，择良辰合之，从世法也。凡人生则有养，死则有葬，皆血肉之躯所应有事，其厚其薄量力行之，得为而不为，不得为而强为，皆谓之妄。夫顺命而行之为达，岂死欲速朽之为达。讥后木之置棺，慕王孙之裸葬，小夫之见而已，不足听也。

接任毓华△△日信。

十四日戊午(5月8日) 晴

曾君静来访。

十五日己未(5月9日) 晴，下午雨

写李眉生信，寄象笋一筐。即发，信船。任小沅信，寄象笋二筐。十六发，信船。任毓华信。即发，信船。子永昆弟来久谭。

接邓公武十四日信。

十六日庚申(5月10日) 阴

写费幼亭信。即发，信船。

接邓铁仙十三日信。

十七日辛酉(5月11日) 阴雨

写邓公武信。即发，信船。邓熙之信。附发。邓季雨、邓铁仙信。即发，信局。

十八日壬戌(5月12日) 晴

接朱蓴卿十五日信。

十九日癸亥(5月13日) 晴

叶芸伯来候久谭。访曾君静不值，又访其兄君表久谭。

接魏般仲十四日信。

二十日甲子(5月14日)　晴

早食后答候叶云伯久谭。次至子永婿处久谭。次候赵价人不遇。次候季君梅,贺其子自周邦桢。放天津,道喜,久谭。次答访孙竹堂久谭。

接任筱沅十八日信。

二十一日乙丑(5月15日)　晴

芍药翻阶,同家人赏对移晷。

二十二日丙寅(5月16日)　晴

写魏般仲信,即发,信局。朱萼卿信,同上。任小沅信。即发,信船。季君梅来答候,少谭。

接邓季雨廿日信。

二十三日丁卯(5月17日)　晴,暖甚,单衣试酒犹汗下被面。下午骤雨,半夜大风

是日招常、昭两邑侯钱秋舫、黄耀堂饮,并看芍药,曾君表兄弟为次宾。申刻客散。

二十四日戊辰(5月18日)　阴,风寒,重绵始适,与昨候迨隔一季。下午晴霁

是日招季君梅、李升兰、杨书城、思赞、陆云生、曾君表、君静饮。芍药,君梅所赠,此设以答之也。下午客去,子永昆弟同谭。

二十五日己巳(5月19日)　晴

雷震初军门玉春。来候,辞未见。

二十六日庚午(5月20日)　晴

写邓季雨信。即发,信局。

接邓公武廿四日信，又邓季垂三月十五日信。

二十七日辛未(5月21日) 晴

方联三聚星，浙江义乌人，官福山右营都司。来访，久谭。

二十八日壬申(5月22日) 阴

接朱菉卿二十日信。

二十九日癸酉(5月23日) 阴①

写庄耀采信，寄北碑二种。初二发，信局。

三十日甲戌(5月24日) 晴

接费幼亭廿七日信。

五月庚午

朔日乙亥(5月25日) 晴

初二日丙子(5月26日) 晴

答访方都司，未请见。巳刻赴李升兰、季君梅招饮，同座吴冠英、隽，江阴人。徐子晋、康，苏州人。赵价人、次侯、陆云生，又一丁姓少年。未刻散归。又访杨思赞久谭。写费幼亭信。即发，信船。

初三日丁丑(5月27日) 晴

初四日戊寅(5月28日) 晴

接子慎叔四月三十日信。

初五日己卯(5月29日) 晴

① 阴，稿本作“晴”。

初六日庚辰(5月30日)　晴

下午杨思赞来访久谭。

初七日辛巳(5月31日)　晴

故举主沅浦爵帅来莅两江,礼当脩谒,拟是日赴沪,趁轮舟行。戌刻下舟,未解维。

初八日壬午(6月1日)　晴,顺风

早发,未刻过昆山县,夜泊陆家浜。

初九日癸未(6月2日)　晴,顺风

早发,巳刻过黄渡镇,申刻抵上海,泊珊记码头。挈装登岸,住宝善街之佛照楼客栈,即前岁所居之泰来栈改名者。甫坐定,赵元泽已得信来访,久谭乃去。夜招邓季雨来久谭。

初十日甲申(6月3日)　晴

邓铁仙来。午间步至四马路一游即归。写南阳君信。即发,交原船。下午邓季雨来,同到华众会饮茗,看电气灯,傍晚归。

接邓季雨初八信。寄虞未发。

十一日乙酉(6月4日)　晴

邓季雨来,同吃点心。午间到二马路购鼻烟一捺。夜到咏霓茶园观剧,丙夜归。

十二日丙戌(6月5日)　晴

午间阅市,购鼻烟三捺,与昨所购皆新物,不佳,只价廉耳。夜邓季雨来,同访张小伊承颐,上元人,素识,不晤已二十馀年。久谭。

十三日丁亥(6月6日)　晴

早访邓季雨、铁仙少谭。同季雨访孙砚农文田,江宁人,素识。久

谭，托定轮舟赴宁。午间进城，到城隍庙园饮茗，少坐即返。又至华众会茗楼久坐。傍晚邓季雨、张小伊、孙砚农来答访，砚农邀同市楼小酌，饮散又至张小伊处，久坐乃散。

十四日戊子（6月7日） 晴

饭后至间壁洗心亭茶寮听唱歌，倡皆楚人，凡十馀辈，以次呈技，阅时甚久，然客集缠头不及三缗，肆主得十之七八，馀盖无几，生计之艰亦可悲已。季雨兄弟及邓再功来，再功不见亦十馀年，同过华众会茗楼，少坐乃归。是日得旧鼻烟一捺，价甚昂。季雨来言招商局江宽轮船已至，定十六下舟，十七行。代为择舟及占坐舱者张小伊，叩上海道请免税单，并以仆人汪福来侍行者孙砚农，意皆惓惓也。

十五日己丑（6月8日） 晴

写南阳君信。即发，交千千。邓载功、张小伊来访，少谭。下午赴邓季雨招便饭，同座孙砚农、张小伊，二鼓归。

十六日庚寅（6月9日） 晴，下午雨至三鼓

邓季雨来。午间复偕张小伊来，同送余登轮舟，属舟中司事人许友于东洞庭山人。照看行李入房舱讫，复偕二人返至小伊寓中，长谭至初鼓。季雨复送余下舟乃别。子刻轮舟发行。

十七日辛卯（6月10日） 晴

辰刻过福山口，未刻过江阴县，酉刻过圌山关，戌刻过镇江，小住，亥刻复行。

十八日壬辰（6月11日） 晴

寅正抵江宁下关，泊舟，偕众客挈行李至趸船少歇，雇凉篷船绕城入水西门，至文德桥上岸，投宿福来客寓。

十九日癸巳(6月12日)　晴,暑甚

早赴市吃扬州面,殊不能佳。巳刻棹小舟至城北毗卢庵登岸,步至督署,入见沅浦爵帅。谭良久,茶汤三易,所询语答之甚详。帅属录节略以备遗忘。余以为难,然亦未可却也。留居署中,欲有商略,余称疾固辞之。未刻出候幕府旧同事陈小圃,久谭。舟返,过东关访汤衣谷,病羸犹昔,畅谭,留吃便饭而后返。酉刻候邓熙之,入谒其母夫人,坐移时,返寓。夜衣谷、熙之来,董椒生先在此,闻余至亦来,亥刻去。

二十日甲午(6月13日)　晴

写南阳君信。即发,信局。魏仲子桂,邵阳人,刚己之子。来候。汪小山元恺,本地人,燕山之子。来候,亦久谭。杨壬山来访久谭,言余当久留佐沅帅,余笑不应。写《致曾帅时务节略》。夜董椒生来久谭。沅帅遣刺答候。

节略上曾威毅

昨面陈芜言,蒙谕写呈备览。兹略诠次,录为数事,伏乞钧察。

一、靖内三条:

江皖各路之隐忧莫如土客,查洪杨之祸即肇自土客交争。现在势虽不侔,然其间交哄私斗,时时不免。兼有藏畜兵械,结连教会之处,前年常州因客佃窝藏教匪,谣言传播,以致居人迁徙一空,皖南诸郡亦时闻不靖。目下兵力足以镇摄,固可无虞,设有外患相乘,或致匪类生心,闹中取事,不可不虑。似宜早为之所。凡安分种田,年已久远者,照迁居满二十年置有产业,准其入籍之例,令入新居之籍,以固其乐业之心,以泯其异乡之见。其倏往倏来不常厥居者,纠集一党,恃众强横者,均应设为

厉禁，分别治罪，递还原籍，有犯必惩，勿稍姑息。庶靖嚣风而散凶党。

苏松私枭，亦近今伏莽大宗。其人大半各营散勇，与淮南、皖北土豪为之领袖，在昔日而论，踪迹尚敛，原可体恤若辈之穷，无事严诘，留其一线衣食之路，消患弭祸，善之大者。乃浙商欲争引地，力拒灌私，创为缉私兵船，逡巡口岸，不知若辈本非畏死之人，商既能设舟师，彼岂不谙水战。连年以来，纠约愈固，洋枪洋炮购办日多，势焰凶凶，屡与商巡开仗，戕弁杀勇，尸之于市。前昨年吴江同里黎里之事，层见叠出。旋又率众至木渎官盐店，口称借其店售盐，该店不可，则劫一伙勒赎，至期未往，即被刳肠。近日以匪胆日壮，贩私不厌，其欲增以流劫苏境，明火抢夺，刃伤事主之案，日月不绝。以湖泖、黄浦各水乡为巢穴，往来如风。官军水师遇之，必自称非商巡而后得免。其横如此，而商巡船只仅能鱼肉乡愚，数石之盐，即没入其船，货数百千石之大贩，转不敢过问。彼商人本无才略，又无统兵之权，所招之勇，安得有纪律，各县乡淫杀之案亦时所不免，念之可为寒心。似宜查明现在商巡船只，未撤者速撤，已撤者不准再招。再剀示枭徒，谕令缴出器械，早为解散，如再有纠党横行之事，必当与一辣手，俾知儆畏，然后及此宽政，一张一弛，庶尽其宜。

各营新旧散勇，有事令其拚生，无事置之不问，本非平理。加以连年倏募倏散，忽而有警募军，应者麕至，忽而事平罢招，立予散撤。乃来者欲进不能，欲归不得，流落散处，强者为非，弱者穷饿。孰非二百年休养生息之人，失所至此，安得不贻地方之忧。似宜择其强有力之人，委诸统将，勿居召募之名，随时陆续增入营伍。其事力较弱、流落愿归不得者,亦随时陆续用官轮船资遣归籍,剀切劝谕,示以安分之福,流荡之苦。少　人即可少一分隐忧,亦可全一人性命。言之似迂,行之或有益耳。

一、筹边二条:

中西之事,至今亟矣。今日之和,不可忘后日之战,然战亦岂易言哉!湘、淮各军本以善战闻天下,乃十馀年来兵事粗定,留防者习于江南之窳惰,其坚刚之体已摧而柔靡,更为西人兵声所慑,士气日颓,望风生畏,如此可言战哉?夫兵者,尚气之事,民可使由,不可使知,圣人以此毒天下而民从之,视民如婴儿,故可使之赴深溪。窃谓宜别抽一军,专教以中法,自器械须用西制外,其馀行阵号令勿稍参西教,勿驻近海之地,其统将必极鸷勇之选。异日有警,专以之为奇兵游击之用,但得一胜,即可自立,逐渐克之,庶张中国之士气。

近兵事专崇西法,势不得不备枪炮船艘,历年以来,糜饷殆以千万计,然未闻有能卓然成军者,当此兵穷财尽之时,银币流出外国如此之巨,尚不收尺寸之效,不亦可太息哉!是以西人之爱中国者,亦有劝中国勿购军火之说。夫庶民之家,置一箕帚亦必日日用之,弊之而后止。今数十万之舟,停泊口内,以俟其朽,不能见敌战争,岂亦不能出海行驶,窃谓宜令日在外洋游奕,庶与风涛相狎,譬小儿不能学斗,姑使学行。一则练习筋骨,一则远离怠敖,纵不即成劲旅,亦可稍端风气。至洋枪炮械,发交各营,谓宜置籍以稽,年终查考,能受器若干时数不缺坏,磨莹精利者,与上赏,反是致罚。则巨饷不至唐捐,以渐进求,或不至学西法而有名无实。

一、理财二条:

国家藏富于民，民富则国自富。今商贾道穷，市风大坏，甚至小民以织为生者，买棉百文，归纺织成布，抱以适市，反不能得百文之值，以致枵腹求死者时有所闻。夫米布为民日用必须之物，阻滞至此，其故何哉？盖奸商大贾以倒闭为能事，会票、钱庄浸受其累，于是业此者皆敛资不出，而百业无所挹注，贸易十减八九，各货外不能来，内不能出。即洋关而论，前年较常十仅得九，去年十仅得七，而厘税无论矣。其祸始于前昨年之金姓、顾姓、徐姓之败，而胡姓继之，动辄数百万。上海钱贾旧几百家，近止存十馀家。商业安得不穷，民生安得不敝，关课局税安得不减。今不揣其本，严惩倒账以保护商业，使之不恐，如常贸易，则虽日定功罪，考核局员，亦难期厘税之畅旺，而关课之不受稽核者无论矣，民生之凋瘵更无论矣。

外国书信局之设，收税闻极巨，每岁有至千万者。曩年北洋曾有此举，以经由各省立法未周，行之太骤，以致阻隔不通，商情大沮而罢。窃谓此事便民而不害民，如办理得宜，似可收效。其间惟碍州县驿站留支一款，然量留棚马以资其用度，代为邮递以轻其考，或亦未必不愿也。

一、交际二条：

会办之来处之非易，方今世途甚狭，居大位者每多觊觎之人，待以公心直道，而人心不如我心，预设机械城府，复非君子所忍出。窃谓一切分际，如体制、居处、仪卫等类，皆当适惬其心，独公事则不宜率从，必彼此权衡适当而后可。而府朝凡用人行政诸大端，尤冀慎之又慎，无为口实。至礼貌固不可抗以招嫌，尤不可卑以启侮，斟酌尽善，庶冀和济。

书问往还，所以通好。窃谓古道不复可行于今。直言招尤,穷达一理。古者郑国辞命,经数贤而后行,所以重之者至矣。伏愿词气之间,外和内劲,人事贵能坚持,细事勿生形迹,似亦弭衅之一端也。夫勋阀之与平资本多畛域,处之得当,自可泯然,久安长治,以副士民之望。此虽琐琐,亦或有关耳。

以上各条,悉出臆见,未必有当。蒙德甚久,情不自已,辄遵台谕,拉杂书之。万一可取,乞置衷臆,察其信否,缓以图之。否则付之丙丁,不胜至幸。

二十一日乙未(6月14日)　晴,有阴云,较昨凉爽

早食毕,赴督辕辞行,沅老方疾,不能延客,遣亲随谭某出,坚留数日。余亦称疾力辞。谭复出传帅语,订秋凉再来,有要事商酌。余姑诺之。昨所书节略原约袖交,今不得晤,遂怀之而返。

答访杨壬山久谭。观西国携归诸畸器,购天、地球各一。候陈舫仙按察,湜,湖南人,前山西臬司。方往上海未返。答候魏仲子不晤。下午邓熙之、董椒生来,同至秦淮水畔茗楼久坐。张溥斋守恩。闻余至,亦来共茗。傍晚复与椒生同过衣谷,告以明日当行,衣谷、椒生坚欲治具灯舫送余行,辞之不得。是日沅帅复遣材官持刺来送兼道歉,申订后约。

二十二日丙申(6月15日)　大风雨,甚寒,衣絮

晨起独至文德桥畔得月台茗肆,面钟山久坐乃归。过椒生,冒雨阅市,得鼻烟一捺。下午椒生同下灯舫,移泊桃叶渡,其友瞿集之本地人,赓甫之叔。以挟瑟人至,并强为余召一雏姬名玉宝,甫十二龄,能时下诸曲,面目尚可,而举动粗率,闻已翘楚矣。自乱后倡楼皆扬州人,以谑浪为能,事游客亦武夫居多,秦淮风趣扫地尽矣。雨甚,迟衣谷久不至,殊烦懑。傍晚始衣重绵,戴披巾而来,其友林子洁者,复挈一伎,尤壅肿无度,对之欲呕,不得已拉衣谷坐屏处欲谭,而

竹肉并奏，又不能声也。勉强终席，与衣谷分手，自度此生不复来金陵，不胜惜别之色。二鼓尽始返寓。

念奴娇　金陵怀旧，兼别衣谷、熙之、椒生

赤阑桥水，是曾照，狂客当年裙屐。草长台城，何处问，典午风流剩迹。北墅棋残，西州泪老，流水闻呜咽。重来霜鬓，一时豪气都歇。　　犹记高侣如云，玉杯倾倒罢，墨花争发。瞥眼凋零馀几在，怕见嶙峋诗骨。欲谱冰丝，尊前谁说与，秣陵风月。断肠人远，绮情拼付桃叶。

二十三日丁酉(6月16日)　晴

早食毕成行，椒生来送，仍棹小艇出水西门登舟，舟颇宽大，杨壬山所代雇也。安行李竟，仍坐小艇游莫愁湖，过觅渡桥，水西门外大桥名。登岸西行不半里即至，余前客此，时遭燹未复，不至者盖三十馀载矣。湖在石城狮阜之南，当城西曲处，南北约半里，东西约二里。胜棋楼又在湖南，楼下面湖悬莫愁小象。楼上前奉徐中山，后奉曾文正。余之来以不暇赴文正专祠，故就此瞻拜，感念夙昔，不知涕之横流也。下楼就轩窗持茗良久。湖中新荷甫出水，望隔岸翠微亭似亦新建，风景殊绝，惜怀抱悒悒，遂不久留。步返原艇，渡登行舟。午刻即发，西过下关，夜泊燕子矶。

游胜棋楼谒曾文正公遗像

路入丛祠花满村，大名今古此楼存。楼前楹祀徐中山，后祀文正。风云势与艰危异，钟鼎勋殊道德尊。际野桑麻新暮雨，隔城烟火上朝暾。神游千载瑕丘乐，忍睹人间涕泪痕。

重开丹阁压晴湖，楼乱后重建。独客经过识画图。燕语梁空馀水槛，鱼鳞波暖长新蒲。十年犹下孤寒泪，四海时闻疾痛呼。孔盖翠旌愁渺渺，大招何处问咸巫。

莫愁湖棹歌十首

楼头将军髯如戟,楼下女儿颜似花。人生各自有千古,相逢安用相矜夸。

长戈利矛天之怒,明珰翠羽天之怡。庸夫耳目自轩轾,却笑贞娘墓上诗。

莫愁湖上春草荒,郁金堂中夜月凉。营巢燕子不知数,何处更寻玳瑁梁。

新荷出水圆刁刁,新柳拂波千万条。将荷作镜树作屋,羡煞女儿家计饶。

石城流水潮汐稀,钟阜行云旦暮飞。门前车马迹如洗,独坐金闺面翠微。

一杯两杯春茗来,一扇二扇湖窗开。髯公杖头勿相惜,清景一掷人难追。

青山点点压楼头,盲雨盲风争入楼。雅鸦鬟乱杏衫薄,楼上美人愁未愁。

水田是处长菰蒲,荷叶田田菡萏孤。轻舠欲发倚双桨,绿树阴中闻鹧鸪。

我有青山满画窗,不须惆怅木兰艭。石尤风细湖波定,坐看白鸥飞渡江。

人以地重人可弃,湖以人名名不虚。莫愁女儿勿相傲,吴侬家有红芙蕖。

二十四日戊戌(6月17日)　晴

早发,晨过栖霞山,望山头老树,已断折过半矣。午过仪征河口,西抵瓜州口,望金山兰若重整一新。欲往游,风水恶,引舟不得泊,遂入镇江口。

二十五日己亥(6月18日) 阴

早发,夜入丹阳县城内泊。乱后已二十馀年,屋舍希少,夹岸多种为田,方安桔槔戽水,荒落可知矣。

二十六日庚子(6月19日) 雨

早发,申刻过奔牛镇,夜泊毗陵驿,初欲小住,以天暑甚,微有疾,遂不登岸。

二十七日辛丑(6月20日) 晴

早发,夜抵无锡。连日皆逆风,行甚迟钝。余谓行路最可与仕途相譬,如轮舟一日千里,非不迅利可喜,而险难无时,且大众杂处,无一毫自由分。雇内地小舟,虽伤迟缓,进退从容,欲行则行,欲止则止。二者相权,吾固不以彼易此也。

二十八日壬寅(6月21日) 晴,暑甚。夏至节

早发,午刻过望亭镇。念〈家中〉今日有祀事,宽儿又赴试澄江,不知谁主鬯也。申刻过浒墅关,酉刻抵苏郡,戌刻泊舟齐门,遣邀安林未至。

二十九日癸卯(6月22日) 阴,风雨

早发,辰刻过蠡口,申刻甫至吴塔,风甚不行。

闰五月

朔日甲辰(6月23日) 阴

坐舟无橹,行最迟钝,以逆风不得发。于吴塔市雇小舟先行,辰初解维,午正抵家。家人皆无恙,宽儿赴试未返。

接李甥女五月初五日信,又任筱沅五月初九日信。

初二日乙巳(6月24日)　阴雨

写孙研农信、即发,交汪福。张少伊、邓季雨信。同发。

初三日丙午(6月25日)　阴雨

子永来久谭。

初四日丁未(6月26日)　阴

写任筱沅信。即发,信船。邓公武信。同上。

初五日戊申(6月27日)　晴

写汤衣谷信。即发,信局。下午得实儿与其妇信,云临上轮舟而有疾,属至上海相迎,其妇即雇舟去。

初六日己酉(6月28日)　晴

子永来久谭。

接庄耀采五月廿三日信。

初七日庚戌(6月29日)　阴

张纯卿来久谭。下午得宽儿书,院试幸弋一衿,殊可喜也。写宽儿信,寄洋银二十圆。即发,信局。

接宽儿初五日信。

初八日辛亥(6月30日)　阴雨

初九日壬子(7月1日)　晴

写宽儿信。即发,信局。

接宽儿初七日信。

初十日癸丑(7月2日)　晴

午刻赵价人、曾君表来访久谭。实儿偕其妇自上海归,方疾未愈，羸瘠殊甚，可闵也。去家为己卯五月，凡五足年，亦远别矣。

接李甥女△日信，又邓公武初七日信。

十一日甲寅（7月3日） 晴

同南阳君、俞姬、庄女、秾女小舟棹至尚湖一游。遂达宝严，其地多杨梅树，登岸行林樾间，攀枝摘尝，味逊洞庭山所产。下午归。

十二日乙卯（7月4日） 晴，甚暑

早食后候钱秋舫未晤。候叶芸伯久谭。答候张纯卿久谭。候黄耀堂不晤。答候赵价人，又候季君梅、杨思赞，均不晤。又候孙竹堂、曾君静各久谭。钱秋舫来答候，亦未晤之。季君梅来答访，久谭。

十三日丙辰（7月5日） 晴

写邓公武信，即发，信船。邓季垂信。附公武信。

接邓公武十二日信。

十四日丁巳（7月6日） 下午大雷雨

宽儿从江阴归，以十一名入泮。

十五日戊午（7月7日） 晨雨，下午霁

十六日己未（7月8日） 晴，下午大雨

赵次侯来访，共酌池上，久谭。以次子入学，奠告先祖。子永昆弟来。

十七日庚申（7月9日） 晴

早食后访曾君表久谭。

十八日辛酉（7月10日） 晴

十九日壬戌（7月11日） 晴

写邓季雨信，寄自书扇二面。即发，信局。

二十日癸亥(7月12日)　晴,暑甚,寒暑表升至九十分

写曾宫保信。即发,交常熟县。池荷已敷,与家人夜坐池上。

上曾宫保

前者趋谒,以十年依恋之忱,豁于一旦。蒙前席咨询,旁周远匝,盛意无穷。烈自愧颛愚,且杜门日久,耳目涂塞,不足以酬清问。又因暑日有所感受,旧患怔忡时作,不克留侍函丈,饱聆矩诲,殊切悚皇。乃叩别之日,既出府朝,复数遣材官订以秋中复至,凡斯恩礼,叨沐尤惭。

次晨买舟东下,风水尚利,于今月之初旋抵虞山。比旬以来,伏维道体冲和,神气强固,曩时小极,定已霍然,不胜私臆祷颂之至。三江地大物博,政务殷剧,吾师以周甲之年,膺兹艰大,窃冀御之以简,删落细故,使心气得有馀闲,非徒葆摄当然,抑亦为政之体。夫张而不弛,文武不能。师勘乱澹灾,辛苦劳瘁,他人旦夕所不能堪者,盖已深历备尝卅年于兹,复际鲸波不靖,内忧外讧,交集纷驰。禀赋虽殊,精力虽盛,然节养之道终不可废。

时局犹艰,人心攸异,师久当疆寄,凡以调和中外,绥戢寅僚,自已画然在抱。烈被德最久,受知最深,区区寸心,所届不翅手足之卫头目。只以智识短浅,见闻隘陋,不敢有所妄贡。第愿节劳强饭,上以为国,下以为民,斯则不能自已者耳。

二十一日甲子(7月13日)　晴

晨复与南阳君暨家众观荷池上。实儿疾少瘳,扶掖而出,遍览舍宇,盖余缔造之时,渠已赴北,今始见也。又出在北所得古陶尊一事,有篆文三言,及北魏李宪墓中所出明器,为瓦屋一区,上为廪脊,周檐四出,前象榱题罘罳,左右各圆孔一,高约尺半,广几二尺,大致

似汉石画中物。虽无铭字,然亦古致可喜。

二十二日乙丑(7月14日) 大雨

卯刻即起,披襟池上,独黛姬从。荷开正盛,云裳水佩,容光相烛。赏对弥时,乃返内室。

二十三日丙寅(7月15日) 晴

写杨壬山信,寄星象舆图两球,价洋银十四元。即发,信局。又邓熙之信,寄谢仪洋银四元,以宽儿幼受业今得隽,循俗例为之也。即发,信局。子永昆季来谭。

二十四日丁卯(7月16日) 晴

二十五日戊辰(7月17日) 晴

早食后访赵次侯少谭。又至子永处久谭。黄耀堂来候,久谭。

二十六日己巳(7月18日) 晴

写朱菉卿信。即发,信局。李甥女信。同上。

接邓季雨廿三日信,又朱菉卿十八日信。

二十七日庚午(7月19日) 阴雨

夏顺之孙桐,江阴人,范卿之子。来候,季自周邦桢,新授天津道,君梅之子。来候,均未延见。写任筱沅信,寄雪济瓜五枚,即发,信船。夜朱菉卿自阳羡赴苏,绕道来访,谭至三鼓下舟。

二十八日辛未(7月20日) 晴

朱菉卿来赴余招饮,下午乃去。赵价人来候,贺宽儿入学之喜。夜菉卿复来,二鼓别去。

二十九日壬申(7月21日) 阴,微雨

写邓季雨信,寄去扇面五个。即发,交信局。

接任筱沅廿八日信。

六月辛未

朔日癸酉(7 月 22 日)

初二日甲戌(7 月 23 日)

初三日乙亥(7 月 24 日)

初四日丙子(7 月 25 日)

初五日丁丑(7 月 26 日)

写邓季雨信。即发,信局。

接邓季雨初三日信。

初六日戊寅(7 月 27 日)

初七日己卯(7 月 28 日)

初八日庚辰(7 月 29 日)

初九日辛巳(7 月 30 日)　晴

南阳君生日。

接费屺怀初六日信。

初十日壬午(7 月 31 日)　晴

接胡子继闰五月廿七日信。

十一日癸未(8 月 1 日)　晴

黛娟感暑湿,为寒热病。

十二日甲申(8月2日) 晴

接魏般仲初七日信,寄物为宽儿入学之贺。

十三日乙酉(8月3日) 晴

是日余亦病寒热,自白下行次即感邪暑,蕴蓄于中,归后月馀,寝食恒觉不适,至是而疾作。

晨起坐池上偶作即柬曾君表,时读白《长庆集》,
戏效其体十二日作

曈昽初日照楼头,栉沐无心侵晓游。绕砌荷香通齆鼻,压檐山色洗昏眸。迹同池水随清浊,心与天云忘去留。飞鸟班班人寂寂,此时谁共一尊酬。

十四日丙戌(8月4日)

是日寒热未至,而心中烦懑。

十五日丁亥(8月5日)

是日有寒热,下午热甚,多饮菉豆汤而汗解,夜烦不寐。

曾君表叠韵见答,自云仿玉溪生诗,夜卧口占,
亦效昆体答之前韵

碧城城下赤溪头,别馆晨扃候暑游。甲帐珠光全照夜,丁年花发已当眸。骑鲸客去仙俦众,附鹤书来玉简留。独笑支离馀药鼎,挥戈隐几两无酬。"隐几工夫大,挥戈事业卑",宋儒诗句。

十六日戊子(8月6日)

十七日己丑(8月7日) 立秋

是日有寒热,烦燥益甚,削瓜食之,稍止。

十八日庚寅(8月8日)

接邓季雨十六日信,又朱菉卿十七日信。

十九日辛卯(8 月 9 日)

是日寒热未至,而终日昏闷,夜卧益烦。

二十日壬辰(8 月 10 日)

曾君表来视余疾,兼为处方。

二十一日癸巳(8 月 11 日)

病状由昔,服余听鸿、曾君表二人所议方,无所损益。因检己卯夏吾里邹遇春旧方服之,较通快。

二十二日甲午(8 月 12 日)

二十三日乙未(8 月 13 日)

二十四日丙申(8 月 14 日)

二十五日丁酉(8 月 15 日)　晴

家人以余胸鬲不舒,召伶人来唱曲,冀以解闷,益增烦懑。

二十六日戊戌(8 月 16 日)

二十七日己亥(8 月 17 日)

接朱菉卿廿五日信。

二十八日庚子(8 月 18 日)

接朱菉卿廿七日信。

二十九日辛丑(8 月 19 日)

自廿三、四后停药,然烦懑等症终未愈。是日天气偶热,因吃西瓜数块,晚间肝气大作,胀痛彻夜。

三十日壬寅(8 月 20 日)

肝疾渐平,而脾气受克,郎当之至。

七月壬申

朔日癸卯(8月21日)

东堂前早桂已开,奚奴折送寝室,流芬散馥,疾病为除。

初二日甲辰(8月22日)

接邓季雨六月廿八日信。

初三日乙巳(8月23日) 处暑节

初四日丙午(8月24日)

初五日丁未(8月25日)

初六日戊申(8月26日)

黛语楼增筑围墙一道,是日动工。

初七日己酉(8月27日)

初八日庚戌(8月28日)

初九日辛亥(8月29日)

初十日壬子(8月30日)

十一日癸丑(8月31日)

十二日甲寅(9月1日)

十三日乙卯(9月2日)

十四日丙辰(9月3日)

十五日丁巳(9月4日)

十六日戊午(9月5日)

十七日己未(9月6日)

接刘申孙、方子可初七日公信。

十八日庚申(9月7日)

接李眉生十六日信。

十九日辛酉(9月8日)

二十日壬戌(9月9日)

二十一日癸亥(9月10日)

二十二日甲子(9月11日)　雨

赵价人来访,勉出陪坐。

二十三日乙丑(9月12日)　阴

二十四日丙寅(9月13日)　晴雨相间

挈两姬登松颜阁凭眺良久,园中秋色正殷,璀璨不亚春葩也。自病起至今,始觉气体畅悦。

二十五日丁卯(9月14日)　阴

杨思赞招饮未赴。病体前昨两日甚适,乃食园中生枣数枚,今晨复大利下,又不如两日矣。老孱如此,为之奈何! 写邓季雨信。即发,信局。

二十六日戊辰(9月15日)　晴

二十七日己巳(9月16日)　晴

写魏般仲信,即发,信局。薛安林信,即发,信船。朱菉卿信。即发,信局。

二十八日庚午(9月17日) 晴

赵价人来久谭。

二十九日辛未(9月18日) 晴

张纯卿来访久谭。写胡子继信。即发,信局。[①]

接族弟长生廿五日信。

八月癸酉

朔日壬申(9月19日) 晴

写李眉生信,即发,信船。费屺怀信,同上。薛安林信。同上。

接颖侄七月十三日信,又邓季雨七月廿八日信。

初二日癸酉(9月20日) 晴

早食后与两姬游览园中。写颖侄信。即发,信局。刘申孙信、方子可信。附颖信。

初三日甲戌(9月21日) 晴

早食后访杨思赞不晤。又访赵次侯久谭。又访曾氏昆季不晤。病中诸人皆来候,故答之,病起初次出门也。

初四日乙亥(9月22日) 阴雨甚凉,秋意飒然

下午赵价人来少谭。是日感新寒复有腹疾。

初五日丙子(9月23日) 秋分。阴雨风凉

写邓季雨信。即发,交童人泰店。午间时祭,扶疾起拜。

---

① 此处稿本前有"写颖侄信,(即发,附刘、方。以下二信追回重写。)刘申生、方子可信,即发,信局"等句。

初六日丁丑(9月24日)　阴雨

是日周氏弥甥滋明聘李伯盂女,余与赵价人为媒,午刻价人来,同诣李氏行聘,申刻礼成。

接子慎叔初四日信。

初七日戊寅(9月25日)　晴

余以久疾,精力颓唐,思出游一豁襟抱,拟赴武林观潮。写安林信,属代雇行舟。即发,信船。

初八日己卯(9月26日)　晴

早食后答候赵价人不值。次至季君梅处久谭。次至张纯卿处久谭。次至陶巽行,祝其母夫人寿,并识其弟立三、益生。

初九日庚辰(9月27日)　晴

家人治装竟,傍晚舟至。

初十日辛巳(9月28日)　晴

巳刻偕南阳君,挈黛娟、小莺下舟,午刻行,夜泊吴塔。写家信。即发,信船。是日行后舟中眺望,胸次大开,晡食竟知肉味,亦异事也。

接费屺怀初七日信。

十一日壬午(9月29日)　晴

早发,未刻抵齐门。夜薛安林来少谭。

十二日癸未(9月30日)　早明,巳午间霁

早食毕,棹小舟至玄妙观后觅安林,同茗饮,阅肆,晡后返舟,腿足微软,精神远胜在家时。写家信。即发,信船。

接实儿十一日信。

十三日甲申(10月1日) 阴,夜雨

早发,巳刻过葑门,晡抵吴江县,泊垂虹桥下。晚食毕,上登步约里许。

甲申中秋前携家游武林,舟过吴江,泊垂虹桥下作

出门秋水正满湖,今我不乐岁聿徂。笔床茶灶甫里子,白咽红颊随清娱。木樨香远石路净,水蓼花明村舍孤。碧杯满引越溪酿,但恨此宵蟾月无。

十四日乙酉(10月2日) 阴雨

早发,午过平望,雨中与家人眺莺脰湖,秋水平堤,远烟漠漠,如在画图中也。晡泊王江泾。

十五日丙戌(10月3日) 阴雨。中秋节

早发,巳刻到嘉兴北门泊舟,登岸阅肆,无佳品,买铜火碗、漱盂数事。午刻复发,晡过陡门,夜泊永兴。

十六日丁亥(10月4日) 阴雨

早发,午过石门县,夜泊双桥。

十七日戊子(10月5日) 阴雨

早发,巳刻过塘西,小泊买鲑菜。写家信。十八发,信局。未刻抵杭,泊武林门外三里之新码头。

十八日己丑(10月6日) 阴雨

浙江之潮以今日为最大,古今传为胜事。杭俗倾城出观,余不远数百里来会,盖重之也。昨晚觅舆,卯刻即起,早食毕,辰正登岸,进武林门,过闹市古董肆小歇,便游吴山,饮茗于四景园。午刻下吴山南麓,穿太庙巷,南宋太庙在此也。出凤山门约二三里至螺蛳埠

三郎庙前,是日巡抚官以下于此望祭潮神。杭人云江至此小曲,潮势反扑,涛头益高也。赁临江饭肆小桌,自未刻待至申初一刻,潮始至,远望如白练一条,掠波而上,顷刻过前,皆在江心不至岸,近崖但觉水长二三尺而已。少选又一潮至如前,前后凡二潮,殊无足观。或云今年潮小,然以意度之,所谓银城雪岭,壁立数丈,吞天沃日者,大要文人好名,观潮当为歌咏,无以解嘲,竟为夸词欺后而已。余前游泰山,暨今观潮,皆不著一字,以名过其实,无能感合精神,怵惕心目也。

申正旋返,酉刻至舟。四时潮候,杭人有为诗括之者,曰:“午未未未申,寅卯卯辰辰,巳巳巳午午,朔望一般轮。”此昼候也,夜候则六时对冲。据此则十六潮至于午,十七、八潮至皆未时,而今则在申初一刻,岂潮汐之理,古今亦有岁差邪?

十九日庚寅(10月7日) 阴,细雨,午后旋霁

亭午登岸阅市,见父己尊,父乙敦、苏次姬盘,皆精好,敦阳文尤罕睹。又铎一。索值二百八十六银饼,酬百五十饼,未知谐否。复登吴山饮茗,南阳君挈黛姬亦来游吴山,休于文昌宫西阁,申刻同返。

二十日辛卯(10月8日) 薄阴,下午晴霁

写朱菉卿信。即发,交其家中。拟明日挈眷游山,晚赁舆成。

接实儿十六日禀,又宽儿同日禀,又婉女十八日禀,又族侄国裕△日信。

二十一日壬辰(10月9日) 阴

卯刻起,同早食毕登岸,由松木场北绕宝石寿星山后,先游玉泉寺,观鱼。次至飞来峰、一线天。南阳君入云林寺瞻礼,余与俞姬姊妹上韬光临金莲池,金莲适开,敫乞一朵归。花金色五出,香如旃檀,蔓生,类水荇,叶类菊,他处之所无也。下山,冷泉、春淙亭各少

坐，会食于逆旅。申刻天竺寺礼香像，遂至法相寺礼定光佛真身。循苏堤过岳王庙，由宝石寿星山前经昭庆寺归舟，已戌刻矣。

二十二日癸巳（10月10日） 阴

早食毕进武林门，过骨董徐生本地人，字乙燃，店名尊古斋，在保佑坊旧府前。前观吉金四品，市魁胡雪岩物。胡市井无鉴别，藏器虽多，真赝杂糅，所见凡十器，余择其四，许价百五十饼，徐生为余和会，又增十饼始成交。余幼嗜金石文，但以世存彝器日少，富贵人争估藏之，价高至不可问，故斋中迄无重器。值胡氏业败，诸物竞出，价复甚廉，遂勉力购之，不翅贫儿骤富矣。

四器中第一为父己尊，铭文在腹，父己上作ㅋ形，凡三名，高今缝工尺七寸二分，口径五寸六分，足径四寸，腹二面为饕餮形，土蚀甚轻，周身朱碧，腹内黄白色如象牙，斑烂眩目。第二为中敦，盖铭阳文五行，首行八名，次行七名，三行八名，四行七名，五行六名，凡三十六名。内不可辨者八名，释文别见。器铭在腹，阴文窳烂，仅辨四五字，与盖铭同，而一识一款，吉金中异品也。器盖通高缝工尺六寸二分，椭圆形，腹广五寸，口广四寸七分，足广三寸二分，器右为人手掌形，指爪毕具，大视今人手长过一指节，足为云雷纹，后有损阙一寸六分。周身朱碧，后面翡翠斑二，突出器面几一分，正如绿松石。后见此器铭《博古图》已著录，而器盖皆阴文，知非一物。第三为苏次姬盘，铭在腹，三行，首行五名，次行六名，三行五名，凡十六名。释文别见。高缝工尺三寸二分，口径一尺一寸二分，足径七寸二分，两耳高出盘外一寸一分。下为三足，周身及耳均夔龙纹。后见此器铭《积古斋》已著录，云据赵太常摹本，未见原器。第四为铎，无款识，连角通高一尺一寸九分，下两角相距三寸七分，刻镂藻密，周身翠碧。

父己尊最古，中敦最奇，苏次姬盘最重大。胡为左恪靖侯所昵，自云中敦新出秦土,左侯之所赠。馀器所出,则不可考矣。吉金外又购磁花瓶二、盆一,约明日担送舟中。又于他肆买英石笔架一,成化间土定窑茶盏一。复登吴山,饮茗于肆,下午归舟。明日拟挈妻妾游西子湖,赁舟舆、具酒肴均成。

二十三日甲午(10月11日)　晴

凌晨徐生送诸器来,倾囊酬之不足,约返苏补寄。早食毕,与南阳君、俞氏姊妹肩舆至钱塘门下舟,舟甚巨丽,以秋雨后游人稀寡,价颇廉。解维至平湖秋月登眺良久,又循孤山东面至蒋芗泉祠园,寂不逢人,得安意游赏。未刻移舟入西泠桥,泊孤山西巢居阁下柳阴,命酒进餐。烹饪极善,杭州莼菜秋胜于春,亦他处所无也。酉刻饮毕放舟,仍出西泠桥至三潭印月,日已衔山,少坐而归。比至钱塘门易舆,已须灯火,戌刻尽返舟。

此行山水之游,天色阴晴均得其宜,又获商周重器以归,心甚畅悦,拟明早言旋,异日重来,又与山灵订约矣。西湖水色最为清澈,游鱼可数。乱后已非昔观,今则绛赤如赭石水,非复从前之一碧万顷,地气然欤?抑浚湖之局人事偷惰欤?而湖山则殊减色矣。

二十四日乙未(10月12日)　雨

晨发杭州,晡泊塘西。

二十五日丙申(10月13日)　阴,夜大雨

晨发,晡过石门县,夜泊石门湾。

二十六日丁酉(10月14日)　阴,午后开霁,天色骤寒

晨发,晡至嘉兴府城,泊北门。写家信。即发,信局。

二十七日戊戌(10月15日)　晴皎,天无片云

早起登岸,至城内阅肆,见书画、铜器数种,皆无足取。巳刻放

舟鸳鸯湖,偕南阳君挈黛姬登烟雨楼。是日为黛姬二十岁生日,就楼旁大士阁设供礼佛,游赏良久还舟。设汤饼筵,黛姬捧觞劝醻,杨柳拂篷,芙蓉当舰,良辰乐事,人间洵不易逢也。未刻解维,夜泊王江泾。

二十八日己亥(10月16日) 晴

晨发,夜到吴江县郭。

二十九日庚子(10月17日) 晴

晨发,午抵苏州,泊阊门。南阳君登岸,赴其弟公武家。写家信。即发,信船。

接实儿廿四日信。

三十日辛丑(10月18日) 晴,下午雨

安林来舟,旋移泊齐门,以座船过大,另易一常熟快船以节费用。写家信。即发,信船。

九月甲戌

朔日壬寅(10月19日) 雨

亭午舆至公武处久谭,南阳在彼安好。又至安林处久谭。

接实儿八月三十日信。

初二日癸卯(10月20日) 晴

晨移舟山塘,买菊花五十盆。又至刘园与黛姬偕游,秋雨之后无游客至者,从容历亭榭殆遍。舟至阊门,余又入剧场观剧数折,傍晚仍移泊齐门。

初三日甲辰(10月21日)　晴

早食毕棹小舟至观后登岸,独坐茗楼良久。至护龙街古董肆,安林迹至,又同茗饮,下午归。

接实儿初一日信。

初四日乙巳(10月22日)　晴

早食后候费幼亭乔梓久谭。次至南阳君处,告以明日余先归,再遣舟相迓。次候任筱沅久谭,共饭。次候金鹭卿久谭。次访李眉生,并识强耕亭溧阳人,其尊甫沛崖先生与先府君交游。久谭。次至族侄吉如、镜如家,晤吉如久谭,傍晚返舟。安林来,镜如侄来,初鼓各去。

初五日丙午(10月23日)　晴

晨发,午过吴塔,酉刻抵家。

初六日丁未(10月24日)　晴

遣舟赴苏迎南阳君。

初七日戊申(10月25日)　晴

子永昆季来久谭。写费幼亭信、金鹭卿信。即发,信船。薛安林信,寄还洋银五十元。即发,信船。朱菉卿信。即发,信局。南阳君自苏归。

接胡子继八月廿三日信,又朱菉卿八月廿日信,又刘□□开生之子。八月初八日信。

初八日己酉(10月26日)　晴

下午赵次侯来访久谭。

初九日庚戌(10月27日)　晴。重阳节

下午持螯把酒,食微多,夜有寒热,旋愈。

初十日辛亥(10月28日) 雨

费幼亭自苏州来枉顾,久谭。

接邓熙之六月三十日信。

十一日壬子(10月29日) 雨

十二日癸丑(10月30日) 阴

接族兄子宪初五日信。

十三日甲寅(10月31日) 阴

与家人东堂玩菊。

十四日乙卯(11月1日) 晴

十五日丙辰(11月2日) 晴

十六日丁巳(11月3日) 雨

十七日戊午(11月4日) 阴,夜雨

早食毕答候赵次侯久谭。又访孙竹堂,孙善艺菊,东南名种五百馀有其太半,所植凡四千盎,堂庑阶除无非菊也。五色纷披,蕊瓣奇异,洵为大观。又访季君梅久谭,种菊亦盛,得孙十分之一。又访赵价人不遇。又至庄女处久谭归。

十八日己未(11月5日) 阴

季君梅馈菊十盎。写族兄子卿信,即发,信船。又子宪兄信。即发,信局。

十九日庚申(11月6日) 阴雨

复从花肆购菊廿六盎。酒肆主人钱好五馈菊十一盎,孙竹堂亦馈六盎,钱、孙所遗皆善种也。并前后所得共百三盎,比之明人所称

"百三名家"焉。连日课僮易盆,庋架青林堂内,一望皆花,与妇子赏对,往自晨达暮而后已。

二十日辛酉(11月7日)　阴雨。立冬

二十一日壬戌(11月8日)　阴

写邓公武信。即发,信船。

接朱莼卿十九日信。

二十二日癸亥(11月9日)　晴

早食毕,步访曾君表不值。方子顺定十月初八纳室,先余为作蹇修,兹将纳征,复为书礼帖,竟日始毕。

二十三日甲子(11月10日)　晴

江春华来访久谭。步至报本道院街方宅,其家于是日自钟胜巷迁归故居也。傍晚归。

接族侄忍庵△△日信。

二十四日乙丑(11月11日)　晴

子永来久谭。写邓公武信,薛安林信。即发,信船。

二十五日丙寅(11月12日)　雨

接邓公武廿四日信,又费屺怀廿二日信,又张纯卿△△日信。

二十六日丁卯(11月13日)　阴雨甚寒,下午霰

庄女来归久谭,时夫弟授室,罄簪珥以行聘,且病中事事操作,自衫裙以迄筐篚之饰,毋不躬自检点,间由手制,故劳悴特甚,余甚闵之。又喜赵氏之有贤女,与重己轻人者不可同日语。书之以告后人,知所法也。下午赵价人来久谭,为周滋明娶李氏女婚期迟早事。

二十七日戊辰(11月14日)　阴雨,大风寒

二十八日己巳(11 月 15 日) 阴

写邓树人信。即发,信船。

接邓公武廿六日信。

二十九日庚午(11 月 16 日) 阴

访曾君表兄弟不晤。答访赵价人久谭。答访杨思赞久谭,并订方邓之婚,偕余执柯。又至方处久谭,傍晚归。

接邓公武廿八日信。

三十日辛未(11 月 17 日) 阴

写邓公武、树人信。即发,信船。

接邓树人廿九日信。

(以上《能静居日记》五十)

十月乙亥

朔日壬申(11 月 18 日) 阴,午后见日

写邓树人信。即发,信船。写朱蓴卿信。同上。

初二日癸酉(11 月 19 日) 阴

初三日甲戌(11 月 20 日) 晴

早食后至方氏照料嘉礼诸事,下午归。

初四日乙亥(11 月 21 日) 晴

写费屺怀信,寄去《石鼓文考》稿本。即发,信船。叶芸伯来候少谭。

接魏般仲九月三十日信。

初五日丙子(11月22日)　晴

初六日丁丑(11月23日)　晴

下午杨书城、曾君静、胡幼生来访久谭。邓氏送女舟夜至。

初七日戊寅(11月24日)　晴

卯刻即起,赴邓氏舟晤树人,为方氏嘉礼申订诸事。巳刻至方氏,午后归。写曾沅浦宫保信,初九发,交杨书城。为常、昭团防事,小人梗阻,代达情节也。傍晚杨书城至,久谭。

初八日己卯(11月25日)　晴

卯刻起赴方氏,余本为两姓执柯,兹又延杨思赞共事,盖婚礼忌只也。辰刻杨至方氏酌宾,巳刻率新婿诣邓氏亲迎,仍返方氏。午刻携礼舆再至邓氏,未刻新妇入门成礼,宾退遂归。邑侯钱秋舫来候不值。

接费屺怀初七日信。

初九日庚辰(11月26日)　晴

初十日辛巳(11月27日)　晴

邓树人来候谢,留共午食毕,步至慧日寺前阅肆,在抱芳阁久坐,又饮茗市楼归。树人辞去。

接邓季垂八月初一日信。

十一日壬午(11月28日)　晴

族弟通生谱名景江,今名光炎。自通州旋里过访,留午食去。是日曾文正公生辰,设祭。

十二日癸未(11月29日)　晴

访陆云生不值,至方氏少坐。答访杨书城,答候叶芸伯,均不值。通生来，留食久谭。写子宪兄信，告以长吉婚期定来年二月十三日，属转致陆氏。即发，信局。张楚生信。十七发，交实。

十三日甲申（11月30日） 晴

写朱星鉴信。即发，交通生。是日通生辞去。

十四日乙酉（12月1日） 阴，旋霁

十五日丙戌（12月2日） 阴

写费屺怀信。即发，信船。

十六日丁亥（12月3日） 阴寒

下午曾君静来访久谭。

接邓树人十五日信。

十七日戊子（12月4日） 晴

实儿赴里扫墓。

十八日己丑（12月5日） 阴寒

张纯卿来访久谭。

十九日庚寅（12月6日） 晴

接族兄子宪十七日信。

二十日辛卯（12月7日） 晴

子永兄弟来久谭。写子宪兄信。即发，交来足。邓公武、树人信。即发，信船。

特征人才安徽候补直隶州知州赏戴花翎

方元徵先生墓志铭

有清征士方元徵先生之卒，越五年将葬，孤恺奉谱状征铭于门人赵烈文。烈文于先生为表弟，年十一从先生读，幼不能

深明先生之行义。稍长,先生又恒远游。同治之初,偕在故大学士毅勇侯曾公军中,始朝夕亲杖屦,接言论证,以外家旧所闻而信敬不敢辞。

先生姓方氏,讳骏谟,字元徵,先浙之德清人,明世迁顺天,占大兴籍。六世祖国栋,国初官江苏布政司参议,分巡苏松常镇道,有惠政,吴人为立生祠。五世祖辰,婿武进徐氏,留居之,县析,又为阳湖人。祖讳联聚,乾隆丙午举人,广西永康州知州,在官以强直屡得险难处。初仕甘肃礼县,遇寇,守陴功多,擢官知州,得永康,故蛮陬瘴疠终焉。考讳履籛,嘉庆戊寅举人,福建闽县知县,求雨中暍卒。博学工骈俪文,有《万善花室集》名人间。

先生年十六奉父丧归,孤幼已植名行。自十九至三十一岁,七试京兆不售,乃捐举业,橐笔客中州,诸侯咸知重之,币问交错于道。宾客垂二十年,再遭母吕宜人、祖母冯宜人丧,嫁一姊,授两弟室,资用悉出公养廪饩之馀,鲜所丐贷。家弥贫,度不可独拄,乃节口食,为季弟纳赀成名,养孤甥张甚久,亦就禄仕而已。韦布无改,晏如也。

年迨五十,始受知曾公,以不求闻达,行谊卓然,荐于朝,特旨征赴军,入帷幄参谋议数年。曾公察其廉勤可任钱谷,檄专综徐州粮台出入。方是时曾公北讨河南贼,所部食徐糈者马步五十馀营。武吏请事,日至庭下,先生以儒生从容处之,宰物平,约身敬事,莫不悦服。暨徐台撤,当事复请留管徐海榷,讫先生之终恒在徐。最先后所司,无虞数百万。奏官安徽直隶州,赏戴花翎。先生泊然未有动于中,居处饮食,一如其旧,家亦无尺寸之蓄焉。

为学专功古文,沉浸《史》、《汉》。读书务精熟,不喜矜衒。每文成,辄曰偿人诺责,不足录。成书刊行者,徐州、宿迁二志而已。

先生生嘉庆二十一年丙子,卒光绪五年己卯,年六十四。配赵氏,例封宜人,同里进士刑部郎中女,慈惠朴诚,与先生之行相副,庭内数十年若合符节,事亲以孝闻,娣姒以友闻,后先生二年卒,年六十五。子二人:恺,劬学有称,官国子监典簿;憬,浙江候补从九品。孙五人:宾穆、宾衡、宾殷、宾观、宾衎。

光绪十年甲申十一月合葬常州府阳湖县△乡先茔之次。铭曰:

绩学砥行,以弼衷耶。否泰勿婴,外厥躬耶。

否若固常,泰实崄艰。不尸此言,以还质乎人间。

二十一日壬辰(12 月 8 日) 晴

写方子可信。即发,信局。方子顺来。

二十二日癸巳(12 月 9 日) 晴

写费屺怀信,即发,信船。邓公武信。同上。

接实儿廿日禀,又邓公武廿一日信。

二十三日甲午(12 月 10 日) 晴

二十四日乙未(12 月 11 日) 晴

写实儿信。即发,信船。

二十五日丙申(12 月 12 日) 晴

接曾沅帅廿一日信。

二十六日丁酉(12 月 13 日) 晴

下午杨书城、曾君静来访久谭。写朱菉卿信,寄扇面一个。即发,信局。

二十七戊戌(12月14日)　晴

闻老友管才叔骤疾一日卒,为之惨然。才叔长余一岁,精神远胜余,而逝者如斯,非徒感伤,实亦惊惕耳。

二十八日己亥(12月15日)　晴

写实儿信。即发,信船。

二十九日庚子(12月16日)　晴

夜赴杨滨石、叶翥云招饮,同座谭少柳、泰来,江西南丰人,江苏候补知府。杨书成、曾君静。肴核甚盛,终席已二鼓尽矣。

十一月丙子

朔日辛丑(12月17日)　晴

谭少柳来候,久谭。答候谭少柳不值。答候钱秋舫邑侯久谭。

初二日壬寅(12月18日)　晴

接实儿初一日信。

初三日癸卯(12月19日)　晴

初四日甲辰(12月20日)　晴

初五日乙巳(12月21日)　晴。冬至节。天色暄和,仅服灰鼠袍褂,虽南方亦罕有也

午刻合祀先祖如礼。

初六日丙午(12月22日)　晴

早食后同宽儿出游市廛,饮茗于肆,并邀子永昆季来同坐,良久

复同返。

初七日丁未(12月23日) 晴

接方子可表侄初三日信。

初八日戊申(12月24日) 晴

下午钱秋舫来候久谭。

初九日己酉(12月25日) 晴,较寒

前岁撰《石鼓文释纂》,拟写定装明拓石鼓墨本后,并以付梓。是日始发笔。

初十日庚戌(12月26日) 晴

下午叶芸伯副将来候久谭。

十一日辛亥(12月27日) 晴

下午赵次侯来访久谭。

十二日壬子(12月28日) 阴

接实儿初九日信,又族侄审安初七日信。

十三日癸丑(12月29日) 阴,微雪旋止

十四日甲寅(12月30日) 晴,严寒,寒暑表二十九分

十五日乙卯(12月31日) 晴

邓铁仙自上海来,留榻家中。铁仙工绘事,鬻艺上海,兹以生计寥落,欲谋迁地也。夜月色甚皎,与家人升延台,观月当头,至三鼓始卧。

十六日丙辰(1885年1月1日) 晴

写陆彦和信,为侄重纳室请期。即发,信局。

十七日丁巳(1月2日)　晴

十八日戊午(1月3日)　晴

十九日己未(1月4日)　晴

二十日庚申(1月5日)　阴

写《石鼓释文纂》竟功。

二十一日辛酉(1月6日)　阴

二十二日壬戌(1月7日)　晴

二十三日癸亥(1月8日)　晴

二十四日甲子(1月9日)　阴

早食后访赵次侯久谭,又访杨思赞久谭,又访曾君表,少坐即归。

二十五日乙丑(1月10日)　晴,夜雪彻晓

二十六日丙寅(1月11日)　晴

晨起踏雪园中,与家人为卯饮。午刻挈冯姬及大小俞姬放舟西门外,濒山观雪,松青枫紫,得晶皓以表之,所谓绘事后素者非欤?容与中流,兴尽后返。

同诸姬放舟西山下观雪,

用钱牧斋偕河东君冬日泛舟诗韵

夜暖鸳衾拥莫愁,晓霏琼叶满妆楼。三杯玉手刚传酒,十里云山又放舟。是处层峦青露骨,漫题乐府白盈头。春来更作探梅约,莫听华年似水流。

本事倒叠前韵

何须十五始风流,不用云鬟赐上头。划袜登堂初跕躧,焚

香举被已同舟。石华染唾痕留袖,琬玉镌名字满楼。

二十七日丁卯(1月12日) 晴

《石鼓》写定后,复思得奇字难释者若干条附录于后。写审安侄信,寄其嫂庄氏奠分二元。三十发,信局。

二十八日戊辰(1月13日) 阴

江春华来久谭。夜实儿自阳羡归。

接颖侄妇胡氏△日信,又胡子继△△日信。

二十九日己巳(1月14日) 晴

江春华来。

接金鹭卿二十日信。

三十日庚午(1月15日) 薄阴

写子慎十叔信,寄洋银二元。又迪、邢二婶各二元。即发,信局。魏般仲信。同上。

十二月丁丑

朔日辛未(1月16日) 晴

赵价人来访久谭。

挽管才叔联:

鼻端出火,耳后生风,当时意气干云,一洗驽骀空万古;

诗本袖中,酒痕襟上,太息年华逝水,独挥涕泪满沧江。

初二日壬申(1月17日) 阴

江春华来访,杨思赞来访久谭。是日检阅旧藏端石砚,遴极佳者,得四品,各为考证,并系以铭。

长方空底砚同治元年得于安庆,其冬戴行之为重琢之。

鱼脑冻水漩纹,周匝如马尾,金钱火捺细青花,定为水坑大西洞下层石。品第一。铭曰:

白云滃然,乳水泱泱。我游其间,若耦玉姜。

椭圆云龙砚先兄贞明物,光绪七年归余匣。

鱼脑冻水漩纹,周匝如马尾,金钱火捺细青花,五色钉翡翠斑,一眼商嵌,定为水坑大西洞中层石。品第二。铭曰:

春泉涌白朝霞新,蛟龙乘之夭以申,处云间者目孰真。

长方圭砚同治十一年得于保定。

蕉叶白色带青,水漩纹如马尾,火捺青花鸲鹆眼,青碧有神,翡翠斑,定为水坑上层石。品第三。铭曰:

微蕉之青青,登彼绿天。吾谓析圭,不如还而耕田。

长方素砚故人龚孝拱物,光绪二年归余匣。

鱼脑冻,水漩纹,金钱火捺青花,碧眼无瞳,沙蛀,定为水坑上层石。品第四。铭曰:

白如露湑,丹如霞举。惟素与方吾所许。

初三日癸酉(1 月 18 日)　阴

写杨壬山信,即发,信局。又费屺怀信。即发,信船。

初四日甲戌(1 月 19 日)　晴

初五日乙亥(1 月 20 日)　阴

初六日丙子(1 月 21 日)　阴

初七日丁丑(1 月 22 日)　晴

公武之子士会来就医。

接邓公武△△日信。

初八日戊寅(1月23日) 晴

初九日己卯(1月24日) 晴

接费屺怀初七日信。

初十日庚辰(1月25日) 晴

孙竹堂来候久谭。杨思赞来访久谭。写邓公武信。即发,交士会。

接族叔子慎初六日信。

十一日辛巳(1月26日) 晴

邓士会去。写任筱沅信。即发,信船。

十二日壬午(1月27日) 晴

下午曾君表、陆涑文来访,少谭。邓铁仙旋上海去。

接族叔子慎初八日信。

十三日癸未(1月28日) 晴

张喜孙自常州来访,少谭。下午棹小舟与家人巡游城河以纾目。是晚闻汤衣谷之丧。衣谷心地坦白无城府,为朋好中罕见,姿性尤聪颖过人,惜荏弱不能自立。同治元年,余挈之至皖,榻余家中,为设程课,居一年,闻望颇起。荐之老友欧阳晓岑,助校《王船山全集》,稍获廪糈。昔在家时,本好食洋烟,余痛斥之始止。比余在金陵军中,离索数月,遽为恶友所诱,日夜呼吸,遂成瘾不可复戒,然犹不使余知之。三年冬,同徙寓秣陵,识秣人林子洁,嗜好略同,水乳特甚,力辞余而就林,与同居,流涕挽之,不可,一去二十年,未尝与林相离。问所业何事,则仙人佛子,肸蚃可通,恢诡不可名状。舍父母妻子之养,而以博施号于众,日入而起,日出而卧,烟日深,病亦日深。今年夏,余谒沅帅至秣,得与相晤,羸瘠无复人状,知其不久,临别颇为黯然。别半载而讣至,抚今念昔,虽不自振奋,咎由自取,然不能早为将护,屏绝杂流,慎简师友,是吾之过亦未可尽道也。怅惘之馀,弥以自悔。

接魏般仲初十日信。又冯梦华煦,金坛人,同治戊辰在文正署中时识之,衣谷妻兄,知名士也。十一月十六日信。又朱菉卿初五日信。

十四日甲申(1月29日)　晴

下午张纯卿来访久谭。曾君表、陆涑文来访少谭。

十五日乙酉(1月30日)　早晴,午后阴

叶芸伯来候少谭。写朱菉卿信,寄《三陶集》一部,又为书其室《汪节妇传》。即发,信局。金鹭卿信。即发,信局。张仲甫信。即发,交张喜孙。

十六日丙戌(1月31日)　晴

早食毕,答候叶芸伯久谭。答访赵价人不遇。候季君梅,贺其子耜洲升长芦运司之喜,并遇赵价人久谭。访叶翥云少谭。答访张纯卿不值。答访陆涑文,并晤其兄云生及曾君表等少谭。

十七日丁亥(2月1日)　晴

接魏般仲十四日信。

十八日戊子(2月2日)　晴

十九日己丑(2月3日)　阴

二十日庚寅(2月4日)　阴

接邓铁仙十六日信。

二十一日辛卯(2月5日)　晴

接费屺怀十六日信。

二十二日壬辰(2月6日) 晴

接陆彦和△日信。

二十三日癸巳(2月7日) 晴

设祭灶神如故事。

接杨壬山十六日信。

二十四日甲午(2月8日) 晴

赵价人来访久谭。写杨壬山信,寄自鸣钟价洋银十四元。即发,信局。

二十五日乙未(2月9日) 晴

设供诸佛菩萨如故事。

二十六日丙申(2月10日) 晴

设祭行神、中霤、门神等如礼。写冯梦华信,寄衣谷挽联并赙洋银八元。交般仲。写般仲信。正月初六发,信局。写费屺怀信。即发,信船。

挽汤衣谷联:

心行洵非常,苟其志道能坚,奚惭往哲;

荣枯何足论,所痛修名不立,负此清才。

二十七日丁酉(2月11日) 阴

二十八日戊戌(2月12日) 阴,夜雨

二十九日己亥(2月13日) 阴,微雨

三十日庚子(2月14日) 晴,亭午阴晦,午后晴

申刻诣先像前致祭如故事。